구약을 읽다

죠이선교회는 예수님을 첫째로(Jesus First)
이웃을 둘째로(Others Second)
나 자신을 마지막으로(You Third) 둘 때
참 기쁨(JOY)이 있다는 죠이정신(JOY Spirit)을 토대로
하나님 나라의 확장을 위해 지역 교회와 협력, 보완하는
선교 단체로서 지상명령을 성취한다는 사명으로 일합니다.

죠이선교회출판부는 그리스도를 대신한 사신으로
문서를 통한 지상명령 성취와 하나님 나라 확장을 위해 노력합니다.

죠이북스는 죠이선교회의 임프린트입니다.

C A S K E T
E M P T Y

구약을 읽다

캐롤 카민스키 지음
이대은 옮김

죠이북스

차례

감사의 글 7

한국어판 서문 11

들어가는 글 13

1장
창조 시대 CREATION 23

2장
아브라함 시대 ABRAHAM 59

3장
시내 시대 SINAI 99

4장
왕정 시대 : 통일 왕국 KINGS 151

5장
왕정 시대 : 북왕국 K I N G S 191

6장
왕정 시대 : 남왕국 1부 K I N G S 237

7장
왕정 시대 : 남왕국 2부 K I N G S 281

8장
포로 시대 E X I L E 321

9장
성전 시대 T E M P L E 369

감사의 글

나는 사람들이 구약 성경을 이해하도록 돕고 싶은 깊은 갈망에서 이 책을 쓰기 시작했다. **빈 무덤**(CASKET EMPTY) **프로젝트**는 내가 케임브리지 대학에서 박사 논문을 쓰고 있을 때, 어느 교회에서 구약 성경을 주제로 8주간 강의를 부탁받으면서 시작되었다. 그때 나는 구속사에서 가장 중요하다고 생각하는 여섯 가지 시대를 기준으로 구약 성경 전체를 가르치기로 마음먹었다. 그러면서 성경을 가르치는 교재를 만들고, 각 시대 앞 글자를 따서 **빈 무덤**(CASKET EMPTY)이라고 이름을 붙였다. 나는 지난 15년 동안 **무덤**(CASKET)에 해당하는 부분을 계속 다듬어 왔다. 그리고 이 내용을 가르칠 때마다 내용을 덧붙이기도 하고 새롭게 정리하기도 했다. 나는 이 자료를 고든콘웰 신학대학원 수업에서 교재로 사용하기도 했고, 교회 수련회나 지역 교회에서 강의할 때도 이용했다. 실제로 사람들은 각 시대의 머리글자를 따서 만든 **빈 무덤**(CASKET EMPTY) 단어에 열광적으로 반응했다. 예수 그리스도를 중심으로 성경 전체의 구속 이야기를 파악할 수 있었기 때문이다.

빈 무덤(CASKET EMPTY) **프로젝트**는 신·구약 성경을 모두 다룬다. 그렇기 때문에 나는 성경 전체를 관통하는 구속사를 가르치겠다는 꿈을 함께 나눌 수 있는 신약 학자를 열심히 찾았다. 다행히 나는 데이비드 파머(David Palmer) 박사를 만났고, 그는 **빈**(EMPTY)에 해당하는 부분을 기술하게 되었다. 사실 나는 고든콘웰 신학대학원에서 수학하던 시절에 이미 데이비드와 그의 아내인 크리스틴을 본 적이 있었다. 당시 그들 역시 신학대학원에서 공부하고 있었다. 데이비드는 재능 있는 목회자이자 학자로서, 교회에 대한 열정이 있으며 하나님의 말씀을 변함없이 사랑하는 사람이다. 그와 이 프로젝트를 함께할 수 있었던 것은 내게도 큰 축복이다.

이 책이 나오기까지 여러모로 도와주신 많은 분들께 감사드린다. 초안을 끝내고 난 후에 데이비드 파머는 원고를 철저하게 읽고 이런저런 조언을 해 주었다. 특히 구약과 신약이 매끄럽게 연결되도록 잘 살펴 주었다. 소냐 놀(Sonja Noll)은 성경 구절을 전부 확인하는 것부터 해서 꼼꼼하게 편집을 봐 주었다. 다른 조교들도 이 프로젝트를 위해 애써 줬다. 나는 구약 개론 수업을 하면서 매년 **무덤**(CASKET)을 사용하고 있는데, 보스턴과 해밀턴에 있는 고든콘웰 학생들이 제시한 의견들도 많은 도움이 되었다. 하나님의 말씀을 사랑하고 지역 교회를 섬기고자 하는 나의 마음을 이해해 준 동료 교수진들에게도 감사드린다. 화이트 포스트 미디어사의 척 메리트(Chuck Merrit)는 지난 몇 년간 나를 많이도 격려해 주었다. 그가 이끄는 팀은 **무덤**(CASKET) 구약 연대표를 웹사이트에 올리기 위해서 많이 수고했다. 그리고 그 팀이 책을 준비하는 모든 단계마다 유익한 의견을 제시해 준 덕에 이 프로젝트가 진전될 수 있었다. **빈 무덤**(CASKET EMPTY) **프로젝트**의 디자인과 책 표지를 담당한 세라 슐렉(Sarah Sulek)에게 특별히 감사를 드린다. 그리고 내 두 아들 로버트와 라이언은 다음 세대에게 성경 이야기를 가르쳐야만 한다는 필요를 일깨워 준 장본인들이다. 마지막으로 남편 매트에게 고마운 마음을 전한다. 남편은 항상 나와 함께하며, 나를 지지하고 격려해 주었다. 그 덕분에 지금까지 하나님이 나에게 주신 꿈을 따라갈 수 있었다.

캐롤 카민스키

한국어판 서문

《구약을 읽다》 한국어판에 서문을 쓸 수 있어서 영광입니다. 성경적 문맹이 증가하는 이 시대에, 하나님의 백성이 교회에서 하나님 말씀의 중심성을 되찾는 것이 다급하게 필요합니다. 구약 성경은 자주 등한시되며, 애석하게도 우리 삶과 무관한 것처럼 여겨집니다. 그러나 하나님의 영광과 장엄함을 보여 주는 것은 구약 성경입니다. 성경 전체를 해석하는 틀을 제공하는 하나님의 약속들도 구약 성경에서 족장들에게 처음 주어졌습니다. 하나님의 거룩하고 의로운 율법이 알려지고, 하나님의 백성이 그분의 거룩하고 의로우심을 반영하기 위하여 문화적으로 구별된다는 것이 무엇을 의미하는지 드러내 주는 것도 구약 성경입니다. 우리가 아브라함의 씨를 통해 모든 나라가 복을 받아 모든 나라의 백성들이 아브라함과 이삭과 야곱의 하나님께 나올 수 있게 된다는 하나님의 계획을 배우는 것도 구약 성경입니다. 이 놀라운 선교적 계획을 생각할 때, 나는 죠이선교회와 함께 일하게 되어 기쁩니다. 우리는 지구상의 다른 지역에 있지만, 하나님의 말씀을 알리고자 하는 이 열정은 공유하고 있습니다.

여러분이 구약 성경의 이야기를 읽을 때, 나는 여러분이 하나님 말씀의 경이로움을 새롭게 발견하기를, 그래서 여러분의 마음이 하나님을 찬양하고 경배하게 되기를 기도합니다. 또한 여러분이 하나님의 끈질긴 은혜와 긍휼로 변화되어 가기를, 구약 성경을 읽는 가운데 특히 예수의 인성을 보기를 기도합니다. 예수 그리스도의 죽으심과 부활하심은 하나님의 구속 계획의 정점입니다.

하나님의 말씀을 읽고 연구하는 여러분에게 하나님께서 복 주시기를 바랍니다.

캐롤 카민스키

들어가는 글

이 책은 성경, 즉 구약과 신약이 창세기로 시작해서 요한계시록으로 마무리되는 구속 이야기라는 사실을 전제로 한다. 성경에는 수없이 많은 사람이 언급되고 여러 이야기가 펼쳐진다. 하지만 도도하게 흐르는 구속 서사는 그 다양한 이야기를 하나로 통합하여 역사가 하나님이 계획하신 목적을 향해 나아간다는 사실을 보여 준다. 따라서 이 이야기야말로 우리 삶을 구성하고 우리 삶에 직접적인 영향을 미치는 이 세상의 참된 이야기라고 할 수 있다. 여러 세계관과 거대서사(meta-narrative)들이 각축을 벌이는 이 시대에, 우리는 자신의 창조물을 구속하시는 하나님의 계획을 새롭게 바라볼 수 있어야 한다.

구약 성경은 2,000년이 넘는 긴 시간을 포괄하는 방대한 저작으로서 다양한 저자들이 기록한 서른아홉 권의 책으로 구성되어 있다. 이야기가 전개되면서 하나님의 백성이 하나님의 선하심과 신실하심을 기리며 기뻐할 때도 있고, 하나님의 놀라운 역사에 경탄할 때도 있다. 반대로 백성이 하나님께 반역하고 죄를 저지르는 바람에 그분의 심판을 받아, 깊은 절망감에 시달리며 엄청난 상실과 비극을 겪는 때도 있다. 그렇기 때문에 우리는 이 구속 서사에서 여러 형태의 흥망성쇠를 목격한다. 그리고 구약 성경이 끝나 가는데도 이상하리만큼 극적인 결말이 나타나지 않는다는 점도 깨닫는다. 선지자들이 묘사한 영광스러운 회복은 끝내 나타나지 않는다. 새로운 언약이 세워지는 것도 아니다. 마침내 이스라엘이 적들에게 최후의 승리를 거두지도 않는다. 그 대신 구약 이야기는 하나님의 백성이 자신들을 대신하여 하나님이 일하시기를 기다리는 모습으로 끝난다. 그들은 하나님이 자기 백성을 회복하시기를 기다린다. 백성들은 하나님이 다윗의 자손을 일으키시고 영원한 왕국을 세우시기를 기다린다. 그들은 하나님이 자신들을 구원하시고 옛 약속을 성취하시기를 기다린다. 하나님의 백성은 오실 메시아를 기다린다. 그리고 마침내 메시아가 오셔서 하나님의 구속 계획을 영광스럽게 성취하실 것이다. 그렇기 때문에 구약 성경은 이야기가 끝나지 않은 채로 마무리된다. 그 줄거리는 신약 성경에 그대로 이어지고, 하나님은 그 선조들에게 주신 약속을 따라 자기 백성을 위해 일하실 것이다. 이 이야기는 예수에게서 절정에 달하고, 예수의 삶과 죽음 및 부활로 옛 약속은 온전히 이루어진다. 따라서 메시아의 빈 무덤이야말로 하나님의 구속 계획의 정점이라고 할 수 있다. 이 성경 연구서의 제목인 **빈 무덤**(CASKET EMPTY)은 이러한 핵심 진리를 가리킨다.

그런데 이 거대한 구속 서사를 살피다 보면, 성경의 줄거리를 파악하기 위해서는 반드시 구약 성경의 내용을 알아야 한다는 사실을 깨닫는다. 구약 성경은 실제로 이 이야기의 처음 2,000년에 해당하는 내용이다! 이 말은 구약 성경을 제대로 이해하지 못하면 메시아가 누구신지, 그리고 메시아가 세운 왕국이 무엇인지 그 의미를 제대로 깨달을 수 없다는 뜻이다. 이 이야기는 구약 성경에서 시작되어 점차 살을 붙여 나가기 때문이다. 아담, 노아, 아브라함, 모세, 다윗과 같은 핵심 인물들이 등장하는 곳도 바로 구약이다. 언약들이 주어지고 하나님의 약속이 세워지는 곳도 구약이다. 모세가 시내 산에서 율법을 받은 곳도 구약이며, 성막이 드러나고 하나님의 영광이 나타나는 곳도 구약이다. 하나님이 다윗에게 약속하시는 곳도 다름 아닌 구약이다. 예수 그리스도가 누구신지, 또한 성경이 무슨 내용인지를 이해하기 위해 필요한 모든 정보가 구약에 있다. 또한 구약은 우리가 누구이며, 왜 우리에게 구세주가 필요한지도 깨닫게 해 준다.

이렇듯 이 이야기에서 구약은 정말로 중요하다. 하지만 대부분 그리스도인이 구약을 잘 모른다는 것이 현실이다. 그리스도인들이 신약 성경은 많이 읽으면서도 구약 성경은 이해하기 너무 어렵다고만 생각한다. 그 결과 역대기, 하박국, 나훔과 같은 성경은 평생 한 번 펴 보지도 않는 경우도 있다. 더욱 비극적인 사실은 그리스도인들이 "긍휼이 많으시고 은혜로우시며 노하기를 더디하시고 인자하심이 풍부하신" 구약의 하나님을 알지 못한다는 점이다. 이는 하나님의 백성에게 정말로 심각한 손해라 할 수 있다. 어쩌면 당신도 구약을 더 알고 싶지만 구약은 이해하기 어렵다고 생각하고 있을지 모른다. 아니면 구약의 몇몇 이야기는 굉장히 잘 알고 있지만 그 전체 이야기를 통합적으로는 이해하지 못할 수도 있다. 그렇다면 이 책은 당신을 위한 책이다.

나와 함께 구약 성경으로 여행을 떠나 보도록 하자. 그렇게 한다면 나는 기꺼이 그 길의 인도를 돕겠다. 중요한 인물들과 사건들을 지시하고, 그 제각각의 이야기들이 거대한 구속 서사와 어떻게 맞아 들어가는지 보여 줄 것이다. 그 길에서 성경을 연구하는 방법도 조언해 줄 것이며, 참고할 성경 구절들도 제시할 것이다. 그리고 때로는 잠시 길을 멈추어 우리 하나님의 위대하심을 묵상하기도 하고, 성경 전체를 아우르는 그 풍성한 구속 계획을 보면서 함께 경탄하기도 할 것이다. 이제 이 성경 이야기를 향해 여행을 떠나 보자. 성경을 연구하면서 구약의 하나님을 새롭게 발견하기를 기도한다. 구약의 하나님은 완고하고 반항하는 백성들을 끊임없이 찾으시는 분이다.

◆ 구약 성경의 순서

구약 성경 연구를 시작하기에 앞서 우선 성경을 펼쳐 목차를 보기 바란다. 그러면 구약 성경이 창세기로 시작해서 말라기로 끝나는 서른아홉 권으로 구성되어 있음을 알 수 있다. 하지만 이러한 순서 때문에 조금 혼동이 생기기도 한다. 왜 그런지 설명을 하겠다. 우리가 접하는 역사책들은 대부분 연대기 순서에 따라 기록되어 있다. 예를 들어, 그리스와 로마 제국에 대한 역사책이라면 로마 제국보다 그리스 제국을 먼저 다룰 것이다. 그렇게 하는 이유는 간단하다. 그리스 제국이 로마 제국보다 먼저 있었기 때문이다. 따라서 역사책들은 대부분 그러한 방식으로 작성된다. 또한 우리도 암묵적으로 역사책은 당연히 연대기 순으로 기록되어 있다고 여기기 때문에 구약 성경도 그렇게 되어 있으리라 생각하기 쉽다. 그런데 구약 성경은 그렇지 않다. 구약을 이해하기 어려운 이유 중 하나는 성경 서른아홉 권 중 꽤 많은 부분이 시간의 흐름을 따르지 않는다는 점이다. 무슨 말인가? 성경 목차를 펴 보자. 그러면 첫 열두 권이 다음 순서로 되어 있음을 볼 수 있다.

창세기, 출애굽기, 레위기, 민수기, 신명기, 여호수아, 사사기, 룻기, 사무엘상, 사무엘하, 열왕기상, 열왕기하

이 성경들은 구약에서 시간 순서를 따라 기록된 몇 안 되는 책들이다. 즉 출애굽기에 나타난 사건들은 창세기 이후에 일어난 일이라는 뜻이다. 그렇지만 앞서 말했듯이 항상 그런 것은 아니다. 다시 목차를 보자. 호세아서는 에스겔서와 다니엘서 다음에 있다. 에스겔, 다니엘, 호세아 이렇게 말이다. 따라서 호세아서는 에스겔서와 다니엘서 이후에 있었던 일을 다룰 것이라고 생각하기 쉽다. 그런데 호세아는 에스겔과 다니엘보다 100년 전에 사역을 시작한 선지자다! 목차만 봐서는 도저히 이 사실을 알 수 없다. 또 다른 예로 느헤미야서를 보자. 느헤미야서는 성경 목차 전반부에 있고, 에스라서 바로 뒤에 있다.

창세기, 출애굽기, 레위기, 민수기, 신명기, 여호수아, 사사기, 룻기, 사무엘상, 사무엘하, 열왕기상, 열왕기하, 역대상, 역대하, 에스라, 느헤미야, 에스더, 욥기, 시편, 잠언

하지만 느헤미야서에 나타나는 사건은 구약의 마지막 시대인 **성전 시대**에 일어난 일이다. 즉 구약 성경을 시간 순서에 따라 배치한다면 느헤미야서는 가장 나중에 등장한다는 뜻이다. 따라서 구약을 연구할 때, 우선적으로 성경은 연대기를 따라 기록된 책이 아니라는 점을 명심해야 한다. 우리는 함께 구약을 연구하면서 각 성경이 어느 시기에 속하는지를 배워 나갈 것이다. 그렇지만 이 연구 지침서는 모든 성경에 대해서 상세한 정보를 제공하지는 않는다. 오히려 구약 성경의 큰 줄거리를 배우고, 각 성경이 그 줄거리에 어떻게 연계되는지를 살펴보는 데 집중할 것이다. 이러한 방식으로 **무덤**(CASKET)에 해당하는 구약을 배울 것이다.

◆ 구약에 해당하는 단어, 무덤(CASKET)

전체 성경을 아우르는 단어는 **빈 무덤**(CASKET EMPTY)이다. 그렇지만 우리는 구약만 연구할 것이기 때문에 당장은 **무덤**(CASKET)이라는 글자에만 집중해 보자. 이 단어를 알면 구약 성경의 줄거리를 이해하는 데 큰 도움이 된다. 구약 성경은 여섯 가지 시대로 뚜렷하게 구분할 수 있는데, 각 시대에 해당하는 명칭이 있다. 그 구분은 다음과 같다. 창조(Creation, 연도 미정), 아브라함(Abraham, 주전 2100-1450년), 시내(Sinai, 주전 1450-1050년), 왕정(Kings, 주전 1050-586년), 포로(Exile, 주전 586-539년), 성전(Temple, 주전 539-430년)이다. 이러한 명칭은 그 시대에 있었던 대표적인 사건을 의미하는데, 각 시대의 첫 글자를 따서 **무덤**(CASKET)이라고 이름을 붙인 것이다.

◆ 하나님의 구속 계획에서 전환점이 되는 주요한 사건들

각 시대는 주요한 사건을 통해서 "구별"된다는 사실을 알아야 한다. 국가마다 한 시대에서 다음 시대로 넘어가는 중대한 사건들이 있기 마련이다. 그러한 사건들로는 전쟁, 지도자의 등장, 경제 침체나 호전, 내전, 종교 개혁 등이 있다. 어쨌든 기본적인 원칙은 중대한 사건이 생겨나면 한 시대가 다음 시대와 "구분"된다는 것이다. 마찬가지로, 하나님의 구속 계획에서도 전환점을 이루는 구약의 주요 사건들을 파악할 수 있다. 구약 성경은 하나님의 백성이 살아온 역사이기 때문에 그러한 사건들의 연도도 파악할 수 있다. **무덤**(CASKET)이라는 단어는 이 여섯 가지 시대 및 중요한 인물들과 사건들을 시간에 따라서 기억하도록 돕는 도구다. **무덤**(CASKET)이라는 단어와 각 시대별 연도, 그리고 그 시대에 해당하는 핵심 사건과 인물들을 기억할 수 있다면 하나님의 구속 이야기를 깨달을 수 있는 틀을 잡은 것이라 할 수 있다.

◆ 왜 빈 무덤(CASKET EMPTY)인가?

그렇다면 구약 성경을 왜 **무덤**(CASKET)이라고 했는지 그 이유를 설명하고자 한다. 어쩌면 이 제목이 다소 끔찍하다는 생각을 했을는지도 모르겠다. 물론 실제로 그렇다. 그렇지만 **무덤**이라는 단어를 사용한 이유는 이 단어가 성경 처음 몇 장에서 일어났던 일을 생생하게 일깨워 주기 때문이다. 하나님은 아담에게 명령을 내리시면서 그 명령에 순종하지 않으면 사망이 임할 것이라고 말씀하셨다. 그렇지만 아담은 금지된 열매를 먹어서 그 명령에 불순종했고, 그 결과 사망이 인류 이야기에 들어오고 만다. 게다가 구약 성경을 찬찬히 살펴보면 죄 문제는 이스라엘 이야기에도 똑같이 나타난다는 점을 깨닫는다. 하나님의 백성인 이스라엘도 아담과 같이 하나님의 법을 어기게 된다. 따라서 **무덤**(CASKET)이라는 단어는 이스라엘(그리고 우리)의 근본적인 문제가 바로 우리를 죽음으로 이끄는 죄라는 점을 뼈저리게 느끼게 한다. 그렇지만 성경 전체를 포괄하는 단어는 **빈 무덤**(CASKET EMPTY)이다. 이는 죄와 죽음에 대한 해답이 메시아의 **빈 무덤**에서 제시되었다는 사실을 나타낸다.

◆ 전체 성경에 해당하는 빈 무덤(CASKET EMPTY)

빈(EMPTY)이라는 단어는 신약에 해당하는데, 신약 시대를 다섯 개로 구분하여 우리를 구원하시려는 하나님의 목적을 깨닫게 한다. 신약의 다섯 시대는 **대망**(Expectations), **메시아**(Messiah), **오순절**(Pentecost), **가르침**(Teaching), **아직 임하지 않음**(Yet-to-come)이다. **빈 무덤**(CASKET EMPTY)이라는 단어는 그리스도의 빈 무덤이 하나님의 새로운 창조의 시작이자, 죽음에 대한 승리이며, 아직은 오지 않았지만 반드시 임할 우리의 부활을 보증한다는 의미다. **빈 무덤**(CASKET EMPTY)을 알면 우리는 모든 민족을 향한 하나님의 위대한 구속 이야기를 이해하고 또 나눌 수 있다. **빈 무덤**(CASKET EMPTY)이라는 단어만 기억할 수 있으면, 그리스도와 그리스도의 사역을 중심으로 성경의 모든 이야기를 기억할 수 있는 틀을 갖춘 것이다.

◆ 구약 연대표

본문에서 각 시대에 대하여 자세하게 배우기 전에, 전반적인 내용을 빠르게 개괄할 수 있도록 구약을 각 시대별로 간단하게 요약해 두었다. 나는 처음부터 구약 연대표와 함께 읽도록 이 책을 썼다. 그렇기 때문에 반드시 연대표를 앞에 두고 책을 읽기 바란다. 연대표는 www.casketempty.com에서도 찾아볼 수 있다. 연대표를 눈으로 보면서 책을 읽으면 구약 줄거리도 더 잘 들어오고, 그 줄거리가 전체 성경과 어떻게 신학적으로 연결되는지도 쉽게 파악할 수 있다. 그리고 이 연대표를 통해서 각 인물들과 이야기를 배우는 동시에 거대한 구속사도 한눈에 볼 수 있을 것이다.

◆ 여섯 가지 그림은 여섯 시대를 나타낸다

창조를 다루는 첫 장을 시작하기 전에, 연대표에 각 시대를 상징하는 여섯 가지 그림이 있다는 점을 기억하라. 각 시대의 제목과 연도 및 그림을 기억하면 구약 성경의 줄거리를 빠르게 파악하는 데 큰 도움이 된다.

• 창조에 해당하는 그림은 두 나무다

두 나무 그림은 **창조 시대**를 나타낸다. 하나님은 아담에게 한 나무의 열매를 먹지 말라고 했지만 아담은 순종하지 않았다. 그 결과 아담은 하나님의 임재에서 추방되어 사망에 이르게 된다. 이 두 나무는 동산의 모든 생물의 정중앙에 있었고, 그 열매를 먹으면서 세상에 죄가 들어왔기 때문에 나무 그림은 **창조 시대**에 있었던 중대한 사건을 상징한다.

• 아브라함에 해당하는 그림은 선물이다

선물 그림은 **아브라함 시대**를 나타낸다. 아브라함은 나이가 많았고 사라도 아이를 낳을 수 없는 처지였다. 하지만 아브라함은 하나님이 약속하신 대로 자신에게 아들을 주실 수 있다고 믿었다. 아브라함은 하나님을 모르는 사람이었지만, 하나님은 그의 믿음을 보시고 아브라함을 의롭다 하셨다(창 15:6; 롬 4장). 선물 그림은 의롭다 하심이 하나님께서 은혜로 베푸신 선물이라는 사실을 강조한다.

• 시내 산에 해당하는 그림은 십계명이다

두 돌판 그림은 **시내 시대**를 나타낸다. 십계명은 모세 언약에 따르는 "계약 조건"이다(출 20장; 신 5-6장). 하나님의 백성은 이 명령을 지켜야 했다. 이 명령을 따르지 못하는 것은 언약을 "파기"하는 것과 같았다. 십계명 그림을 보면 율법이 이 시기에 주어졌으며, 율법은 하나님이 이스라엘과 맺으신 언약의 핵심이라는 사실을 기억할 수 있다.

• 왕정에 해당하는 그림은 파란 왕관이다

파란 왕관은 **왕정 시대**를 나타낸다. 하나님은 사람을 자신의 형상으로 창조하시고 왕과 같이 하나님을 대변하라고 하셨다(창 1:26-28; 시 8편). 하나님은 아브라함에게 유다를 통해서 왕을 주시겠다고 약속하셨는데, 이 약속은 그 왕의 계통이 끊이지 않고 계승될 것을 나타낸다. 그리고 하나님이 일으키실 다윗의 자손을 통해 그 약속은 현실이 된다(창 49:10; 삼상 16장; 삼하 7장).

• 포로에 해당하는 그림은 독수리다

독수리 그림은 모세 언약에 따르는 저주 및 **포로 시대**를 나타낸다. 하나님은 이스라엘과 언약을 맺으시면서 그들이 하나님의 법을 순종하면 축복하시고, 불순종하면 저주를 내리신다고 약속하셨다(레 26장; 신 27-28장). 주전 586년 유다에 하나님의 저주가 내린다. 그들이 하나님의 법을 불순종했기 때문이다(렘 7-11장).

• 성전에 해당하는 그림은 성전이다

성전 그림은 **성전 시대**로 알려진 구약 성경의 마지막 시대를 나타낸다. 또한 이 그림은 성막(출 25-40장)과 솔로몬이 예루살렘에 지은 성전(왕상 6-8장)을 의미한다. 성전은 바벨론에 의해 주전 586년 파괴되었지만, **포로 시대** 이후 다시 짓기 시작하여 주전 516년에 완공된다(스 6장).

• 단어를 암기하라

다음 장으로 넘어가기 전 각 시대에 해당하는 명칭, 연도, 그림을 반드시 암기하기 바란다. 위에 나온 요약본을 기초로 각 시대마다 한두 줄 정도로 요약할 수 있어야 한다.

• 성경 읽기

이 책을 읽을 때는 반드시 옆에 성경을 두고 같이 읽어 나가기를 바란다. 구약에 나타나는 구속사를 이해하기 위해서는 꼭 성경 이야기를 숙지해야 한다. 이 책에서는 인용한 성경 구절을 명시하여 핵심 인물과 중요 사건을 배우는 동시에 성경을 함께 읽을 수 있도록 했다. 이 책에서는 한글 개역개정(원서는 ESV) 성경을 사용했다. 이제 구약 성경의 첫 번째 시대인 **창조 시대**로 갈 준비가 되었다. 하나님 말씀을 연구하는 즐거움을 만끽하기 바란다!

1장 창조 시대

Creation

구약 연대표를 앞에 두고 책을 읽기 바란다. 그러면 거대한 구속사를 포괄적으로 바라보는 데 도움이 될 것이다. 이 장에서는 연대표에서 창조 시대 아래에 있는 내용들을 다룰 것이다. 추가적으로 여러 성경 구절도 제시할 것이다. 그러한 핵심 구절들을 읽으면 많은 도움이 될 것이다. 성경을 펴서 중요한 구절에 밑줄을 치며 읽어도 좋다.

미리 보는 창조 시대

구약 성경의 첫 번째 시대는 **창조 시대**로 명명할 것이다. 그 이유는 성경을 여는 첫 부분이 말씀으로 세상을 창조하시는 하나님을 그려 내고 있기 때문이다. 성경은 이 세계와 모든 살아 움직이는 것을 창조하신 하나님의 이름을 여호와라고 한다. 여호와 하나님은 창조 세계를 지으시고 모든 것에 생명을 주신 분이시며, 찬양과 경배를 받으실 유일한 분이다. 특별히 성경의 첫 장은 사람의 창조에 집중하는데, 사람은 하나님의 형상으로 하나님과 유사하게 지음받은 존재다. 따라서 사람, 즉 남자와 여자는 하나님의 대리인으로서 하나님의 창조 세계를 다스릴 것이다. 그들은 하나님의 축복을 받아 번성하고, 땅에 충만하고, 땅을 정복할 것이다. 그래서 하나님은 동산을 지으시고 남자와 여자를 그곳에 두신 것이었다. 동산 가운데에는 두 나무가 있었는데 하나는 생명 나무였고, 또 다른 하나는 선악을 알게 하는 나무였다. 하나님은 아담에게 선악을 알게 하는 나무의 열매를 먹지 말라고 명하시면서 먹는 날에는 반드시 죽으리라고 경고하셨다. 이 명령이야말로 하나님과 함께하는 삶의 정수다. 사람은 하나님을 신뢰하고 하나님의 목소리에 순종해야 한다. 그리고 그렇게 함으로써 하나님께 영광을 돌리는 것이다.

하지만 그 동산에 뱀이 들어온다. 뱀은 아담과 하와에게 거짓말을 한다. 그러면서 하나님이 금지한 나무 열매를 먹어도 죽지 않을 것이며, 그 열매를 먹으면 오히려 하나님과 같이 될 것이라고 말한다. 하와는 거짓말에 속아서 창조주보다 피조물의 말을 듣고 만다. 하와는 함께 있는 남편에게도 열매를 주었고, 남편도 그 열매를 먹는다. 그렇게 아담은 하나님의 법을 어긴 범법자가 되었다. 하나님의 명령을 직접 들은 사람은 바로 아담이었기 때문이다. 아담이 불순종하면서 사망이 임한다. 그런데 아담뿐 아니라 아담과 이름 및 본질을 공유한 모든 인류에게 사망이 임하게 되었다. 아담과 하와는 에덴동산에서 쫓겨났고, 죄의 결과는 아담의 아들인 가인에게서 분명하게 드러난다. 가인이 자신의 동생을 죽이고 만 것이다. 사람은 계속해서 번성해 나갔고, 죄 또한 창궐했다. 사람의 마음은 창조주 하나님에게서 멀어져만 갔고 하나님이 보시기에 악한 일만을 꾀했다. 하나님은 피조물을 슬퍼하시다가 결국 인류를 쓸어버리기로 결정한다. 하지만 하나님은 은혜로우셔서 노아에게 임박한 심판을 경고하신다. 하지만 이렇게 하신 것은 노아가 선해서가 아니라, 하나님이 은혜로우시기 때문이었다. 하나님은 홍수를 보내서 인류를 쓸어버리기로 계획하셨지만 노아는 하나님께 은혜를 입는다. 노아는 방주를 지으라는 하나님의 명령에 순종하여 보이지 않는 사실, 즉 하나님이 말씀하신 것처럼 홍수가 임할 것을 믿었다. 노아는 "믿음으로" 하나님께 순종했고, 하나님은 노아를 의롭다고 하신다. 그래서 노아는 가족과 함께 방주에 들어갈 수 있었다. 홍수가 잠잠해지고 나서 하나님은 노아 및 모든 인류와 언약을 세우신다. 비록 사람의 마음은 변하지 않았지만 하나님은 다시는 홍수로 자신의 피조물을 멸망시키지 않기로 약속하셨다. 이후로도 인류 이야기가 계속될 수 있는 이유는 하나님이 벌을 내리지 않기로 약속하셨기 때문이다. 그리고 무지개는 이 언약의 징표가 되었다.

시간이 흐르자 사람은 또 하나님과 상관없이 행하면서 견고한 도시를 건설하고자 한다. 그들은 교만하게도 거대한 건물을 세워 이름을 떨치려고 한다. 하나님은 그들을 심판하셔서 인류를 흩어 버리고, 언어를 혼란하게 만들어 그들이 더 이상 협력하지 못하도록 하신다. 하나님이 심판하신 결과 민족 간에 구분이 생겨났고, 인류는 분리된다. 이렇게 인류가 흩어지는 가운데 하나님은 셈의 계보를 탁월하게 하신다. 그래서 셈의 자손, 즉 아브라함으로 직접 이어지는 그 혈통에서 인류의 희망이 태어난다. 구약 성경의 첫 번째 시대가 끝나 가면서 우리는 사람의 역사가 죄와 심판의 영향을 받기는 하지만 희망이 없는 것은 아니라는 사실을 깨닫는다. 하나님은 자신의 창조 세계를 회복할 계획을 세우셨고, 그 계획은 아브라함의 혈통을 통해 실현될 것이다. 왜냐하면 그의 "씨"로 인해 이 땅의 모든 민족이 하나님께 복 받을 것이기 때문이다.

창조 시대는 창세기 1-11장에 해당하며 창조, 타락, 홍수, 민족의 출현을 다룬다. 그 계보는 아담에서 노아까지(10대, 창 5:1-32 참고), 노아에서 아브라함까지(10대, 창 11:10-26) 이어진다. 이 시대의 연도는 정확하게 알 수 없다. 창조 시기를 특정할 수 없기 때문이다. 이 시대의 주요 인물로는 아담과 하와(더불어 세 아들 가인, 아벨, 셋) 및 에녹, 라멕, 노아(더불어 세 아들 셈, 함, 야벳)가 있다.

◆ 하나님이 세상과 생물을 창조하시다

창세기는 "태초에 하나님이 천지를 창조하시니라"(창 1:1)라는 선언으로 시작한다. 창세기 1장 1절-2장 3절은 하나님이 세계와 생물을 창조하신 내용을 시의 형식으로 기록한다. 하나님이 말씀하시자, 창조 세계가 발생하고 또 존재하게 되었다. 하나님 말씀에는 힘이 있고, 능력이 나타난다. 그렇기 때문에 하나님이 말씀하시자 창조 세계가 그 실체를 갖춘 것이다(시 33:1-9; 히 11:3; 요 1:1-3 참고).

창조 이야기가 운문 형식을 따르고 있음을 나타내는 여러 가지 특징이 있다. 먼저, 주요 구절과 용어가 반복된다. 예를 들어 "하나님이 이르시되"(창 1:3, 6, 9, 11, 14, 20, 24, 26, 29), "그대로 되니라"(창 1:7, 11, 15, 24)라는 구절이 되풀이된다. 그리고 하나님이 이름을 붙이실 때 사용하는 문구인 "하나님이 이르시되"(창 1:5, 8, 10)라는 말씀이 세 차례 등장한다. 또한 하나님이 창조물을 인정하실 때 사용하시는 문구인 "하나님이 보시기에 좋았더라"라는 말씀도 일곱 차례 나타난다(창 1:4, 10, 12, 18, 21, 25, 31). 무엇보다도 대칭을 이루도록 구절들을 배치하여 일곱째 날에 그 절정에 달하도록 이야기를 구성했다는 점에서 창조 기사가 운문 구조를 따르고 있다는 사실이 분명하게 드러난다. 고대 세계에서 숫자 7 또는 7의 배수는 완벽 또는 완성을 의미한다. 창조 이야기에 나타나는 7일이라는 틀은 그저 하나님이 6일 동안 일하시고 7일째 되는 날에 안식하셨다는 사실을 전하는 것뿐 아니라 하나님의 창조가 얼마나 완벽하고 완전했는지를 시적인 형태로 표현한 것이다. 하나님이 만드신 것은 모두 "심히 좋았다"(창 1:31).

또한 첫째 날 빛을 창조하신 것(3-5절)과 넷째 날 해와 달과 별들을 창조하신 것(4-6절)이 상응한다는 사실에 주의하라. 마찬가지로 둘째 날 물을 나누어 궁창을 창조(6-8절)하신 것은 다섯째 날 새와 물고기를 창조(20-23절)하신 것과 짝을 이룬다. 그리고 마지막으로 셋째 날에 땅과 채소를 창조(9-13절)하신 것은 여섯째 날에 생물과 사람을 창조(24-31절)하신 것과 대응을 이룬다. 이렇게 대칭을 이루는 구조는 하나님이 각 영역들을 지으시고, 그 영역에 해당하는 피조물을 주관하는 대상을 지으셨음을 강조한다. 즉 해는 날을 주관하고 달은 밤을 주관한다. 물고기는 물에서 헤엄치며 새는 하늘을 날고 땅에서 번성할 것이다. 사람은 땅에 살면서 땅을 정복해야 했다. 하나님이 그 땅으로 사람에게 필요한 것을 생산하고 사람이 거주할 만한 곳이 되도록 하셨기 때문이다. 모든 것은 종류에 따라 창조되었고, 모든 것에게는 자기 영역이 있었다. 하나님의 창조 활동은 여섯째 날 절정에 달한다. 성경은 다른 모든 날보다 이날에 집중한다. 그리고 이날 하나님은 사람, 즉 남자와 여자를 자기 형상과 모양으로 지으신다. 사람은 왕의 대리인으로서 하나님의 모든 창조 세계를 다스리게 될 것이다(시 8편). 하나님은 일곱째 날을 거룩한 날로 구분하신다. 왜냐하면 그날에 하나님은 하시던 모든 일을 쉬시기 때문이다(창 2:1-3; 출 20:8-11, 35:1-3).

◆ 여호와 하나님은 창조주시다. 그분만이 하나님이시다

창세기 1장과 2장을 함께 읽으면, 세계와 생물을 창조하신 하나님, 창조 세계 위에 그 영으로 운행하신 전능하신 하나님이 바로 여호와 하나님이라는 사실이 드러난다(창 2:4). 여호와 엘로힘(한글 성경은 "여호와 하나님"으로 번역함)은 이스라엘의 하나님의 이름이었다(출 3:15, 6:2-3, 20:2, 34:6). 그렇기 때문에 창세기를 시작하는 장들은 창조 세계를 지으신 하나님이 다름 아닌 이스라엘의 하나님, 즉 여호와이심을 분명하게 밝힌다. 왜 이 사실이 그렇게 중요한가? 구약 성경을 보면서 명심할 것이 있다. 바로 고대 세계는 매우 "종교적인" 곳이었다는 점이다. 우선, 사람들이 많은 신을 믿었다(이를 "다신론"이라고 한다)는 점에서 종교적이었다. 사람들은 온갖 종류의 신들을 섬겼다. 해와 달과 별들과 같은 천체를 포함하여 금이나 은, 또는 나무나 돌로 만들어진 우상같이 사람이 만든 것들도 섬겼다. 이렇게 신을 섬기는 행위의 기저에는 그 신들을 달래면(보통 희생 제물이 그러한 역할을 한다), 삶을 통제할 수 있으며 질병이나 고통, 기근과 전쟁에서 보호받을 수 있다는 믿음이 있었다. 즉 고대 세계에는 무신론자란 존재하지 않았다. 오직 다신론

자들만 존재했을 뿐이다. 심지어 아브라함도 우상을 숭배하는 가문 출신이었다.

이러한 상황을 고려하면 창조 이야기의 목적은 무신론을 믿는 세계에 하나님이 존재한다는 사실을 증명하는 것이 아니라(이미 모든 사람이 신을 믿고 있기 때문에), 다신론을 믿는 세계에 창조주 하나님만이 유일한 하나님이시라는 사실을 밝히는 것이었다. 즉 이스라엘의 하나님(그 이름은 여호와 엘로힘)만이 참되시고 살아 계신 유일한 하나님이라는 말이다. 해와 달과 별들도 하나님이 창조하신 것이기 때문에 신도 아니고 예배 대상도 아닌 것이다. 결국 이 이야기는 모든 창조 세계가 여호와 하나님 안에 기원을 두고 있기 때문에 하나님께만 모든 찬양과 영광을 돌려야 마땅하다는 선언이라고 할 수 있다.

구약 시대를 살아가던 하나님 백성에게 창세기 1-2장에 나오는 창조 이야기는 기초 중 기초였다. 하나님의 백성은 다신론을 믿는 세상에서 살고 있었기 때문에 무엇보다도 여호와만이 유일한 하나님이라는 사실을 분명하게 알아야 했다(신 6:4). 하나님은 이스라엘 백성을 기적적으로 애굽에서 구원하셨고, 그렇게 애굽 신들에게 자신의 주권을 드러내셨다. 이스라엘 백성은 이러한 하나님과 언약 관계를 맺은 것이었다. 따라서 그들은 하나님만을 예배해야 했다. 그렇기 때문에 십계명 중 처음 두 계명은 이스라엘이 다른 신을 섬기는 것을 금한다. 그들은 어떤 우상도 만들 수 없었고, 어떤 우상을 섬기거나 예배할 수도 없었다(출 20:3-6). 그래서 하나님의 백성이 약속의 땅에 들어서기에 앞서 모세는 이방 신을 섬길 때 닥칠 위험을 반복해서 경고한다.

> 그리하여 스스로 부패하여 자기를 위해 어떤 형상대로든지 우상을 새겨 만들지 말라 남자의 형상이든지, 여자의 형상이든지, 땅 위에 있는 어떤 짐승의 형상이든지 …… 또 그리하여 네가 하늘을 향하여 눈을 들어 해와 달과 별들, 하늘 위의 모든 천체 곧 너희의 하나님 여호와께서 천하 만민을 위하여 배정하신 것을 보고 미혹하여 그것에 경배하며 섬기지 말라(신 4:16-19)

모세는 이스라엘 백성들에게 "사람의 손으로 만든 바 보지도 못하며 듣지도 못하며 먹지도 못하며 냄새도 맡지 못하는 목석의 신들을"(신 4:28) 섬기지 말라고 경고한다. 이스라엘 역사를 보면 많은 선지자가 사람의 손으로 만든 우상을 예배하는 어리석음에 대해서 말한다(사 44:9-20, 46:1-13; 렘 10:1-16; 합 2:18-20). 장인들이 이러한 우상을 만들었고, 입과 눈과 귀가 달려 있다고 하더라도 실상 그 우상들은 "입이 있어도 말하지 못하며 눈이 있어도 보지 못하는"(시 115:5-6, 또한 시 135:15-18 참고) 존재들이다. 또한 살아 있지 않기 때문에 아무런 호흡도 하지 못한다(시 135:17; 렘 10:14, 51:17; 합 2:19).

수백 년 후에 사도 바울도 비슷한 이야기를 한다. "하나님을 금이나 은이나 돌에다 사람의 기술과 고안으로 새긴 것들과 같이 여길 것이 아니니라"(행 17:29). 또한 예레미야 선지자는 "오직 여호와는 참 하나님이시요 살아 계신 하나님이시요 영원한 왕이시라"(렘 10:10)라고 선포한다. 이는 우상숭배와 완전히 대척되는 말씀이다. 예레미야는 우상에 대해서 "천지를 짓지 아니한 신들은 땅 위에서, 이 하늘 아래에서 망하리라"(렘 10:11; 시 96:4-5 참고)라고 말하기 때문이다. 그래서 예레미야서는 창조주 하나님을 향한 찬양으로 가득하다. 하나님은 "그의 권능으로 땅을 지으셨고 그의 지혜로 세계를 세우셨고 그의 명철로 하늘을 펴셨기"(렘 10:12) 때문이다. 창조주 하나님은 유일하신 분이며, 그분의 이름은 여호와 엘로힘이다. 그분만이 우리에게 생명과 호흡을 주실 수 있다. 그분만이 살아 계신 하나님이시다(신 4:33-39, 5:22-26).

그런데 구약 성경을 보면 알지만 이스라엘의 가장 큰 문제는 다름 아닌 우상 숭배였다. 이 점을 놓쳐서는 안 된다. 이스라엘 이야기는 하나님이 부르신 소수 집단, 즉 이스라엘 또는 하나님의 백성으로 알려진 그들이 여호와 엘로힘과 언약 관계를 맺고 어떻게 살았는지를 경이로울 정도로 직접적이고 상세하게 보여 준다. 하지만 실제로 하나님의 백성은 자신들의 창조주를 섬기지 않고 계속해서 스스로 만든 우상을 섬기고 받든다. 그들은 지속적으로 하나님의 말씀에 순종하지 않았고, 그 말씀에 마음을 쓰지도 않았다. 심지어 재앙이 임박했을 때도 마찬가지였다. 그들의 이야기는 사람 내면이 어떠한지를 여실히 보여 준다. 즉, 자신의 방법대로 하도록 내버려 두면 사람 마음은 하나님을 거부하며, 창조주보다 창조된 대상을 섬긴다. 따라서 인류 이야기를 제대로 파악하기 위해서는 이스라엘 이야기를 가지고 씨름해야 한다. 왜냐하면 인류 이야기와 이스라엘 이야기는 마치 아담 이야기가 이스라엘 이야기와 하나로 합해지는 것처럼 묘하게 하나로 합해지기 때문이다.

구약 성경을 보면 창세기 1-2장에 드러난 계시, 즉 여호와가 창조주라는 것은 결코 부수적인 내용이 아니라는 점을 깨닫게 된다. 왜냐하면 창조 이야기는 그저 세상이 어떻게 존재했는지를 그리는 것이 아니라, 누가 세상을 존재하게 했느냐의 문제를 다루기 때문이다. 창조 이야기는 분명히 하나님은 한 분이시며 그분의 이름은 여호와 엘로힘, 즉 여호와 하나님이심을 밝힌다.

구약 성경을 기록한 저자들도 하나님이 창조주이심을 확증하기 위해 애쓴다. 예를 들어 모세는 이스라엘 백성에게 "하늘에나 아래로 땅에 오직 여호와는 하나님이시요 다른 신이 없는 줄"(신 4:39) 알라고 말한다. 이사야 선지자는 계속해서 하나님이 창조주이심을 천명한다. 특히 이스라엘이 우상을 섬기는 것을 비난하면서 여호와 외에는 다른 하나님이 없다고 격정적으로 외친다. "하늘을 창조하신 이 그는 하나님이시니 그가 땅을 지으시고 그것을 만드셨으며 그것을 견고하게 하시되 혼돈하게 창조하지 아니하시고 사람이 거주하게 그것을 지으셨으니 나는 여호와라 나 외에 다른 이가 없느니라"(사 45:18). 하나님은 반복적으로 이사야 선지자를 통하여 자신이 여호와이며 다른 신은 없다고 선포하신다(사 40:18-31, 43:8-13, 44:6-8, 24, 45:5-13, 18-25, 46:1-13). 여호와에 비길 자는 아무도 없다. 오직 여호와만이 하늘과 땅을 창조하셨다. 여호와만이 처음부터 마지막을 선포하셨다. 하나님은 선지자를 통해서 말씀하신다. "거룩하신 이가 이르시되 그런즉 너희가 나를 누구에게 비교하여 나를 그와 동등하게 하겠느냐 하시니라 너희는 눈을 높이 들어 누가 이 모든 것을 창조하였나 보라 주께서는 수효대로 만상을 이끌어 내시고 그들의 모든 이름을 부르시나니"(사 40:25-26). 하나님은 자기 백성에게 "내가 그인 줄 깨닫게 하려 함이라 나의 전에 지음을 받은 신이 없었느니라 나의 후에도 없으리라 나 곧 나는 여호와라"(사 43:10-11)라고 말씀하신다. 따라서 하나님의 백성은 마땅히 다음과 같이 선포하며 하나님을 찬양해야 했다. "오직 주는 여호와시라 하늘과 하늘들의 하늘과 일월성신과 땅과 땅 위의 만물과 바다와 그 가운데 모든 것을 지으시고 다 보존하시오니 모든 천군이 주께 경배하나이다 주는 하나님 여호와시라"(느 9:6-7; 시 148:1-14 참고). 성경 저자들은 분명히 전한다. 여호와는 창조주시다. 그리고 그분의 능력은 창조 과정에서 분명하게 나타났다. 그분만이 하나님이시다.

많은 세월이 지난 후, 사도 바울도 하나님의 신성이 창조 세계에 드러난다고 말한다. "창세로부터 그의 보이지 아니하는 것들 곧 그의 영원하신 능력과 신성이 그가 만드신 만물에 분명히 보여 알려졌나니"(롬 1:20). 여호와만이 하나님이시기 때문에, 그분의 모든 창조 세계는 주님의 이름을 찬양한다(시 148:1-5). 창조 이야기는 이스라엘 이야기의 골자라고 할 수 있다. 왜냐하면 창조 이야기는 처음부터 이스라엘(그리고 모든 인류)이 알아야 할 모든 것, 즉 여호와가 만물의 창조주시며 유일하신 하나님이라는 사실을 전하기 때문이다.

◆ 하나님이 자신의 형상과 모양을 따라 사람을 창조하시다

하나님은 이 땅을 결실을 내고 생명이 살아갈 수 있는 곳으로 만드신다. 그리고 모든 생물을 창조하셔서 그 땅에서 살게 하셨다. 그렇게 하신 이후 하나님이 다음과 같이 말씀하실 때 창조 이야기는 절정에 달한다. 이제 하나님은 인류를 창조하신 뜻이 무엇인지를 말씀하신다.

> 우리의 모양대로 우리가 사람을 만들고 그들로 바다의 물고기와 하늘의 새와 가축과 온 땅과 땅에 기는 모든 것을 다스리게 하자 하시고 하나님이 자기 형상 곧 하나님의 형상대로 사람을 창조하시되 남자와 여자를 창조하시고(창 1:26-27)

하나님은 남자와 여자를 하나님의 형상으로 만드시고 이 땅에서 하나님을 대변하도록 하셨다. 인류, 즉 남자와 여자는 하나님께 창조 세계를 다스리는 임무를 받은 것이다.

창세기 1장 26-27절에서 인류가 받은 역할을 정확히 파악하기 위해서는 먼저 고대 세계에서 "형상"이라는 용어를 어떻게 사용했었는지 이해해야 한다. 우선, 당시 사람들은 왕이란 신의 모습으로 나타난 존재라고 믿었는데, 그러한 왕을 언급할 때 "형상"이라는 단어를 사용했다. 그렇기 때문에 하나님이 사람을 하나님의 형상으로 만드셨다고 할 때, 인류에게 우주를 "다스리라"라고 하신 것으로 읽어도 전혀 이상하지 않다. 인류가 땅을 채워 나가면, 그에 따라 창조주 하나님도 자신의 형상을 지닌 자들로 이 세계를 채우실 것이다. 그렇게 되면 그들은 "땅과 거기에 충만한 것과 세계와 그 가운데에 사는 자들은 다 여호와의 것이로다"(시 24:1)라고 외칠 것이다. 궁극적으로 인류는 하나님을 알고 그의 영광을 세상 끝까지 나타내도록 지음을 받은 것이다(합 2:14).

고대 세계에서는 우상도 "형상"으로 간주했다. 형상(우상의 신상)이란 나무, 돌, 금, 은으로 만든 것으로서 특정한 신을 대변하는 대상이기도 했지만, 신성과 생명을 부여하는 특별한 의식을 통해서 실제로 형상 자체를 신으로 여기기도 했다. 말하자면 우상을 만들고 복잡한 예식을 드리면 그 우상에 "생명이 생기게" 된다고 믿은 것이다. 하지만 성경은 사람이 만든 형상에는 호흡이 없다고 분명하게 선포한다(렘 10:14, 51:17; 시 135:17; 합 2:19 참고). 그것들은 살아 있는 형상도 아니고 신도 아니며, 나무 토막이나 돌 조각에 불과하다. 하지만 하나님이 자신의 형상을 창조하셨을 때 하나님은 사람을 "지으셨다"(형상을 만든다는 의미. 사 44:9, 10, 12; 합 2:18 참고). 그리고 생기를 불어넣으셔서 아담으로 정말 **살아 있는** 형상이 되게 하셨다. 사람이 만든 형상과는 달리 아담은 볼 수 있는 눈과, 들을 수 있는 귀와, 말할 수 있는 입을 지니고 있었다. 아담은 **살아 계신** 하나님의 형상으로 만들어졌기 때문에 살아 있는 형상이 된 것이다. 모든 것에 생명과 호흡을 주시는 유일하신 창조주 하나님이 자신을 대변하도록 살아 있는 형상을 만드셨고, 이 세상에서 자신의 영광을 나타내도록 하신 것이다.

• 사람이 하나님의 창조 세계를 다스리다

사람은 하나님의 형상과 모양으로 만들어졌기 때문에 모든 사람은 하나님의 창조 세계를 다스리는 왕으로서 하나님을 대변하는 존재가 되었다(창 1:26, 28). 이는 놀라운 일이다. 왜냐하면 고대 세계에서 이러한 영예로운 지위는 나라를 통치하는 왕에게만 주어졌기 때문이다. 하지만 창조 이야기에서는 모든 사람이 위대한 왕의 자녀가 되어 왕의 특권을 누린다. 시편 저자들은 하나님이 창조 세계에 이루신 일을 경탄한다. "주의 손가락으로 만드신 주의 하늘과 주께서 베풀어 두신 달과 별들을 내가 보오니 사람이 무엇이기에 주께서 그를 생각하시며 인자가 무엇이기에 주께서 그를 돌보시나이까 그를 하나님보다 조금 못하게 하시고 영화와 존귀로 관을 씌우셨나이다 …… 여호와 우리 주여 주의 이름이 온 땅에 어찌 그리 아름다운지요"(시 8:3-9). 이 시편 저자는 하나님이 사람에게 영화와 존귀로 관을 씌우셨음을 찬양한다. 이처럼 인류, 즉 남자와 여자는 하나님의 창조 세계를 다스릴 권한을 부여받았다.

▶▶▶ 구약 연대표

연대표를 앞에 두고 **창조 시대** 부분 옆에 있는 왕관 그림을 주의해서 보라. **파란 왕관**은 인류가 하나님을 대변하는 왕 같은 존재이며, 하나님이 자신의 창조 세계를 통치하도록 정하신 존재라는 점을 나타낸다. 연대표 뒤편에 왕권과 관련한 이 중요한 모티프를 간략하게 설명해 두었다.

하지만 창세기 3장에 들어서면 사람이 창조주에 저항하는 타락 이야기가 나온다. 사람은 살아 있는 하나님을 대변하고 반영하기는커녕 하나님을 높이지도 않고 하나님께 영광을 돌리지도 않게 된 것이다. 그들은 뱀의 말을 듣고 창조주를 섬기는 것보다 피조물을 섬기는 편을 택한다. 그렇게 반역을 저지른 결과 영광스럽고도 영예로운 왕관을 썼던 그들은 이제 사망과 부패라는 고통스러운 현실에 직면한다. 더 이상 사람은 창조 세계를 다스리지 못하게 되었다. 이제 죄와 사망이 창조 세계에서 왕 노릇 하게 된 것이다(롬 5:12-21, 6:3-14, 7:8-11, 24; 고전 15:21-22).

하지만 **빈 무덤**(CASKET EMPTY)으로 요약되는 하나님의 구속 계획에 따라서 예수의 죽음과 부활이 마침내 죄와 사망의 통치를 이기는 날이 임할 것이다. 그리하면 하나님이 최후의 적인 사망을 포함한 모든 것을 그 발아래 두실 것이다(고전 15:25-28; 히 2:6-10; 엡 1:20-22; 빌 2:9-11). 예수 그리스도는 참으로 "하나님의 형상"이시고, "모든 창조물보다 먼저 나신 자"(고후 4:4; 골 1:15-16)시다. 오직 예수만이 하나님의 본체의 형상이시다(히 1:3). 예수는 사람을 자신의 형상으로 변화시켜 영광에서 영광에 이르게 하시고, 온전하게 회복시키신다(롬 8:29; 고후 3:17-18; 골 3:10).

• 사람은 생육하고 번성하여 땅에 충만해야 한다

하나님은 사람을 자기 형상과 모양으로 창조하신 후에 그들을 축복하며 말씀하신다. "생육하고 번성하여 땅에 충만하라"(창 1:28). 하나님은 사람들이 자신을 대변하여 땅에 충만하고, 우주가 자신의 영광으로 충만하여지기를 원하셨다. 하지만 말씀만 하시면 피조물이 생겨나던 창조 때와는 달리 사람에게 주신 번성의 임무는 그렇게 빨리 결실을 맺지 못했다. 아담과 하와는 둘 사이에 자녀를 두었지만, 오히려 자녀 간에 잔인한 살인 사건이 발생한다. 심지어 홍수가 일어나 이 땅의 사람들이 멸절된다. 그래서 창조의 열매를 맺으라는 명령은 그다지 분명하게 실현되는 것 같지 않아 보인다. 물론 홍수 후에도 하나님은 그 창조의 복을 노아와 아들들에게 다시 주신다(창 9:1, 7). 그리고 사람들은 셈, 함, 야벳의 족보에서 보듯이 계속해서 번성해 나간다(창 10장). 하지만 **창조 시대**는 다시 하나님의 심판으로 마무리된다(창 11:1-9). 하나님이 사람들을 흩으시고 언어를 혼란하게 하신 것은 창조의 축복이 성취된 것이 아니라 죄에 대한 심판의 결과였다(창 11장).

하지만 사람들이 그렇게 흩어지는 와중에도 아브라함으로 곧 이어지는 셈의 족보를 통해서 인류에 대한 희망이 나타난다(창 10:21-31, 11:10-26). 아브라함, 이삭, 야곱을 배우면(창 12-50장), "생육하고 번성하여 땅에 충만하라, 땅을 정복하라"라는 명령에 나온 동사들이 창세기 12-50장에서 반복해서 나타난다는 사실을 본다. 하지만 이 명령들은 하나님이 자신의 편에서 약속하신 것으로서(창 17:1-2, 6, 26:4, 22, 48:3-4), 하나님이 스스로 창세기 1장 28절에서 제시하신 창조의 축복을 완수하는 책임을 지시기로 작정하셨다는 사실을 의미한다. 이 축복은 우선적으로 아브라함과 그의 씨에서 이루어질 것이다(창 47:27; 출 1:7; 신 1:10, 10:22). 하지만 그 축복의 범위는 이스라엘을 훨씬 넘어 매우 광대한 지경에 이를 것이다. 왜냐하면 하나님의 목적은 하나님을 대변하는 인류가 전 지구를 채워 마침내 우주까지 하나님의 영광으로 가득하게 하는 것이었기 때문이다. 이러한 축복을 이루시기 위해 하나님도 해야 하실 일이 많았다. 그렇지만 어떻게든 그 약속하신 "씨"는 반드시 올 것이다.

◆ 아담과 하와가 에덴동산에서 살아가다

창조 기사는 하나님이 자신이 만드신 창조 세계를 "심히 좋았더라"(창 1:31)라고 선포하신 후, 일곱째 날 안식하시는 것으로 마무리한다(창 2:1-3; 출 20:9-11). 그러고 나서 창세기 2장에 창조 이야기가 다시 시작되는데, 이번에는 아담의 창조(창 2:7), 하와의 창조(창 2:22)에 집중한다. 하나님은 에덴동산에 모든 종류의 씨 맺는 식물을 두셨다. 그 식물들은 보기에도 좋았고 음식으로도 훌륭했다(창 2:8-15). 고대 세계에서 나무란 한 왕이 다스리는 영토의 탁월함과 규모를 보여 주는 상징이었다. 여호와는 홀로 하나님이셨기 때문에 모든 종류의 나무를 심으시고 자신이 온 세계의 주인이심을 보여 주신다. 에덴동산은 풍요로운 곳으로서 에덴에서 흘러나온 강은 온 동산을 적셨다. 그리고 무엇보다도 에덴동산은 하나님이 임재하시고 다스리는 곳이었다. 아담은 이 아름다운 동산에서 하나님과 함께하는 삶을 즐기기만 하면 되었다. 그리고 얼마 지나지 않아 하와도 창조되었기 때문에 아담은 아내와 그러한 삶을 향유하기만 하면 되었다. 이것이 인류 이야기의 시작이다. 사람은 살아 계신 하나님과 공동체를 이루도록 창조된 것이다.

• 아담은 동산을 다스리고 지켜야 한다

하나님은 아담을 에덴동산에 두시고 동산을 "경작하며 지키게"(창 2:15) 하셨다. 얼핏 보면 하나님은 아담에게 그저 동산을 관리하는 임무만 주신 것 같다. 하지만 창세기 2장 15절에서 사용한 이 용어를 보면 아담이 맡은 일은 실제로 제사장 역할에 가까운 것이었다. 왜냐하면 이 동사들은 장막에서 섬기는 일을 맡은 레위인들의 직무와 유사하기 때문이다(민 3:7-10, 18:7). "지키다"로 번역된 단어는 "보호하다" 또는 "방어하다"(창 3:24, 4:9)의 뜻도 지니고 있다. 이는 아담이 동산에서 맡은 임무가 제사장의 역할임을 암시하는 것으로서, 그가 하나님이 거주하시는 신성한 장소를 지키는 자였음을 드러낸다. 에덴동산을 묘사한 것을 보면 이후에 있을 장막의 형상(출 25-31장, 35-40장)을 일깨우고 있으며, 또한 성전의 심상(왕상 6-8장, 또한 겔 40-43장, 47장, 계 21-22장 참고)을 담고 있음을 보게 되는데, 이는 놀라운 일이 아니다. 오히려 그렇게 해서 에덴동산은 하나님이 거하시는 거룩한 곳임을 강조한 것이다. 하지만 얼마 지나지 않아 사람은 에덴동산, 즉 하나님의 임재에서 추방되고 만다. 하지만 하나님은 에덴동산에서 상실된 것을 회복시킬 계획을 세우신다. 그래서 다시 한 번 그의 백성과 함께 머물고자 하신다. 사람을 회복하시려는 하나님의 계획은 족장들과 맺으신 약속으로 시작되었고, 궁극적으로는 하나님 스스로 예수로 오셔서 그의 백성들 가운데 "거하실" 때 실현될 것이다(요 1:14).

• 생명나무와 선악을 알게 하는 나무

열매를 맺는 모든 종류의 나무가 동산에서 자라고 있었지만, 그 중앙에는 생명나무와 선악을 알게 하는 나무 두 그루가 있었다(창 2:9). 아담은 생명나무를 포함한 동산 모든 나무의 열매를 먹을 수 있었다. 하지만 하나님

은 선악을 알게 하는 나무의 열매는 먹지 말라고 명하신다. 그리고 그 나무의 열매를 먹으면 반드시 죽을 것이라고 하셨다(창 2:16-17). 창조 이야기를 읽으면서 우리는 이 두 나무의 의의와 하나님의 명령이 왜 중요한지를 반드시 깨달아야 한다. 아담과 하와는 중앙에 선악을 알게 하는 나무가 있는 동산에서 살아야 했다. 동산의 모든 나무가 보기에 좋았다(창 2:9). 그런데 문제는 그곳에 선악을 알게 하는 나무도 있었다는 사실이다. 이 나무의 열매는 **먹음직했다**(창 3:6). 하지만 하나님의 명령에 따르면 그 열매는 실제로는 **좋은 것이 아니었다**(창 2:17). 아담과 하와는 하나님과 함께하는 삶을 영위하기 위해서 눈에 보이는 것이 아닌 믿음을 따라 살아야 했다. 하나님의 명령에 순종하기 위해서 아담과 하와는 여호와가 하나님이시며, 그분의 말씀은 신뢰할 수 있으며 진실이라는 사실을 인정해야 했다. 아담과 하와는 눈에 보이는 것을 기준으로 결정을 내려서는 안 된다. 오직 하나님의 말씀에 근거하여 결정을 내리고, 금지된 나무의 열매를 먹으면 반드시 죽는다는 사실을 믿어야 했다. 이 명령은 단순하지만 아주 심오한 것이었다. 겉으로 보기에는 별것 아닌 것들이 사람 내면의 핵심을 꿰뚫는 법이다. 이렇게 해서 아담과 하와는 여호와 하나님께 순종하여 여호와가 하나님이시라는 사실을 인정할 것인지, 아니면 그렇지 않을 것인지를 드러내게 된다. 나무가 동산 가운데 있었다는 것은 하나님의 명령이 동산에서 하나님과 함께하는 삶에 핵심이 된다는 사실을 강조하는 장치다.

• 하나님이 아담에게 명하신 한 가지

창세기 2장 17절에서 하나님이 아담에게 하신 명령은 성경 전체 줄거리를 이해하는 데도 매우 중요하다. 이 명령이 그렇게 중요한 이유는 몇 가지가 있다. 그 이유들을 좀 더 자세하게 설명하고자 한다. 우선 우리는 이미 창조 이야기를 보면서 하나님이 자신을 말씀하시는 하나님으로 드러내셨다는 사실을 고찰했다(창 1:3, 6, 9, 11, 14, 20, 24, 26; 시 29:1-11, 148:5; 렘 10:12-13). 또한 창조주 하나님이 아담에게 말씀하시는 것도 봤다. 아담은 살아계신 하나님과 관계를 맺기 위해 지음받은 존재이기 때문에 하나님은 아담에게 직접 말씀하신다.

하지만 하나님은 사람에게 일방적으로 명령만 하신 것이 아니라, 사람을 초대하셔서 대화를 나누기도 하신다. 따라서 창세기에는 하나님과 사람이 나눈 대화가 상당히 많이 기록되어 있다(창 3:9-13, 4:6-15, 15:1-6, 18:17-33). 하나님이 아담에게 하신 말씀은 하나님과 사람이 맺을 관계의 서막에 불과했다. 하나님은 아브라함, 이삭, 야곱과도 말씀을 나누시면서 사람을 구원하시려는 자신의 목적을 드러내셨다. 그리고 선지자 모세를 통해서도 이스라엘 백성에게 말씀하셨다. 그러자 하나님의 백성은 하나님 앞에서 두려워하며 말한다. "육신을 가진 자로서 우리처럼 살아 계시는 하나님의 음성이 불 가운데에서 발함을 듣고 생존한 자가 누구니이까"(신 5:26). 우리는 하나님이 선지자들을 통해서 여러 가지 방식과 형태로 수백 년에 걸쳐서 말씀하셨다는 사실을 배울 것이다. 그리고 하나님의 백성이 계속해서 하나님의 말씀에 순종하기를 거부했다는 사실도 알 것이다. 하지만 그들의 실패가 놀라운 일은 아니다. 왜냐하면 동산에서 벌어진 아담 이야기는 이스라엘 이야기가 어떻게 흘러갈지를 보여 주는 전조가 되기 때문이다.

창세기 2장 16-17절에서 선악을 알게 하는 나무의 열매를 먹지 말라고 하신 명령이 그렇게 중요한 두 번째 이유는 이 명령이 성경에 나타나는 첫 번째 명령이고, 이 명령을 통해서 하나님이 시내 산에서 이스라엘과 맺으실 관계를 예상해 볼 수 있기 때문이다. 하나님은 이스라엘을 불러 자기 백성이 되라고 하시면서 그들에게 십계명을 주셨는데 이는 언약 관계의 기초가 되었다. 아담이 동산에서 하나님의 명령을 순종해야 했듯이(창 2:16-17), 이스라엘 자손들도 십계명(및 다른 많은 것)을 순종해야 했다.

구약을 연구하면서 이러한 명령들에 대해서도 배울 것이다. 그런데 우리는 이 명령들이 근본적으로 생명에 관한 것이라는 사실을 알아야 한다. 예를 들어 하나님이 아담에게 자신이 금한 나무의 열매를 먹으면 죽으리라고 경고하실 때, 이는 아담의 생명을 보전하기 위한 것이었다. 이후에 사도 바울도 계명이란 생명을 위해 지으신 것이며 거룩하고 의롭고 선한 것이라고 단언한다(롬 7:10-12; 느 9:13 참고). 마찬가지로 이스라엘에게 하나님이 명령하신 내용도 그들의 생명을 위한 것이었다(레 18:5; 신 4:1, 5:33, 8:1, 30:15-20; 잠 4:4; 겔 20:11, 13, 21). 모세는 이스라엘에게 "사람이 이를 행하면 그로 말미암아 살리라"라고 하면서 하나님의 명령을 지키라고 명한다(레 18:5; 겔 18장, 33:1-20 참고). 따라서 아담이 생명을 지키기 위해 하나님의 명령에 순종해야 했던 것처럼, 이스라엘도 생명을 지키기 위해 반드시 하나님의 명령에 순종해야 한다는 점을 명심하자. 그렇기 때문에 어떤 면에서 동산에서 벌어진 아담 이야기(또한 인류 이야기)는 이스라엘 이야기와 불가분의 관계로 엮여 있는 것이다.

창세기 2장 16-17절에서 주어진 명령이 중요한 세 번째 이유는 이 명령이 하나님과 사람이 맺은 관계를 규정하기 때문이다. 이 명령은 사람이 독자적인 존재로 창조된 것이 아니라는 점을 분명하게 드러낸다. 우리는 고대 세계의 종교와는 전혀 다른 이 명령의 의미를 제대로 파악해야 한다. 사람이 만든 형상이나 해, 달, 별과 같이 창조 세계에 있는 대상을 우상으로 삼아 예배한다고 할 때, 실제로 예배하는 사람은 신에게 자신이 원하는 것을 이야기하고 자신이 원하는 대로 하라고 요청하는 것이다. 하지만 그 신은 예배하는 자에게 무엇을 하라고 요구하지 않는다. 그러한 신은 말을 할 수 없기 때문이다. 예를 들어, 고대 세계에서 태양신에게 예배를 드린다고 하자. 태양신은 말을 할 수 없기 때문에 예배하는 자들에게 어떻게 하라고 이야기할 수 없다. 하지만 이와 정반대로 여호와 하나님은 아담에게 말씀을 하시고, 어떻게 살라고 명령하신다. 아담이 하나님께 어떻게 하라고 말한 것이 아니라 하나님이 아담에게 어떻게 하라고 말씀하신 것이다! 그렇다면 우리는 우상 숭배가 사람에게 얼마나 매력적인 것인지를 알 수 있다. 왜냐하면 우상 숭배자들은 신에게 이렇게 저렇게 하라고 요구할 수 있기 때문이다. 하지만 (말할 수 없는) 신은 예배하는 자들에게 무엇을 하라고 지시할 수 없다. 따라서 이러한 종류의 "종교"는 실상 자신들이 원하는 대로 하는 것일 뿐이다. 그래서 우리는 "과연 참 신은 누구인가? 사람인가 우상인가?"라는 질문을 던지게 된다. 그렇지만 창세기 2-3장을 보면 여호와 하나님이 아담에게 명령을 내리신다. 여호와는 참 하나님(유일하신 하나님)이시기 때문에 아담은 하나님께 순종해야 했다.

창조 사건을 묘사하는 창세기 2장 7절 말씀은 아담에 대한 하나님의 주권을 더욱 강조한다. 이 말씀에서 우리는 하나님이 사람을 땅의 흙으로 "지으셨다"라는 표현을 보게 된다. "지으심"이라는 단어는 토기장이가 진흙을 빚을 때 사용하는 용어다(사 29:16). 하나님은 토기장이시고, 토기장이에게는 자신이 원하는 대로 흙을 빚을 수 있는 권리가 있다. 따라서 진흙은 토기장이에게 이렇게 저렇게 하라고 말할 수 없으며, 토기장이는 진흙에 대해서 완전한 주권을 소유한다(사 29:15-16, 45:9; 렘 18:1-11; 롬 9:20-21). 하나님이 명령을 내리셨다는 것, 그리고 아담을 땅의 흙으로 지으셨다는 점에서 성경은 시작부터 여호와가 하나님이시며 하나님은 자신이 창조하신 것에 대해 절대적인 주권을 소유하신다는 사실을 분명하게 밝힌다.

• 아담에게서 하와가 "뼈 중의 뼈"로 창조되다

하나님은 아담에게 이러한 명령을 내리신(창 2:16-17) 직후, "사람이 혼자 사는 것이 좋지 아니하니 내가 그를 위하여 돕는 배필을 지으리라"(창 2:18)라고 말씀하신다. 이 구절의 첫 부분은 사람이 공동체를 이루기 위해 창조되었다는 사실을 확인해 준다. 사람만이 가지고 있는 관계성은 동물 세계에서는 충족할 수 없는 것으로서, 오직 다른 사람과 맺는 관계를 통해서만 채울 수 있는 것이다(창 2:19-20). 이 구절의 두 번째 부분은 여자가 아담의 임무를 돕는 존재라는 점을 강조한다. 이 구절이 하나님의 명령 바로 뒤에 따라온다는 사실을 고려한다면 어떤 면에서 하와의 역할은 아담을 도와 하나님의 말씀을 잘 지키도록 하는 것이었다고도 생각해 볼 수 있다.

하나님은 아담을 깊이 잠들게 하셨다. 그리고 그가 자는 동안 그의 옆구리에서 여자를 조성하셨다. 여자가 아담에게 나오자 아담은 그 여인이 자신의 "뼈 중의 뼈요 살 중의 살"(창 2:23)이라는 사실을 깨닫는다. 그리고 성경 곳곳에서 가족 관계를 묘사할 때 이 표현을 사용한다(창 29:14-15; 삿 9:1-2; 삼하 19:12). 고대 세계에서 언약이란 같은 가문 출신이 아닌 사람들끼리 친족 관계를 세우기 위한 것이라는 점을 명심해야 한다. 결혼은 가족이라는 기초적인 단위를 이루기 위해 한 남자와 한 여자가 맺는 언약이기 때문에 남자는 자신의 가족을 "떠나거나" 또는 "버리고" 자신의 아내와 "연합"하여 그 언약을 "유지"해야 한다(창 2:24). 이는 남자가 자신의 아내에게 충절을 지키겠다고 언약을 맺었다는 것을 의미한다. 왜냐하면 이러한 용어는 보통 언약을 맺는 상황과 관련이 있는 단어이기 때문이다(신 10:20, 11:22, 30:20). 이제 남자와 여자가 결혼 언약을 맺어 확립되는 이 새로운 친족 관계는 모든 것보다 우선한다. 아담과 하와의 결혼은 모든 결혼의 전형이다. 즉 둘이 "한 몸"이 된다는 것은 새로운 가족 단위를 구성했음을 의미하는 것이다(창 2:18-25, 29:14, 37:27; 레 18:6 참고). 창세기 2장의 창조 이야기는 가족의 출현으로 마무리한다. 그리고 가족은 하나님과 함께하는 삶을 위한 완전한 처소로 보인다. 하지만 뱀의 출현과 함께 모든 것이 바뀐다. 그리고 인류가 잃은 것을 되찾기까지는 많은 세월이 걸린다.

◆ 뱀이 동산에 있는 하와에게 거짓말하다

이제 뱀이 동산에 들어온다(창 3장). 그 신성한 장소에 뱀이 존재한다는 것부터 이미 불행한 징후를 띤다. 그러기에 아담과 하와는 초대받지 않은 그 손님을 경계해야만 했다. 그런데 뱀이 처음으로 한 것은 하와에게 말을 거는 일이었다. 그렇게 해서 뱀은 하나님의 목소리와 다른 이야기를 할 수 있는 계기를 마련한 것이다. 이제 정확히 뱀이 의도한 대로 일이 흘러간다. 뱀의 목소리는 하나님이 하신 말씀에 대해서 의구심을 갖게 만든다. "하나님이 참으로 너희에게 동산 모든 나무의 열매를 먹지 말라 하시더냐"(창 3:1). 그렇게 여자는 뱀과 대화를 시작한다. 그런데 하와의 답을 들어 보면 하와가 하나님의 명령을 실제보다 더 강압적인 것으로 묘사하고 있음을 본다. 그리고 뱀은 단지 하나님의 말씀에 의구심을 표하기만 한 것이 아니라, 주제넘게도 하나님의 말씀을 부정하며 "너희가 결코 죽지 아니하리라"(창 3:4)라고 말한다. 뱀의 말은 하나님이 창세기 2장 16-17절에서 하신 명령과 완전히 상반되는 것이었다. 왜냐하면 하나님은 분명하게 나무의 열매를 먹으면 반드시 죽으리라고 경고하셨기 때문이다. 성경은 하나님이 참으로 진리를 말씀하셨음을 증명한다. 아담의 죄로 인해 사망이 세상에 들어왔기 때문이다(창 5:1-32; 롬 5:12, 17; 고전 15:21-22).

거짓을 말하는 것이 뱀의 본성이었다. 성경은 뱀이 "진리가 그 속에 없으므로 진리에 서지 못하고 거짓을 말할 때마다 제 것으로 말하나니 이는 그가 거짓말쟁이요 거짓의 아비가 되었음이라"(요 8:44)라고 전한다. 뱀의 거짓말과는 대조적으로 성경은 하나님의 말씀이 진실하고 변함이 없다고 명확하게 가르친다(시 18:30, 19:9, 119:42; 잠 30:5; 엡 1:13; 딤후 2:15; 계 21:5). 하지만 이야기 초반부터 하와(그리고 함께 있던 아담)는 하나님과 대립하는 뱀의 목소리를 듣고 하나님이 참으로 진실을 말씀하신 것인지 의구심을 품는다. 그리고 결국 아담과 하와는 자신들을 창조하신 창조주보다 피조물의 말을 듣고 하나님의 진리를 거짓으로 맞바꿔 버린다(롬 1:25).

• 사람이 하나님 대신 피조물의 말을 듣다

뱀은 계속해서 하나님의 성품에 대해 의심하게 만들면서 하나님을 공격한다. 뱀은 하나님이 하와에게 좋은 것을 감추고 계시다는 듯이 말한다. "너희가 그것을 먹는 날에는 너희 눈이 밝아져 하나님과 같이 되어 선악을 알 줄 하나님이 아심이니라"(창 3:5). 뱀은 하와를 꾀어 그 열매를 먹기만 하면 하나님과 같은 지혜와 통찰력을 얻을 것이라고 말한다. 이 이야기를 듣고 나무를 바라보자, 그 나무는 "지혜롭게 할 만큼" 탐스러워 보였다(창 3:6). 사람의 마음에 탐욕이 생겨난 것이다.

구약에서 말하는 지혜란 지혜로운 판단을 내릴 수 있는 능력을 포함한다. 예를 들어, 하나님은 솔로몬에게 선과 악을 구분할 수 있는 능력을 주셨다(왕상 3:9). 고대 세계에서는 지혜와 통찰력을 신의 특징으로 여겼다(왕상 3:28; 겔 28:1-6; 단 2:10-11, 28-30, 5:11-12). 그렇기 때문에 다니엘 선지자를 "신들의 지혜와 같은 자"(단 5:11-12)라고 한 것이다. 따라서 지혜란 사람에게 최고로 가치 있는 것이며 가장 존경할 만한 것으로 여겨졌다(왕상

10:7-8, 24; 단 1:3-4, 20, 5:11-12). 비록 특정한 사람들만이 비범한 지혜와 통찰력을 소유했지만, 성경은 그러한 지혜가 하나님에게서 오는 것이라고 한다(잠 1:7; 단 1:17, 2:11, 19-23, 27-30, 47). 그렇기 때문에 다니엘도 자신에게는 지혜가 없으며, 오직 모든 지혜와 능력의 근원 되시는 하나님께만 지혜가 있다고 한 것이다(단 2:19-23, 28-30). 다니엘은 자신이 아닌 하나님께 영광을 돌린다.

잠언은 반복적으로 지혜와 명철을 구해야 한다고 강조한다(잠 1:1-6). 하지만 잠언은 "여호와를 경외하는 것이 지식의 근본이거늘 미련한 자는 지혜와 훈계를 멸시하느니라"(잠 1:7; 욥 28:28; 시 111:10; 잠 3:7, 9:10, 15:33 참고)라고 역설한다. 잠언은 분명히 지혜란 추구해야 할 것이며, 획득할 수 있는 것이라고 가르친다(잠 2:1-6). 하지만 절대로 하나님과 무관하게 지혜를 얻을 수 있는 방법은 없다. 게다가 지혜는 절대로 하나님의 계명과 대립되는 것이 아니다. 그렇기 때문에 시편 저자는 하나님의 법을 찬양한다. 그리고 하나님의 법에 눈을 밝히시고 지혜를 베푸시는 능력이 있음을 찬미하며 다음과 같이 노래한다. "여호와의 율법은 완전하여 영혼을 소성시키며 여호와의 증거는 확실하여 우둔한 자를 지혜롭게 하며 여호와의 교훈은 정직하여 마음을 기쁘게 하고 여호와의 계명은 순결하여 눈을 밝게 하시도다 여호와를 경외하는 도는 정결하여 영원까지 이르고 여호와의 법도 진실하여 다 의로우니"(시 19:7-9).

하지만 뱀은 이러한 귀중한 지혜에 대해서 다른 말을 한다. 뱀의 말은 하나님의 말씀과 반대되는 것으로서, 열매를 먹기만 해도 지혜를 얻을 수 있다고 한다. 바로 이것이 문제다. 하나님 없는 지혜를 추구하는 것은 사람의 자율성을 강조하는 것인데, 이는 창조 세계에 대한 하나님의 뜻이 아니다. 지혜를 추구해야 하는 것은 사실이다. 하지만 지혜는 사람의 자율성에서 나는 것이 아니라 주님을 경외함에서 시작한다. 그런데 아담과 하와는 지혜에 대해 뱀이 내놓은 대안이 매력적이라고 생각했다. 왜냐하면 그렇게 하면 하나님과 같이 자율적인 존재가 될 수 있다는 생각이 들었기 때문이다. 그들은 스스로 지혜롭다고 믿었지만 어리석은 자가 되었다. 그 나무의 열매는 결국 생명이 아닌 죽음으로 인도하기 때문이다.

• 사람은 그 나무가 좋다고 생각하고 열매를 먹기로 결정한다

하나님의 말씀은 하와의 길을 밝히는 빛이 되지 못했고, 오히려 하와는 그 나무에 마음을 빼기고 만다. 성경은 "들짐승 중에 뱀이 가장 간교하니라"(창 3:1)라고 한다. 뱀이 그 간교함으로 하와를 속인 것이다(창 3:13; 고후 11:3; 딤전 2:14). 하와는 단지 뱀의 말을 듣기만 한 것이 아니었다. 하와의 눈은 나무에 집중했고, 하와는 자신이 본 것을 기준으로 판단을 내렸다. "그 나무를 본즉 먹음직도 하고"(창 3:6)라는 하와의 말은 하나님이 창조 세계를 평가하시면서 "보시기에 좋았더라"(창 1:10, 18, 21, 25, 31)라고 하신 말씀과 닮아 있다. 하지만 이제 하와는 하나님을 떠나서, 아니 더 정확하게는 하나님을 대신해서 스스로 선을 결정하게 된 것이다. 하와가 하나님이 전에 말씀하신 명령을 기준으로 생각했다면 절대로 그 열매가 먹음직하다고 생각하지 않았을 것이다. 더욱 심각한 문제는 하와가 하나님께 묻지도 않았고, 하나님의 말씀을 구하지 않은 채로 스스로 선을 결정했다는 것이다. 하와는 그 나무가 선하다고 결정을 내렸고, 그 열매를 따서 먹었다. 그리고 남편에게도 열매를 주어 결국 남편도 먹게 만들었다(창 3:6). 이를 두고 하와가 아담을 다스리기 원했던 것이라고 추정하는 사람도 있지만, 만약 그랬다면 하와는 열매를 혼자만 먹고 말았을 것이다. 하지만 하와는 재빨리 함께 있는 아담에게도 열매를 주었다. 아담은 열매를 받아서 그대로 먹어 버리고 만다. 아담은 거리끼지도, 찔리지도 않았다. 아담과 하와 둘 다 하나님과 같이 되려는 열망에 사로잡혀 있었기 때문이다.

• 하나님은 심판하시지만 거기에도 은혜가 있다

아담과 하와는 열매를 먹고 나서 자신들이 벌거벗었음을 깨닫는다. 또한 수치스러움을 느꼈고, 살아 계신 하나님에게서 괴리되었다고 생각하여 숨고 말았다. 하지만 여호와 엘로힘은 그들을 찾아오신다. 만약 하나님이 다른 방향을 택하셨다면, 즉 사람을 찾지 않는 편을 택하셨다면 사람의 이야기는 그렇게 끝나고 말았을 것이다. 하지만 우리는 여호와 하나님이 사람을 찾으시는 분이라는 사실을 잘 안다. 심지어 사람이 하나님께 반역해도 하나님은 사람을 찾으신다. 이번이 하나님이 사람을 찾으신 마지막 경우는 아니었다. 오히려 그 시작에 불과했다.

여호와 엘로힘은 아담을 부르신다. "네가 어디 있느냐?" 아담은 멋쩍게 나무 사이에서 나와 말한다. "내가 …… 두려워하여 숨었나이다." 그러자 하나님이 말씀하신다. "내가 네게 먹지 말라 명한 그 나무 열매를 네가 먹었느냐"(창 3:9-11)? 이 질문은 아담에게 죄를 스스로 저질렀다고 자백할 기회를 주신 것이었다. 하지만 아담은 하와에게 화살을 돌리면서 자신의 잘못을 부인한다. 그러자 하나님은 하와에게 물으신다. "네가 어찌하여 이렇게 하였느냐?" 이번에 여자는 자신을 속인 뱀을 비난한다(창 3:13). 하나님은 이제 더 이상 대화를 하지 않으시고 곧장 뱀을 심판하신다. 뱀은 하나님의 저주를 받아 배로 다니는 천한 존재가 되었다(창 3:14-15). 하나님이 뱀을 심판하셨을 때, 하나님이 하신 말씀에 주의하라. "내가 너로 여자와 원수가 되게 하고 네 후손도 여자의 후손과 원수가 되게 하리니 여자의 후손은 네 머리를 상하게 할 것이요 너는 그의 발꿈치를 상하게 할 것이니라"(창 3:15). 이 말씀에서 하나님은 이미 뱀의 후손과 여자의 후손 사이에 갈등이 있을 것을 선포하신다. 그리고 비록 갈등이 지속되기는 하지만 결국 하와의 자손이 뱀의 머리를 상하게 할 것이라고 약속하신다. 하와의 자손은 고난을 당하기는 하겠지만 결국 뱀을 패퇴하고 승리를 거둘 것이다. 교회사 내내 사람들은 창세기 3장 15절 말씀이 메시아의 도래에 관하여 복음을 처음으로 선포한 것이라고 인정한다. 이 구절을 통해서 우리는 메시아가 옛 뱀을 패퇴시키실 때 온전히 드러나고 성취될 그 장대한 실상을 살짝 엿볼 수 있다.

이제 하나님은 사람에게 심판을 내리신다. 우선 하와부터 심판을 시작하신다. 타락의 결과 하와와 그의 자손에게는 아이를 잉태하는 고통이 크게 더해졌고, 결혼 관계에서도 불리한 입장이 되었다(창 3:16). 하나님은 이제 아담과 대면하신다. 하나님은 심판을 내리시면서 "네가 네 아내의 말을 듣고 내가 네게 먹지 말라 한 나무의 열매를 먹었은즉"이라고 말씀하시며 아담이 심판을 받는 이유를 분명하게 밝히신다(창 3:17-19). 아담이 부인의 말을 들은 것은 잘못이었다. 왜냐하면 하와는 아담을 유혹하여 하나님의 말씀에 어긋나게 행동하라고 했기 때문이다. 이는 매우 중요한 문제다. 아담은 하와의 말을 듣고서 "먹지 말라 명한 그 나무 열매"(창 3:11)를 먹었다. 하지만 아담이 먼저 창조되었기 때문에 명령을 받은 자는 다름 아닌 아담이었다(창 2:16-18). 하와는 뱀에게 속아 범죄에 빠진 것이지만(창 3:13; 고후 11:3; 딤전 2:14), 아담은 하나님이 직접 주신 명령에 순종하지 못했던 것이다(창 3:11, 17; 롬 5:12-21). 따라서 아담에게도 심판이 내린다. 땅은 저주를 받아 그 소산물을 쉽게 내지 않을 것이고, 많이 수고하며 힘들게 노동해야 할 것이다. 그리고 아담은 흙으로 돌아갈 것이다(창 3:17-19).

하지만 심판에도 불구하고 하나님은 아담과 하와를 위하여 옷을 지어 주셔서 그들로 더 이상 벌거벗지 않게 하셨다(창 3:21). 이 자비로운 행위는 앞으로도 하나님이 계속 보여 주실 긍휼하신 모습들의 시작에 불과했다. 아담과 하와는 동산에서 추방되었고, 더 이상 생명나무에 접근할 수 없었다(창 3:22-24). 그들이 즉시 죽은 것은 아니었다. 하지만 하나님이 경고하신 대로 사망은 반드시 임할 것이었다. 이날부터 계속해서 사망은 인류 이야기에 빠질 수 없는 고통스러운 현실이 되었다. 사람이 생명나무에 접근하기 위해서는 많은 세월이 지나야 할 것이다(계 2:7, 22:2, 14).

◆ 죄와 사망이 인간 세계에 들어오다

창세기를 여는 처음 몇 장은 아담이 불순종했기 때문에 사망이 인류 이야기에 들어오게 되었음을 입증하는 내용이다. 하지만 이 이야기는 한 개인의 범위를 넘어서는 것이다. 왜냐하면 이 창조 이야기에서는 모든 사람이 아담의 본질을 공유하게 되었다는 개념이 분명하게 나타나기 때문이다. 이는 아담만 죽는 것이 아니라 온 인류가 죽는다는 것을 의미한다(창 5:1-32). 아담만 타락의 영향 아래 놓인 것이 아니었다. 이와 같은 공동 정

체성이라는 개념이 창세기 초반 여러 장에서 분명하면서도 다양하게 나타난다. 우선 창세기 1장 26-28절에서 "사람"에 해당하는 히브리어 단어가 **아담**이라는 사실에 주목해야 한다. 이는 단지 첫 사람에게 주어진 이름(창 4:25, 5:3)이 아니었다. 하나님이 사람을 창조하시고 붙여 주신 **아담**이라는 이름은 인류 전체, 남자와 여자 모두에게 주어진 이름이었다. 따라서 매우 실제적인 의미로 따져 보아도 남자와 여자를 포함한 모든 사람이 아담과 본질을 함께 나눈 것이다. 모든 사람이 그 이름을 공유하기 때문이다. 히브리어를 보면 창세기 1장 26-28절에서 아담을 지칭할 때 복수 대명사를 사용하다가 5장 1-3절에서 아담을 지칭할 때는 단수 대명사를 사용한다. 이를 볼 때 아담이라는 이름은 개인적인 특성과 집단적인 특성을 동시에 지니고 있음이 분명하다.

이러한 공동 정체성은 창세기 2장 16-17절에서 하나님이 아담에게 명령하실 때 더욱 분명하게 드러난다. 여기에서 사용된 남성 단수형 동사(네가 먹지 말라, 정녕 죽으리라)는 남성 단수 주어인 아담과 상응한다. 하지만 아담이 금지된 나무의 열매를 먹었을 때를 보면 죽는 대상은 아담 개인이 아니다. 바로 모든 인류가 죽게 된 것이다. 그리고 아담의 족보에서 아담에 대해 "그는 …… 죽었더라"(창 5:5)라고 하는 것처럼, 그의 후손들에 대해서도 "그는 죽었더라"라고 동일한 문구를 사용한다(창 5:8, 11, 14, 17, 20, 27, 9:29). 정말 간단하게 이야기를 하자면 족보란 인류 이야기를 추적하는 방법으로서 생명으로 시작하여 죽음으로 향하는 기록이다. 아담의 후손들 모두 아담과 마찬가지로 죽었고 그들의 이야기는 불가분하게 아담 이야기와 엮인다. 많은 세월이 지난 후 바울 사도는 "아담 안에서 모든 사람이 죽은 것같이"(고전 15:22), "한 사람의 범죄를 인하여 많은 사람이 죽었은즉"(롬 5:15)이라고 정확하게 진술한다. 따라서 어떤 면에서 아담 이야기는 모든 사람의 이야기가 된 것이다.

바울 사도는 여기에서 한 걸음 더 나아간다. 바울은 단지 아담이 죄를 저질렀기 때문에 사람이 죽게 된 것이 아니라, 모든 사람이 죄를 저질렀기 때문에 죽는 것이라고 설명한다(롬 5:12). 앞으로 구약을 연구하면서 살펴보겠지만 우리는 아담과 이름만 같은 것이 아니다. 우리가 하는 행위도 아담의 행위와 똑같다. 이스라엘 역사는 하나님이 한 집단을 부르셔서 자기 백성으로 삼으신 이야기다. 하지만 그들은 곧 아담과 똑같이 행동한다. 아담이 저지른 불순종의 핵심은 창조주 하나님에 대한 반역이다(롬 1:20-25). 이는 이스라엘 이야기에서도 여실히 드러난다. 아담이 하나님의 목소리에 주의를 기울이지 않은 것처럼 이스라엘도 하나님의 목소리에 순종하지 않는다. 예레미야는 그들에게 말한다. "너희 하나님 여호와의 목소리를 청종치 아니하며 교훈을 받지 아니하는 민족이라"(렘 7:28). 아담이 불순종해서 결국 죽게 된 것과 마찬가지로 이스라엘도 불순종하여 죽고 말 것이다. 왜냐하면 궁극적으로 그들은 생명 대신 죽음을 선택했기 때문이다.

구약에 나타나는 이스라엘 이야기는 이스라엘 가운데 아담이 있다는 점과, 그렇기 때문에 그들의 이야기가 결국 아담 이야기로 합쳐진다는 점을 보여 준다. 따라서 창세기는 인류 이야기(창 1-11장)로 시작해서 이스라엘 이야기(창 12-50장)로 이어진다. 두 이야기는 다른 이야기가 아니라 하나의 이야기로서, 창세기에서 출애굽기 그리고 그 이후까지도 계속되는 이야기다. 이야기가 진행되면서 하나님은 이스라엘을 지으시고 자기 백성으로 삼으신다. 하지만 여전히 그들의 문제는 여호와 하나님 대신 다른 신을 섬기는 것이었다. 첫 두 계명은 다른 신을 섬기는 것과 우상을 만드는 것을 금하는 것으로서, 에덴동산 이야기가 넌지시 암시하기만 했던 인간의 상황을 적나라하게 드러낸다. 이스라엘 자손들도 사람으로 이루어진 집단이기 때문에 그들은 아담이 실제로 어떠했는지(그리고 우리가 어떠한지)를 여실히 보여 줄 것이다.

하지만 이렇게 사람의 마음에 깊이 박힌 본질적인 문제에 대한 해답이 "마지막 아담"(롬 5:12-21; 고전 15:45)에게서 나타날 것이다. 이스라엘의 문제는 하나님께 반역을 저지르고 하나님의 법을 순종하지 못한 것이었다. 따라서 그 해결책은 율법의 요구 사항을 유일하게 만족하시는 이스라엘의 메시아가 그 법을 신실하게 준행하실 때 나타날 것이다. 많은 세월이 지난 후 사도 바울은 아담의 불순종과 예수 그리스도의 순종을 다음과 같이 대비한다. "한 사람이 순종하지 아니함으로 많은 사람이 죄인 된 것같이 한 사람이 순종하심으로 많은 사람이 의인이 되리라"(롬 5:19). 우리는 이 연구를 통해서 아담의 후손은 예수의 의로움으로 옷 입을 때 의롭게 될 것이고, 죽은 자 가운데서 살아난 자들처럼 생명을 받는다는 심오한 진리를 온전히 배울 것이다. 바울은 증언한다. "아담 안에서 모든 사람이 죽은 것같이 그리스도 안에서 모든 사람이 삶을 얻으리라"(고전 15:22). 따라서 바울이 말한 것처럼 생명은 마지막 아담에서 나타날 것이다. "첫 사람 아담은 생령이 되었다 함과 같이 마지막 아담은 살려 주는 영이 되었나니"(고전 15:45). 우리 안에 성령이 거하시고, 성령이 우리에게 생명을 주셔서 우리의 죽은 몸이 하나님의 아들, 즉 예수의 형상으로 변화될 때 생명이 임한다. 이것이 하나님이 태초부터 뜻하신 생명이다.

우리는 사람이 겪는 죄와 사망이라는 고난에 대한 해결책이 예수를 통해서, 즉 예수의 삶과 죽으심과 부활을 통해서 주어진다는 사실을 깨닫는다. 그리고 성경 전체를 대변하는 단어인 **빈 무덤**(CASKET EMPTY)이 바로 이 핵심 진리를 가리킨다. 하지만 예수 그리스도를 통해 주어진 이 선물을 온전히 이해하기 위해서, 우리는 먼저 반드시 우리의 문제가 얼마나 심각한 것인지를 정확히 이해해야 한다. 그리고 우리는 이스라엘 역사를 통해서 이 점을 이해할 것이다. 분명히 마지막 아담을 통해서 희망은 임할 것이다. 하지만 우리 앞에는 아직 긴 여정이 남아 있다.

• 아담의 아들 가인이 동생을 살해하다

에덴을 떠난 아담과 하와 이야기는 두 아들, 가인과 아벨(창 4:1-2)의 출산으로 이어진다. 두 아들은 모두 하나님께 번제를 드리는데, 하나님은 아벨의 번제만 받으신다. 아벨만이 "믿음"(히 11:4)으로 양 떼에서 가장 좋은 것을 드렸기 때문이다. 가인은 분노했고, 하나님은 가인에게 오셔서 죄가 문에 엎드리고 있다고 경고하신다. 죄의 욕구가 있지만 가인은 이를 다스려야 했다(창 4:7; 롬 6:14 참고). 하지만 가인과 아벨이 밖에 있을 때 가인은 자신의 아우를 죽였고, 사망이 다시 인류 이야기에 들어온다. 하나님은 가인에게 가서 물으신다. “네 아우 아벨이 어디 있느냐”(창 4:9). 이야기 내내 성경은 아벨을 가인의 아우로 기록하는데(창 4:2, 8, 9, 10, 11), 이는 가인의 죄악이 얼마나 위중한 것인지를 강조하는 기법이다. 그는 단순한 살인자가 아니었다. 다름 아닌 자신의 아우를 살해한 자였다. 형제 사이의 경쟁 관계는 창세기 내내 중요한 주제로 나타나는데 이는 가족 내에 존재하는 죄가 얼마나 심각한지를 강조하는 것이다. 가인은 하나님께 심판을 받아 하나님의 임재에서 분리되었다(창 4:11-16). 하지만 하나님은 자비를 베푸셔서 그를 보호해 줄 표식을 주셨다. 그래서 가인의 혈통도 계속 이어지고, 문화가 발전하며, 도시가 설립된다(창 4:17-22). 그리고 하나님은 아담과 하와에게 아벨 대신 다른 아들을 주신다. 그 아들의 이름은 셋이다(창 4:25).

• 셋의 계통을 통한 인류의 희망

가인과 아벨의 이야기가 끝나고 난 직후 창세기 5장에 계보가 나온다. 이 계보는 하나님이 사람을 창조하셨고 하나님이 그들에게 축복하셨음을 상기시키며 시작한다(창 5:1-3). 이 계보는 직계 후손만을 다룬 것으로서 각 세대마다 한 아들의 이름만 올라 있다. 예를 들어, 아담과 하와가 다른 아들, 딸을 낳았고(창 5:4), 우리가 이름을 알고 있는 아들도 세 명 있었지만, 셋의 이름만 계보에 올리는 것이다(창 5:3). 이 족보는 열 세대에 해당되는데, 아담에서 노아까지(10대 자손) 이른다.

▶▶▶ 구약 연대표

구약 연대표를 보면 제일 위쪽에 이 족보를 볼 수 있다. 이 족보는 그 계통이 아담에서 시작하여 셋을 통해 노아로 이어진다는 사실을 보여 주는데, 그 기간은 열 세대에 해당한다(창 5:1–32). 이와 비슷한 족보가 창세기 11장 10–26절에도 기록되어 있다. 이 족보는 노아의 아들 셈으로 시작하여 아브라함까지 이어지는데, 아브라함은 열 번째가 된다. 이는 연대기에 나오는 것처럼 아담에서 아브라함까지 그 계통이 끊어지지 않고 계속 이어져 내려온다는 것을 의미한다.

• 하나님과 동행한 에녹

반복되는 후렴구 "그는 …… 죽었더라"(창 5:5, 11, 14, 17)에서 알 수 있는 것처럼, 아담의 족보는 사망을 향해 나아가는 움직임이라는 사실을 이미 살펴보았다. 하지만 한 사람은 사망에서 면제되었다. 그는 바로 하나님과 동행한 에녹이었다(창 5:22-24; 히 11:5 참고). 하나님은 에녹을 데려가셨다(창 5:24). 따라서 에녹은 죽음을 맛보지 않았다. 완전하게 설명할 수는 없지만, 이는 하나님과 동행하는 것이 죽음에 대한 해결책이 될 수 있다는 희망의 단서가 된다. 노아 역시 "하나님과 동행"(창 6:9)했고 하나님은 아브라함에게 "내 앞에서 행하라"(창 17:1)라고 하셨다는 점에 주의하라. 에녹이 죽음에서 벗어났다는 사실은 우리로 살아 계신 하나님을 향하도록 만든다. 하나님께만 죽음을 이기실 능력이 있기 때문이다. 신비하세도 창조주 하나님과 동행하는 것은 생명을 향한 길이 된다.

• 사람이 번성할수록 죄도 창궐한다

그런데 창세기 5장의 족보는 곧바로 하나님의 아들들이 사람의 딸들과 결혼하는 이야기로 이어진다(창 6:1-8). 이 부분은 창세기 5장 1절에서 시작해서 창세기 6장 8절까지 연결되는 인류 이야기의 결론이며, 6장 9절로부터 새로운 단락이 시작된다. 이 이야기에서 "하나님의 아들들"은 여자들을 자신의 아내로 취한다. 학자들은 "하나님의 아들들"이라는 용어에 대해서 다양한 해석을 내놓았다. 하나님의 아들들에 대해 일반적인 해석이 세 가지가 있다. 즉, 그들을 셋으로 시작하는 경건한 계통, 천사와 같은 존재들, 특정 부류의 지도자들(통치자들이나 재판관) 등으로 보는 것이다. 마지막 견해가 가장 낫기는 하지만 각 견해마다 장점이 있다. 네피림이라는 용어는 해석하기 어려운 또 다른 용어다. 네피림이란 아마도 악명을 떨치던 자들을 지칭하는 용어였을 것이다.

이 구절들이 해석하기 어려운 것이 사실이지만, 가장 중요한 말씀은 하나님이 인류를 평가하신 창세기 6장 5절 말씀이라고 할 수 있다. 하나님은 사람을 보시고 다음과 같이 이야기하신다. "여호와께서 사람의 죄악이 세상에 가득함과 그의 마음으로 생각하는 모든 계획이 항상 악할 뿐임을 보시고"(창 6:5). 이는 자신의 방법을 따르기로 결정하고 자신을 창조하신 하나님께 반역을 저지른 우리 인류의 자화상이다. 하나님만이 사람의 내면이 어떠한지를 보실 수 있다. 또한 하나님만이 반역을 저지른 사람의 마음이 얼마나 하나님에게서 멀어졌는지를 아신다. 사람이 얼마나 죄를 저질렀는지 하나님은 사람을 지으신 것을 한탄하실 정도였다(창 6:6). 그래서 하나님은 사람을 쓸어 없애기로 결심하셨다.

인류 이야기는 곧 끝나고 말 것 같다. 하지만 하나님의 은혜가 있기에 아직 희망이 있다. 그리고 "그러나 노아는 여호와께 은혜를 입었더라"(창 6:8)라는 말씀에서 이야기는 급변한다. 하나님은 사람이 저지른 죄 때문에 사람을 심판하실 것이다. 하지만 노아와 그의 가족은 보존을 받을 것이다. 그리고 그렇게 해서 하나님의 구속 계획이 역사 가운데 펼쳐질 것이다.

◆ 노아가 은혜를 입다

우리는 노아가 선했기 때문에 하나님이 노아를 구하신 것이 아니라는 사실을 알아야 한다. 시편 후렴구에서 "여호와는 선하시니"(시 34:8, 100:5, 107:1)라고 되풀이하는 것처럼, 오직 하나님만이 선하시다. 우리는 한 사람이 예수 그리스도더러 선한 선생님이라고 했을 때 예수께서 "네가 어찌하여 나를 선하다 일컫느냐 하나님 한 분 외에는 선한 이가 없느니라"라고 말씀하신 것을 기억한다(막 10:17-18). 마찬가지로 사도 바울은 "선을 행하는 자는 없나니 하나도 없도다"(롬 3:12)라고 말한다. 하나님이 노아를 구별하신 유일한 이유는 하나님이 그에게 은혜를 베푸셨기 때문이다. 우리는 이미 "그러나 노아는 여호와께 은혜를 입었더라"(창 6:8)라는 말씀을 알고 있다. 실제로 하나님이 구속 계획을 실천하시는 유일한 근거는 하나님의 은혜뿐이다. 하나님은 자비를 베푸셔서 노아에게 심판이 임할 것을 경고하시고 방주를 지으라고 말씀하신다. 하나님의 명령에 순종하지 않은 아담과 하와와 달리 노아는 하나님을 믿고 그 명령에 순종했다. 노아는 홍수가 닥치는 것을 보기 **전에** 하나님의 명령에 순종하여 "믿음으로" 방주를 건설했다.

많은 세월이 지난 후 히브리서 저자는 다음과 같이 기록한다. "믿음으로 노아는 아직 보이지 않는 일에 경고하심을 받아 경외함으로 방주를 준비하여 그 집을 구원하였으니 이로 말미암아 세상을 정죄하고 믿음을 따르는 의의 상속자가 되었느니라"(히 11:7). 노아는 하나님의 말씀이 진리라고 믿고 하나님께 순종하여 방주를 만들었다. 그렇기 때문에 하나님은 노아를 의롭다고 선포하신다(창 7:1). 세월이 흘러 아브라함이 하나님을 믿을 때도 그러했다(창 15:6). 우리는 노아의 삶을 정리하는 글, "의인이요 당대에 완전한 자라 그가 하나님과 동행하였으며"(창 6:9)라는 말씀을 본다. 이 말씀은 하나님이 노아를 의롭다고 선포하시는 창세기 7장 1절 말씀, "이 세대에서 네가 내 앞에 의로움을 내가 보았음이니라"라는 말씀보다 앞서는 것이다. 노아는 죄인이었음에도 불구하고(창 8:21 참고), 하나님과 바른 관계를 누렸다. 왜냐하면 노아는 하나님을 믿었고 순종으로 이를 증명했기 때문이다(창 6:22, 7:5, 9, 16).

하나님은 노아를 의롭다고 선포하셨고(창 7:1), 노아는 가족 및 동물들과 함께 방주에 올랐다. 노아는 하나님이 그에게 명령하신 모든 것을 행했다. 그리고 7일 후에 홍수가 땅에 임한다(창 7:1-10). 하나님은 직접 방주의 문을 닫아 노아와 그 가족의 구원을 확실하게 하셨다(창 7:16). 비가 쏟아졌지만 하나님은 노아와 그 가족을 보호하신다(창 7:11-24). 땅과 그 위에 거주하는 것들은 심판을 받았지만 하나님은 노아를 기억하셨다. 마침내 물이 가라앉았다(창 8:1). 마른 땅이 나타나기를 기다린 후에 노아와 그 가족은 방주에서 나온다(창 8:2-19).

◆ 노아 언약

노아가 땅에 발을 디디고 가장 먼저 한 일은 하나님께 제단을 쌓아 제사를 드린 것이었다(창 8:20-22). 하나님은 그 향기를 흠향하시고 사람이 마음으로 계획하는 바가 달라지지 않는다고 하더라도(창 8:21) 홍수를 또 보내지는 않겠다고 약속하신다. 홍수는 사람의 마음을 정결하게 하지 못했다(그렇게 하는 데는 물 이상의 것이 필요하다). 하지만 하나님은 사람이 다시 죄를 저질러도 홍수를 보내지 않으실 것이라고 약속하신다. 우리는 홍수 사건이 하나님이 죄에 대해 심판을 내리신 것이라는 사실뿐 아니라, 사람들이 그렇게 죄를 저질렀음에도 불구하고 하나님은 자비하시다는 것을 가르친다는 사실을 기억해야 한다. 노아와 그 가족 말고는 모든 사람이 땅에서 사라졌다. 하지만 하나님은 노아와 그의 아들에게 창조의 축복을 다시 꺼내시며 "생육하고 번성하여 땅에 충만하라"(창 9:1)라고 말씀하신다. 하나님은 노아와 모든 육체에게 언약(구속력이 있는 합의)을 세우시며 다시는 홍수를 보내지 않겠다고 약속하신다. 무지개는 언약의 징표가 되어 하나님의 약속을 기억하게 하는 징표가 되었다(창 9:8-17). 그런데 노아와 그의 아들인 함이 갈등을 빚게 되어 그 결과 함의 아들 가나안에게 저주가 임하고 만다. 그리고 셈에게는 축복이 임한다(창 9:20-28). 이후에 노아도 역시 죽음을 맞이한다(창 9:29). 그리고 이 이야기는 그 세 아들 셈, 함, 야벳으로 계속 이어진다.

◆ 사람들은 이름을 세우지만 하나님은 그들을 흩으신다

창세기 10장에 노아의 세 아들의 족보가 나온다. 그리고 보통 이 장을 민족들의 목록이라고 한다. 왜냐하면 이 족보에 나오는 이름들이 각각의 민족을 대표하기 때문이다. 10장의 족보는 5장의 족보와 다르게 한 세대에 한 명 이상의 아들이 올라와 있다. 예를 들어 야벳의 일곱 아들의 이름은 모두 기록되었다(창 10:2). 이렇게 여러 개로 나뉜 족보를 올리는 이유는 그들이 맺은 관계를 보여 주기 위함이다. 이러한 족보는 민족 간의 관계성을 강조하는 역할을 한다. 왜냐하면 이 족보에 이름을 올린 개개인들이 다양한 민족을 대변하기 때문이다. 다른 족보를 보면 노아의 세 아들의 순서는 대부분 셈, 함, 야벳으로 나타나지만(창 5:32, 7:13, 9:18, 10:1), 이 족보에서만큼은 그 이름의 순서가 뒤바뀌어 셈이 제일 마지막에 등장(야벳: 창 10:2-5, 함: 창 10:6-20, 셈: 창 10:21-31)한다는 사실에 주의하라. 이렇게 순서가 바뀌었다는 사실은 의미심장하다. 왜냐하면 이제 셈이 가장 중요한 아들이 되었다는 사실을 보여 주기 때문이다. 창세기 11장 10-26절에 나타나는 그의 족보는 아브람(이후에 아브라함)으로 이어진다. 아브람은 이 족보의 열 번째 인물로서 야곱(훗날 이스라엘)의 할아버지다. 인류의 희망은 셈의 계통을 통해 임할 것이다. 왜냐하면 하나님은 온 세상을 위해 아브라함과 그 자손에게 약속하셨기 때문이다.

민족들의 목록에 뒤이어서 바로 바벨탑 이야기가 나온다(창 11:1-9). 이 이야기는 창세기 10장 이후에 있기는 하지만 실제로는 그 전에 일어난 일을 다룬다(10장에서 이미 다른 언어를 사용하고 있음을 가정[10:5]하는 데 비해, 11장이 시작할 때는 사람들이 한 가지 동일한 언어를 말하고 있었다는 사실[11:1]에 주의하라). 바벨탑 이야기를 보면 사람들은 높은 탑이 있는 도시를 건설하려고 시도한다. 그들은 하나님과 상관없이 자부심을 지니고 스스로의 이름을 알리려 했다. 그들은 자신들이 건설하는 위대한 건축물을 통해서 온 땅에 널리 알려지기 원했다. 하지만 하나님께는 그 건축물이 너무나 작았기 때문에 하나님은 그 탑을 보시기 위해 땅으로 몸소 내려오셔야만 했다! 하나님은 그들을 심판하셔서 언어를 혼잡하게 하시고 민족들을 사방으로 흩으셨다. 그리고 히브리어 동사 "혼잡하게 하다"라는 단어로 바벨이라는 이름을 붙였다. 하나님이 심판하신 결과 사람은 동일한 언어를 사용하는 집단들로 구분되어 흩어져 나간다(창 10:5, 18, 32, 11:8-9).

• 셈의 계통에서 인류의 희망이 임한다

창조 시대는 셈의 족보로 끝난다(창 11:10-26). 사람들은 스스로의 이름을 세우려고 아등바등하지만 하나님은 셈의 족보를 통해 자신의 이름을 세우신다(셈은 히브리어로 "이름"을 의미한다). 하나님은 실제로 셈의 계통인 아브람에게 그의 이름을 창대하게 하리라고 약속하신다(창 12:2). 온 세상의 희망은 셈의 혈통으로 임할 것이다. 왜냐하면 그 족보는 하나님의 약속을 직접 받은 아브라함으로 이어지기 때문이다. 가장 중요한 것은 하나님이 아브라함, 이삭, 야곱에게 그들의 자손(문자적으로는 "씨")을 통해서 이 땅의 모든 민족이 복을 받을 것이라고 약속하셨다는 사실이다(창 12:3, 18:18, 22:18, 26:4, 28:14). 이 말씀은 창세기 10장 1-32절에 나타나는 여러 민족들이 복을 받아 아브라함의 "씨"를 통해서 회복되어 살아 계신 하나님과 바른 관계를 맺을 것임을 의미한다.

이제 **창조 시대**를 마무리하려고 한다. 인류의 초반 몇 세대를 다루는 데도 수천 년이 지나갔다는 사실에 주목하라. 창세기 이야기가 진행될수록 사람의 수명이 짧아진다. 이처럼 세상에 들어온 죄와 그 결과는 치명적인 결과를 초래한다. 그럼에도 불구하고 세상을 창조하신 하나님은 세상을 구원하실 뜻을 품으셨다. 이제 창세기 12장 1-3절에서 아브라함이 등장하면서, 역사를 통한 하나님의 구속 계획이 뚜렷해지기 시작한다. 이제 시간도 천천히 흐르게 되고, 우리의 관심도 아브라함을 향하게 된다. 이제 우리는 "주님께서는 천사들을 도와주시는 것이 아니라, 아브라함의 자손들을 도와주십니다"(새번역)라는 히브리서 2장 16절 말씀을 목격할 것이다.

2장 아브라함 시대

Abraham

이 장에서는 창세기 말씀과 더불어 신약 성경의 여러 구절들을 살펴볼 것이다. 앞에 구약 연대표를 펴 두고 이 장을 읽기 바란다. 연대표는 창세기 이야기들을 살펴보면서 "큰 그림"을 따라가는 데 도움을 줄 것이다. 모든 이야기는 시작이 중요하기 마련이다. 아브라함 시대는 하나님의 구속 계획이 어떻게 시작했는지를 다룬다. 따라서 창세기를 이해해야만 성경 전체 줄거리를 파악할 수 있다. 이 장과 창세기를 한 번 읽는 것으로는 부족할지 모른다. 아마도 몇몇 부분은 여러 번 다시 읽어야 할 것이다. 이 장은 성경 전체에 기초가 되는 장이기 때문에 특별히 시간을 더 들여서 연구할 가치가 있다.

미리 보는 아브라함 시대

구약 성경의 두 번째 시대는 **아브라함 시대**라고 이름을 붙였다. 그 이유는 하나님이 아브라함을 우르에서 불러내신 사건이 성경의 구속 이야기에서 중요한 전환점이 되기 때문이다. 하나님은 아브라함과 그의 아내 사라를 메소포타미아 도시 우르에서 불러내신다. 그리고 하나님은 아브라함에게 가족과 고향을 떠나 가나안 땅으로 가라고 말씀하신다. 아브라함과 가족은 믿음으로 그 긴 여정을 떠난다. 하나님은 아브라함에게 놀라운 약속을 주신다. 즉 아브라함에게 많은 후손을 주실 것이며, 아브라함은 하나님과 관계를 맺을 것이고, 땅을 소유하게 될 것이며, 하나님의 임재가 항상 그를 따를 것이며, 모든 민족이 아브라함을 통해서 복을 받을 것이며, 아브라함은 많은 민족의 선조가 될 것이며, 그에게서 왕들이 나올 것이라는 약속이었다. 이러한 약속들은 창세기뿐 아니라 전체 성경의 근간을 이루는 것으로서, 역사를 통한 하나님의 구속 계획에도 핵심적인 내용이다.

하지만 하나님이 아브라함에게 많은 후손을 주시겠다고 약속하신 그 시점을 고려하면, 이 약속은 인간적인 관점에서 볼 때 불가능한 약속이었다. 아브라함과 그의 아내 사라는 둘 다 늙었다. 게다가 사라는 불임이었다. 이러한 제약에도 불구하고 아브라함은 하나님이 약속하신 것을 지키시리라고 믿었다. 아브라함은 이때까지 하나님을 모르고 살았던 사람이지만, 하나님은 아브라함의 믿음을 보시고 그를 의롭다고 여기셨다. 아브라함은 하나님을 믿었기 때문에 하나님의 마음에 든 것이다. 이러한 아브라함의 믿음은 우리 성경 연구에도 중요하다. 왜냐하면 아브라함 이야기에서 죄인도 믿기만 하면 하나님과 바른 관계를 맺을 수 있다는 사실을 깨닫기 때문이다. 아브라함이 믿은 하나님은 자신이 하신 약속을 분명히 지키시는 분이다. 그리고 세월이 흘러 이 약속에 따라 아브라함과 사라의 노년에 기적적으로 이삭이 태어난다. 하나님은 아브라함과 언약을 세우셨는데, 이 언약은 그의 아들인 이삭, 그리고 후에 이스라엘이라는 이름을 받을 손자 야곱을 통해서 이루어진다. 칠십 명에 달하는 야곱 일가는 기근 때문에 애굽으로 이주하고, 하나님은 요셉을 애굽의 지도자로 세우셔서 그 민족을 보전하신다. 창세기는 야곱의 후손들이 약속의 땅 가나안을 떠나서 살아가는 모습으로 마무리된다. 비록 그들은 애굽에서 노예 생활을 하지만 하나님은 신실하게 약속을 지키실 것이다.

아브라함 시대는 후에 아브라함의 손자(원래 이름은 야곱)의 이름을 따라 이스라엘이라고 명명될 이 민족의 기원을 다룬다. 이 시대의 연대는 대략 주전 2100-1450년이다. 주전 2100년이라는 연도는 아브라함이 우르에서 부름받은 때이며(보통 아브라함의 탄생을 주전 2166년으로 본다), 주전 1450년이라는 연도는 하나님이 애굽에서 노예 생활을 하던 이스라엘 민족을 구출하신 해다(더 정확히 하자면 주전 1446년이다). 창세기 12-50장에는 이러한 사건들이 기록되어 있다. 이 시대의 핵심 인물은 아브라함과 그의 아내 사라, 그들의 아들인 이삭, 사라의 여종 하갈과 그 아들 이스마엘, 아브라함의 손자인 야곱과 에서, 그리고 야곱의 열두 아들, 그중에서도 특히 요셉을 들 수 있다.

◆ 가계도와 약속의 혈통

이제 족장들의 삶에 대해서 연구를 시작해 보자. 그러기 위해서 우리는 먼저 가족 관계를 이해해야 한다. 아브라함에게는 두 아들, 이스마엘과 이삭이 있었는데(다른 자녀들도 있었지만 이 두 아들이 가장 중요하다), 오직 이삭만이 약속의 자녀였다. 그리고 이삭은 에서와 야곱 두 아들을 두었는데, 야곱(후에 이스라엘로 이름이 바뀐다)이 약속의 계승자였다. 야곱은 르우벤, 시므온, 레위, 유다, 잇사갈, 스불론, 단, 갓, 아셀, 납달리, 요셉과 베냐민 열두 아들을 두었다. 야곱, 즉 이스라엘 자녀들은 이스라엘의 열두 지파가 된다.

이 가계도는 하나님의 구속 계획이 아담에서 노아까지(열 세대), 그리고 노아의 아들 셈에서 아브라함까지(열 세대) 어떻게 이루어지는지를 기억하는 데 도움이 된다. 이 계보는 아브라함의 아들 이삭과 손자 야곱까지 이어진다. 그리고 그 이후에 이 계보는 야곱을 통해 이스라엘의 열두 지파까지 이르고, 그들은 계속해서 구속 이야기를 이루어 나갈 것이다.

▶▶▶ 구약 연대표

이제 아브라함 시대로 떠나 보도록 하자. 이 구약의 두 번째 시대를 상징하는 그림은 선물이다. 이 그림은 하나님이 아브라함에게 하신 약속이 은혜로 베푸신 선물임을 기억하게 한다. 연대표 뒤에 이 그림의 신학적인 의미를 요약해 두었다.

◆ 하나님이 아브라함을 우르에서 불러내시다

아브람은 셈의 족보 말미에서 데라의 세 아들 중 하나로 처음 언급된다(창 11:27). 그의 이름은 원래 아브람이었지만 하나님과 언약 관계에 들어서면서 하나님은 그의 이름을 아브라함으로 바꾸신다. 이 이름은 그가 열국의 아비가 되리라는 약속을 암시한다(창 17:4-5). 마찬가지로 하나님은 사래의 이름을 사라로 바꾸셨는데(창 17:15-16), 이 이름은 공주를 의미한다. 아브라함과 사라의 이름은 창세기 11장 29-31절에서 먼저 나타나지만(원래 이름대로), 아브라함과 사라를 부르신 내용은 창세기 12장 1-3절에 기록되어 있다. 지금으로부터 약 4,000년 전, 하나님은 메소포타미아 지역에 우르라는 도시에 거주하던 아브람에게 말씀하신다. 이때 그의 일가는 다른 신을 섬기고 있었다(수 24:2). 아마도 그들은 수메르의 달 신을 섬겼을 것이다. 하지만 여호와 하나님은 아브람을 찾아오셔서 말씀하신다. "너는 너의 고향과 친척과 아버지의 집을 떠나 내가 네게 보여 줄 땅으로 가라"(창 12:1; 행 7:2-3).

아브람의 가족은 그 민족이 믿는 다른 신을 섬기고 있었다. 그리고 이는 이후에 주실 율법에 따르면 분명히 금지된 일이었다. 따라서 아브람이 좋은 사람이라서, 또는 의로운 사람이라서 하나님이 그를 부르신 것이 아니라는 점은 분명하다. 오히려 하나님이 아브람에게 은혜를 베푸시고 그를 선택하셨기 때문에 아브람을 부르신 것이었다. 아브람은 하나님의 말씀에 순종하여 길을 떠난다. 하지만 아브람은 아직 자신이 갈 땅을 보지도 못한 상태였다. 그는 히브리서 저자가 말한 것처럼 그저 믿음으로 길을 떠났다. "믿음으로 아브라함은 부르심을 받았을 때에 순종하여 장래의 유업으로 받을 땅에 나아갈새 갈 바를 알지 못하고 나아갔으며"(히 11:8). 하나님이 아브람에게 주실 땅은 "약속의 땅"으로 알려져 있는 곳, 바로 가나안 땅이었다(현재 이스라엘).

◆ 아브라함은 늙었고 그의 아내는 임신하지 못하는 몸이었다

하나님이 아브람을 부르셨을 때 그의 나이는 75세였다(창 12:4). 아브람과 아내 사래는 모두 나이가 많았다. 또한 성경은 사래에 대해서 "임신하지 못하므로 자식이 없었더라"(창 11:30)라고 말한다. 이 사실을 이야기 초반에 언급해 둘 정도로 중요한 이유가 있는 것인가? 사래가 임신하지 못한다는 사실과 하나님의 구속 계획은 무슨 관계가 있는 것인가? 이후에 우리는 사라가 아이를 임신할 수 있는 나이도 지났다는 사실을 알 수 있다(창 18:11). 창세기를 읽다 보면 아브라함과 사라가 노령이었다는 사실, 그리고 특히 사라가 불임이었다는 사실이 이 이야기에서 매우 중요한 배경임을 깨닫는다. 하나님은 아브라함에게 셀 수 없을 정도로 많은 후손을 주시겠다고 약속하신다(창 15:5). 하지만 하나님이 아브라함에게 이 약속을 하셨을 때, 실상 아브라함에게는 자녀가 한 명도 없었다! 그의 아내 역시 노령이었고, 불임이었으며, 임신할 수 있는 나이도 지났다는 사실을 고려할 때, 인간적으로 말하자면 아브라함은 앞으로도 절대 아이를 가질 수 없는 사람이었다.

창세기 이야기를 계속 보면 이삭의 아내 리브가(창 25:21), 야곱의 아내 라헬(창 29:31) 역시 불임이었다는 점을 알게 된다. 아브라함에게 하신 약속의 핵심이 많은 자녀를 주신다는 것임을 고려할 때, 이 세 족장의 아내들이 모두 불임이었다는 사실은 특히 놀라운 일이다. 하지만 이 여인들의 불임은 하나님이 하신 약속은 하나님만이 성취하실 수 있다는 사실을 분명하게 보여 주려는 것이었다. 오직 하나님 한 분만이 사라의 임신하지 못하는 태(또는 바울이 후에 롬 4:19에서 말한 것처럼 "죽은 것 같음")에서 생명을 내실 수 있다. 아브라함을 부르신 하나님이야말로 창조주 하나님, 즉 여호와 엘로힘이시기 때문이다. 따라서 사라의 불임은 사소한 문제가 아니었다. 오히려 역사를 통한 하나님의 구속 계획을 이해하는 데 필수적인 내용이라고 할 수 있다. 그리고 많은 세월이 흐른 후, 아이를 갖지 못하던 한 여성에게 요한이라는 아들이 태어난다(눅 1:5-17). 그는 동정녀에게서 나실(눅 1:26-38) 메시아의 길을 예비할 자였다. 그 메시아는 지극히 높으신 이의 아들이라 칭함을 받을 것이다. 이러한 사실은 참으로 하나님이 창조주의 일을 계속하셔서, 마침내 예수 그리스도를 통해서 그 구속 계획을 이루실 것임을 보여 준다.

◆ 하나님이 아브라함에게 약속을 하시다

하나님이 아브람을 우르에서 불러내셨을 때(창 12:1), 하나님은 아브람에게 다음과 같이 약속을 하셨다. "내가 너로 큰 민족을 이루고 네게 복을 주어 네 이름을 창대하게 하리니 너는 복이 될지라 너를 축복하는 자에게는 내가 복을 내리고 너를 저주하는 자에게는 내가 저주하리니 땅의 모든 족속이 너로 말미암아 복을 얻을 것이라"(창 12:2-3). 하나님은 이외에도 아브라함의 삶의 여러 순간에서 다른 약속의 말씀도 주신다(창 13:15-17, 15:18-21, 22:16-18). 하지만 그 주가 되는 두 본문은 창세기 12장 1-3절 말씀과 17장 1-8절 말씀이다. 그리고 하나님은 아브라함의 아들인 이삭과(창 26:3-4, 24), 후에 이름이 이스라엘로 바뀔(창 32:28, 35:10) 그의 손자 야곱(28:13-15, 35:11-12, 46:3-4)에게도 이 약속을 확증하신다. 그리고 이스라엘로 알려진 하나님의 백성은 이 족장들이 받은 약속의 계승자가 된다. 따라서 족장들에게 하신 하나님의 약속들은 구약의 이스라엘 이야기에 근간이 된다. 하나님은 아브라함의 후손을 통해서 세상을 구속하시겠다는 자신의 뜻을 참으로 이루실 것이다. 그리고 이 약속들은 결국 우리를 신약 성경으로 인도한다. 왜냐하면 이 약속들은 궁극적으로 아브라함의 자손이면서(마 1:1), 이 약속의 대상인 "씨"(갈 3:16, 19)가 되시는 예수를 통해 이뤄질 것이기 때문이다. 이러한 약속이 있기 때문에 예수에 대하여 "하나님의 약속은 얼마든지 그리스도 안에서 예가 되니"(고후 1:20)라고 말할 수 있다. 이 약속들은 전체 성경을 이해하기 위해 매우 중요한 내용이기 때문에 우리는 그 약속을 하나씩 살펴볼 것이다. 성경을 읽으면서 그 약속들에 밑줄을 치기 바란다.

◆ 많은 후손들 — 셀 수도 없이 많은

우선 하나님은 아브라함에게 많은 자녀를 거느리게 되리라고 약속하신다. 그리고 그의 후손이 "하늘의 별", "바닷가의 모래", "땅의 티끌"(창 13:16, 15:5, 22:17, 26:4, 28:14, 32:12; 출 32:13; 신 1:10, 10:22)과 같이 될 것이라고 하신다. 각각의 비유는 모두 아브라함의 자손이 셀 수 없이 많아질 것을 강조하는 내용이다. 고대 세계에서 자녀란 축복의 징표였다. 하지만 알다시피 아브라함과 사라는 나이가 들었고, 심지어 사라의 몸은 임신을 할 수 없는 상태였다. 그렇다면 어떻게 이 약속이 성취될 수 있는가? 사라가 불임이라는 사실은 많은 후손을 주시겠다는 하나님의 약속을 성취하기 위해서 반드시 하나님이 개입하셔야 한다는 사실을 강변하는 것이다. 왜냐하면 오직 창조주 하나님만이 임신하지 못하는 태에 생명을 주실 수 있기 때문이다. 창세기에 나오는 불임에 대한 이야기는 모두 하나님만이 많은 자녀를 주시겠다는 약속을 성취하실 수 있다는 사실을 보여 준다. 아브라함의 후손이 번성할 것을 묘사할 때 사용하는 히브리어 동사를 보면 하나같이 하나님이 아브라함의 자손들을 생육하고 번성하게 하신다는 것을 강조한다(창 17:1-2, 26:4, 22, 28:3, 48:3-4; 신 1:10, 10:22). 상징적으로 보면 오랜 세월이 흐른 후에 예루살렘은 그 자녀들을 잃는다. 하지만 하나님은 다시 한 번 임신하지 못하는 자에게 많은 자녀를 주실 것이다(사 54:1-3; 갈 4:26-27). 창조수 하나님이 이 약속을 이루실 것이다.

• 엘리에셀은 아브라함의 후계자가 될 수 없다

창세기에는 많은 후손을 주신다는 하나님의 약속이 어떻게 성취되었는지를 이해하는 데 도움이 될 몇몇 구절이 있다. 그 처음 구절은 창세기 15장 1-6절로서 환상 중에 아브라함에게 하나님의 말씀이 임한 사건을 기록하고 있다. 아브라함은 하나님이 아직 자신에게 자녀(문자적으로는 "씨")를 주시지 않았음을 염려하고 있었다. 당시 아브라함에게는 엘리에셀이라는 종이 있었는데, 고대 관습에 따라서 이 종을 아브라함의 양자로 들여 상속자로 삼을 수도 있었다(창 15:2-3). 하지만 하나님은 아브라함의 몸에서 날 자가 그의 상속자가 될 것이며 엘리에셀은 상속자가 아니라고 말씀하신다(창 15:4). 그리고 하나님은 환상 중에 아브라함을 이끌고 밖으로 나가서 그의 후손이 하늘의 별처럼 많으리라고 약속하신다(창 15:5). 이 시점에 약속을 다시 확증해 주신 것은 아브라함이 스스로 자녀를 낳을 수 없다는 사실을 일깨워 준다. 하지만 이렇게 희망이 없고 불가능해 보이는 상황에서도 아브라함은 하나님이 약속하신 것을 이루실 수 있다고 믿는다.

▶▶▶ 구약 연대표

구약 연대표에는 많은 후손을 주시겠다는 약속을 별 그림으로 표시했다. 이 그림을 연대표에서 찾아보기 바란다. 창세기 15장 1-6절 말씀은 성경이 말하는 구속 이야기의 핵심이다. 이 그림의 신학적인 의미는 연대표 뒤에 요약되어 있다.

• 하갈을 통해서 이스마엘을 낳다

하나님이 아브라함을 부르신 지 10년이 지났는데도 아직 아브라함에게는 아이가 없었다(창 16장). 하나님의 시간표가 항상 우리 시간표와 같지는 않은 것 같다. 사라는 여전히 아이가 없다는 사실에 안달이 난 나머지 스스로 일을 해결하려고 한다. 사라는 아브라함에게 애굽 출신 여종인 하갈에게 들어가서 아이를 낳으라고 말한다. 오늘날 독자에게는 괴이하게 들릴지 모르겠지만 이러한 관습은 고대 세계에서 아내가 불임일 때 보통 택하는 방법이었다(창 30:1-13 참고). 연로하신 부모를 봉양하고, 부모가 죽었을 때 장사를 치르기 위해서라도 자녀는 반드시 필요했다. 하지만 자녀를 두어야 하는 더욱 중요한 이유는 그 가족의 혈통을 유지하고 그 유산을 지키기 위함이었다. 그렇지만 아브라함이 아들을 원했던 이유는 이보다도 더욱 실질적이었다. 바로 하나님이 그에게 약속을 하셨기 때문이다. 그리고 아브라함의 자녀는 하나님의 약속을 유산으로 받아야 했기 때문이다.

사라는 자신이 불임이었기 때문에 아브라함에게 여종을 들이도록 한다. 이는 문화적으로는 비난할 일이 아니었다. 그렇지만 아브라함과 사라가 하나님이 하나님의 시간에 맞춰 약속을 이루어 주실 것을 기다리지 않았다는 사실은 분명하다. 오히려 그들은 스스로 문제를 해결하려고 했고 아브라함도 사라의 말을 따랐다(창 16:2). 그래서 아브라함은 하갈과 관계를 가졌고, 결국 하갈은 임신을 한다. 그런데 하갈은 임신을 하자 사라를 무시하기 시작한다. 그러자 사라는 자신의 여종을 학대했고 결국 하갈은 도망을 치고 만다. 하지만 하나님은 도망간 하갈을 찾으시고 그의 아들에게도 약속을 주신다. 하나님은 하갈의 아들 이름을 이스마엘이라 하셨는데, 이는 "하나님이 들으셨음"(창 16:11)이라는 뜻이었다. 하나님은 하갈의 아이도 축복하실 것이다. 그렇지만 하갈은 사라에게 돌아와야만 했다. 그렇게 이스마엘이 태어난다. 그는 하갈을 통해 낳은 아브라함의 생물학적인 아들이었다. 하지만 곧 알게 되듯이, 하나님이 수년 전에 약속하셨던 그 약속의 아들은 아니었다(창 15:5).

• 사라를 통한 약속의 아들

하갈을 통해서 이스마엘이 태어난 후, 하나님은 아브라함에게 나타나셔서 아내 사라가 아들을 낳을 것이라고 말씀하신다(창 17:16-21). 그러면서 사라는 여러 민족의 어머니가 될 것이고 민족의 여러 왕이 사라에게서 날 것이라고 하신다. 그러자 아브라함은 얼굴을 땅에 대고 웃으면서 혼잣말을 한다. "백 세 된 사람이 어찌 자식을 낳을까 사라는 구십 세니 어찌 출산하리요"(창 17:17). 아브라함은 하나님이 분명히 이스마엘을 두고 이야기하시는 것이라고 생각했다. 하지만 하나님은 그렇지 않다고 말씀하시며 사라가 아들을 낳을 것이고 그 아들의 이름은 이삭으로 하라고 명하신다. 그 의미는 "그가 웃다"라는 뜻이었다(창 18:12, 21:6). 하나님은 한 번 더 이 약속을 아브라함에게 주시는데, 이번에는 사라도 듣고 있었다. 하나님은 말씀하신다. "내년 이맘때 내가 반드시 네게로 돌아오리니 네 아내 사라에게 아들이 있으리라"(창 18:10). 아브라함과 마찬가지로 사라도 이 약속을 듣고 혼자 웃고 말았다. 나이가 많아 아이를 낳을 수 있는 시기가 지났기 때문이었다(창 18:12-13). 사라의 웃음을 들으시고 하나님은 말씀하신다. "여호와께 능하지 못한 일이 있겠느냐 기한이 이를 때에 내가 네게로 돌아오리니 사라에게 아들이 있으리라"(창 18:14).

하나님은 약속하신 것처럼 사라를 찾아오셨고, 사라는 임신을 한다(창 21:1). 성경은 "사라가 임신하고 하나님이 말씀하신 시기가 되어 노년의 아브라함에게 아들을 낳으니"(창 21:2)라고 전한다. 우리는 이삭의 출생이 지니는 의의를 반드시 짚고 넘어가야 한다. 이삭은 하나님이 예전부터 주신 약속의 말씀을 따라 태어났기 때문에 약속의 자녀였다(창 17:16, 18:10, 14; 갈 4:23, 28). 사도 바울은 이삭의 출생이 약속에 따른 것임을 강조하며 다음과 같이 말한다. "약속의 말씀은 이것이니 명년 이때에 내가 이르리니 사라에게 아들이 있으리라 하심이라"(롬 9:9). 이스마엘과 이삭 모두 아브라함의 아들이지만 이삭만이 약속을 따라 난 자였다. 역사를 통한 하나님의 구속 계획에 이 사건이 갖는 의의도 곧 살펴보도록 하겠다.

• 아브라함이 하갈과 이스마엘을 쫓아내다

이삭은 젖을 떼고 잘 자라난다. 그러던 와중에 사라는 이스마엘이 자신의 아들을 조롱하는 것을 목격한다(창 21장). 사라는 아브라함에게 여종의 아들이 자신의 아들 이삭과 함께 유업을 물려받도록 할 수는 없다고 말하면서 이스마엘을 쫓아내라고 한다. 아브라함은 이 일로 근심이 되었다. 그러자 하나님은 아브라함에게 나타나셔서 사라가 말한 대로 하라고 말씀하신다. 그리고 하나님은 아브라함에게 "이삭에게서 나는 자라야 네 씨라 부를 것임이니라"(창 21:12)라고 설명하시면서 이스마엘을 보내라고 하신다. 하나님은 아브라함에게 그의 후손은 이스마엘이 아닌 이삭이라고 분명히 보여 주신 것이다. 사도 바울은 이 말씀이 하나님의 구속 계획에서 차지하는 의의를 다음과 같이 강조한다. 아브라함의 생물학적 자녀가 그의 "자손"(문자적으로는 "씨")이 되는 것이 아니라 오직 하나님의 약속을 따라 난 자들이 아브라함의 자손이 된다는 뜻이다.

> 이스라엘에게서 난 그들이 다 이스라엘이 아니요 또한 아브라함의 씨가 다 그의 자녀가 아니라 오직 이삭으로부터 난 자라야 네 씨라 불리리라

하셨으니 곧 육신의 자녀가 하나님의 자녀가 아니요 오직 약속의 자녀가 씨로 여기심을 받느니라 약속의 말씀은 이것이니 명년 이때에 내가 이르리니 사라에게 아들이 있으리라 하심이라(롬 9:6-9)

바울은 이스마엘이 육신의 자녀인 반면에 이삭은 약속의 자녀임을 밝힌다. 이 말은 비록 이스마엘이 아브라함의 생물학적인 아들이기는 하지만, 하나님은 이스마엘을 아브라함의 후손으로 여기지 않으신다는 뜻이다. 인간적으로는 사라가 아이를 낳는 것은 불가능했다. 따라서 사라를 통해 이삭이 난 것은 창조주가 놀랍게 역사하신 결과였다. 그렇기 때문에 바울이 이삭을 성령을 따라 난 자라고 한 것도 당연하다(갈 4:29). 이삭이 아브라함의 자녀인 것은 그가 초자연적으로 탄생했기 때문인데, 이는 아브라함의 후손은 성령으로 난 자임을 암시하는 것이다.

이러한 구속의 약속을 볼 때, 이스마엘은 육체를 따라 난 자였기 때문에 하갈과 함께 아브라함을 떠나야만 했다. 이스마엘이 이삭과 공동으로 후사가 될 수는 없기 때문이다(창 21:9-21; 갈 4:21-31 참고). 이는 약속을 따라 난 자손만이 아브라함의 상속자가 될 수 있다는 뜻이다. 그렇지만 하나님은 이스마엘과 그 어미가 광야를 헤맬 때 그들을 돌보셨다(창 21:14-21). 하나님은 이스마엘도 아브라함의 자손이므로 이스마엘로 큰 민족을 이루시겠다고 아브라함에게 약속하신다(창 21:13). 그리고 하나님은 하갈이 아들 때문에 고뇌할 때, 이 약속을 하갈에게도 확언하신다(창 21:18). 하지만 구속 이야기는 이스마엘이 추방된 이후에도 계속된다. 하나님의 계획에 따르면 이삭은 아브라함의 "독자"(창 22:2; 히 11:17-19)로서 자신에게 주어진 약속을 계승할 자였다(창 22:17-18). 따라서 이삭은 아브라함의 "많은 자녀" 중 첫째가 되는 것이다. 구약을 보면 하나님이 족장들에게 주신 약속에 따라 이스라엘 자손이 점차 번성해 나가는 모습을 확인할 수 있다(창 47:27; 출 1:7; 신 1:10-11, 10:22). 하지만 또 다른 수준에서 이 약속은 이스라엘의 경계를 넘어서는 더 위대한 약속으로 성취된다.

◆ 아브라함의 자녀는 약속에 따라 난다

아브라함의 자녀가 된다는 것은 이스마엘과 같이 생물학적인 자녀로서 났느냐 그렇지 않으냐의 문제가 아니라, 이삭과 같이 하나님의 약속을 이루어 하나님의 영으로 태어난 자녀이냐 아니냐(갈 4:28-29)의 문제였다. 바울은 초대 교회 성도들에게 이를 그대로 적용한다. 그러면서 그리스도께 속한 자는 "곧 아브라함의 자손이요 약속대로 유업을 이을 자"(갈 3:29, 4:28; 롬 4:16)가 된다고 말한다. 따라서 많은 후손을 주시리라는 약속은 유대인과 유대인이 아닌 사람들 모두를 포괄하는 것이다. 하지만 아브라함의 참된 후손으로 여김을 받기 위해서는 반드시 예수 그리스도를 믿어야 한다(롬 4:16). 바울은 생물학적인 자손이 중요한 것이 아니라고 분명히 말한다. "이스라엘에게서 난 그들이 다 이스라엘이 아니요 또한 아브라함의 씨가 다 그 자녀가 아니라"(롬 9:6-7). 세상 어느 민족이든 예수를 믿기만 하면 오래전에 하나님이 주신 약속에 따라 아브라함의 자손으로 인정받게 된다. 더 나아가 바울은 아브라함의 자손을 "하나님의 자녀"(롬 9:6-9)라고 한다. 이렇게 해서 전 세계에 있는 아브라함의 자손들이 함께 모여 하나님을 "아빠" 아버지(갈 4:4-7)라고 부를 수 있는 것이다. 따라서 아브라함과 이삭과 야곱의 하나님이 우리 모두의 하나님이 되신다(갈 4:4-7). 많은 후손을 주신다는 하나님의 약속은 모든 민족의 성도들을 포함하는 것이었다. 따라서 우리는 아브라함의 씨가 바닷가의 모래알처럼 많아졌다고 확실하게 증언할 수 있다. 전 세계에 그리스도인들이 셀 수 없을 정도로 많아진 것이야말로 하나님이 자신의 약속을 얼마나 신실하게 지키셨는지를 보여 주는 증거다!

◆ 하나님과의 관계

모든 사람이 아브라함의 가족이 되면서, 결국 아브라함과 이삭과 야곱의 하나님은 모든 자의 하나님이 되신다. 이는 하나님이 아브라함의 하나님이 되시고, 그의 자손의 하나님도 되시리라고 하신 약속을 성취하신 것이다(창 17:7-8). 이 약속에 따라 사람들은 종종 하나님을 "아브라함의 하나님, 이삭의 하나님, 야곱의 하나님"(창 28:13; 출 3:6, 16, 4:5)이라고 칭하기도 한다. 이와 상응하여 하나님은 이스라엘에게 "나는 …… 네 하나님 여호와라"(출 20:2)라고 말씀하셨다. 이렇게 해서 이스라엘 자손은 하나님의 백성이 되었다(출 6:7; 레 20:26, 26:12; 신 26:17). 이 약속은 하나님이 이스라엘과 맺은 언약의 핵심이었다. 그리고 이 약속은 모세 언약에 통합되어 이스라엘 백성이 하나님의 계명을 순종할 때 주시기로 한 약속 중 하나가 된다(레 26:12). 하지만 우리는 구약 성경에서 한 문제에 계속해서 직면하게 된다. 바로 하나님의 백성이 하나님을 떠나 이방 신을 섬기고 하나님과의 언약 관계를 깨뜨리는 것이다. 이처럼 이스라엘은 하나님께 충성하지도 못했고 신실하게 행하지도 못했지만, 하나님은 모든 민족을 구원하여 유대인과 이방인들을 전부 하나님의 백성으로 삼으시려는 계획을 세우셨다. 이는 아프리카, 아시아 그리고 전 세계 어느 곳에 있는 성도든지 아브라함과 이삭과 야곱의 하나님을 부를 수 있다는 뜻이다. 그러면 하나님은 예수를 믿음으로 **그들의** 하나님이 되어 주신다.

◆ 땅(약속의 땅)

하나님은 또한 아브라함과 그의 후손에게 땅, 즉 가나안 땅을 주신다고 약속하신다(창 12:1, 7, 13:14-17, 15:7, 18-21, 17:8). 다른 말로 이를 "이스라엘의 땅" 내지 "약속의 땅"이라고도 한다. 아브라함은 본향인 메소포타미아의 우르를 떠나서 가족과 소유를 이끌고 가나안에 도착한다. 그리고 하나님이 그에게 주신 땅을 횡단하기도 한다. 하지만 하나님은 아브라함의 후손이 우선 이방 땅에서 400년 동안 종 노릇 해야 한다고 말씀하신다(창 15:13). 분명히 하나님은 그들을 이 땅으로 다시 데려오실 것이다. 그렇지만 하나님이 아모리 족속(그 땅에서 거주하는 민족)을 그들의 죄 때문에 심판하실(창 15:16; 레 18:24-28) 때가 되려면 사 대가 더 지나야 했다. 땅을 주시겠다는 약속은 그 후손들이 애굽에서 노예가 되었다가, 하나님이 모세를 통해 그들을 인도해 내실 때에 이루어질 것이다(출 12-15장). 그리고 그 약속은 이후에 이스라엘 백성을 그 땅으로 인도해 낼 여호수아를 통해서 이루어질 것이다(수 23:14).

• 아브라함이 더 나은 본향을 사모하다

땅을 주시겠다는 약속은 애굽에서 노예 생활을 하고 난 후에야 성취될 것이었다. 따라서 아브라함과 그의 가족은 방랑자이자 이방인으로서 장막에 거주했고, 그 땅을 완전히 소유하지 못한 채로 살아갔다. 히브리서 저자는 아브라함에 대해서 이렇게 말한다. "믿음으로 그가 이방의 땅에 있는 것같이 약속의 땅에 거류하여 동일한 약속을 유업으로 함께 받은 이삭 및 야곱과 더불어 장막에 거하였으니 이는 그가 하나님이 계획하시고 지으실 터가 있는 성을 바랐음이라"(히 11:9-10). 이 구절은 아브라함이 약속의 땅, 아직 온전히 소유하지는 못한 그 땅에서 살면서도 약속이 이루어질 것을 기대했다는 사실을 일깨워 준다. 비록 여호수아서부터 시작하여 구약에서 땅의 소유권이 중요한 주제로 부상하기는 하지만, 성경을 보면 하나님이 아브라함에게 약속하신 땅은 실재하는 이스라엘의 땅 이상의 것임을 암시하는 내용이 있다. 실제로 히브리서 저자도 그 족장들(그리고 다른 사람들)이 더 나은 본향, 즉 하늘의 나라를 구했다고 말한다. 그들은 가나안 땅에 있는데도 외국인이나 나그네로 살아갔다. 왜냐하면 그들은 궁극적으로 이 세상의 땅이 아닌 하나님이 지으신 도성을 바랐기 때문이다. 히브리서 저자는 이 시기를 다음과 같이 정리한다.

> 이 사람들은 다 믿음을 따라 죽었으며 약속을 받지 못하였으되 그것들을 멀리서 보고 환영하며 또 땅에서는 외국인과 나그네임을 증언하였으니 그들이 이같이 말하는 것은 자기들이 본향 찾는 자임을 나타냄이라 그들이 나온 바 본향을 생각하였더라면 돌아갈 기회가 있었으려니와 그들이 이제는 더 나은 본향을 사모하니 곧 하늘에 있는 것이라 이러므로 하나님이 그들의 하나님이라 일컬음 받으심을 부끄러워하지 아니하시고 그들을 위하여 한 성을 예비하셨느니라(히 11:13-16)

족장들의 이러한 바람은 그들이 가나안에 살면서도 지금 이 땅을 넘어서는 곳, 즉 더 나은 본향을 바랐다는 사실을 나타낸다. 따라서 그들은 이 땅에서 외국인 취급을 받았다. 이 말씀은 하나님이 그들에게 무언가 다른 것을 예비해 두셨다는 것을 시사한다. 그래서 바울은 아브라함이 세상의 상속자라고 언명하는 것이다(롬 4:13). 다른 약속들과 마찬가지로 우리는 땅을 주시겠다는 약속이 구약에서 즉시 이루어지는 것을 본다. 하지만 동시에 하나님의 거대한 구속 계획도 진행되고 있음을 잊지 말아야 한다(계 21-22장; 벧후 3:13).

• 하나님의 임재(내가 너와 함께하리라)

우리는 앞서 창조 이야기를 논하면서 하나님이 죄를 심판하신 결과 사람이 하나님의 임재에서 괴리되었음을 봤다. 아담과 하와는 에덴동산에서 하나님과 교제를 누리다가 죄의 결과로 에덴에서 추방되었다(창 3:23-24). 마찬가지로 가인도 하나님의 심판을 받아 하나님에게서 분리되었다(창 4:14, 16). 하지만 하나님이 족장들과 함께하겠다고 약속하시면서 하나님의 임재는 회복되기 시작한다. 예를 들어 하나님은 이삭에게 "이 땅에 거류하면 내가 너와 함께 있어 네게 복을 주고"(창 26:3)라고 말씀하신다. 야곱이 목숨을 부지하려고 도주했을 때에도, 하나님은 꿈에 나타나셔서 자신이 야곱과 함께하겠다고 약속하신다. "내가 너와 함께 있어 네가 어디로 가든지 너를 지키며 너를 이끌어 이 땅으로 돌아오게 할지라 내가 네게 허락한 것을 다 이루기까지 너를 떠나지 아니하리라"(창 28:15, 31:3-8 참고). 실제로 하나님은 창세기 12장에서 50장까지 내내 환상과 꿈과 천사들의 방문을 통해 아브라함에게 나타나셨다. 그리고 바로 다음 시대인 **시내 시대** 때도 하나님은 모세에게 자신의 임재가 성막에서 이스라엘과 함께 거하실 것이라고 말씀(출 25:8)하시면서 그들과 함께하겠다는 약속을 지키신다. 바로 여기에서 우리는 하나님이 동산에서 아담과 하와와 함께하셨던 것처럼 자기 백성 가운데 거하심으로써 에덴을 회복하시는 모습을 본다. 우리는 구약 여정에서 하나님이 그의 백성 중에 임재하심이 성경의 핵심임을 본다. 하나님은 관계를 회복하여 자기 백성 가운데 거하시려고 그들을 구속하신다.

• 모든 족속이 아브라함의 "씨"로 복을 받다

창세기 12장 3절에는 또 다른 중요한 약속이 있다. 창세기 12장 1-2절에서 하나님은 아브라함에게 본향과 친척을 떠나라고 하신 뒤에 몇 가지 약속을 주신다. 이 약속 뒤에 바로 하나님은 "땅의 모든 족속이 너로 말미암아 복을 얻을 것이라"(창 12:3)라고 말씀하신다. 이 약속은 정말로 특별히 중요한 약속이다. 하나님이 아브라함을 축복하신 목적은 아브라함만을 위한 것이 아니라, 아브라함이 "땅의 모든 족속"에게 복이 되도록 하시기 위함이었음을 드러내시는 대목이기 때문이다. 그 족속들은 민족들 목록(창 10장)에 나타나는데, 하나님은 그 모든 족속에게 복을 주시기 위해서 아브라함에게 복을 주신 것이었다. 창세기는 여러 곳에서 이 약속을 반복하면서 이 약속을 특별히 강조한다(창 22:18, 26:4, 28:14). 따라서 하나님이 족장들을 축복하신 가장 중요한 이유는 모든 민족을 구원하시기 위함이었다.

선지자들은 언젠가 모든 민족이 복을 받아 여호와 하나님을 알게 될 것이라고 선포하면서 이 약속의 중요성을 확인한다(예를 들어 사 2:2, 19:21-25, 42:6, 60:1-3, 66:20; 미 4:1-2; 슥 8:20-23). 이러한 주제는 특히 이사야서에서 두드러지게 나타나는데, 이사야 선지자는 하나님의 종이 "이방의 빛"(사 42:6, 49:6)이 되리라고 선포한다. 하지만 우리는 하나님의 백성이 이방에 복이 되기는커녕, 자신들의 죄 때문에 하나님의 심판을 받아 오히려 이방에 저주가 되고 말았다는 사실을 볼 것이다(렘 24:9, 26:6; 슥 8:13). 그 결과 이방 나라들은 "하나님이 너희와 함께하신다"라고 고백하면서 하나님 백성의 옷자락이라도 붙잡으려고 하기는커녕, 오히려 하나님의 백성이 하나님의 저주 아래 놓였다고 조롱한다(렘 25:18; 슥 8:23). 하지만 이스라엘이 반역을 행하고 죄를 저질러도 하나님은 신실하게 약속을 지키신다. 모든 민족은 반드시 아브라함의 씨로 인해 복을 받을 것이다. 하지만 이는 먼 훗날 메시아의 삶과 죽음 그리고 부활로 성취될 것이다.

• "씨"라는 단어의 신학적 의미

이제 민족에게 복이 되라는 하나님의 약속이 어떻게 아브라함의 "씨"인 그리스도 안에서 성취되는지를 이해하는 데 도움이 될 중요한 구절들을 살펴보도록 하겠다. 그리고 아브라함에게 하신 약속이 신약에서 어떻게 실현되는지도 알아보겠다. 이 약속의 의미를 이해하기 위해서 두 가지 핵심적인 용어를 상세하게 살펴볼 필요가 있다. 첫째 단어는 "씨"다. "자손"이나 "후손"은 히브리어 단어 **제라**, 즉 "씨"를 옮긴 단어다. 하나님은 아브라함에게 "또 네 씨로 말미암아 천하 만민이 복을 받으리니"(창 22:18)라고 약속하셨다. "씨"에 해당하는 히브리어 단어 **제라**는 보통 단수 명사이면서도 집합적인 의미를 지닌다. 예를 들어, 시편 저자가 "아브라함의 후손"(시 105:5)이라고 칭했으면 이는 분명히 아브라함의 후손들을 말한 것이다. 하지만 "씨"라는 단어는 히브리어에서 단수 명사이기 때문에 단 한 사람의 후손을 의미할 수도 있다. 사도 바울은 아브라함에게 주신 하나님의 약속이 그리스도 안에서 성취되었다고 하면서 이 "씨"라는 단어가 담고 있는 신학적인 의미를 강조한다(갈 3:16; 창 22:18 참고). 바울은 히브리어 단어 "씨"를 후손이라고 해석하지 않고 다음과 같이 이해했다. "이 약속들은 아브라함과 그 자손에게 말씀하신 것인데 여럿을 가리켜 그 자손들이라 하지 아니하시고 오직 한 사람을 가리켜 네 자손이라 하셨으니 곧 그리스도라"(갈 3:16). 뉴 아메리칸 스탠다드 성경(NASB)의 번역은 씨에 대한 히브리어의 개념을 잘 담고 있기 때문에 우리가 하고 있는 논의에 도움이 될 것이다. 이 성경은 같은 말씀을 "이 약속들은 아브라함과 그 자손에게 말씀하신 것으로서, 여럿을 가리켜 '씨들에게'라고 말씀한 것이 아니라 하나를 가리켜 '네 씨에게'라고 말씀하셨으니 곧 그리스도라"(갈 3:16)라고 옮긴다. 바울은 단수 형태의 씨라는 단어가 그리스도를 지칭한다고 밝히면서 이 히브리어 단어가 신학적으로 중요하다고 강조한다. 즉 하나님이 아브라함에게 그의 "씨"에 대해서 약속하셨을 때, 구약과 신약을 아우르는 더 거대한 구속의 계획에서 보자면 이 약속은 예수 그리스도를 지칭한 것이었다. 왜냐하면 "약속을 받으신"(갈 3:19, 새번역) 분은 바로 예수시기 때문이다. 따라서 바울은 이방에 대한 하나님의 축복이 예수를 통해서 성취되고 있음을 본 것이다. 이 약속이 역사를 통한 하나님의 구속 계획에 어떤 의미가 있는지를 파악하기 위해서, "만민"이라는 단어의 의미와 이 단어가 신약 성경에서 어떻게 번역되었는지도 살펴보도록 하자.

• "만민(nation)"이라는 단어의 신학적 의미

하나님은 아브라함에게 그의 씨로 인해 **천하 만민**이 복을 받을 것(창 22:18, 26:4, 28:14)이라고 약속하신다. 만민에 해당하는 히브리어 단어는 **고이**이며, 복수형은 **고임**이다. 그리스도가 태어나시기 약 250년 전 구약을 그리스어로 옮긴 성경을 보면 히브리어 **고이**를 **에쓰노스**라는 그리스어로 번역했다. 이 그리스어 단어는 영어 단어 ethnic(민족의), ethinicity(민족성)의 어근으로서 전 세계의 다양한 민족을 의미한다. 그리고 신약에서 이방인이라고 할 때도 그리스어로 **에쓰노스**를 사용했다는 점을 알아야 한다. 바울은 십자가에서 예수 그리스도가 죽으신 것을 말하면서 "그리스도 예수 안에서 아브라함의 복이 이방인에게 미치게 하고"(갈 3:14)라는 의미심장한 발언을 한다. 이 말씀은 아브라함의 씨를 통해서 만민이 복을 받으리라는 하나님의 약속을 떠올리게 한다. 예수는 아브라함의 씨이기 때문에, 이 약속은 예수를 통해서 성취되는 것이다. 바울은 예수 그리스도를 통해서 유대인과 이방인이 연합하여 하나님의 한 백성이 되리라고 확언한다. 바울은 이방인들에게 이 놀랍고도 새로운 현실을 상기시킨다. "그러므로 생각하라 …… 그때에 너희는 그리스도 밖에 있었고 이스라엘 나라 밖의 사람이라 약속의 언약들에 대하여는 외인이요 세상에서 소망이 없고 하나님도 없는 자이더니 이제는 전에 멀리 있던 너희가 그리스도 예수 안에서 그리스도의 피로 가까워졌느니라"(엡 2:11-13). 이제 바울은 놀랍고도 새로운 현실을 선포한다. 즉, "너희는 유대인이나 헬라인이나 종이나 자유인이나 남자나 여자나 다 그리스도 예수 안에서 하나이니라 너희가 그리스도의 것이면 곧 아브라함의 자손이요 약속대로 유업을 이을 자니라"(갈 3:28-29)라는 것이다.

이는 모든 민족을 한 백성으로 삼으시려는 하나님의 계획이 예수와 그분의 사역을 통해서 성취되었다는 사실을 암시하는 말씀으로서, 전체 성경을 상징하는 단어인 **빈 무덤**(CASKET EMPTY)으로 대변된다. 성경에는 한 가지 줄거리가 있다. 하나님은 처음부터 만민(또는 이방인)을 하나님의 가족으로 삼으려고 계획하셨다. 그리고 구약 내내 많은 우여곡절을 겪기는 하지만, **만민**에 대한 이 구속 계획은 궁극적으로 예수의 삶과 죽음과 부활로 이루어질 것이다. 예수는 예전에 멀리 있던 자들을 가깝게 하시는 분이다.

따라서 하나님이 아브라함에게 이 약속을 주셨을 때 이미 복음은 선포된 것이라는 바울의 말은 놀라운 것이 아니다. 왜냐하면 하나님의 약속은 전 세계 만민이 믿음을 갖게 될 것을 예견한 것이기 때문이다(갈 3:8-9). 복음은 하나님의 아들 예수에 대한 것(롬 1:1-3, 9)이며, 예수는 이사야를 통해 주신 하나님의 예언들을 성취하시면서 "이방을 비추는 빛"(눅 2:32)이 되신다. 바울이 이방인들에게 복음을 선포한 것도 이 사역의 연속일 뿐이었다(행 9:15, 13:47, 26:16-18; 엡 3:1-12). 이 목적에 따라서 초대 교회 시대에 하나님의 영이 유대인과 이방인에게 모두 부어진다. 이야말로 하나님이 창세기 12장 3절에서 아브라함에게 주신 약속, 즉 만민이 참되시고 살아 계신 하나님을 섬기게 되리라는 그 약속의 목표였다. 따라서 창세기에서 아브라함에게 주신 하나님의 약속은 만민을 향한 하나님의 구속 계획의 시작이었다.

하나님의 구원 활동(mission of God)은 오늘날 다양한 인종의 사람들이 예수를 믿는 순간마다 계속해서 이루어지고 있다. 그리고 아브라함에게 많은 후손을 주시겠다고 하신 약속에 따라 그들은 모두 하나님 가족의 일원이 된다. 따라서 하나님의 구원 활동은 단지 신약 성경에만 등장하는 개념이 아니라 하나님의 구속 계획의 정수다. 오늘날 전례 없이 성장한 전 세계 기독교는 세계 방방곡곡에서 다양한 인종으로 이루어진 하나님의 가족이 계속해서 세워지고 있음을 증명한다. 이는 참으로 복음의 핵심이다.

아브라함의 자녀들은 구원을 이루시려는 이러한 하나님의 의도를 온전히 파악하고 모든 민족으로 제자를 삼으면서 하나님의 구원 활동을 계속해야 한다(마 28:18-20). 우리가 아브라함의 자녀라면 이 명령은 우리의 우선순위가 되어야 한다. 왜냐하면 이는 하나님의 구속 계획의 핵심이기 때문이다. 하나님은 전 세계를 위해 아브라함을 축복하셨다! 하나님의 백성은 만민에게 복음을 선포하는 사명을 받았다. 몇몇 그리스도인은 선교사가 되어 다른 나라에 가서 특정 집단에게 복음을 전하는 일을 할 수도 있다. 또 어떤 그리스도인들은 성경 번역에 평생을 헌신하여 전 세계 모든 언어 집단이 자신의 언어로 된 성경을 볼 수 있게 하는 일을 하기도 한다. 또 어떤 이들은 재정 지원으로 선교 사역을 후원하기도 한다. 그렇지만 무엇보다도 우리는 모두 이웃과 지역 공동체 내에서 복음대로 살고 복음을 선포하는 일을 해야만 한다. 이렇게 하기 위해서 우리는 먼저 자신이 이 목적을 이루기 위해서 하나님께 구원받았다는 사실을 깊이 인식해야 한다. 그리고 잃어버린 세계를 찾으시려는 하나님의 구원 활동에 우선순위를 둘 수 있도록 우리의 생활 습관을 바꿀 필요가 있다. 우리가 이렇게 하나님과 그분의 구원 활동에 헌신하지 못한다면, 성경에서 말하는 하나님의 구속 계획을 제대로 파악하지 못했다는 사실을 의미할 뿐이다. 우리 삶은 이 이야기를 중심으로 빚어져야 한다. 언젠가 만민이 하나님께 찬양과 예배를 드릴 날이 올 것이다(단 7:13-14; 계 5:9-10 참고). 우리의 삶은 이 현실을 기초로 빚어져야 한다.

• 아브라함이 많은 민족의 아비가 되다

다양한 인종으로 자기 백성을 삼으시려는 하나님의 계획은 아브라함이 **여러 민족**의 아비가 될 것이라고 약속하실 때 더욱 분명하게 드러난다(창 17:4-5). 하나님은 이 약속을 주시며 아브람이라는 이름을 아브라함으로 바꾸셨다. 아브라함이라는 이름은 "아버지"와 "다수"를 의미하는 히브리어를 조합한 단어다. 우선 일차적으로 아브라함이 자신의 혈통에서 나온 여러 민족의 선조가 되면서 이 약속은 성취된다(창 17:20, 19:37-38, 21:12-18, 36:1-43). 하지만 이 약속이 신약에서 어떻게 이어지는지를 살펴보면 그 범위는 창세기의 상황을 넘어선다.

사도 바울은 유대인만이 아니라 믿음으로 하나님의 전 세계 가족이 될 이방인들도 아브라함의 후손이 된다고 설명한다. 바울은 유대인과 이방인을 모두 아브라함의 자손으로 생각하기 때문에, 아브라함을 "우리 모든 사람의 조상"(롬 4:16)이라고 선포한다. 따라서 아브라함은 아브라함이 걸은 믿음의 발자취를 따르는 유대인들의 아비가 될 뿐 아니라, 그리스도를 믿어 아브라함의 후사로 인정받은 이방인의 아비도 되는 것이다(롬 4:11-18; 갈 3:7). 이제 여러 민족 간의 해묵은 적대심도 가라앉을 것이다. 왜냐하면 그리스도 예수 안에서 만민은 한 가족이 되기 때문이다(엡 2:11-22). 하나님은 오늘날에도 모든 민족으로 예수를 믿어 아브라함의 자녀가 되게 하심으로써 약속을 성취하고 계신다. 우리는 여러 민족 출신들이지만, 성도이기 때문에 그리스도 안에서 한 가족이 된다. 그래서 우리는 한 목소리로 "아빠, 아버지"라고 외칠 수 있다.

다음 약속으로 넘어가기 전에 혹시 지금까지 살펴본 성경 구절들을 찾아보지 않았다면 지난 부분을 다시 읽어 보면서 그 핵심 구절들을 찾아보기를 권한다. 우리는 중요한 히브리어 단어들 및 구약과 신약의 여러 구절들도 살펴봤다. 민족들에 대한 하나님의 계획은 성경 전체 이야기에 필수적인 요소이기도 하고, 몇몇 구절은 굉장히 전문적인 내용을 다루고 있기 때문에 주의 깊게 연구해야 한다. 이 구절들은 성경의 핵심 주제와 사건들의 배경이 되기 때문에 다음 약속으로 넘어가기 전에 이 부분을 분명하게 잘 이해하도록 하자.

• 아브라함의 혈통에서 왕들이 난다

하나님은 아브라함에게 **열왕**이 그를 좇아 날 것이라고 약속하신다(창 17:6, 16, 35:11). 이 약속은 창세기에서 일차적으로 성취된다(창 25:12-17, 36:9-43). 하지만 이 약속은 아브라함의 손자인 유다(창 49:10)를 통해서 왕의 계통이 날 것을 의미한다. 유다는 야곱이 레아를 통해서 낳은 네 번째 아들이었다(창 29:35; 대상 5:2). 그리고 유다는 다말에게서 두 아들을 낳는데(창 38장), 그중 한 아들이 베레스(창 38:27-29)다. 구약 성경 처음 몇 권에서도 유다가 탁월한 지위를 누리게 되리라는 암시가 나타나기는 한다. 하지만,

특별히 룻기에 가서 베들레헴에 중요한 사건이 발생하면서 왕위에 대한 약속이 전면에 등장한다. 룻 이야기는 룻과 보아스 사이에 오벳이라는 아들이 태어나면서 그 절정에 달한다. 오벳은 베레스의 계통으로 난 유대의 직계 후손이고 다윗 왕의 할아버지다(룻 4:18-22; 마 1:3-6 참고). 룻 이야기는 하나님이 유다 베들레헴에서 다윗을 선택하실 것을 미리 보여 준다. 다윗은 하나님의 기름 부음을 받아 왕이 될 것이다(룻 4:12, 17-22; 삼상 16장).

그리고 하나님이 다윗에게 그 나라의 위를 영원히 견고하게 하신다고 약속하셨을 때, 최종적으로 유다 계통에서 왕위가 확립된다(삼하 7:12-13). 따라서 창세기에서 아브라함과 사라에게 왕을 주시겠다고 하신 약속(창 17:6, 16, 35:11; 신 17장 참고)은 하나님이 원래부터 유다의 혈통에서 난 왕으로 자기 백성을 다스리게 하시려고 계획하셨음을 드러낸다(렘 33:25-26; 미 5:1-2 참고). 다윗 왕 이후로도 예루살렘에서 여러 왕이 통치하지만 남유다 왕국은 주전 586년에 멸망하고 만다. 하지만 하나님이 다윗의 후손으로 의로운 왕을 세우실 것이라는 기대감은 계속 존재한다. 왜냐하면 하나님은 분명히 다윗의 아들로 자기 백성을 통치하도록 하실 것이기 때문이다. 그렇게 해서 메시아는 하나님이 다윗에게 하신 약속뿐 아니라(삼하 7장; 렘 33:25-26; 마 1:1), 아브라함과 사라에게 하신 약속까지 성취하며 하나님의 영원한 왕국을 이루실 것이다.

◆ 아브라함이 하나님을 믿다

우리는 하나님이 아브라함에게 하신 약속을 살펴보면서, 아브라함이 그 약속에 어떻게 반응했는지도 고찰해야 한다. 하나님에 대한 아브라함의 믿음은 창세기 15장 6절에서 특히 두드러지게 나타난다. 하나님은 아직 아이가 없는 아브라함에게 그의 후손이 하늘의 별처럼 번성하리라고 약속하신다(창 15:5). 성경은 아브라함이 이 약속을 받고 "여호와를 믿으니 여호와께서 이를 그의 의로 여기시고"(창 15:6)라고 한다. 이 구절의 첫 부분(여호와를 믿으니)은 아브라함이 하나님을 믿었다는 사실을 강조한다. 두 번째 부분(여호와께서 이를 그의 의로 여기시고)은 하나님이 아브라함의 믿음을 보시고 하나님과 아브라함이 바른 관계에 있다고 선포했다는 내용을 담고 있다. 창세기의 다른 구절들과 마찬가지로 이 구절도 신약 성경에 여러 차례 등장한다. 이제 이 말씀의 신학적인 의미를 살펴보도록 하자.

• 부활 신앙

창세기 15장 6절 말씀에서 주목할 것이 있다. 바로 아브라함이 "부활 신앙"을 소유했다는 점이다. 즉, 아브라함은 하나님이 죽은 것을 살리실 수 있다고 믿었던 것이다. 이를 좀 더 자세하게 설명해 보자. 아브라함의 생애를 돌아보면, 아브라함과 아내 사라는 부르심을 받았을 때 이미 나이가 많았고 특히 사라는 임신을 할 수 없는 상태였다. 하지만 이러한 사실에도 불구하고 아브라함은 하나님이 많은 후손을 주실 수 있다고 믿었다! 사도 바울은 아브라함의 믿음을 다루면서 이렇게 말한다.

> 그가 백 세나 되어 자기 몸이 죽은 것 같고 사라의 태가 숙은 것 같음을 알고도 믿음이 약하여지지 아니하고 믿음이 없어 하나님의 약속을 의심하지 않고 믿음으로 견고하여져서 하나님께 영광을 돌리며 약속하신 그것을 또한 능히 이루실 줄을 확신하였으니(롬 4:19-21)

아브라함에게는 분명히 "부활 신앙"이 있었다. 다시 말해서 그는 하나님은 죽은 것도 살리실 수 있다고 믿었다. 왜냐하면 아브라함은 늙었고 사라도 아이를 임신할 수 있는 나이를 지났기 때문이다. 아브라함은 하나님이 "사라의 태가 죽은 것 같음을 알고도"(롬 4:19) 생명을 낳을 수 있다고 믿었던 것이다. 아브라함은 창조주 하나님이 말씀으로 모든 것을 지으셨다(히 11:1-3)는 사실을 믿었다. "부활 신앙"이라는 개념은 로마서 4장 초반 구절에서도 등장한다. 바울은 아브라함이 믿은 하나님은 바로 "죽은 자를 살리시며 없는 것을 있는 것으로 부르시는 이"(롬 4:17)라고 말한다. 히브리서에서도 이와 유사한 개념이 나타난다. "믿음으로 사라 자신도 나이가 많아 단산하였으나 잉태할 수 있는 힘을 얻었으니 이는 약속하신 이를 미쁘신 줄 알았음이라 이러므로 죽은 자와 같은 한 사람으로 말미암아 하늘의 허다한 별과 또 해변의 무수한 모래와 같이 많은 후손이 생육하였느니라"(히 11:11-12). "나이가 많아 늙었고 사라에게는 여성의 생리가 끊어졌는지라"(창 18:11)라는 말씀을 보면 사라는 육체적으로 아이를 낳을 수 없는 상황이었다. 그렇지만 사라가 임신했다는 사실에 주목하라. 마찬가지로 아브라함 역시 나이가 많아 자기 몸이 죽은 것 같다고 말한다. 이 두 가지 사실은 하나님이 죽은 것에 생명을 주셨다는 사실을 강조하는 내용이다. 히브리서 저자는 아브라함이 창세기 22장에서 기꺼이 이삭을 드렸음을 언급하면서 "부활 신앙"을 언급한다. 그리고 아브라함에 대하여 "하나님이 능히 이삭을 죽은 자 가운데서 다시 살리실 줄로 생각한지라 비유컨대 그를 죽은 자 가운데서 도로 받은 것이니라"(히 11:19)라고 기록한다. 아브라함은 아들을 제물로 드려도 아들이 돌아올 것(창 22:5)이라고 기대했다. 이는 그가 하나님이 죽은 자 가운데서 사람을 살릴 수 있다고 믿었음을 대변한다. 따라서 우리는 아브라함과 사라가 "부활 신앙"을 믿었다고 결론 내릴 수 있다.

• 아브라함의 믿음은 우리의 모형이다

창세기 15장 6절에서 짚어 봐야 할 두 번째는 하나님이 아브라함을 의롭다 하신 것이 우리에게 모형이 된다는 점이다. 즉 우리도 아브라함과 똑같이 의롭다 여기심을 받는다는 것이다. 사도 바울은 아브라함의 믿음이 "그에게 의로 여겨졌느니라"(롬 4:22)라고 하며 "그에게 의로 여겨졌다 기록된 것은 아브라함만 위한 것이 아니요 의로 여기심을 받을 우리도 위함이니 곧 예수 우리 주를 죽은 자 가운데서 살리신 이를 믿는 자니라"(롬 4:23-24)라고 말한다. 주목해야 할 사실은 그리스도인이란 "예수 우리 주를 죽은 자 가운데서 살리신"(롬 4:24) 하나님을 믿는 사람이라는 점이다. 이는 예수의 부활을 말하는 것이다. 따라서 하나님이 죽은 것에도 생명을 주신다는 것을 믿었던 아브라함의 믿음과, 하나님이 부활 사건을 통해 예수를 죽은 자 가운데서 살리셨다는 것을 믿는 오늘날 그리스도인들의 믿음이 연결되는 것이다. 이러한 이유로 우리는 아브라함이 "부활 신앙"의 모형이라고 하는 것이다. 왜냐하면 아브라함의 믿음은 바로 하나님을 창조주로 믿는 믿음이었기 때문이다.

바울은 자신이 전하는 "믿음의 말씀"(롬 10:8)에 대해서 "네가 만일 네 입으로 예수를 주로 시인하며 또 하나님께서 그를 죽은 자 가운데서 살리신 것을 네 마음에 믿으면 구원을 받으리라 사람이 마음으로 믿어 의에 이르고 입으로 시인하여 구원에 이르느니라"(롬 10:9-10)라고 설명한다. 즉, 선한 일을 행함으로써 구원이 임하는 것이 아니라, 예수를 구주로 고백하고 죽은 자 가운데서 살리신 하나님을 믿어야 구원이 임한다는 것이다. 신약은 죄인이 예수 그리스도를 믿어야 하나님께 의롭다 함을 얻을 수 있다고 단호하게 말한다(롬 3:21-30, 5:1; 갈 3:22-24; 엡 2:4-9). 이렇게 해서 아브라함의 믿음을 따르는 자들은 아브라함의 가족이 된다. 갈라디아서에서 바울은 다시 한 번 창세기 15장 6절을 인용하며 아브라함이 "하나님을 믿으매 그것을 그에게 의로 정하셨다 함과 같으니라"(갈 3:6)라고 말한다. 따라서 우리는 "믿음으로 말미암은 자들은 아브라함의 자손인 줄"(갈 3:7) 알 수 있는 것이다. 또한 "하나님이 이방을 믿음으로 말미암아 의로 정하실 것을 성경이 미리 알고 먼저 아브라함에게 복음을 전하되 모든 이방인이 너로 말미암아 복을 받으리라 하였느니라 그러므로 믿음으로 말미암은 자는 믿음이 있는 아브라함과 함께 복을 받느니라"(갈 3:8-9)라는 사실도 안다. 아브라함과 같이 믿음을 지닌 만민들은 다 그의 가족이 될 것이고, 그렇게 해서 많은 후손들을 주시리라는 하나님의 약속이 성취된다. 바울은 "너희가 다 믿음으로 말미암아 그리스도 예수 안에서 하나님의 아들이 되었으니"(갈 3:26)라고 말한다.

전체 성경에 해당하는 단어가 **빈 무덤**(CASKET EMPTY)이라고 했다. 이는 성경이 말하는 하나님의 구속 계획에 예수의 부활이 얼마나 중요한 위치를 차지하고 있는지를 강조하는 단어다. 그리고 동시에 하나님의 백성이 지니는 특징이라고 할 수 있는 믿음의 전형을 가리키는 단어이기도 하다. 바로 그리스도인은 "예수 우리 주를 죽은 자 가운데서 살리신"(롬 4:24) 하나님을 믿는다는 점이다. 아브라함의 가족이 된 사람들은 모두 **빈 무덤**(CASKET EMPTY)을 믿는다. 즉, 예수 그리스도가 죽은 자 가운데서 살아나셨다는 사실을 믿는 것이다! 따라서 예수의 부활은 성경의 줄거리에 핵심이며, 이는 **빈 무덤**(CASKET EMPTY)이라는 단어로 대변된다. 이 사실은 구약 성경이 단지 오래된 이야기들이나 법률을 기록한 책이 아니라, 오늘날 우리가 믿음을 이해하기 위해 필수적으로 알아야 할 내용임을 일깨워 준다. 성경에는 하나님이 작정하신 한 가지 구속 계획이 있다. 그리고 그 약속들은 예수 안에서 모두 아멘이 된다!

• 하나님이 경건치 아니한 자들을 의롭다 여기시다

창세기 15장 6절에서 주목해야 할 세 번째는 아브라함이 좋은 인격을 지녔거나 도덕적으로 바르기 때문에 하나님과 바른 관계를 맺을 수 있었던 것이 아니라는 점이다. 오히려 우리는 아브라함의 가족이 우상을 숭배했다(수 24:2)는 사실을 알고 있다. 이는 훗날 율법에 따르면 금지된 행위다(출 20:2-5). 또한 아브라함이 도대체 왜 그런 행동을 했는지 도무지 이해하지 못할 때도 있다. 아브라함은 두 번이나 자신의 아내인 사라를 두고 거짓말을 했다. 또한 사라의 남편이 아닌 오라버니인 것처럼 행세를 하면서 사람들을 기만했다(창 12:10-20, 20:1-18). 그 때문에 자칫하면 참혹한 결과를 초래할 뻔도 했지만 하나님은 그때마다 개입하셨다. 또한 아브라함과 사라는 하나님을 충분히 기다리지 못했다. 아브라함은 스스로 일을 해결하려고 하갈과 관계를 맺고 아들을 낳았던 것이다(창 16장). 사도 바울이 창세기 15장 6절을 언급하면서 아브라함이 "경건하지 아니한 자를 의롭다 하시는"(롬 4:5) 하나님을 믿었다고 말한 것도 놀라운 일이 아니다. 로마서를 보면 경건하지 아니한 자들은 죄인으로 규정된다(롬 5:6-8). 바울은 모든 사람이 죄를 지어 하나님의 영광에 이르지 못했다고 분명하게 선언한다(롬 3:23). 즉 의로운 자는 없으니 하나도 없다는 것이다(롬 3:10-12). 이렇듯 아브라함도 다른 사람들과 전혀 다를 바 없는 똑같은 사람이었지만 하나님은 그의 믿음을 보시고 그를 의롭다고 하셨다.

바울은 사람이 "그리스도 예수 안에 있는 속량으로 말미암아 하나님의 은혜로 값없이 의롭다 하심"(롬 3:24)을 얻게 되었다고 선포한다. 우리는 신약 성경을 통해서 예수께서 우리를 대신해서 피를 흘리셨기 때문에 하나님이 죄인을 의롭다고 여기셨다는 사실을 안다(롬 3:23-25, 5:9). 따라서 하나님은 우리가 전에 지은 죄를 "간과"(롬 3:25)하시지만, 예수께서 우리를 대신하여 하나님의 진노를 받으시고 죽으시면서 그 죄를 해결하시는 그 순간에 우리를 의롭다고 여기시는 것이다. 그렇기 때문에 우리는 "우리가 아직 죄인 되었을 때에 그리스도께서 우리를 위하여 죽으심"(롬 5:8)을 확언할 수 있다. 따라서 하나님이 아브라함을 의롭다고 하신 것은 메시아가 우리를 대신하여 십자가에서 죽으실 때 온전히 드러날 일을 미리 행하신 것이다. 바울은 예수에 대해서 "하나님이 죄를 알지도 못하신 이를 우리를 대신하여 죄로 삼으신 것은 우리로 하여금 그 안에서 하나님의 의가 되게 하려 하심"(고후 5:21)이라고 말한다. 이는 참으로 우리를 사랑하시는 하나님의 엄청난 사랑이 생생하게 드러난 장면이다(롬 5:6-9; 요 3:16; 엡 2:4-9).

◆ 행위가 아닌 믿음을 보시고 의롭다 하신다

이제 창세기 15장 6절에서 주목해야 할 마지막 사항을 보자. 바로 하나님이 의롭다 하실 때 하나님은 무엇보다도 믿음을 우선으로 생각하신다는 점이다. 우리는 이미 아브라함이 좋은 사람이었기에 하나님과 바른 관계를 누린 것이 아니라는 사실을 살펴봤다. 오히려 아브라함은 그저 하나님을 믿었기 때문에 하나님이 그를 의롭다고 하셨다. 사도 바울은 아브라함이 행위로 의롭다 함을 얻은 것이 아니라고 자세하게 설명한다. 왜냐하면 이야기가 이때까지 진행되도록 아브라함은 하나님이 의롭다고 선포하실 만한 어떤 행동도 하지 않기 때문이다. 따라서 바울은 아브라함이 의롭다 함을 입은 것은 하나님이 은혜로 베푸신 선물이라고 결론 내린다. 바울은 일을 하고 임금을 받은 사람과, 아무 일도 하지 않고 믿기만 한 사람의 비유를 든다.

> 만일 아브라함이 행위로써 의롭다 하심을 받았으면 자랑할 것이 있으려니와 하나님 앞에서는 없느니라 성경이 무엇을 말하느냐 아브라함이 하나님을 믿으매 그것이 그에게 의로 여겨진 바 되었느니라 일하는 자에게는 그 삯이 은혜로 여겨지지 아니하고 보수로 여겨지거니와 일을 아니할지라도 경건하지 아니한 자를 의롭다 하시는 이를 믿는 자에게는 그의 믿음을 의로 여기시나니(롬 4:2-5)

바울은 아브라함이 의롭다는 선포를 받을 만한 어떤 의로운 행동이나 선한 행위도 하지 않았기 때문에, 그가 의롭다고 인정을 받은 것은 자신에게 기인한 것이 아니라 하나님이 은혜로 주신 선물이라고 설명한다. 바울은 성경을 제시하면서 아브라함이 의롭다는 선포를 받을 만한 어떤 행위도 하지 않았다는 점을 입증한다. 특히 아브라함이 할례를 받기 전에 이미 의롭다 하심을 받았다는 점을 강조한다(롬 4:10; 창 17장 참고).

구약에서 율법의 역할이 무엇이었는지를 생각해 보면 아브라함이 의롭다 함을 받았다는 사실에 어떠한 의미가 있는지 더욱 분명하게 드러난다. 모세 언약 아래에서 사람들은 하나님의 법을 순종해야만 의롭다고 여김을 받았다(신 6:25, 24:13; 겔 18장). 하지만 구약 성경을 보면 하나님의 백성은 계속해서 하나님의 법을 순종하는 데 실패하고 만다. 특히 우상 숭배하여 율법을 어기는 경우가 많았다. 이렇게 해서 법은 이스라엘 백성에게 복과 생명을 주는 수단이 아니라, 오히려 하나님의 백성이 하나님의 진노를 사서 죽음과 추방을 당하도록 했던 것이다(아담이 이스라엘에 있다는 사실을 기억하라). 사도 바울은 누구도 율법의 행위로 의롭다 하심을 받을 수 없다는 사실을 정확하게 파악했다(롬 3:20; 갈 3:11-12). 율법은 진노를 일으켜 이스라엘을 하나님의 저주 아래 놓이게 만들 뿐이다(롬 4:15; 갈 3:10; 신 27:26 참고; 렘 11:3-4). 왜냐하면 이스라엘은 율법을 지킬 능력이 없었기 때문이다. 하지만 율법 시대 이전인 창세기에서 이미(**시내 시대**에 가서야 율법에 대해서 배울 것이다) 사람이 율법 없이 의롭다 하심을 받을 수 있다는 진리가 나타난다(롬 4장; 갈 3:10-12). 아브라함 시대에는 아직 율법이 주어지지도 않았다. 그런데도 하나님은 경건치 않은 사람을 의롭다 하신다. 어떻게 이것이 가능한가? 아브라함은 어떠한 "율법의 행위"도 행하지 않았기 때문에 그가 의롭다 여김을 받은 것은 하나님의 선물이며, 오직 믿음으로 받은 것이었다. 이는 죄를 저질러 하나님의 영광에 이르지 못하는 모든 사람에게 희망의 소식이다! 우리는 구약과 신약을 아우르는 하나님의 구속 계획을 보면서, 예수께서 온전하게 순종하셨기 때문에 하나님이 아브라함에게 그러한 선물을 주실 수 있었다는 사실을 깨닫는다. 예수께서 온전하게 순종하셨기 때문에 아브라함과 우리가 의롭다 하심을 받은 것이다(롬 5:12-21).

아브라함 시대를 대변하는 그림인 선물을 떠올려 보라. 오직 하나님이 예수 그리스도를 통해서 은혜로운 선물을 주셨기 때문에 죄 많은 인류가 하나님과 화목할 수 있다. 바울은 구원을 다음과 같이 정리한다. "너희는 그 은혜에 의하여 믿음으로 말미암아 구원을 받았으니 이것은 너희에게서 난 것이 아니요 하나님의 선물이라 행위에서 난 것이 아니니 이는 누구든지 자랑하지 못하게 함이라"(엡 2:8-9). 우리 역시 예수를 죽은 자 가운데서 살리신 하나님을 믿음으로써 하나님과 바른 관계를 누릴 수 있다. 바울은 우리가 믿음으로 의롭다 하심을 받았기 때문에 "하나님과 화평을"(롬 5:1) 누린다고 말한다. 이야말로 참으로 좋은 소식이다.

• 아브라함 언약

하나님은 아브라함이 자신과 바른 관계에 있음을 선포하신 직후(창 15:6), 아브라함과 언약을 맺으신다(창 15:7-21). 그리고 이는 아브라함 언약으로 알려져 있다. 하나님은 이 언약을 세우시면서 자신이 아브라함에게 땅을 주시려고 우르에서 이끈 여호와임을 밝히신다(창 15:7). 아브라함은 자신이 참으로 그 땅을 소유하게 될 것을 어떻게 알 수 있느냐고 물었다. 그러자 언약을 맺는 공식 의례가 즉시 거행되었다. 하나님은 "연기 나는 풀무"와 "타는 횃불"(하나님의 임재를 대변하는)의 모습으로 나타나셔서 쪼갠 동물의 사이를 지나가셨다. 그리고 하나님은 아브라함이 깊이 잠든 중에 그의 후손이 이방에서 400년 동안 노예가 될 것이지만 그 후에 하나님은 그들을 다시 가나안 땅으로 데려오시리라고 약속하신다. 이는 이스라엘 자손이 애굽에서 노예가 될 것(출 12:40)을 미리 아브라함에게 보여 주신 것으로, 그들은 실제로 **시내 시대**에 애굽을 탈출하여 그 땅에 돌아올 것이다.

이 언약 예식에서 하나님만이 쪼갠 동물 사이로 지나셨는데, 이는 언약을 맺으시는(문자적으로는 "쪼개다") 주체가 아브라함이 아니라(창 15:17; 렘 34:15-21 참고) 하나님이심을 보여 준다. 성경을 보면 "그날에 여호와께서 아브람과 더불어 언약을 세워 이르시되 내가 이 땅을 …… 네 자손에게 주노니"(창 15:18)라고 한다. 하나님은 이 엄숙한 예식에 스스로 참여하셨고, 아브라함과 맺은 언약을 성취하겠다고 직접 약속하신 것이다. 여기에서 주목할 것이 있다. 바로 이 언약에는 그 약속이 이루어지기 위해서 아브라함이 지켜야 할 어떠한 조항도 첨부되지 않았다는 점이다. 하나님은 아브라함에게 "네가 내게 순종하면 이 땅을 주겠다"라고 말씀하지 않으셨다. 하지만 **시내 시대**에 가면 이스라엘 자손들은 여러 가지 조항을 지켜야만 했다(출 20:1-17). 하나님은 이스라엘이 하나님의 율법을 순종하면 축복하시지만, 순종하지 않으면 저주를 내리겠다고 약속하신다(레 26장; 신 28장). 하지만 하나님이 아브라함을 축복하신 것을 보면 그러한 조항이 첨부되지 않았다. 때문에 이스라엘 이야기를 보면 다른 모든 약속들이 이뤄지지 않을 것처럼 보이는 상황에서 백성들은 이 약속에 호소하게 된다. 하나님은 분명히 자신이 약속하신 것을 이루실 것이기 때문이다! 심지어 430년 후에 나타나는 율법도 그 약속을 "폐기하지 못하고 그 약속을 헛되게 하지 못하리라"(갈 3:17)라고 한다. 하나님은 약속하신 것을 신실하게 지키시기 때문에 우리의 기업은 확실하다.

아브라함은 다른 약속들과 마찬가지로, 창세기 15장 18절에서 다시 확인해 주신 이 약속도 믿음으로 받아야만 했다. 아브라함이 약속을 받은 순간 땅을 기업으로 받은 것이 아니었기 때문이다. 심지어 그의 후손들도 그 땅을 소유하기까지 수백 년 동안 이방에서 노예 생활을 해야 했다(창

15:13-16; 행 7:5-8; 히 11:13-16). 따라서 아브라함이 하나님께 자신이 그 땅을 소유하게 될 것을 어떻게 알 수 있느냐고 물었을 때, 하나님이 주신 답은 땅의 소유에 대한 것이 아니라 그 약속을 하신 하나님을 믿으라는 것이었다.

◆ 언약의 징표인 할례

아브라함이 99세가 되었을 때 하나님은 그에게 한층 더한 약속을 주신다(창 17:1-8). 그리고 하나님은 이 약속을 베푸신 직후 아브라함에게 그 집에 있는 모든 남자로 할례를 받게 하라고 명하신다(창 17:9-27). 아마도 수백 명이 할례를 받아야 했을 것이다(창 14:14). 그렇지만 그중 아브라함의 생물학적인 아들은 이스마엘뿐이었다. 아브라함은 하나님의 명령에 순종하여 자신의 집에 속한 모든 남성에게 할례를 행한다. 할례는 하나님과 아브라함의 후손 간에 맺은 언약의 징표다. 이는 아브라함의 생물학적 자손을 이방인들(즉, 그의 "씨"가 아닌 자들)과 결합시켜 "한 민족"(창 17:14, 34:16, 22)을 이루는 역할을 한다. 이스라엘 자손은 법적으로 반드시 할례를 행해야 했다(그 공동체에 속한 이방인들도 포함한다). 하지만 할례의 본래 의미는 마음에 받는 할례를 상징하는 것으로서, 주님께 내적으로 헌신하겠다는 뜻이다(레 26:41; 신 10:16; 렘 4:4, 9:25-26). 사실 모세도 이스라엘 자손에게 그들이 여호와 하나님을 사랑하도록 여호와가 그들의 마음에 할례를 베푸실 날이 올 것이라고 말했다(신 30:6).

사도 바울은 다음과 같이 말하면서 할례의 내적인 양상에 대해서 설명한다. "무릇 표면적 유대인이 유대인이 아니요 표면적 육신의 할례가 할례가 아니니라 오직 이면적 유대인이 유대인이며 할례는 마음에 할지니 영에 있고 율법 조문에 있지 아니한 것이라"(롬 2:28-29). 아브라함은 이미 믿음으로 하나님께 의롭다 하심을 받았기 때문에, 아브라함의 할례는 성령으로 받는 마음의 내적 할례를 외적으로 나타내는 징표에 불과했다. 이렇듯 아브라함이 받은 할례는 "무할례시에 믿음으로 된 의를 인친 것"(롬

4:11)이었다. 이 말씀의 의미는 아브라함이 "할례 받은 자"이자 아브라함이 걸은 믿음의 자취를 좇는 유대인들의 아버지가 되는 동시에 "할례 받지 않은 자"인 이방인들의 아버지도 되었다는 것이다(롬 4:11-12). 왜냐하면 아브라함의 삶은 그 두 집단과 독특하게 상응하기 때문이다. 이야말로 하나님이 메시아를 통해서 궁극적으로 이루시기 원한 믿음의 공동체로서, 하나님은 그 두 집단 모두 아브라함을 자신들의 "아버지"라고 부르게 하신 것이다. 창세기의 맥락을 볼 때 할례로 세워진 언약 공동체를 통하여 이방인들은 아브라함을 통하여 주신 하나님의 축복에 더 근접하게 되었다. 그렇지만 이러한 축복도 믿음으로 받는 것이다.

◆ 아브라함이 사랑하는 아들을 바치다

아브라함 이야기를 마무리하기 전에 그의 삶에서 반드시 짚고 넘어가야 할 중요한 사건 한 가지가 있다(창 22장). 우리는 아브라함에 대해서 논하면서 "부활 신앙"이 하나님의 구속 계획에 핵심이라는 점과, 하나님은 아브라함의 믿음을 보시고 그를 의롭다 하셨다(창 15:6)는 점을 살펴봤다. 하나님은 이제 아브라함이 사랑하는 유일한 아들, 즉 약속으로 난 아들이자 나이 들어 얻은 아들을 바치라고 명령하시며 아브라함을 시험하신다. 하나님은 아브라함에게 이삭을 취하여 모리아 땅에서 번제로 드리라고 하신다(창 22:1-2). 이는 특히나 괴이한 요구 사항처럼 보인다. 왜냐하면 이삭은 약속의 아들이자, "유일한 아들"로서 그를 통해 아브라함의 후손이 나와야 하기 때문이다. 사실 하나님이 아브라함에게 아들을 버리라고 한 것이 처음은 아니었다(창 21:10-14). 하지만 이제 그 판돈은 훨씬 커졌다. 아브라함은 아침 일찍 일어나 믿음으로 이삭을 바치는 그 길을 기꺼이 떠난다. 아브라함은 종들에게 "내가 아이와 함께 저기 가서 예배하고 우리가 너희에게로 돌아오리라"(창 22:5)라고 말하면서 죽은 자를 살리시는 하나님에 대한 믿음을 드러낸다. 아브라함은 제물을 드리기 위해 필요한 나무와 불과 칼을 챙긴다. 아브라함이 발을 떼자 이제는 이삭이 묻는다. "불과 나무는 있거니와 번제할 어린양은 어디 있나이까"(창 22:7). 아브라함은 답한다. "아들아 번제할 어린양은 하나님이 자기를 위하여 친히 준비하시리라"(창 22:8). 이 이야기는 아브라함이 손에 칼을 들어 올리는 마지막 순간에 하나님이 개입하셔서 이삭 대신 숫양을 주시고, 아브라함이 그 양으로 제사를 드리면서 끝난다.

이 이야기에서 우리는 이후 십자가에서 심오하게 드러날 것을 얼핏 보게 된다. 하나님은 언젠가 우리를 대신할 흠 없는 양을 주시고, 우리 대신 죽게 하실 것이다. 실제로 이후에 이 모리아 산 위에 성전이 건축된다(대하 3:1). 바로 그곳에서 사람들은 죄 때문에 수많은 제사를 드릴 것이다. 하지만 마침내 하나님은 세상의 죄를 속량하기 위해 사랑하시는 독생자를 주셔서 "단번에" 속죄 제물이 되게 하실 것이다(히 10:10). 아브라함이 이삭 대신 그 양으로 제사를 드린 후, 하나님은 자신의 음성에 순종하여 유일한 아들도 아끼지 않은 아브라함을 축복하신다. 그러면서 그의 씨를 번성하게 하시고, 그로 인해 모든 민족이 복을 받을 것이라고 맹세하신다(창 22:16-18). 우리는 히브리서에서 아브라함이 믿음으로 이삭을 바쳤다는 사실을 안다(히 11:17). 아브라함은 "하나님이 능히 이삭을 죽은 자 가운데서 다시 살리실 줄로 생각"(히 11:19)했다. 이후 창세기 26장 2-5절에서는 아브라함이 아들 이삭을 기꺼이 바치겠다고 순종했던 것을 회상하면서 아브라함이 하나님의 음성에 순종했기 때문에 하나님이 자신이 하신 약속을 반드시 성취하실 것이라고 확증하신다.

창세기 26장 2-5절의 말씀만 아브라함의 믿음과 순종의 중요성을 강조하는 것은 아니다. 신약에 와서 야고보는 참된 믿음이란 아브라함의 삶처럼 행동으로 나타나는 것이라고 말하며 아브라함의 믿음과 순종을 강조한다.

> 우리 조상 아브라함이 그 아들 이삭을 제단에 바칠 때에 행함으로 의롭다 하심을 받은 것이 아니냐 네가 보거니와 믿음이 그의 행함과 함께 일하고 행함으로 믿음이 온전하게 되었느니라 이에 성경에 이른 바 아브라함이 하나님을 믿으니 이것을 의로 여기셨다는 말씀이 이루어졌고 그는

하나님의 벗이라 칭함을 받았나니 이로 보건대 사람이 행함으로 의롭다 하심을 받고 믿음으로만은 아니니라(약 2:21-24)

야고보는 참된 믿음은 살아 있고 생동하는 것으로서, 행위가 수반하지 않으면 그 믿음은 죽은 것이라고 강변한다. 야고보는 이삭을 바친 아브라함 이야기를 돌아보면서 창세기 15장 6절에서 보여 준 아브라함의 믿음이 세월이 지난 창세기 22장에서도 여전히 살아 있음을 확인한다. 하나님을 믿는다는 것은 단지 마음으로 동의하는 것이 아니라 살아 계신 하나님과 신뢰 관계를 맺는 것을 수반한다. 야고보는 아브라함이 이삭을 기꺼이 바치고자 했을 때, 그를 의롭다 하심이 온전하여지고 완벽하게 되었다고 가르친다. 마찬가지로 야고보는 기생 라합이 하나님을 믿기만 한 것이 아니라(수 2:11; 약 2:25 참고), 그 행위를 통해서 자신이 고백한 믿음이 참된 것임을 증명했다고 본다(수 2:1-24, 6:17-25). 따라서 야고보는 행위 없는 믿음은 존재할 수 없다고 강조한다. 왜냐하면 살아 계신 하나님과 신뢰의 관계를 맺으면 그 사람이 살아가는 방식에도 분명히 영향을 미치기 때문이다. 로마서 4장 1-6절(아브라함은 율법의 행위가 아닌 믿음으로 의롭다 하심을 받았다) 말씀과 야고보서 2장 14-26절(아브라함의 행위가 그 참된 믿음을 증명한다) 말씀에 내적인 긴장 관계가 있다고 보는 사람도 있지만, 야고보는 참된 믿음은 행위로 나타날 수밖에 없다는 사실을 일깨워 준다. 아브라함은 기꺼이 사랑하는 아들을 바쳤다. 왜냐하면 아브라함은 하나님이 죽은 자를 살리실 수 있다고 신뢰했기 때문이다. 이야말로 제대로 된, 살아 있는 믿음이다.

◆ 하나님의 약속을 유업으로 받을 자는 이삭과 야곱이다

아브라함 이야기는 그의 아들인 이삭과 이스마엘의 삶을 통해서 이어진다. 이스마엘도 아브라함의 아들이기 때문에 하나님은 그에게도 복을 주신다(창 17:20, 21:13). 하지만 엘리에셀이 아브라함의 유업을 이을 자가 아닌 것처럼(창 15:1-6) 이스마엘도 아브라함의 약속을 유업으로 받을 자가 아니었다. 약속에 따라 성령에 의해 초자연적으로 출생한(창 18, 21장) 이삭만이 하나님이 정하신 상속자였다. 이스마엘은 공동 상속자가 아니었기 때문에 창세기 21장에서 아브라함은 이스마엘을 떠나보낸다. 아브라함은 이 일 때문에 괴로워한다. 하지만 하나님은 아브라함의 씨가 이삭을 통해서 날 것이라고 말씀하셨기 때문에 아브라함은 하갈과 함께 이스마엘을 쫓아 보낸다(창 21장; 갈 4:21-31 참고). 마찬가지로 그 다음 세대에서도 하나님의 약속은 이삭의 첫째 아들 에서가 아닌 야곱을 통해서 이루어진다. 고대 세계에서는 보통 유산을 가를 때 장자가 두 배를 받았다. 하지만 하나님의 선택을 따라서 야곱이 장자의 지위를 받는다(창 25:23). 따라서 하나님의 목적에 따라 이삭은 죽기 전에 야곱을 축복했고(창 27:27-29; 히 11:20), 하나님은 이후 벧엘에서 그 약속을 야곱에게 확인해 주신다(창 28:13-15).

야곱이 선한 사람이었거나 도덕적으로 바른 사람이었기 때문에 하나님이 야곱에게 복 주신 것이 아니라는 사실을 잊지 말자. 오히려 야곱과 에서의 이야기를 읽다 보면(창 27-28장, 32-33장), 야곱은 임종을 맞은 아버지에게 거짓말을 하고, 그 앞에서 형인 척 행세한다. 그렇지만 이러한 일이 있은 직후에 하나님은 오히려 그를 축복하신다(창 28:20-22). 또한 야곱이 선한 행실을 했기 때문에 하나님이 그에게 복을 주신 것이 아니라는 사실은 야곱이 태어나기 전 어머니의 태에 있을 때 이미 하나님이 리브가에게 장자인 에서가 동생인 야곱을 섬기리라고 약속하셨다는 사실로 증명된다(창 25:23). 사도 바울은 창세기 25장 23절 말씀을 인용하면서 하나님은 야곱이 아직 태에 있을 때 그를 축복하셨다고 말한다. "리브가가 우리 조상 이삭 한 사람으로 말미암아 임신하였는데 그 자식들이 아직 나지도 아니하고 무슨 선이나 악을 행하지 아니한 때에 택하심을 따라 되는 하나님의 뜻이 행위로 말미암지 않고 오직 부르시는 이로 말미암아 서게 하려 하사 리브가에게 이르시되 큰 자가 어린 자를 섬기리라 하셨나니"(롬 9:10-12). 바울은 하나님이 야곱에게 복 주신 것은 그의 행위에 근거한 것이 아니라 하나님의 선택에 따른 것임을 강조한다. 바울은 이를 다음과 같이 정리한다. "그런즉 원하는 자로 말미암음도 아니요 달음박질하는 자로 말미암음도 아니요 오직 긍휼히 여기시는 하나님으로 말미암음이니라"(롬 9:16). 하나님의 구속 계획은 긍휼히 여기시는 하나님에 의해 이루어진다.

◆ 하나님이 이삭과 야곱과 언약을 세우시다

하나님은 아브라함과 맺으셨던 언약을 아브라함의 아들 이삭 및 손자 야곱과도 세우신다(출 2:24; 레 26:42). 따라서 창세기를 보면 하나님은 아브라함에게 하셨던 약속들을 이삭과(창 26:3-4, 24) 야곱에게(28:13-15, 35:11-12, 46:3-4) 되풀이하신다. 하나님이 족장들에게 하신 약속은 **무덤**(CASKET)에 해당하는 각 시대로 이어지는 이스라엘 이야기에서 큰 틀이 된다. 몇 가지 예를 들어 보자. 우선 이스라엘 백성이 애굽에서 번성하게 되면서(출 1:7) 아브라함의 씨가 번성하리라는 하나님의 약속이 성취된다. 또한 하나님은 아브라함과 이삭과 야곱과 맺으신 언약을 기억하셔서 애굽에서 노예 생활을 하던 그들을 구원하신다(출 2:24). 그리고 하나님이 족장들에게 하신 약속 때문에 황금 송아지를 만들고도 멸망당하지 않는다(출 32:12-14). 또한 하나님이 땅을 약속하셨기 때문에 여호수아의 영도 아래 가나안 땅을 획득한다(수 23:14). 마지막으로 하나님이 아브라함과 이삭과 야곱에게 하신 약속 때문에 그들은 포로 생활을 마치고 그 땅에 돌아온다(레 26:42). 이처럼 하나님이 주신 약속들은 전체 성경이 말하는 구속 이야기의 근간이 되는 것이다.

하나님은 약 400년이 흐른 후인 **시내 시대**에 이스라엘 자손들과 또 다른 언약을 맺으신다. 이 언약을 모세 언약이라고 한다. 이스라엘은 하나님을 반역하고 하나님께 불순종하였기 때문에 결국 그 언약에 따라서 하나님의 저주를 받는다. 하지만 사도 바울은 율법이 430년 후에 주어진 것이지만 하나님이 이전에 인준하신 언약을 무효화할 수 없고, 그 약속을 없는 것으로도 할 수 없다고 말한다(갈 3:17). 바울은 하나님이 족장들에게 하신 약속이 여전히 유효하기 때문에 그리스도에게 속한 자는 아브라함의 후손이며, 약속을 따라 태어난 상속자가 된다고 분명히 밝힌다. 이 약속이 여전히 유효한 이유는 그 약속이 궁극적으로 예수 안에서 성취되었기 때문이다.

◆ 이스라엘 자손이 애굽에서 노예가 되다

창세기는 이스라엘 자손이 기근 때문에 약속의 땅을 벗어나 애굽에서 살아가는 장면으로 마무리한다. 하지만 하나님은 야곱의 아들 요셉을 애굽 지도자로 삼으셔서 야곱의 가족을 보존하신다(창 39-50장). 요셉의 형제들은 동생을 해하려고 했지만 하나님은 이를 선으로 바꾸셔서 오히려 그들의 생명을 구하게 하셨다(창 50:14-21). 하나님은 섭리로 고난과 시험 속에서도 요셉의 삶 가운데 역사하셔서, 야곱의 가족을 애굽에서 보존하신다. 야곱은 죽기 전에 요셉의 두 아들 에브라임과 므낫세에게 축복하고(창 48:1-22), 자신의 열두 아들에게 축복한다(창 49:1-33). 이때 야곱의 넷째 아들 유다가 왕의 계통으로 정해진다(창 49:8-12). 야곱이 애굽에서 죽은 후(창 50:1-14), 야곱의 몸은 가나안 땅으로 돌아가 가족과 함께 묻힌다(창 49:29-33, 50:1-14; 창 23:1-20 참고). 요셉은 하나님이 이스라엘 백성을 약속하신 대로 가나안 땅으로 다시 데려가실 것을 믿었기에 자신의 뼈를 애굽 땅에서 반드시 옮겨 달라고 부탁한다(창 50:24-25; 출 13:19; 히 11:22). 야곱의 가족이 애굽에서 살아가는 모습으로 창세기 이야기는 마무리한다. 주목할 사실은 그곳이 약속의 땅이 아닌 타지였다는 것이다(창 50장). 하지만 하나님이 이미 아브라함에게 그의 자손이 이방에서 400년간 종이 되리라고 말씀하셨다는 사실을 기억할 것이다(창 15:13). 요셉은 죽기 직전에 하나님은 아브라함과 이삭과 야곱에게 하신 약속에 따라 그의 형제들을 돌보시고 그들을 가나안 땅으로 되돌려 가실 것임을 확언한다(창 50:22-25).

야곱 일가 이야기는 출애굽기로 이어진다(출 1:1-5; 창 46:8-27 참고). 많은 후손을 주시겠다는 하나님의 약속은 이스라엘 자손이 애굽에 머물 때 이미 현실이 되었다. 이스라엘 자손은 급속히 번성하여 그 땅이 그들로 가득할 정도였다(출 1:7). 이는 족장들에게 많은 후손을 주시겠다는 약속이 이루어지는 첫 단계였다(출 1:7; 행 7:17). 하나님이 창조 세계에 품으신 목적이 그 세계의 축소판인 이스라엘을 통해서 성취되기 시작했다(창 1:28, 9:1; 출 1:7). 하지만 요셉과 그 세대가 죽고 난 후에, 요셉을 모르는 새 애굽 왕이 일어났다(출 1:8). 이 새로운 바로는 이스라엘 자손이 자신들과 맞서 싸울까봐 두려워한다. 그래서 감독들을 임명하여 고역으로 그들을 괴롭히도록 지시한다(출 1:8-22). 그렇게 해서 이스라엘 자손은 애굽에서 노예가 되어 학대를 받았다. 하지만 하나님은 모세라는 구원자를 일으키실 것이다(출 2장). 출애굽기에서 모세는 하나님이 약속하신 대로 하나님의 백성을 애굽에서 인도하여 낼 것이다(출 2:23-24, 3장). 그렇기 때문에 비록 **아브라함 시대**는 이스라엘 자손이 400년 동안 애굽에서 노예 생활을 하는 것으로 마무리하지만 희망이 아주 없는 것은 아니었다. 하나님은 약속하신 것을 확실히 이루시는 분이시기 때문이다.

아브라함에게 주신 약속은 전체 성경이 전하는 구속 이야기의 기초다. 따라서 아직 읽어 보지 못했다면 시간을 내어 성경 구절을 모두 읽어 보기 바란다. 그럴 만한 가치는 충분하다. 그리고 성경을 보면서 이 이야기에 해당하는 부분에는 밑줄을 치기를 권한다. 그러한 약속들에 주의를 기울여서 성경을 보면 구약 성경의 신학적인 틀을 이해하는 데 도움이 될 것이다. 로마서와 갈라디아서도 읽어 보라. 특히 우리가 함께 논한 구절들을 더욱 자세하게 살펴보라. 사실 그러한 개념들을 이해하기란 쉽지 않다. 하지만 그 개념을 파악하고 나면 구약 성경이 왜 그렇게 중요한지 깨닫게 된다. 역사를 통한 하나님의 구속 계획을 파악하고 싶다면 먼저 하나님이 창세기에서 어떤 일을 행하셨는지를 알아야 한다. 결국 모든 일은 창세기에서 시작된 것이다! 그러므로 다음 장으로 넘어가기 전에 이 성경 구절들을 읽어 볼 가치는 차고도 넘친다.

3장 시내 시대

Sinai

앞선 두 장과 마찬가지로 3장의 세목들은 구약 연대표에서 **시내 시대** 부분에 있는 내용과 거의 같다. 하지만 연대표에는 없는 몇몇 세목이 첨가되어 있다. 이 부분에서 다룰 성경 일곱 권에 대해 연구할 분량이 상당히 많기 때문이다. 이 성경들은 연대기 순서(구약 성경의 다른 책들과는 달리)에 따라 기록되어 있다는 점을 우선 밝힌다. 따라서 이 장을 읽을 때는 연대표를 앞에 두고 계속 참고하면서 "큰 그림"을 그려 나가기를 바란다.

미리 보는 시내 시대

구약의 세 번째 시대를 **시내**라고 부르는 이유는 출애굽기에서 하나님이 애굽에서 이스라엘 자손을 구원하시고 그들을 시내 산으로 데려가시기 때문이다. 이스라엘의 자손들은 노예 신분에서 구속을 받고 위대한 민족, 거룩한 백성이 되어야 했다. 여호와 하나님은 구속받은 자기 백성을 부르셔서 하나님만 예배하고 섬기도록 했다. 하나님은 시내 산에서 모세에게 십계명을 주시고 모세 언약이라는 약속을 이스라엘 자손과 맺으신다. 이스라엘 자손도 하나님의 율법, 즉 그 언약에 따르는 조항들을 지키기로 동의했다. 그리고 그들은 선포했다. "우리는 하나님이 말씀하신 모든 것을 그대로 지키고 순종할 것이다." 하나님도 자기 백성이 율법에 순종하면 복을 주고 순종하지 않으면 저주하겠다고 동의한다. 또한 이 시대에 하나님은 자기 백성 가운데 거하시기 위해 모세에게 성막을 만들도록 지시하신다. 하지만 모세가 산에서 하나님의 율법을 받는 동안 이스라엘 자손은 오히려 금송아지 우상을 만들고 예배했다. 그렇게 그들은 자신들의 하나님 여호와를 버리고 말았다. 하지만 모세는 그 백성의 편에 서서 중재에 나선다. 하나님은 은혜와 자비로우심으로 분노를 잠재우시고, "여호와라 자비롭고 은혜롭고 노하기를 더디하고 인자와 진실이 많은 하나님이라"(출 34:6)라고 자신의 성품을 밝히신다. 이는 이스라엘 역사에서 가장 결정적인 순간이었다. 우상을 섬기려는 이스라엘의 마음과, 여호와라는 이름으로 나타나는 하나님의 은혜로운 성품이 명백하게 드러났기 때문이다. 결국 하나님의 은혜로 언약은 새롭게 되었고 하나님은 완고하고 목이 곧은 백성들 가운데 계속 거하신다. 제사장과 제사 제도가 확립되면서 거룩하신 하나님이 반역하는 백성들 가운데 거주하실 수 있게 된 것이었다. 모세의 인도 아래 이스라엘 자손은 약속의 땅으로 여정을 떠난다. 그렇지만 그들은 하나님을 믿지 않았기 때문에 40년이 지난 후에야 그 땅에 입성한다. 그들은 심판을 받아서, 하나님을 믿지 않은 세대가 다 죽어 없어질 때까지 광야에서 유목민처럼 살며 유리한 것이다.

그리고 모세는 모압 평지에서 새로운 세대에게 율법을 자세히 설명해 준다. 그 내용이 신명기에 기록되어 있다. 모세가 죽고 여호수아가 새 지도자가 된다. 그는 이스라엘 자손을 약속의 땅으로 인도했고, 결국 하나님이 아브라함에게 약속하신 것들은 다 이루어진다. 하지만 이스라엘 민족은 이방 민족들과 구별되지 못했고 오히려 우상 숭배에 참여했다. 하나님은 사사들을 일으켜 그 백성을 구원하시지만, 이 세대 내내 우상 숭배가 주기적으로 발생한다. 백성들은 전혀 신실하지 못했지만 그런 상황에서도 하나님은 섭리를 통해 베들레헴에 거하는 한 유다 지파 가정에서 일하고 계셨다. 죽음과 비극이 계속되는 와중에도 보아스는 룻과 결혼하여 아들 오벳을 낳았고, 그렇게 희망은 자라고 있었다. 오벳은 다윗 왕의 선조가 되기 때문이다. 이렇게 **시내 시대**는 왕권이 저 멀리서 어렴풋이 부상하면서 마무리한다.

시내 시대는 주전 약 1450-1050년에 해당한다. 시작 연도인 주전 1450년은 출애굽 시기를 의미한다(왕상 6:1에 근거해서 더 정확히 따져 보자면 주전 1446년이다). 이 연도를 기준으로 한다면 출애굽 당시의 바로는 애굽의 열여덟 번째 왕조인 아멘호테프 2세에 해당한다(주전 1450-1425). 주전 1050년은 사울이 이스라엘의 첫 왕으로 등극하여 왕조가 시작되는 연도다. **시내 시대**의 자세한 내용은 출애굽기, 레위기, 민수기, 신명기, 여호수아, 사사기, 룻기에 기록되어 있다. 핵심 인물은 모세와 그의 형제 아론, 레위 족속, 여호수아, 사사들, 보아스와 룻이다.

연대표에서 **시내 시대**를 나타내는 그림은 십계명이라는 사실을 기억하라. 연대표 뒤편에 이 그림의 신학적인 의미를 요약해 두었다.

• 모세는 하나님이 택하신 지도자다

창세기에서 하나님은 아브라함에게 그의 후손이 가나안 땅을 유업으로 누릴 것이라고 하셨다. 하지만 출애굽기는 이스라엘 민족이 그 약속의 땅이 아닌 애굽에서 노예로 살아가는 모습으로 시작한다. 그들은 비돔과 라암셋을 건축하기 위해 노예로 강제 동원되었다. 하나님이 아브라함에게 그의 후손이 400년 동안 이방에 거주하다가 네 세대가 지나야 그 땅으로 돌아올 것이라고 말씀하신 것을 기억할 것이다(창 15:13-16). 출애굽기를 시작하는 장을 보면, 이스라엘 백성이 속박을 당해 울부짖는다. 그리고 하나님은 아브라함과 이삭과 야곱과 맺은 언약을 기억하시며 그들의 절규를 들으신다(출 2:24). 따라서 이스라엘 민족이 애굽의 노예 생활에서 구원받을 수 있었던 것은 하나님이 아브라함에게 하신 자신의 약속을 지키셨기 때문에 가능한 일이었다(출 3:10-17, 6:2-8).

이 시대에 하나님은 모세라는 사람을 들어 애굽에서 이스라엘 민족을 인도해 내도록 하신다(출 2-3장; 행 7:34-37). 하나님은 그를 통해 초자연적인 이적과 기사를 행하셨다(출 4-10장). 모세는 이스라엘 민족을 애굽에서 인도해 내고(출 12-15장), 하나님은 모세에게 시내 산에서 십계명을 주신다(출 20장). 또한 모세는 하나님이 그의 백성과 언약 관계를 맺으실 때, 하나님과 이스라엘 사이에서 중재하는 역할을 한다(출 24장). 그리고 이스라엘이 우상을 만들 때 그들을 대표하여 중재에 나선다(출 23-24장). 하나님은 모세에게 성막, 제사장, 제사 제도에 대해서 지시하신다(출 25-40장). 모세는 광야 세대를 모압 평야로 인도해 낸다. 그리고 마지막으로 그 땅에 들어서기 전 새로운 세대에게 율법을 자세히 설명한다. 무엇보다도 모세는 이스라엘과 함께하시는 하나님이 바로 창조주 하나님, 즉 여호와 엘로힘으로서 "자비롭고 은혜롭고 노하기를 더디하고 인자와 진실이 많은"(출 34:6) 하나님이심을 알았다. 우리는 구약 성경의 한 말씀 한 말씀마다 이와 같은 여호와 하나님의 성품을 목격한다. 왜냐하면 이러한 이야기들을 통해서 이스라엘이 칠흑같이 어두웠던 날에도 하나님의 은혜는 환하게 빛난다는 사실을 보기 때문이다.

◆ 하나님이 모세에게 이름을 드러내신다. "나는 스스로 있는 자이니라"

하나님은 불타는 떨기나무에서(출 3장) 모세에게 나타나셔서 "모세야 모세야"(출 3:4)라고 부르신다. 모세는 그곳에 가까이 나아가기 전에 신을 벗어야 했다. 거룩한 하나님이 거기에 임재하셨기 때문이다. 하나님은 모세에게 자기 백성의 부르짖음을 들었고 그들이 학대를 당하고 있는 것도 아신다고 말씀하신다. 그리고 모세에게 "내가 내려와서 그들을 애굽인의 손에서 건져 내고"(출 3:8)라고 이야기하신다. 하나님은 바로에게 모세를 자신의 대변인으로 보내어 하나님이 자기 백성을 보내라고 하셨다고 전하게 하신다. 따라서 모세는 이제 이스라엘 자손을 애굽에서 이끌어 낼 것이다. 하나님은 자기 백성을 그 억압에서 구원하시고 약속하신 땅, 젖과 꿀이 흐르는(출 3:8) 그 좋은 땅으로 인도해 내실 것이다. 여기에서 가장 중요한 것은 하나님이 모세와 함께하신다고 약속하셨다는 점이다. 하나님이 임재하시기만 하면 구원은 확실하게 약속된 것이다. 그렇게 해서 출애굽기는 결국 이스라엘 자손이 시내 산에서 예배드리는 장면으로 마무리할 것이다(출 3:12, 19:1-2).

하지만 모세는 그 백성을 인도해 내기에 앞서 자신을 보내신 하나님이 누구신지를 우선 알아야 했다. 이때 하나님은 모세에게 **"나는 스스로 있는 자이니라"**(출 3:14)라고 말씀하시면서 이름을 드러낸다. 이제 모세는 그들에게 "스스로 있는 자"라는 분이 자신을 보냈다고 말해야 했다.

스스로 있는 자라는 이름은 하나님의 명칭인 여호와와 관련이 있다. 여호와란 모음이 없는 단어로서 YHWH로 알려져 있다(이를 테트라그라메턴[Tetragrammaton]이라고 하는데, "네 개의 글자"라는 뜻으로 출 3:14에서 사용한 네 개의 히브리 문자를 의미한다). 그리고 보통 영어 성경에서는 여호와라는 이름을 LORD(대문자)라고 번역한다. 이 이름의 온전한 의미는 이후 출애굽기 34장 6-7절에서 자세하게 다룬다. 하나님의 이름을 칭하는 두 가지 형태, 즉 스스로 있는 자와 여호와는 모두 히브리어 동사 "있다"에서 나온 것이다. 스스로 있는 자라고 불리는 하나님이 바로 여호와 엘로힘, 즉 창조 세계를 지으신 분이다(창 1-2장). 그분은 전능하신 창조주 하나님으로서 존재하지 않던 것을 존재하게 하시는 분이다. 그는 과거에도 계시고 현재에도 계시며 앞으로도 계시는 분이다. 하나님은 모세에게 스스로 있는 자가 그를 보낼 것이며, 스스로 있는 자가 그와 함께하리라고 말씀하신다. 출애굽기 3장에서 살아 계신 하나님은 자신이 누구이신지를 드러내시고, 아브라함과 족장들에게 하신 것처럼 모세와 이스라엘 자손에게 자신이 언약에 따라 그들과 함께하실 것임을 약속하셨나(창 12:1-3, 15:13-14, 17:4, 26:3, 28:15). 하나님의 임재가 지니는 의의는 이후 모세가 드리는 기도에서도 찾아볼 수 있다. "주께서 친히 가지 아니하시려거든 우리를 이곳에서 올려 보내지 마옵소서 나와 주의 백성이 주의 목전에 은총 입은 줄을 무엇으로 알리이까 주께서 우리와 함께 행하심으로 나와 주의 백성을 천하 만민 중에 구별하심이 아니니이까"(출 33:15-16).

모세는 스스로 있는 자가 자신을 보냈다는 사실을 백성들이 믿도록 만들기 위해서, 이를 입증하는 이적을 행하는 능력을 받았다(출 4장). 모세는 바로에게 그들을 보내어 하나님을 섬기게 해 달라고 요구해야 했다. 하지만 바로는 그렇게 쉽사리 그들을 보내 주지 않을 것이다. 바로는 왜 자신이 히브리인의 하나님께 순종해야 하는지 묻는다(출 5:2). 그는 여호와가 하나님임을 알지 못했기 때문이다. 하지만 하나님은 손을 뻗어 애굽에서 이적과 기사를 행하시고, 자신의 "장자"인 이스라엘을 취하여 애굽 땅에서 인도하여 내신다(출 4:22-23). 호세아 선지자는 후에 이 사건을 가리켜 다음과 같이 말했다. "내 아들을 애굽에서 불러냈거늘"(호 11:1; 마 2:15 참고). 그래서 하나님은 자신의 아들인 이스라엘을 애굽에서 불러내실 것이다. 그래서 친히 그들의 하나님이 되시고, 그들은 하나님의 백성이 될 것이었다(출 6:6).

애굽에 재앙들이 하나씩 닥치지만 바로는 모세의 요구를 들어주지 않는다(출 7-11장; 시 105:26-38). 하나님은 애굽에 재앙을 보내셔서 이스라엘 자손을 애굽 사람과 거룩하게 구별하셨다는 것을 강조하신다. 하나님은 파리 재앙을 보내시며 말씀하신다. "그날에 나는 내 백성이 거주하는 고센 땅을 구별하여 그곳에는 파리가 없게 하리니 이로 말미암아 이 땅에서 내가 여호와인 줄을 네가 알게 될 것이라"(출 8:22). 하나님은 가축에게 재앙을 내리면서도 "여호와가 이스라엘의 가축과 애굽의 가축을 구별하리니 이스라엘 자손에게 속한 것은 하나도 죽지 아니하리라"(출 9:4)라고 말씀하신다. 이후 출애굽기 33장 16절에서 자기 백성이 이 세상과 구별되는 특징은 하나님의 임재라고 확언하실 때도 이와 동일한 용어를 사용한다. 그리고 하나님은 장자를 치는 마지막 재앙을 내리시며 다시 한 번 "애굽 온 땅에 전무후무한 큰 부르짖음이 있으리라 그러나 이스라엘 자손에게는 사람에게나 짐승에게나 개 한 마리도 그 혀를 움직이지 아니하리니 여호와께서 애굽 사람과 이스라엘 사이를 구별하는 줄을 너희가 알리라"(출 11:6-7)라고 말씀하신다. 이스라엘 백성이 선하거나 의로워서 이 재앙에서 면제된 것이 아니었다. 이스라엘 역사가 증명하듯이 그들은 참으로 반역하고 죄를 짓는 백성이었다. 하지만 하나님이 애굽에 내린 심판 중에서도 이 마지막 재앙은 어떻게 거룩하신 하나님이 그렇게 죄악 된 백성과 함께 거하실 수 있는지를 보여 준다.

◆ 하나님이 자기 백성을 구원해 내신다

하나님은 죽음의 천사를 애굽 전역에 보내시기 전에 이스라엘 자손에게 흠 없는 어린양을 드리라고 명령하신다(출 12:1-13). 그들은 문에 어린양

의 피를 바르고, 쓴 나물과 무교병과 함께 그 고기를 먹어야 했다. 바로 그 날 밤, 하나님은 애굽 온 땅을 치시고 애굽의 신을 심판하신다. 하지만 그 문에 어린양의 피가 있는 집은 "넘어"가셨다. 하나님은 다음과 같이 명령하시면서 이스라엘의 명운이 유월절에 달려 있다는 사실을 더욱 분명하게 밝히신다. "너희는 이날을 기념하여 여호와의 절기를 삼아 영원한 규례로 대대에 지킬지니라"(출 12:14). 유월절은 애굽에서 탈출한 것을 기억하는 축제로서 이 언약 공동체가 매년 가장 중요하게 지켜야 할 행사가 되었다. 이 축제를 통해서 이스라엘 백성은 자신들이 애굽의 노예 신분에서 구원받았음을 기념한다(출 13:1-16; 민 9:1-14). 사실, 이스라엘의 세 가지 주요한 절기는 모두 출애굽을 전후한 사건들을 기억하는 것이다. 유월절은 죽음의 천사가 이스라엘의 집을 "넘어"갔음을 기억하는 것이고, 오순절(The Festival of Weeks)은 이후 시내 산에서 율법을 주시는 사건과 관련이 있다. 장막절은 이스라엘 백성들이 애굽에서 탈출한 이후에 장막에서 지냈던 것을 기념하는 행사다. 구약에서 매년 유월절을 기념한 것은 하나님의 백성이 온 세상의 죄 때문에 느려진 "우리의 유월절 어린양", 예수 그리스도를 깨닫도록 예비하는 것이었다(요 1:29, 12:1, 13:1; 고전 5:7). 예수는 참으로 두 번째 출애굽을 인도하셔서 죄의 속박에서 벗어나게 하실 것이다.

역사를 통한 하나님의 구속 계획이 이루어지는 이 순간, 이스라엘 백성은 구원을 기다려야만 했다. 모세는 하나님의 백성에게 유월절 양을 준비하고 문에 피를 바를 것을 지시했다. 그들은 "믿음"으로 이렇게 해야 했다(히 11:28). 한밤중에 여호와 하나님은 애굽의 모든 장자를 치신다. 하지만 문에 흠 없는 어린양의 피가 있는 집은 모두 넘어가셨다. 마지막 재앙을 통해서 하나님은 애굽의 신들에 대해 심판을 거행하셨고, 자신만이 주권자 여호와 하나님(출 12:12; 창 15:14 참고)이심을 보이셨다. 바로의 집에도 죽음이 임했고, 그는 모세와 아론을 밤중에 불러 백성을 데리고 떠나 너희의 하나님께 예배하라고 말한다(출 12:29-32). 이스라엘 자손은 발효되지도 않은 반죽과 애굽인들에게서 취한 금과 은을 챙겨 급하게 떠난다(출 12:35-36; 시 105:37; 창 15:14 참고). 그렇게 이스라엘 자손은 여러 족속과 함께(출

12:38) 애굽을 떠나 하나님의 임재가 계신 구름 기둥의 인도를 따라 갔다(출 13:21-22). **아브라함 시대**에서 봤듯이 여호와 하나님은 이 땅의 모든 족속을 지켜보시는 분이다(창 12:3). 따라서 출애굽기 12장 38절 말씀은 매우 중요한 구절이다. 왜냐하면 하나님이 손을 뻗어 자기 백성을 구원하실 때, 아브라함의 후손뿐 아니라 많은 애굽인이 합류하여 이스라엘 민족이 되었기 때문이다. 구원 활동은 하나님의 계획과 목적에 핵심이다.

바로는 이스라엘 자손이 떠났다는 소식을 듣자 마음을 바꾸어 군대를 보내서 그 백성을 추격하게 한다. 이스라엘 자손은 애굽 사람들이 오는 것을 보고 겁에 질려 버린다. 그들은 심지어 모세에게 애굽에 남는 편이 낫겠다고 말하기까지 한다(출 14:12). 하지만 모세는 하나님이 구원하시기 때문에 두려워하지 말라고 말한다. 하나님은 그들 가운데 강력한 전사가 되셔서 그들 대신 싸우실 것이다. 모세는 백성에게 강력하게 선포한다. "너희는 두려워하지 말고 가만히 서서 여호와께서 오늘 너희를 위하여 행하시는 구원을 보라"(출 14:13). 여호와가 여러 민족과 그들의 신에 대하여 주권적인 능력을 보이실 때(출 14:18), 애굽 사람들은 여호와가 하나님이라는 사실을 알 것이다. 이스라엘 자손이 홍해(히브리어로는 갈대의 바다라고 한다)에 이르렀을 때, 모세는 손을 펼쳐 물을 가른다. 이스라엘 자손은 믿음으로 양 편에 가득한 물 사이를 지나 마른 땅을 건너갔다. 애굽 사람들이 그들을 추격하자 모세가 다시 바다에 손을 뻗었고, 물이 제자리로 되돌아와 애굽 사람들을 덮친다. 이스라엘 자손은 일어난 모든 일을 보고 여호와와 그의 종 모세를 믿게 되었다(출 14:31; 시 106:12). 그리고 이스라엘 자손은 그들을 적에게서 구원하신 여호와께 노래를 부르기 시작한다. 그들은 여호와 안에서 즐거워한다. 여호와가 "높고 영화로우심이요 말과 그 탄 자를 바다에 던지셨"(출 15:1)기 때문이었다. 하나님은 전사가 되셔서 자기 백성의 구원을 이루셨다(출 15:1-18). 하나님은 이 땅에서 영원무궁히 다스리실 것이다(출 15:18). 그리고 이 일은 출애굽 사건으로 알려지게 되었다.

▶▶▶ 구약 연대표

모세가 바다를 가르는 그림을 찾아보라. 이는 하나님이 자기 백성을 위해 이루신 놀라운 구원을 나타낸다. 이 그림의 신학적인 의미는 연대표 뒤편에 정리되어 있다.

시내 시대

• 모세 언약

성경의 여러 장이 전적으로 모세 언약을 다룬다(출 19-24장). 이스라엘 자손은 가는 길 내내 불평을 한다(출 15-18장). 그러다가 하나님이 모세에게 하신 약속이 성취된 지 세 달 후에 시내 광야에 들어섰다(출 19:1, 출 3:12 참고). 그들은 시내 산에 진을 쳤다. 이곳에서 하나님은 출애굽기와 레위기에 기록된 십계명 및 그 외에 많은 율법들을 주신다. 이스라엘 자손은 일 년 넘게 시내에 머무른다(민 9:1, 10:11-12). 따라서 출애굽기, 레위기, 민수기 1-9장에서 기록된 사건은 모두 시내에서 있었던 일이다. 이스라엘 자손이 시내에 도착하자 하나님은 모세에게 그 백성에게 다음과 같이 전하라고 명하신다. "세계가 다 내게 속하였나니 너희가 내 말을 잘 듣고 내 언약을 지키면 너희는 모든 민족 중에서 내 소유가 되겠고 너희가 내게 대하여 제사장 나라가 되며 거룩한 백성이 되리라"(출 19:5-6). 백성들은 이 말을 듣고 다음과 같이 함께 말하며 화답했다. "여호와께서 명령하신 대로 우리가 다 행하리이다"(출 19:8; 벧전 2:9 참고). 하나님의 백성은 다른 민족들과 구별된 거룩한 존재가 되어야 했다. 그들은 거룩하신 하나님과 언약 관계에 있었기 때문이다. 그렇기 때문에 레위기에 나오는 율법은 거룩함과 관련된 법규들을 매우 상세하게 설명한다.

• 십계명의 중심성

하나님은 시내 산에서(출 20:1-17; 신 5:7-21 및 행 7:38 참고) 모세에게 십계명을 주셨다. 고대에 맺은 조약을 보면, 보통 왕은 조약의 서문에 자신이 누구인지를 밝히고 자기 백성을 위해서 베푼 자애로운 행위를 드러낸다. 이를 역사적 서언(historical prologue)라고 한다. 마찬가지로 하나님은 언약의 조항들을 제시하기에 앞서 자신이 누구인지를 밝히며 다음과 같이 말씀하신다. "나는 너를 애굽 땅, 종 되었던 집에서 인도하여 낸 네 하나님 여호와니라"(출 20:2). 따라서 하나님은 이미 자신이 누구인지 알고 있는 자들에게 명령을 내리시는 것이다. 그는 이스라엘 백성의 하나님 여호와시며, 그들을 애굽에서 인도하여 낸 분이다. 이제 이러한 관계를 기초로 하여 하나님은 고대에 조약을 맺던 방식을 따라, 계약 백성이 순종해야 할 십계명을 주신다. 출애굽기 20장의 십계명을 아직 읽어 보지 않았다면 꼭 읽어 보자.

십계명은 전체 구약 성경의 근간이며 하나님의 성품을 드러냄은 물론, 언약 관계 안에서 하나님의 백성이 어떻게 살아야 할지를 규정하는 기본적인 도덕적 뼈대가 된다. 하나님은 두 돌판에 십계명을 기록하여 모세에게 주셨는데(출 24:12, 31:18, 32:15-16), 이는 십계명이 언약 공동체에게 얼마나 중요한지를 보여 주는 것이다. 각 명령마다 그 대상은 단수형인 "너"로 되어 있는데, 이는 언약 공동체의 구성원은 하나도 빠짐없이 하나님의 법을 지켜야 한다는 사실을 강조하는 것이다. 토라(성경 처음 다섯 권을 말하는 용어로서 "법, 가르침"에 해당하는 히브리어 단어) 내내 다른 율법과 규례들도 많이 주어졌지만, 이 십계명이야말로 모세 언약의 정수라고 할 수 있다. 율법을 아우르는 두 가지 원리는 하나님 사랑(신 6:4-5)과 이웃 사랑(레 19:9-18, 33-37)이며, 그중에서도 중요한 것은 참되신 한 분 하나님에 대한 사랑이다. 모세 언약에 있는 다른 모든 법들은 이 두 명령이 외적으로 발현된 것이라고 할 수 있다(마 22:37-40; 롬 13:8-10; 갈 5:14). 모세의 법은 다른 어떤 법보다 탁월하고 공의롭다고 여겨진다(시 19:7-11, 119편; 느 9:13; 롬 7:12). 후에 모세는 광야 세대에게 말한다. "너희는 지켜 행하라 이것이 여러 민족 앞에서 너희의 지혜요 너희의 지식이라 그들이 이 모든 규례를 듣고 이르기를 이 큰 나라 사람은 과연 지혜와 지식이 있는 백성이로다 하리라 우리 하나님 여호와께서 우리가 그에게 기도할 때마다 우리에게 가까이하심과 같이 그 신이 가까이함을 얻은 큰 나라가 어디 있느냐 오늘 내가 너희에게 선포하는 이 율법과 같이 그 규례와 법도가 공의로운 큰 나라가 어디 있느냐"(신 4:6-8).

• 여호와 하나님 외에 다른 신을 섬기지 말라

십계명은 율법의 내용을 요약한 것으로서 의로우시고 거룩하신 여호와 하나님의 성품을 드러낸다. 또한 십계명은 "내가 거룩하니 너희도 몸을 구별하여 거룩하게"(레 11:44) 하도록 부르심을 받은 언약 백성의 의무를 분명하게 규정한다. 하나님은 자신의 영광을 주위 민족에게 드러내게 하시려고 이스라엘 백성을 지으셨는데, 바로 모세의 법이 이 민족의 특징을 규정하는 것이다. 특히 처음 두 계명은 하나님이 자기 백성과 맺으신 언약 관계의 핵심으로서 전체 구약 성경에도 필수적인 내용이다. 하나님은 이스라엘 자손에게 다른 신을 네 앞에 두지 말라고 명하신다. 여호와만이 이스라엘의 하나님이시기 때문에 그들은 오직 하나님과 배타적인 관계를 맺어야 하는 것이다. 하나님은 질투하시는 하나님으로서 자신과 경쟁하는 어떤 존재도 용납하지 않으시는 분이다. 오직 여호와 하나님만 유일하신 분이기 때문에(신 6:4) 창조 세계에 있는 해와 달과 별들 어느 것도 예배의 대상이 될 수 없는 것이다. 두 번째 계명은 이스라엘 자손이 우상을 만들고 섬기는 것을 엄격하게 금한다. 다신론을 지지하는 고대의 세계관과 달리 구약 성경은 소위 신들이라는 것은 사람의 손으로 지은 우상에 불과하다고 반복적으로 언명한다(시 96:4-5, 115:3-8). 하지만 구약 성경을 살펴보면 우상 숭배는 중요한 문제로 부상한다. 왜냐하면 이스라엘 백성이 계속해서 여호와 하나님이 아닌 그들이 스스로 만든 우상을 예배하기 때문이다.

첫 두 계명이 특별히 우상 숭배 문제를 다루고 있기는 하지만, 모든 계명이 이스라엘에게 여호와 하나님과 배타적인 언약 관계를 맺으라고 요구한다고도 볼 수 있다. 예를 들어 하나님은 이스라엘 자손에게 하나님이 그들의 창조주이자 구원자(출 20:11; 신 5:15)이심을 드러내도록 안식일에 쉬라고 명하신다. 하나님이 자신을 기다리는 자들을 위해서 스스로 일하시고 필요한 것을 공급하시기 때문이다. 또한 하나님은 이스라엘 자손에게 아버지와 어머니를 공경하라고 지시하신다. 왜냐하면 하나님은 우리가 사랑하고 공경해야 할 하늘 아버지이시기 때문이다. 그리고 하나님의 백성은 살인하지 말라는 명령을 받는다. 왜냐하면 하나님이 생명의 주인 되시며 자신의 형상을 따라 만들어진 자들의 생명을 철저하게 지키시는 분이시기 때문이다. 하나님의 백성은 거짓 증인이 되지 말아야 했다. 왜냐하면 하나님은 진리를 말씀하시는 분이고 하나님의 말씀은 틀림없기 때문이다. 모든 계명은 이스라엘이 여호와와 배타적인 언약 관계를 맺고 있다는 사실을 강조한다. 우리는 구약 성경을 연구하는 내내 이 십계명으로 다시 돌아오게 될 것이다. 따라서 이 계명을 숙지하고, 이 계명이 성경 어디에 기록되어 있는지도 파악해야 한다(출 20:1-17; 신 5:7-21).

• 이스라엘 백성이 하나님의 법을 따르기로 하다

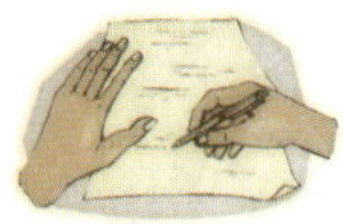

하나님은 모세를 선택하셔서 언약 관계에 있는 하나님과 이스라엘 사이를 중재하도록 하셨다. 즉 하나님이 자기 백성에게 가까이 오셔서 직접 말씀하신 것은 아니라는 뜻이다. 만약 하나님이 직접 오셔서 말씀하신다면 두려운 일이 될 것이다(출 19:18-25; 히 12:18-21). 하나님은 언약의 중재자인 모세를 통해서 말씀하신다. 그리고 연구를 계속하다 보면 예수께서 새로운 언약의 중재자가 되셨다는 사실을 깨달을 것이다(요 1:17; 히 8:6, 9:15, 12:24; 딤전 2:5). 모세는 중재자로서 하나님이 자신에게 주신 율법을 사람들에게 전했다. 그러자 백성은 답했다. "여호와께서 말씀하신 모든 것을 우리가 준행하리이다"(출 24:3). 모세는 하나님이 말씀하신 모든 말씀을 받아 적고 시내 산 기슭에서 제단을 쌓았다. 그리고 모세는 동물의 피를 가져다가 다음과 같이 행했다.

> 모세가 피를 가지고 반은 여러 양푼에 담고 반은 제단에 뿌리고 언약서를 가져다가 백성에게 낭독하여 듣게 하니 그들이 이르되 여호와의 모든 말씀을 우리가 준행하리이다 모세가 그 피를 가지고 백성에게 뿌리며 이르

되 이는 여호와께서 이 모든 말씀에 대하여 너희와 세우신 언약의 피니라 (출 24:6-8)

이는 모세 언약을 확립하는 공식적인 의식이었다. 우리는 이미 언약을 맺을 때 동물을 쪼개는 행위를 한다는 사실을 살펴봤다. 이러한 행위는 언약 의식에서 피가 얼마나 중요한지를 강조하는 것이다(히 9:18-22). 하지만 1,500년 가량이 지난 후에는 다른 언약이 확립될 것이다. 물론 이때에도 역시 피를 통해서 언약을 세운다. 하지만 그 언약은 동물의 피가 아닌 훨씬 귀중한 피를 통해서 세워지게 된다(마 26:28; 히 9:11-20). 이렇듯 피란 법적인 구속력을 지니게 하는 중요한 요소였다(출 24:8; 히 9:18). 따라서 모세가 백성들에게 피를 뿌렸을 때 그들은 여호와 하나님과 엄숙하고 법적인 구속력이 있는 언약에 들어서게 된 것이다.

▶▶▶ 구약 연대표

연대표를 보면 이 언약을 나타내는 그림은 법률 문서에 서명하는 사람의 형상이다. 이는 하나님의 백성이 그 언약의 조건을 지키기로 동의했다는 사실을 상기시킨다. 그 신학적 의미는 연대표 뒤편에 요약되어 있다.

• 모세 언약에 따르는 축복과 저주

레위기와 신명기에는 모세 언약에 대한 또 다른 중요한 정보가 있다. 우리는 이미 모세 언약에는 조항이 있으며, 이는 이스라엘 자손이 언약 관계를 유지하기 위해 지켜야 할 조건이라는 사실을 살펴봤다. 하지만 이스라엘 자손이 하나님의 법을 따르지 않으면 어떻게 될 것인가? 이 질문은 축복과 저주의 문제로 우리를 인도한다. 하나님은 모세 언약을 통해 이스라엘 자손과 법적인 구속력이 있는 협정을 맺으셨다. 그래서 그들이 법을 따르면 복을 주시고 법을 따르지 않으면 저주를 내리기로 하신다. 이는 이스라엘에 대한 하나님의 축복은 그들이 하나님의 법에 순종하는지의 여부에 달려 있다는 사실을 강조한다. 그리고 이스라엘 자손은 이러한 언약에 합의했다. 이는 그들이 헌신하겠다고 약속하는 말에 드러난다. "여호와께서 말씀하신 모든 것을 우리가 준행하리이다!" 하지만 하나님은 이스라엘 자손이 하나님의 명령과 규례를 행하지 않으면 그들에게 저주를 내리시겠다고 하신다. 모세 언약에 따르는 축복과 저주는 레위기 26장과 신명기 11장 및 27-29장에 기록되어 있다. 이 내용은 전체 성경의 구속 이야기에 기본이 된다. 레위기 26장을 펴서 읽어 보자.

모세는 백성에게 우상을 만들지 말고 어떤 형상도 세우지 말라고 하신다(1절). 그리고 그들은 안식일을 지키고 하나님의 성소를 경외해야 했다(2절). 그런데 그 뒤에 다음과 같은 조건이 따른다. 하나님은 말씀하신다. "너희가 내 규례와 계명을 준행하면……"(3절). 이후 이스라엘이 하나님의 법을 순종할 때 그들에게 주실 축복의 목록이 나온다. 그 내용으로는 철에 따라 내리는 비, 땅의 안전, 원수들에 대한 승리, 풍족한 산물, 하나님의 임재와 같은 것들이 있다. 이는 이스라엘 자손이 하나님께 순종할 때 하나님이 그들에게 주실 축복들이다. 그렇지만 이스라엘 자손이 하나님의 법에 순종하지 않을 경우에 대해서도 다음과 같은 경고의 말씀이 나타난다. "그러나 너희가 내게 청종하지 아니하여 이 모든 명령을 준행하지 아니하며 내 규례를 멸시하며 마음에 내 법도를 싫어하여 내 모든 계명을 준행하지 아니하며 내 언약을 배반할진대 내가 이같이 너희에게 행하리니"(레 26:14-16). 그리고 저주의 목록이 나온다. 바로 이스라엘 자손이 하나님의 법을 순종하지 않을 때 하나님이 행하실 일들이다. 하나님의 법에 불순종하는 것은 언약을 파기하는 것과 같다는 사실에 주목하라(레 26:15). 이러한 개념은 선지자들에 대해서 배울 때에 특히 중요하다. 지금은 하나님의 법에 순종하지 않으면 모세 언약이 파기될 수도 있다는 사실만 알면 된다. 그런데 저주의 목록이 축복의 목록보다 훨씬 길다. 저주의 목록을 더 길게 제시하는 것은 이스라엘 자손에게 엄숙하게 경고하여, 하나님께 순종하지 않을 때 나타날 일을 정확하게 인식시키려는 의도라고 할 수 있다. 그 전체 말씀을 읽어 보기를 권한다(레 26:14-39).

저주에는 다양한 벌이 있다. 대적에게 패하는 것, 비가 내리지 않는 것, 땅이 소산을 내지 않는 것, 들짐승이 그들의 자녀를 물어 죽이는 것, 부모가 굶주려 자녀를 먹는 것, 민족 중에 흩어지는 것, 땅이 황무하게 되는 것을 포함하여 목록은 계속 이어진다. 이는 이스라엘 자손이 하나님께 순종하지 않을 때 하나님이 그들을 어떻게 벌하실 것인지를 보여 주는 것이다. 하지만 희망은 있다. 그들이 원수의 땅에 있을 때에도 지은 죄를 고백하면 하나님은 "아브라함과 이삭과 야곱"(레 26:40-45)과 맺은 언약을 기억하신다는 것이다. 하나님이 족장들과 맺은 언약을 기억하신다는 것은 하나님은 반드시 약속을 지키신다는 사실을 강조한다. 그렇기 때문에 그 백성이 하나님의 율법을 지키지 못한다고 해서 하나님이 이미 아브라함에게 하셨던 약속이 무효화되는 것은 아니다. 우리는 후에 레위기 26장의 이 중요한 구절로 돌아올 것이다. 하지만 지금은 모세가 신명기에서 다음 세대에게 준 축복과 저주의 목록을 살펴보기만 할 것이다.

• 신명기의 축복과 저주

신명기에는 축복과 저주의 목록이 또 나온다. 이 부분은 모세 언약에서도 매우 중요하기 때문에 레위기 26장과 함께 반드시 읽어 보기 바란다(신 11장, 27-28장). 이스라엘 자손은 이제 약속으로 받은 땅에 들어가게 되었다(신명기에 기록된 대로 이전 세대가 광야에서 죽은 후). 그러자 모세는 다음 세대에게 매우 확실하게 경고한다.

> 내가 오늘 너희에게 명하는 내 명령을 너희가 만일 청종하고 너희의 하나님 여호와를 사랑하여 마음을 다하고 뜻을 다하여 섬기면 여호와께서 너희의 땅에 이른 비, 늦은 비를 적당한 때에 내리시리니 …… 너희는 스스로 삼가라 두렵건대 마음에 미혹하여 돌이켜 다른 신들을 섬기며 그것에게 절하므로 여호와께서 너희에게 진노하사 하늘을 닫아 비를 내리지 아

니하여 땅이 소산을 내지 않게 하시므로 너희가 여호와께서 주신 아름다운 땅에서 속히 멸망할까 하노라 이러므로 너희는 나의 이 말을 너희의 마음과 뜻에 두고 또 그것을 너희의 손목에 매어 기호를 삼고 너희 미간에 붙여 표를 삼으며(신 11:13-18)

신명기 11장에 나오는 이 목록에서 모세는 이스라엘이 하나님의 법을 따를 때 임하는 축복과 순종하지 않을 때 임하는 저주를 간략하게 서술한다.

두 번째 목록은 좀 더 광범위한 내용으로 신명기 27-28장에 나온다. 이스라엘 자손은 요단 강을 건널 때 율법의 모든 말씀을 기록해야 했다(신 27:1-10). 모세는 이스라엘 자손에게 다시 한 번 그들의 하나님 여호와께 순종하라고 강력하게 선포한다. 그러고 나서 모세는 저주의 목록을 주며 이후에 에발 산에 가서 큰 소리로 외치라고 명한다(신 27:11-26). 즉 이스라엘 백성은 다음과 같이 선포해야 했다. "장색의 손으로 조각하였거나 부어 만든 우상은 여호와께 가증하니 그것을 만들어 은밀히 세우는 자는 저주를 받을 것이라"(15절). 그리고 모든 사람은 "아멘"으로 응답해야 했다. 우상을 만들지 말라고 하신 두 번째 계명을 기억하라(출 20:4). 이제 우리는 그렇게 한 자는 하나님의 저주 아래 놓일 것이라는 사실을 배웠다. 이 목록은 "이 율법의 말씀을 실행하지 아니하는 자는 저주를 받을 것이라"(신 27:26)라는 마무리 발언으로 정리된다. 이스라엘 자손은 하나님의 율법에 순종하지 않으면 하나님의 저주 아래 놓인다는 의미다. 사람들은 이 조건에 동의하여 다시 한 번 "아멘!"이라고 외친다. 하나님은 이스라엘 자손에게 저주의 내용도 큰 소리로 외치게 하여 모든 사람이 언약 관계에 따르는 조건을 알게 하셨다는 사실에 주목하라(신 27:11-26; 수 8:30-35).

예레미야 선지자는 약 800년 후 하나님이 남왕국을 심판하실 때, 신명기 27장 26절에 나오는 마지막 저주를 인용한다. 하나님의 백성은 율법을 지키기로 동의하기는 했지만, 구약 성경을 보면 그 역사는 그들이 계속해서 실패했다는 사실을 증명한다. 하나님의 율법을 신실하게 지키지 못한 결과 주전 722년에 이스라엘에게 하나님의 심판이 임했고, 주전 586년 유다에게도 심판이 임했다.

사도 바울은 예레미야로부터 약 600년이 지난 후에 신명기 27장 26절을 인용하면서 율법 아래 있는 자는 저주 아래 있는 자라고 말한다(갈 3:10). 즉 율법은 그저 하나님의 분노를 일으킨다는 뜻이다. 왜냐하면 하나님의 백성은 율법을 지킬 수 없기 때문이다(롬 1:18-3:20). 그렇다면 좀 더 거시적인 하나님의 구속 계획에서 볼 때, 이스라엘이 하나님의 법을 지키지 못하여 저주를 받았다면 그들을 통하여 만민에게 복을 끼치려는 하나님의 구원 활동이 과연 가능한지 의문이 생긴다. 하지만 이스라엘 자손이 실패했더라도 만민을 축복하시겠다는 하나님의 계획은 분명히 이루어질 것이다. 하나님의 약속은 이스라엘의 대표자인 메시아를 통해서 이루어질 것이다. 메시아는 하나님께 순종하고 십자가에서 속죄의 사역을 감당하셔서 만민을 향한 하나님의 축복이 실현될 수 있는 길을 제시하신다. 우리는 **왕정 시대**를 보며, 언약에 따른 저주들이 어떻게 나타나는지 배우게 될 것이다. 하지만 지금은 신명기 27장 26절 말씀에 밑줄을 치는 것으로 만족하자. 이 말씀은 구약 및 신약에서 모두 중요하다.

축복의 목록은 신명기 28장 1-14절에 나타난다. 모세는 "네가 네 하나님 여호와의 말씀을 삼가 듣고 내가 오늘 네게 명령하는 그의 모든 명령을 지켜 행하면 …… 네가 네 하나님 여호와의 말씀을 청종하면 이 모든 복이 네게 임하며 네게 이르리니"(신 28:1-2)라고 말씀하면서 축복을 시작한다. 이 축복의 목록은 레위기 26장에서 살펴본 내용과 비슷하다. 원수에게 승리를 거두는 것, 소산물의 축복, 철에 따라 내리는 비, 번성할 것을 포함한다. 즉 이스라엘 자손이 하나님께 순종하면 하나님은 그들을 거룩한 백성으로 삼으실 것이라는 내용이다. 하지만 이 조건 뒤에는 다음과 같은 말씀이 있다. "네가 만일 네 하나님 여호와의 말씀을 순종하지 아니하여 내가 오늘 네게 명령하는 그의 모든 명령과 규례를 지켜 행하지 아니하면 이 모든 저주가 네게 임하며 네게 이를 것이니"(신 28:15).

레위기 26장과 마찬가지로 신명기 28장에서도 저주의 목록이 길게 나타난다. 하지만 이번에는 이전 목록보다 더 길어서 15절부터 68절까지 계속된다. 신명기 28장에 나타나는 저주를 보자면 염병, 폐병, 열병(21-22절), 주리고 목마르고 헐벗음(48절), 전염병, 만성적인 아픔, 질병(59-61절), 비가 내리지 않음(23-24절), 원수들이 이스라엘에게 승리를 거둠(25, 49-52절), 장례를 치루지 못하여 이스라엘 사람의 시체가 모든 새와 짐승의 밥이 될 것(26절), 이스라엘의 산물을 다른 자들이 취할 것(30-31, 33, 51절), 동물들이 이스라엘의 소산을 먹어 치울 것(38-39, 42절), 다른 민족이 자녀를 빼앗을 것(32, 41절), 다른 나라 땅으로 끌려갈 것(36, 41, 64절), 이스라엘이 놀람과 속담과 비방거리가 될 것(37절), 이스라엘이 목에 철 멍에를 멘 채로 적군을 섬길 것(48절), 적군에게 에워싸여서 굶주려 자녀를 먹게 될 것(53-57절), 이스라엘의 남은 자가 얼마 되지 않을 것(62절), 하나님이 저들을 만민 중에 흩을 것(64절) 등이다. 보면 알겠지만 저주의 목록이 참 광범위하다!

다른 고대 조약 문서에도 이와 비슷한 저주들이 나타난다. 모세는 이스라엘 자손에게 다음과 같이 경고한다. "네가 네 하나님 여호와의 말씀을 청종하지 아니하고 네게 명령하신 그의 명령과 규례를 지키지 아니하므로 이 모든 저주가 네게 와서 너를 따르고 네게 이르러 마침내 너를 멸하리니"(신 28:45). 신명기 28장 전체를 읽어 보기 권한다. 이 말씀은 구약에 나타나는 하나님의 구속 계획을 연구하는 데 근간이 된다.

▶▶▶ 구약 연대표

방금 살펴본 저주들은 구약 연대표에 독수리 그림으로 나타난다. 독수리는 모세 언약에 따르는 저주 중 한 가지를 떠올리게 한다. 즉 이스라엘의 시체가 새의 밥이 된다는 것이다. **시내** 부분에 나오는 이 그림을 주의해서 보기 바란다. 이 그림은 연대표에 여러 차례 등장하는데 어디에 이 그림이 나타나는지를 알면 구약의 거대한 서사를 이해하는 데 도움이 된다. 이 그림의 신학적 의미는 뒤편에 요약되어 있다.

◆ 모세 언약의 신학적 이해

우리는 반드시 모세 언약이 지니는 의의를 깊이 고찰해 봐야 할 것이다. 모세 언약은 이 시대로부터 예수 시대까지 그대로 유지된다. 구약 연대표를 보면 이 언약은 연대표 끝까지 이어질 뿐 아니라 심지어 신약 시대까지 그대로 나타난다. 그리고 마침내 십자가에서 예수 그리스도가 그 요구 조건을 완전히 이행하시고(이스라엘은 결국 실패한다), 언약의 저주를 직접 다 받으셔서 하나님의 진노를 풀어 드릴 때에야 그 언약은 성취된다. 모세 언약 아래에서 보자면 율법은 이스라엘 자손이 거룩하신 하나님과 어떻게 관계를 유지하며 행동해야 하는지를 규정한다. 하지만 더 거대한 구속 이야기에서 보자면 율법은 이스라엘의 참된 본성을 드러내는 역할을 한다고 할 수 있다(그리고 인류의 본성도). 왜냐하면 하나님의 백성은 계속해서 하나님의 법을 지키지 못했기 때문이다. 율법은 결국 축복의 수단이 되지 못했다. 오히려 이스라엘 자손은 율법 때문에 죄에 정통하게 되었다. 왜냐하면 그들은 하나님께 반역하고 불순종하여 하나님의 진노를 직접 경험하게 되기 때문이다. 율법은 하나님의 백성이 자신들의 창조주께 반역을 서시르고 그 창조주를 하나님으로 인정하지 않는다는 사실을 드러낸다. 그들은 지속적으로 하나님의 명령을 어겼고, 그에 따라 율법의 방법으로는 의로움을 얻지 못한다는 사실을 입증했다. 이스라엘은 만민 중에 하나님의 이름을 알리고 복을 받기는커녕, 불순종하여 하나님의 이름에 먹칠을 하고 만다.

더 나아가 놓치지 말아야 할 것이 있다. 바로 구약에 나오는 이스라엘 이야기는, 하나님의 백성이 하나님의 명령에 불순종하고 자신의 창조주보다 피조물을 섬겼던 에덴동산의 아담과 똑같다는 사실을 보여 준다는 점이다. 가장 근본적인 문제는 그들 가운데 아담이 존재한다는 사실이다. 우리는 이스라엘 이야기에서 국가적인 규모로 죄가 나타나는 것을 처음으로 목격하게 된다. 아담은 단지 한 가지 명령에 불순종했지만, 이스라엘 자손들은 하나님의 여러 가지 명령에 반복적으로, 그것도 대대로 순종하지 않았다. 주전 586년 남왕국의 마지막 날이 임박했을 때, 선지자들은 주변 민족들보다 하나님의 백성이 오히려 하나님이 보시기에 더욱 가증한 일을 저질렀다고 말한다. 우리는 하나님의 거룩하시고 의로우신 율법, 즉 이스라엘로 칭하는 이 집단에 주어진 법이 실제로는 사람이 하나님의 거룩하고 의로우신 기준에 따라 살 수 없다는 사실을 보여 주는 것이며, 그렇게 해서 결국 사람의 마음이 어떠한지를 드러내 준다는 사실을 깨닫는다. 이러한 이유로 사도 바울은 많은 세월이 흐른 후에 "의인은 없나니 하나도 없으며"(롬 3:10) 또한 "모든 사람이 죄를 범하였으매 하나님의 영광에 이르지 못하더니"(롬 3:23)라고 결론 내리는 것이다.

연구를 계속하다 보면 유대인과 이방인들 모두 그들의 죄 때문에 거룩하신 하나님 앞에서 죄인으로 선포된다는 사실을 보게 된다. 하지만 이러한 사람의 마음에도 해답이 주어질 것이다. 그리고 그 해답은 메시아의 삶과 죽음과 부활에서 발견될 것이다. 예수는 그야말로 영광스러운 새로운 창조 세계를 이루실 것이고, 그때 사람은 새 마음을 받아 하나님의 영이 그 안에 거할 것이다. 그러고 나서야 하나님의 백성은 하나님의 방법에 맞춰 살아갈 수 있다. 그들은 모두 하나님을 알 것이고, 하나님의 법은 더 이상 돌판에 쓰인 것이 아니라 사람의 마음에 쓰인 것이라는 사실도 깨닫을 것이다.

◆ 하나님의 백성이 우상을 만들지만 여호와는 은혜를 베푸신다

모세가 산에 올라 하나님의 율법을 받는 동안 산언저리에서는 상상도 못할 일이 벌어지고 있었다. 그리고 이 사건은 구약에서 하나님 백성의 이야기에 깊고도 지속적인 영향을 미치게 된다. 모세가 아직 산에 있을 때에, 이스라엘 자손은 모세의 형인 아론 주위에 모여 "우리를 위하여 우리를 인도할 신을 만들라 이 모세 곧 우리를 애굽 땅에서 인도하여 낸 사람은 어찌 되었는지 알지 못함이니라"(출 32:1)라고 말한다. 그들은 불과 얼마 전에 하나님과 언약 관계를 맺고 하나님의 율법에 순종하겠다고 선포했었다. 그들은 모세가 전해 준 "너는 나 외에는 다른 신들을 네게 두지 말라"(출

20:3)라는 말씀과 "너를 위하여 새긴 우상을 만들지 말고"(출 20:4)라는 말씀도 들었다. 이 언약의 말씀을 듣고 이스라엘 자손은 "여호와의 모든 말씀을 우리가 준행하리이다"(출 24:7)라고 동의했었다. 그러했던 이들이 어떻게 그렇게도 빨리 약속을 잊은 것인가? 아마도 아론은 그들을 바로잡아 줄 것이다. 어쨌든 아론은 모세의 대변자가 아니었는가(출 4:14-16, 27-30)? 하나님도 그를 사용하셔서 이적과 기사를 행하지 않았는가(출 7-11장)?

그러나 아론은 이스라엘 자손에게 하나님의 율법(너는 나 외에는 다른 신들을 네게 두지 말라)을 일깨워 주기는커녕 금반지를 다 빼서 자신에게 가져오라고 한다! 아론도 보통 사람들과 전혀 다르지 않았다! 왜냐하면 그도 연약함에 휩싸여 있었기 때문이다(히 5:1-3 참고). 아론은 백성의 요구 사항을 듣고서, "그들의 손에서 금 고리를 받아 부어서 조각칼로 새겨 송아지 형상을 만드니 그들이 말하되 이스라엘아 이는 너희를 애굽 땅에서 인도하여 낸 너희의 신이로다 하는지라"(출 32:4)라고 한다. 하나님은 이스라엘 자손에게 "나는 너를 애굽 땅, 종 되었던 집에서 인도하여 낸 네 하나님 여호와니라"(출 20:2)라고 말씀하셨다. 그런데 이제 그들은 그 구원의 공로를 자신들이 방금 만들어 낸 우상에게 돌리는 것이다. 우상이란 그들이 주조해 낸 것이기 때문에, 어떤 면에서 보자면 그들은 자신들에게 구원의 공로를 돌리는 것이라고 할 수 있다. 시편 저자는 이 사건을 다음과 같이 묘사한다. "그들이 호렙에서 송아지를 만들고 부어 만든 우상을 경배하여 자기 영광을 풀 먹는 소의 형상으로 바꾸었도다 애굽에서 큰일을 행하신 그의 구원자 하나님을 그들이 잊었나니"(시 106:19-21; 렘 2:11; 롬 1:23 참고). 이스라엘 자손은 얼마나 신속하게 여호와가 그들의 하나님이며, 여호와가 그들을 구원해 내셨다는 사실을 망각하고 신을 바꾸는가! 이제 그들은 창조주 대신 피조물, 즉 네발 달린 금송아지를 예배한다. 즉 그들은 자기 손으로 만든 것을 기뻐하며 예배하는 것이다(행 7:39-41). 이 결정적인 순간에, 하나님 백성의 참된 본성이 그대로 드러나게 되었고 이는 이스라엘 이야기 내내 사실로 나타난다.

하나님은 모세에게 산에서 내려가라고 말씀하신다. 왜냐하면 그 백성이 "내가 그들에게 명령한 길을 속히 떠나 자기를 위하여 송아지를 부어 만들고 그것을 예배하며 그것에게 제물을 드리며 말하기를 이스라엘아 이는 너희를 애굽 땅에서 인도하여 낸 너희 신이라"(출 32:8)라고 하고 있었기 때문이다. 하나님은 모세에게 그들이 목이 뻣뻣한 백성이라고 말씀하신다. 하나님은 그들을 진멸하시고 모세를 큰 나라로 만들기 원하셨다. 하지만 모세는 중재에 나선다. 그는 하나님의 이름이 애굽인들 사이에서 더럽혀지는 것을 원하지 않았다. 모세는 하나님께 아브라함과 이삭과 이스라엘을 기억하시고, 그들을 번성하게 하고 땅을 주시리라고 약속하신 것도 잊지 말아 달라고 간청한다(출 32:13). 모세는 이스라엘이 순종하지도 않았고, 신실하게 행하지도 않았으며, 극악한 행위를 저질렀지만 하나님께 족장들에게 하셨던 그 약속을 지켜 달라고 간청한 것이다. 모세는 하나님의 자비와 은혜에 호소하며 옛 약속을 기억해 달라고 호소한다. 그래서 하나님은 실제로 이스라엘에게 보내시려고 했던 재앙을 참으신다(출 32:14). 우리는 이 결정적인 순간에 모세와 그 백성이 하나님의 은혜를 입었음을 본다. 하나님은 그들이 저지른 죄에 합당한 보응을 하지 않으셨다.

모세는 돌판을 손에 들고 산 아래로 내려간다. 그리고 백성이 만든 송아지를 보고, 그들이 춤추는 모습을 목격한 뒤에 격노한다. 산기슭에서 모세는 돌판을 집어던져 부숴 버린다. 그러고 나서 송아지를 가져다 불태운 뒤에 가루로 만들어 물에 타서 이스라엘 자손에게 마시게 한다(출 35:15-20). 그날 많은 사람이 하나님의 거룩하심에 사로잡힌 레위 자손의 칼에 도살되었다. 하지만 모세가 이스라엘을 대표하여 하나님께 백성의 죄를 용서해 달라고 간청하며 탄원하여 이스라엘 이야기는 계속 이어질 수 있었다(출 32:30-35; 신 9:18-21 참고).

• 여호와 하나님, 긍휼과 은혜가 풍성하신 분

하나님은 모세에게 천사를 보내어 이스라엘을 그 땅으로 인도하시기는 하되 그들과 함께 그곳에 가지는 않겠다고 말씀하신다. 그들은 목이 곧은 백성이기 때문이다. 하나님은 단 한 순간이라도 그들과 함께 올라가게 되면 그 분노로 그들을 진멸해 버리겠다고 말씀하신다. 하지만 모세는 여호와 하나님께 은혜를 베풀어 주셔서 그 백성과 함께해 달라고 기도한다(출 33:15). 모세는 하나님이 그들과 함께하지 않으시면 이스라엘의 역사는 끝나고 만다는 사실을 분명히 이해하고 있었다.

모세는 하나님께 간청한다. "원하건대 주의 영광을 내게 보이소서"(출 33:18). 하나님은 응답하신다. "내가 내 모든 선한 것을 네 앞으로 지나가게 하고 여호와의 이름을 네 앞에 선포하리라 나는 은혜 베풀 자에게 은혜를 베풀고 긍휼히 여길 자에게 긍휼을 베푸느니라"(출 33:19). 이때에 하나님은 구름 가운데에 강림하셔서 모세와 함께하시며 여호와라는 이름에 담긴 의미를 선포하신다.

> 여호와라 여호와라 자비롭고 은혜롭고 노하기를 더디하고 인자와 진실이 많은 하나님이라 인자를 천 대까지 베풀며 악과 과실과 죄를 용서하리라 그러나 벌을 면제하지는 아니하고 아버지의 악행을 자손 삼사 대까지 보응하리라(출 34:6-7)

하나님이 자신의 이름을 선포하시자 모세는 땅에 엎드려 그 이름의 고결함을 드러내신 하나님께 경배한다.

바로 이 여호와 하나님이 모든 피조물을 지으신 분이다. 바로 이 하나님이 에덴동산을 거니시며 아담과 하와에게 옷을 입혀 주신 분이며, 가인에게 보호의 징표를 주신 분이며, 노아에게 홍수를 경고하신 분이며, 우르에서 우상을 섬기던 아브라함을 불러 새로운 땅으로 인도하신 분이시며, 아브라함과 이삭과 야곱에게 약속을 주신 하나님이시다. 이제야 모세는 그 여호와 하나님이 참으로 자비롭고 은혜롭다는 사실을 깨닫고 엎드려 예배한다. 여호와 하나님을 알게 된 모든 자는 실제로 이러한 자세를 갖추게 된다. 미가 선지자는 후에 여호와에 대해서 이렇게 말한다. "주와 같은 신이 어디 있으리이까 주께서는 죄악과 그 기업에 남은 자의 허물을 사유하시며"(미 7:18). 이분이 바로 참되신 한 분 하나님이시다. 이제 이러한 하나님께 모세가 간청한다. "주여 내가 주께 은총을 입었거든 원하건대 주는 우리와 동행하옵소서"(출 34:9상). 모세는 그 백성이 "목이 뻣뻣한 백성"임을 인정한다. 그리고 하나님께 "우리의 악과 죄를 사하시고 우리를 주의 기업으로 삼으소서"(출 34:9하)라고 간구한다. 여기에서 놀라운 사실은 이스라엘 자손이 금송아지를 만들고 그것을 숭배하여 여호와를 버렸지만, 하나님은 그들을 진멸하지 않으셨다는 점이다. 바로 여호와는 "자비롭고 은혜롭고 노하기를 더디하고 인자와 진실이 많은 하나님"(출 34:6; 느 9:16-19 참고)이시기 때문이다. 우리 역시 이 하나님 앞에 엎드려 경배해야 한다.

시간을 내서 출애굽기 32-34장을 읽어 보자. 그저 흘려보내듯이 읽지는 말자. 그 이야기가 여러분의 마음과 영혼과 생각을 꿰뚫도록 해 보자. 여호와 하나님의 성품을 숙고하자. 하나님은 자기 백성이 하나님께 돌아서서 이방 신을 섬길 때도 그들의 죄악을 용서하시는 분이다. 그리고 우리는 구약 성경 내내 이러한 하나님의 모습을 목격할 것이다.

구약 성경을 연구하다 보면 이스라엘이 존재할 수 있었던 것은 오로지 하나님의 자비하심 때문이라는 사실을 깨닫는다(민 14:18-19; 느 9:16-37). 거의 1,000년이 흐른 후, 이스라엘이 가장 어두운 나날을 지내며 완전한 절망에 빠져 있을 때도 하나님의 백성을 지탱해 주는 유일한 소망은 하나님의 은혜와 자비에 대한 희망이었다(애 3:19-26). 자비하신 하나님의 성품은 단지 모세 시대에만 그들을 지켜 준 것이 아니었다. 이후 오랜 시절에 걸쳐 그들이 계속 생존할 수 있었던 근거는 오직 자비하신 하나님의 성품뿐이었다. 통탄스럽게도 이스라엘이 황금 송아지를 만든 이 사건은 앞으로 지속될 우상 숭배의 시작에 불과했다는 사실을 뼈저리게 인식하게 된다. 이스라엘 자손은 지속적으로 창조주이신 여호와 하나님이 아닌 자신들이 직접 만든 우상을 섬긴다. 그렇게 함으로써 이스라엘은 "썩어질 사람과 새와 짐승과 기어다니는 동물 모양의 우상"(롬 1:23)과 하나님의 영광을 바꾸었던 동산의 아담과 똑같은 존재라는 사실을 드러낸다. 이스라엘의 근본적인 문제는 아담이 그들 가운데 존재한다는 점이었다. 율법은 사람의 참된 문제는 하나님께 대한 반역이라는 점을 보여 주면서, 사람의 마음의 실상이 어떠한지를 적나라하게 드러낸다. 하지만 이스라엘 역사에서 매우 결정적인 이 순간에도 하나님은 이스라엘을 즉각 심판하시지 않는다. 그들과 언약 관계를 맺으신 하나님은 여호와이시기 때문이다. 살펴보았듯이 여호와는 자비롭고 은혜롭고 노하기를 더디하고 인자와 진실이 많으신 분이다.

▶▶▶ 구약 연대표

연대표를 펴면 금송아지 모양이 눈에 띌 것이다. 이 그림은 우리가 지금 살펴본 금송아지 이야기를 상징한다. 금송아지 그림은 **왕정 시대**에도 등장한다. 북왕국의 첫 왕인 여로보암이 북쪽에 왕국을 세우면서 금송아지를 두 개 만들기 때문이다. 이 그림의 신학적인 의미는 연대표 뒤편에 요약되어 있다.

• 하나님이 죄악 된 백성 가운데 계속 거하시다

언약이 갱신된 후에 하나님은 모세에게 성막에 대해서 지침을 내리신다. 하나님은 이스라엘과 언약 관계를 맺으시고 모세에게 자신이 그 백성과 함께 거하기 원하신다고 말씀하셨기 때문이다. 하나님은 그들이 완고하고 목이 곧은 백성이라고 **할지라도** 계속 그들 가운데 거하실 것이다. 따라서 성막을 짓는 일도 하나님의 은혜와 자비 때문에 가능한 일이었다. 하나님이 자기 백성과 함께 계신다는 것은 이스라엘이 참으로 하나님의 은총을 입었다는 사실을 깊이 드러낸다(출 34:9). 이스라엘 이야기를 계속하기에 앞서 잠시 성막, 제사 제도 및 제사장에 대해서 알아보도록 하자. 하나님은 특별한 규례들과 수많은 제사를 요구하신다. 왜냐하면 이제 하나님이 (죄악 된) 자기 백성 가운데 거하실 것이기 때문이다.

성막은 하나님의 임재가 백성 가운데 임하는 장소다. 따라서 성막은 이스라엘의 생명과 정체성의 핵심이다(출 25-40장). 하나님은 모세에게 성막을 세우라고 말씀하신다. 하나님이 "그들 중에 거할"(출 25:8) 것이기 때문이다. 하나님은 모세에게 하나님이 세우시려는 성막의 모양을 보여 주신다(출 25:9, 40; 히 8:5). 이에 대한 자세한 설명이 출애굽기 25-40장(출 32-34장은 제외)에 나온다. 그리고 그 이야기는 결국 성막이 완성되고 하나님의 영광이 성막을 채우는 모습으로 마무리된다(출 40:34-38). 하나님이 자기 백성을 노예에서 구원하신 것은 그들에게 하나님의 영광, 즉 모세가 시내 산에서 본 그 영광을 보여 주시려고 했기 때문이다. 연구를 계속하다 보면 우리 역시 "그의 영광을 보니 아버지의 독생자의 영광이요 은혜와 진리가 충만"(요 1:14)한 그 영광을 볼 것이다. 언젠가 예수 그리스도가 우리 가운데 거하시는 성막이 되실 것이기 때문이다.

아담과 하와가 에덴에 있을 때에는 하나님의 임재 가운데 있었다는 사실을 기억할 것이다. 하지만 죄 때문에 그들은 하나님의 임재에서 분리되어 동산 밖으로 쫓겨난다(창 3:24). 가인은 자신의 아우를 죽이고서 하나님의 임재에서 더욱 멀리 쫓겨난다(창 4:14, 16). 하지만 하나님은 아브라함과 이삭과 야곱과 함께하겠다고 약속하시며(창 26:3, 28:15, 31:3-8) 에덴에서 잃어버린 것을 회복하기 시작하신다. 하나님이 성막에서 자기 백성과 거하시면서 **시내 시대** 동안에 이 약속은 계속 실현된다.

하나님은 모세에게 자세하게 성막의 모양을 보여 주셨다. 하나님은 출애굽기 25-40장에 길게 설명하신다. 그 내용으로는 번제를 드리는 제단과 씻기 위한 대야, 분향단, 진설병을 두는 상, 등대 등이 있다. 성막을 덮는 앙장은 가늘게 꼰 청색, 자색, 홍색 실로 다채롭게 만들었다. 궤, 그릇, 상, 등대, 분향단과 같이 성막에 있는 물품들은 정금으로 만들어졌다. 심지어 휘장의 갈고리와 기둥도 금으로 쌌다. 제사장의 의복도 다양한 색상으로 가늘게 꼰 베실로 정교하게 짜서 만든 값비싼 천으로 "영화롭고 아름답게" 만들었다. 가장 중요한 사실은 성막 안에 지성소라고 하는 지극히 거룩한 내부 공간이 따로 있었다는 점이다. 이 구역은 성막의 다른 부분과 장막으로 구분되어 있었다. 십계명이 증거궤(언약궤로도 알려진) 안에 담겨 있었고, 증거궤 위에는 궤를 덮는 뚜껑이 있는데 이를 속죄소라 하여 하나님의 보좌를 상징했다. 성막의 자세한 모양과 성막을 짓는 데 사용된 값비싼 재료들은 그 영광과 거룩함을 대변한다. 성막은 지극히 거룩하신 하나님이 거주하시는 거룩한 장소로 성별되었다. 그리고 이 살아 계신 하나님께는 최고의 것만 사용해야 했다. 드디어 성막이 완공되었고 모든 것은 하나님의 지시에 따라 완비되었다. 그러자 "구름이 회막에 덮이고 여호와의 영광이 성막에 충만"(출 40:34)했다고 성경은 말한다. 이렇게 출애굽기는 하나님이 그의 백성과 함께 거하시는 장면으로 마무리된다.

출애굽기를 아직 읽어 보지 않았다면 꼭 읽어 보기를 권한다. 출애굽기는 구약에서 엄청나게 중요한 책이다. 그리고 이 책 내내 출애굽기의 내용을 언급할 것이기 때문에 따로 시간을 내서 읽어 볼 가치가 충분하다.

▶▶▶ 구약 연대표

구약 연대표를 펼쳐 보면 **시내 시대** 부분에 구름이 덮인 성전 그림이 보일 것이다. 성전 그림은 연대표의 다른 부분에서도 등장하는데 어디에 나타나는지 파악하면 좋다. 그러면 거대한 구속 이야기를 전체적으로 바라보는 데 도움이 될 것이다. 이 그림의 신학적인 의미는 뒤편에 요약되어 있다.

• 죄와 더러움을 씻기 위해 주신 희생 제사

이제 성막이 완성되었고 하나님의 영광은 백성 가운데 거하게 되었다. 그러자 하나님은 모세에게 죄와 더러움을 씻기 위해 드려야 할 여러 가지 제사에 대해서 구체적인 지침을 내리신다(레 1-7장, 16-17장). 백성들은 죄가 있었기 때문에 제사를 통해서만 거룩하신 하나님과 함께 살아갈 수 있었다. 레위기 초반에는 다섯 가지 유형의 제사를 자세하게 설명한다. 즉, 번제(레 1장), 소제(레 2장), 화목제(레 3장), 속죄제(레 4장), 속건제(레 5장)다. 하나님은 제물로 사용할 수 있는 동물 및 곡식을 명하시며, 동물을 잡을 때(또는 소제를 드릴 때) 따라야 할 절차들도 지시하신다. 그리고 제사에서 피를 사용할 때는 특별히 주의를 기울여야 했다.

이러한 제사는 대부분 의도적으로 저지르지 않은 죄를 위한 것이라는 사실을 명심하자. 그렇기 때문에 레위기 4장은 속건제에 대한 규례를 다루면서 "누구든지 여호와의 계명 중 하나라도 그릇 범하였으되"(레 4:2)라는 말씀으로 시작한다. 그리고 죄를 저지른 다양한 계층의 사람들, 즉 회중(레 4:13-21), 지도자(레 4:22-26), 평민(레 4:27-35)에 대하여 각기 해당하는 규례가 내려진다. 그런데 이러한 죄를 저지른 자들을 속죄하는 자가 바로 제사장이었다. 따라서 용서는 하나님이 세우신 제사 제도를 통해서 임하는 것이었다. 레위기 5장에서 다루는 속건제는 고의적인 행위 및 그 사람이 "부지중"에 저지른 죄에 해당하는 제사다. 모세는 다음과 같이 명령한다. "만일 누구든지 여호와의 계명 중 하나를 부지중에 범하여도 허물이라 벌을 당할 것이니"(레 5:17). 제사장 중심 제도에서는 자신도 모르게 저지른 죄에 대해서도 속죄물이 필요하다. 왜냐하면 그 죄책은 여전히 유효하기 때문이다. 이 장들은 일부 고의적인 행위도 다루기는 하지만(레 5:1, 6:1-7), 주로 의도하지 않은 죄에 집중한다(민 15:22-29; 히 9:6-7 참고).

의도하지 않은 죄와 대조적으로 출애굽기와 레위기에는 죽음으로 반드시 벌해야 하는 죄악의 목록도 나열되어 있다. 죽음에 해당하는 죄로는 간음(레 20:10; 신 22:22), 즉 한 남자가 아버지의 아내(레 20:11), 며느리(레 20:12), 다른 남자(레 20:13), 동물(레 20:15; 출 22:19)과 성관계를 맺는 것 등이 있다. 또한 남자가 한 여자 및 그 여자의 어머니와 결혼하는 것(레 20:14), 사람을 납치하는 것(출 21:16), 여호와 외에 다른 신에게 제사를 드리는 것(출 22:20), 몰렉에게 자녀를 제사로 드리는 것(레 20:2-5). 접신하거나 박수무당이 되는 것(레 20:27), 또는 접신한 자와 박수무당을 따르는 것(레 20:6), 하나님을 저주하는 것(레 24:10-16, 23), 자기의 아버지나 어머니를 저주하는 것(레 20:9), 다른 사람을 때려죽이는 것(출 21:23)이 있다. 이 목록을 다시 보면서 이 죄들은 고의적인 행위로서 의도 없이 저지른 죄들과는 구별된다는 사실에 주목하라. 모세는 민수기 15장에서 이러한 구분을 밝힌다. 모세는 의도하지 않은 죄에 대한 절차를 대략적으로 다루면서(민 15:27-29) 다음과 같이 경고한다.

> 본토인이든지 타국인이든지 고의로 무엇을 범하면 누구나 여호와를 비방하는 자니 그의 백성 중에서 끊어질 것이라 그런 사람은 여호와의 말씀을 멸시하고 그의 명령을 파괴하였은즉 그의 죄악이 자기에게로 돌아가서 온전히 끊어지리라(민 15:30-31)

하나님은 언약 공동체 내에서 고의로 저지른 죄를 용납하지 않으신다. 이 경고의 말씀에 이어 모세는 한 가지 사건을 접하게 된다. 즉, 어떤 사람이 안식일에 나무를 하다가 적발된 것이다(민 15:32-36). 이 행동은 그다지 심각하지 않은 것처럼 보이기도 한다. 하지만 하나님은 이스라엘 백성이 율법에 완벽하게 순종할 것을 요구하셨고, 이 경우는 네 번째 계명을 어긴 것이었다(출 20:8-11). 모세는 우선은 이 남자를 가두어 두었다. 그러자 여호와께서 모세에게 말씀하신다. "그 사람을 반드시 죽일지니 온 회중이 진영 밖에서 돌로 그를 칠지니라"(민 15:35). 하나님의 말씀에 따라 이 남자는 죽음에 처해졌다. 하나님의 명령을 어겼기 때문이다(출 20:8-10 참고). 어떤 사람도 위에서 언급한 죄를 저지르면 죽음을 당해야 했다. 이러한 죄에 대해서는 어떠한 제사도 드릴 수 없었고, 그 죄를 갚을 수 있는 방법도 없었다. 많은 세월이 지난 후에 에스겔 선지자(겔 20:12-13, 16, 20-21, 24)와 느헤미야 선지자(느 10:31, 13:15-22)는 안식일을 어기는 문제를 강조한다. 왜냐하면 이 사람이 안식일을 지키지 못했던 것처럼 이후에도 하나님의 백성은 안식일을 지키지 못했기 때문이다.

우리는 구약 연구를 통해서 이스라엘 자손이 반복해서 하나님의 명령을 어기는 것을 본다. 특별히 이스라엘 자손은 우상 숭배를 금하는 첫 두 계명을 지키지 못한다. 하나님의 거룩하고 의로우신 기준에서 볼 때에 하나님이 그들을 진멸하지 않으셨다는 것만으로도 아주 놀라운 일이다. 우리는 이스라엘 자손이 금송아지를 만들었을 때 하나님이 자기 백성을 진멸하려고 하셨음을 알고 있다. 하지만 하나님은 은혜로운 성품 때문에 그렇게 하지 않으셨다. 하나님은 분명히 죄악을 용서하신다. 하지만 또한 하나님은 반드시 그 죄를 반드시 벌하신다. 하나님은 오랜 세월 동안 자기 백성의 죄악을 넘어가셨다. 하지만 우리는 언젠가 하나님의 진노가 십자가에 달린 예수에게 임함으로써 그러한 죄들이 정산될 것이라는 사실을 명심해야 한다. 하나님은 흠 없는 하나님의 어린양을 제물로 주셔서 새로운 언약을 통해 용서받을 수 있는 방법을 주셨다. 하나님의 어린양이 속죄의 죽음을 당하시면서 죄악된 인류는 하나님과 화목할 수 있었다. 하지만 구약 시대에는 죄를 속하여 주시기 위해 제사라는 방법을 주셨다. 비록 살펴본 것처럼 반드시 죽음을 그 대가로 요구하는 죄악이 존재하지만 말이다.

• 속죄일

이제 이스라엘에서 매년 지켰던 한 의식을 생각해 보도록 하자. 그날은 온 민족을 위해 제사를 드리는 날로서, 속죄일이었다(레 16장). 모세는 그 예식을 어떻게 수행해야 하는지, 누가 행할 것인지, 어떠한 조건을 지켜야 할지에 대해서 아론에게 상세하게 지시한다. 거룩하신 하나님께 나아가는 것이기 때문에 죽음을 당하지 않으려면 그렇게 세세하게 주의를 기울여야 할 필요가 있었다(레 16:1-2, 레 10장 참고). 오직 대제사장만이 일 년에 한 번 지성소에 들어갈 수 있었다(레 16:34; 히 9:7). 대제사장은 모세의 형인 아론으로 시작해서(레 16:1-2), 아론의 아들 엘르아살(출 6:23; 민 3:2-3; 신 10:6)로 이어진다. 대제사장은 이스라엘 자손의 모든 죄를 속죄한다(레 16:34; 히 9:7). 제사 제도의 중심은 속죄를 위한 피 흘림이라는 사실을 기억해야 한다(레 17:11). 따라서 많은 세월이 흐른 후에 히브리서 저자도 "피 흘림이 없은즉 사함이 없느니라"(히 9:22)라고 선포했던 것이다. 정교한 제사장 의복을 입은 성별된 대제사장이라 하더라도 피 없이는 그 거룩한 곳에 들어설 수 없었다. 대제사장은 양과 송아지의 피를 드려야 했는데, 먼저는 자기의 죄를 위하여, 이후에 자기 권속의 죄를 위하여, 그리고 모든 백성의 죄를 위하여 그 피를 뿌려야 했다.

비록 하나님이 성막에 거하시고, 또한 이후에는 성전에서 이스라엘 자손과 함께 거하실 것이지만 속죄일은 하나님의 임재에 접근하는 것이 제한되어 있다는 사실을 상기시킨다. 오직 대제사장만이 그 장막 뒤편으로 들어갈 수 있었다. 오랜 세월이 지난 후에 히브리서 저자는 이 사실이 "성소에 들어가는 길이 아직 나타나지 아니한 것이라"(히 9:8)라고 말한다. 하지만 언젠가는 위대한 대제사장이 나타나실 것이다(히 4:14-16, 5:1-9, 7:26-28, 8:1-7). 그분은 염소와 송아지의 피가 아닌, 자신이 직접 흘린 피로써 하늘의 성전 장막 안으로 들어가실 것이다(히 6:19-20, 9:11-14). 우리는 구약을 연구하면서 옛 언약 아래에 있는 염소와 송아지의 피로는 죄를 제할 수 없다는 사실을 깨달을 것이다(히 6:19-20, 9:11-14). 하지만 그리스도의 피는 훨씬 뛰어나다. 왜냐하면 예수께서 드린 단 한 번의 희생 제사로 죄가 해결되고, 하나님의 백성이 모두 깨끗하게 되기 때문이다. 예수께서 속죄의 사역을 행하신 결과 하나님의 백성은 담대하게 하나님의 임재로 들어갈 수 있게 되었다(히 10:19-22). 이야말로 참으로 새롭고 살아 있는 길이라고 할 수 있다. 이렇게 해서 하나님이 모세에게 보여 주신 제사장 위주의 제사 제도는 **빈 무덤**(CASKET EMPTY)이라는 핵심 개념으로 우리를 바로 인도한다. 왜냐하면 위대하신 대제사장이 행하신 속죄 사역으로만 하나님과 우리의 관계가 회복될 수 있기 때문이다. 예수의 피는 확실히 염소와 송아지의 피보다 뛰어나다.

다음 장으로 넘어가기 전에 레위기 1-8장 및 16장, 더불어 히브리서 7-10장을 읽어 보기를 권한다. 히브리서 저자는 어떻게 예수께서 멜기세덱의 반차를 따른 위대한 대제사장이 되시는지를 설명한다. 예수는 단번에 자신을 제물로 드려 우리의 죄를 속하셨다. 예수는 흠 없으시고 완전하신 하나님의 어린양으로서, 우리를 대신하여 자신을 기꺼이 속죄 제물로 드리셨다. 이러한 개념은 그냥 고개를 끄덕이면서 넘어가기에는 너무나 놀라운 것이다. 시간을 들여 이 구절을 읽으라. 그러면 하나님의 말씀이 당신의 마음과 생각을 사로잡을 것이다.

• 의식적 부정결(ritual impurity)을 위한 제사

제사 제도의 또 다른 중요한 측면은 의식적 정결(ritual purity)을 확립하는 기능이다. 의식적으로 정결하지 않은 사람은 일시적으로 성막에 들어갈 수 없었다. 성막은 하나님의 임재가 거하시는 곳으로서 정결하지 않은 것은 절대로 존재할 수 없기 때문이다. 특정 동물들이 부정한 것으로 분류된다(레 11장). 그리고 다양한 이유로 사람은 의식적으로 정결하지 않을 수 있었다(레 12-15장). 예를 들어, 출산을 한 여성은 일정 기간 동안 의식적으로 정결하지 않다고 여겨졌다. 그리고 정해진 날 수가 지나면 의식적으로 정결해지기 위해서 동물 두 마리를 제물로 드려야 했다(레 12:1-8). 사람을 의식적으로 정결하지 못하게 만드는 것은 대부분 질병과 죽음이었다. 가장 심각한 의식적 부정결을 초래하는 것으로는 사람의 시체가 있었다. 한 사람이 제사장에게 "정하다"라는 인정을 받으려면 여러 가지 제사를 드려야 했고 의식을 따라 스스로 씻어야 했다. 거룩한 하나님이 백성들의 진영 안에 거하시기 위해서 엄격한 규율이 반드시 필요했다(신 23:14).

신약의 히브리서에서 특히 의식적 정결을 위한 제사를 강조한다. 히브리서는 구약의 제사를 다음과 같이 묘사한다. "예물과 제사는 섬기는 자를 그 양심상 온전하게 할 수 없나니 이런 것은 먹고 마시는 것과 여러 가지 씻는 것과 함께 육체의 예법일 뿐이며 개혁할 때까지 맡겨 둔 것이니라"(히 9:9-10). 구약에서는 의식적인 부정결함과 고의가 아닌 죄를 해결하기 위해 희생 제사를 반복해서 드려야 했다. 하지만 히브리서 저자는 이러한 제사들이 완전하지 않다고 강조하며, "해마다 늘 드리는 같은 제사로는 나아오는 자들을 언제나 온전하게 할 수 없느니라"(히 10:1)라고 말한다. 따라서 모든 제사장이 "제사장마다 매일 서서 섬기며 자주 같은 제사를 드리되 이 제사는 언제나 죄를 없게 하지"(히 10:11) 못하는 것이다. 하나님의 완전하신 어린양이 흘리신 피로만 죄를 없게 할 수 있다!

▶▶▶ 구약 연대표

구약 연대표를 보면 네 뿔이 솟은 제단 그림을 볼 수 있다. 이는 구약의 제사를 보여 주기 위한 것이다. 이 그림의 신학적 의미는 연대표 뒤편에 요약되어 있다.

• 레위 지파에서 난 제사장들

시내 시대 동안 하나님은 아론과 그의 아들들, 즉 레위 지파로 하여금 성막에서 제사장으로 섬기도록 했다(출 28:1-4; 민 3:2-3, 16-20). 그들을 성별하기 위해서 특별한 정결 예식을 드려야 했다. 그 예식에는 거룩한 의복을 입는 의식과 일주일에 걸친 성별 의식도 포함된다(출 28-29장; 레 8-9장, 21-22장). 그들은 구별된 자로서 여호와께 성결해야 했다(출 28:36-39). 성막에서 섬기는 제사장들은 많이 있었지만, 대제사장은 오직 한 명만 임명되었다. 그렇게 아론이 세워졌고 그 뒤를 이어 아들 엘르아살이 대제사장이 되었다(출 6:23; 민 3:2-3; 신 10:6). 성별 예식을 치르고 의복을 입으면 제사장들은 특별히 거룩한 상태가 되어 죽음의 위험 없이 거룩하신 하나님의 임재에 들어설 수 있었다.

하나님은 또한 레위 지파에서 난 레위인들로 성막을 섬기는 일에 종사하며 제사장들을 돕도록 했다(민 8:5-26). 레위인들은 이스라엘 자손 중 금송아지를 만드는 일에 관여한 자들을 죽여서 하나님의 거룩하심에 열심을 보인 자들이었다(출 32:26-29). 그들은 성막을 옮길 때 성막이 더럽혀지는 것을 막아야 했다(민 3-4장, 18:1-7). 하지만 그들에게도 여러 가지 제한사항이 있었다(민 4:15, 민 16-17장 참고). 레위의 세 아들 게르손, 고핫, 므라리(출 6:16-25; 민 4장; 창 46:11)는 각각 맡은 임무가 달랐고, 그 일은 자손들에게 이어졌다. 그리고 레위인은 이스라엘의 열두 지파로 계수되지 않았다. 왜냐하면 그들은 성막을 섬기는 일에 전념해야 했기 때문이다(민 1:47-54). 그래서 약속의 땅에 도착하는 순간부터 레위인은 토지를 전혀 소유하지 못했다. 하나님만이 그들의 유업이 되시기 때문이다(민 18:20). 그렇지만 레위인들이 거주하는 몇몇 성읍이 있었다(레 25:32-34; 민 35:1-8). 레위인들은 이제 모든 이스라엘 가정이 드리는 십일조를 통해서 필요한 것을 공급받을 것이고, 이것이 그들이 하는 일에 대한 보상이었다(민 18:20-32).

우리는 이 언약 공동체를 총괄하는 정교한 제사장 제도를 간단하게 살펴보았다. 거룩하신 하나님과 가까이 살아간다는 것은 절대로 사소한 문제가 아니었다. 그래서 진영 안에서 정결함을 유지하고 성막이 더러워지지 않도록 보호하기 위해서 모든 예방 조치는 반드시 필요한 것이었다.

◆ 거룩한 백성에게 주어진 율법

하나님은 이스라엘 자손을 언약 관계로 부르시고, 그들이 제사장 나라와 거룩한 백성(출 19:6; 벧전 2:5, 9)이 될 것이라고 말씀하신다. 제사장은 거룩한 것과 속된 것, 부정한 것과 정한 것을 구별해야 했고, 하나님의 백성에게 율법을 가르쳐야 했다(레 10:10). 따라서 하나님은 거룩한 백성으로 부르신 그들에게 율법을 주신다(레 11-25). 출애굽기, 레위기, 민수기에서 정결법을 강조하는 이유는 하나님이 거룩하시므로 그의 백성도 거룩해야 하기 때문이다. 그들은 세상에서 하나님의 영광과 거룩하심을 드러내며 살아야 했다. 이러한 율법들은 그들이 주위 민족들과 구별된 민족으로 살아가기 위한 핵심 가치였다. 하나님은 모세를 통하여 이스라엘 자손에게 말씀하신다. "나는 여호와 너희의 하나님이니라 너희는 너희가 거주하던 애굽 땅의 풍속을 따르지 말며 내가 너희를 인도할 가나안 땅의 풍속과 규례도 행하지 말고"(레 18:2-3). 다른 민족들과는 달리 하나님의 백성은 하나님의 율법을 따라야 했다. 모세는 말한다. "너희는 내 규례와 법도를 지키라 사람이 이를 행하면 그로 말미암아 살리라 나는 여호와이니라"(레 18:5). 에스겔 선지자는 후에 하나님의 율법을 순종하는 자가 의롭다고 선포한다(겔 18:5-9, 14-17, 19-20). 따라서 하나님의 백성은 다른 민족들과 구분되어야 한다. 왜냐하면 그들은 거룩하신 하나님과 언약 관계를 맺었기 때문이다. 하나님 앞에 거룩하고 의롭게 살기 위해서 그들은 반드시 하나님의 법에 순종해야 했다. 하지만 이스라엘 이야기는 하나님의 백성이 다른 민족들과 구분되지 못하고 그들과 똑같이 행동했다는 사실을 보여 준다. 물론 제사 제도를 통해서 이스라엘은 용서받을 수 있는 기회를 얻었다. 하지만 제사는 앞으로 올 더 좋은 것의 그림자일 뿐이었다. 왜냐하면 사람의 마음을 회복하기 위해서는 동물의 죽음 이상의 것이 요구되었기 때문이다.

민수기를 배우기 전에 레위기를 읽어 보기를 권한다. 제사 제도에 대한 상세한 설명은 이스라엘이 거룩하신 하나님과 관계를 맺으며 살아가기 위해 필요한 것들이 무엇이었는지 잘 보여 준다.

• 하나님의 백성이 (약속의) 땅에 들어갈 준비가 되다

이스라엘 자손은 시내 산에서 율법과 규례를 받았다. 애굽에서 나온 다음 해가 되었고 이제 떠날 준비가 되었다. 그러자 구름이 그들을 앞으로 인도했다. 이제 이스라엘 자손은 바란 광야로 여정을 떠난다(민 10:12). 하지만 가는 길 내내 사람들은 불평을 한다(민 11-12장). 그들의 기억은 선별적이었다. 그들은 애굽에서 먹었던 생선과 오이와 참외와 부추와 파와 마늘을 기억해 낸다(민 11:5). 그렇지만 오랫동안 노예 생활을 했던 것과 어떻게 애굽인들이 그들의 자손을 죽이려 했는지는 잊었다(출 1장). 모세는 이러한 백성을 인도하는 일에 심각한 부담감을 느꼈고, 결국 일흔 명의 장로를 세워 자신을 돕게 한다(민 11:1-30). 이스라엘 자손이 바란 광야에 도착하자(민 12:16), 하나님은 모세에게 열두 지파에서 가나안 땅을 정탐할 사람들을 선택하여 보내라고 명하신다(민 13-14장). 그리고 열두 지도자는 그 땅과 민족과 성읍들을 살펴보고 돌아온다(민 13:17-20). 이 사건의 결과로 이스라엘 자손은 광야에서 40년간 방황한다.

• 광야에서 방랑하는 시기

이스라엘 각 지파에서 한 명씩 선별된 정탐꾼 열두 명은 그 땅을 조사하고 둘러볼 책임을 맡았다(민 13장). 그들은 포도 열매를 장대에 꿰어 운반해 온다. 모세가 그들에게 그 땅의 열매를 가져오라고 명했기 때문이다. 또한 석류와 무화과도 가져왔다. 40일 동안 땅을 정탐하고 돌아온 그들은 그 땅이 실제로 젖과 꿀이 흐르는 곳이라고 보고한다. 하지만 그들은 이스라엘 자손에게 절대로 그 땅에 있는 백성들과 맞설 수는 없다고 말한다. 그들은 너무나 강하고 성읍은 견고하기 때문이다(민 13:27-28, 31-33). 그러자 이스라엘 자손은 불평하기 시작한다. 그리고 애굽으로 돌아가고 싶어한다! 하지만 갈렙과 여호수아 두 정탐꾼은 좋은 소식을 들고 왔다. 여호수아는 백성에게 말한다. "여호와께서 우리를 기뻐하시면 우리를 그 땅으로 인도하여 들이시고 그 땅을 우리에게 주시리라"(민 14:8). 여호수아는 그 땅에 장대한 사람들이 거주한다는 것은 문제가 될 수 없고, 하나님이 백성에게 땅을 주시겠다고 약속하였으면 믿음으로 그 땅을 취하기만 하면 된다는 것을 제대로 이해하고 있었다. 하지만 백성들은 하나님을 신뢰하는 대신 그들 앞에 놓인 당장의 장애물에 정신이 팔려 버렸다. 그래서 하나님이 그들의 구원자 되심을 망각하고 만다. 모세는 그들에게 하나님이 애굽에서 하신 것처럼 그들을 위해 싸워 주실 것이니 두려워하지 말라고 한다(신 1:21-31 참고). 하지만 백성들은 하나님을 신뢰하지 않았다.

그러자 하나님이 자기 백성에게 노하셨다. 하나님이 행하신 그 많은 기적들에도 불구하고 그들은 하나님을 믿지 않았기 때문이었다(민 14:11; 히 3:19 참고). 그래서 하나님은 자기 백성을 진멸하려 하신다. 하지만 모세는 다시 한 번 하나님의 이름과 성품에 호소하며 기도한다(민 14:13-16). 모세는 하나님이 시내 산에서 선포하신 말씀을 되풀이한다. "여호와는 노하기를 더디하시고 인자가 많아 죄악과 허물을 사하시나"(민 14:18). 모세는 하나님의 인자하심에 따라 "이 백성의 죄악을 사하시되 애굽에서부터 지금까지 이 백성을 사하신 것같이"(민 14:19; 시 78:37-38 참고) 그 백성의 죄악을 용서해 달라고 하나님께 간구한다. 앞에서 언급한 것처럼 이스라엘이 구약 성경 내내 존속할 수 있었던 이유는 오직 하나님의 성품 때문이었다. 하나님은 모세에게 이스라엘 자손을 완전히 진멸하지는 않으시겠다고 말씀하신다. 하지만 그들의 지도자가 그 땅을 정탐한 40일의 하루를 일 년으로 쳐서 지금 세대는 반드시 40년 동안 광야를 떠돌 것이라고 하신다(민 14:34). 그 세대는 하나님을 믿지 않았기 때문에 전부 광야에서 방랑하다가 죽는다(신 1:19-36; 시 95:10-12; 히 3:6-4:11). 이에 비해 여호수아와 갈렙은 하나님을 신뢰하여 긍정적으로 반응했다. 따라서 그들은 새로운 세대와 함께 그 땅에 들어갈 수 있었다.

이스라엘 자손은 광야를 방황하면서도 계속해서 불평을 해 댄다(시 78편). 그리고 이제는 자신들의 지도자에 대해서 불평을 하기 시작한다. 이에 하나님은 그들에게 분노하셔서 전염병을 내리시지만 모세와 아론이 개입하여 그 백성을 위하여 속죄한다(민 16장). 이후 가데스에 도착했을 때도(민 20:1-5) 그들은 물이 없음을 불평하면서 모세가 그들을 애굽에서 왜 끌고 나왔냐고 투덜거린다(민 20:5). 하나님은 모세에게 지팡이를 들어 반석에 명령하면 물이 솟을 것이라고 말씀하신다(민 20:7-8). 모세는 하나님이 명령하신 대로 지팡이를 든다. 하지만 지팡이를 반석에 대고 말하지 않고 지팡이로 반석을 두 번 내리쳤다. 그러자 반석에서 물이 솟아 나왔다. 하지만 하나님은 모세와 아론이 이스라엘 자손 앞에서 하나님의 거룩함을 나타내지 않았기 때문에 모세와 아론을 심판하신다. 그들의 행동은 사소한 저항같이 보이지만 하나님은 자신의 명령에 완벽하게 순종하기를 요구하신다. 이렇게 이스라엘의 위대한 두 지도자는 실패하고 만다. 그리고 그들 역시 그 땅에 들어가지 못하게 된다(민 20:8-13, 24; 신 1:37, 32:48-52). 그렇게 해서 놀랍게도 광야 세대의 백성들만이 아니라, 두 지도자 모세와 아론도 그 땅에 들어서지 못한 것이다(민 20:24-29, 27:12-14).

아론이 죽고 난 후에 이스라엘 자손은 전쟁을 벌인다. 그리고 정복 과정에서 거둔 첫 열매라고 할 수 있는 몇몇 승리를 거둔다(민 21장). 그리고 그들은 모압 평야에 도달하여 진을 친다(민 22장; 신 23:5 참고). 그곳에서 하나님은 이스라엘 자손을 반드시 축복하실 것이라고 다시 확언하신다. 아무도 자기 백성에게 주신 하나님의 축복을 철회할 수 없다. 심지어 이스라엘을 저주하도록 온 발람도 그들에게 저주를 내릴 수 없었다(민 22-24장; 신

23:5). 사실 발람은 모압 왕의 요구를 따라 이스라엘 자손을 저주해야 했지만 도리어 그들을 축복하고 만다(민 23:11). 발람은 야곱이 거주하는 처소가 비옥할 것이며, 그의 왕이 아각보다 높아질 것이며, 그의 나라가 흥왕하리라고 예언한다(민 24:5-7). 발람은 단지 이스라엘에 축복만 선포한 것이 아니라 미래에 대한 환상도 본다. 즉, 앞으로 야곱에게서 한 "별"이 나오며, 이스라엘에서 한 "규"가 나와 "주권자가 야곱에게서" 날 것이라는 환상이었다(민 24:17-19). 주권자에 대한 발람의 환상은 야곱이 창세기 49장 10절에서 유다에게 축복한 내용과 유사한 것으로서, 다윗 그리고 궁극적으로는 메시아의 통치를 통해 다윗 왕조가 세워질 것을 예언한다.

하지만 이스라엘 자손이 모압에 있을 때, 발람을 통해 그들에게 하나님의 축복이 임하자마자 성경은 "그 백성이 모압 여자들과 음행하기를 시작하니라 그 여자들이 자기 신들에게 제사할 때에 이스라엘 백성을 청하매 백성이 먹고 그들의 신들에게 절하므로 이스라엘이 바알브올에게 가담한지라"(민 25:1-3; 시 106:28; 호 11:1-2 참고)라고 전한다. 우리는 이제 이스라엘 자손이 광야에서 머물던 시절에도 다른 신을 섬겼다는 사실을 알게 된다(신 32:16-21; 겔 20:10-17; 암 5:25-26; 행 7:42-43). 이는 시내에서 금송아지를 섬긴 것이 단발적인 사건이 아니라는 사실을 의미한다. 하지만 하나님은 자기 백성을 진멸하지 않으신다. 왜냐하면 하나님은 자신의 이름이 민족들 가운데 더럽혀지는 것을 원하지 않으셨기 때문이다(겔 20:10-17).

격노하신 하나님은 모세에게 지도자들을 죽이라고 명하신다. 이는 이스라엘의 지도자들조차 죄가 없는 것은 아니었다는 사실을 상기시킨다. 그 결과 극심한 염병이 백성에게 임한다. 그들이 죽은 것에 제사한 음식을 먹었기 때문이다(시 106:28-31). 이때 아론의 손자이자 제사장인 비느하스에게 하나님의 거룩하심을 위한 질투심이 일었다. 그래서 그는 손에 창을 들고 미디안의 여인을 자기 막사에 데려온 한 사람을 죽인다. 비느하스의 행동으로 염병은 멈췄지만 수많은 사람이 이미 염병으로 죽은 상태였다(민 25:6-9). 하나님은 비느하스에게 그와 그의 자손에게 영원한 제사장 직무를 주시겠다고 말씀하신다(민 25:10-13). 이후 새로운 세대의 인구를 조사하고(민 26장), 이스라엘 자손은 약속의 땅에 들어갈 준비가 되었다. 하지만 그 땅에 입성하기 전에 모세는 모압 평야에서 마지막으로 말씀을 선포한다. 이제 우리는 신명기에서 모세가 새로운 세대에게 약속의 땅에 들어가기 전에 어떤 말씀을 전했는지 들을 준비가 되었다. 하지만 그렇게 하기 전에 민수기를 다 읽어 볼 것을 권한다.

• 모세가 새로운 세대에게 율법을 설명하다

신명기에는 모세가 죽기 전에 이스라엘 자손에게 한 마지막 말씀이 기록되어 있다. 모세는 하나님이 시내 산에서 세우신 언약을 다시 확인하고, 이를 새로운 세대에게 적용한다. 신명기를 시작하면서 모세는 이스라엘 역사를 냉철하게 회상한다(신 1-3장). 그리고 하나님의 법에 순종하라는 권고로 마무리한다(신 4:1-40). 모세가 새로운 세대에게 전한 말씀을 간추려 보았다.

> 너희는 스스로 삼가 너희의 하나님 여호와께서 너희와 세우신 언약을 잊지 말고 네 하나님 여호와께서 금하신 어떤 형상의 우상도 조각하지 말라 네 하나님 여호와는 소멸하는 불이시요 질투하시는 하나님이시니라 네가 그 땅에서 아들을 낳고 손자를 얻으며 오래 살 때에 만일 스스로 부패하여 무슨 형상의 우상이든지 조각하여 네 하나님 여호와 앞에 악을 행함으로 그의 노를 일으키면 내가 오늘 천지를 불러 증거를 삼노니 너희가 요단을 건너가서 얻는 땅에서 속히 망할 것이라 너희가 거기서 너희의 날이 길지 못하고 전멸될 것이니라 여호와께서 너희를 여러 민족 중에 흩으실 것이요 여호와께서 너희를 쫓아 보내실 그 여러 민족 중에 너희의 남은 수가 많지 못할 것이며(신 4:23-27)

모세는 백성에게 그들이 살아 계신 하나님과 언약 관계를 맺었다는 사실을 상기시키며 말한다. "이것을 네게 나타내심은 여호와는 하나님이시요 그 외에는 다른 신이 없음을 네게 알게 하려 하심이니라"(신 4:35). 그리고 다시 "그런즉 너는 오늘 위로 하늘에나 아래로 땅에 오직 여호와는 하나님이시요 다른 신이 없는 줄을 알아 명심"(신 4:39)하라고 말한다. 창세기 1-2장의 창조 이야기가 이스라엘의 하나님이 창조주 하나님이시며 유일하신 하나님이라는 점을 강조하는 내용이라는 점을 기억할 것이다. 하나님의 백성에게는 이러한 지식이 특별히 절대적으로 필요하기 때문에, 모세는 그 사실을 또다시 강조한다. 모세는 잘 알려진 다음 말씀을 그들에게 전한다. "이스라엘아 들으라 우리 하나님 여호와는 오직 유일한 여호와이시니 너는 마음을 다하고 뜻을 다하고 힘을 다하여 네 하나님 여호와를 사랑하라 오늘 내가 네게 명하는 이 말씀을 너는 마음에 새기고"(신 6:4-6). 모세는 새로운 세대에게 하나님이 그들을 선택하셔서 그들을 사랑하기로 하셨다고 설명한다(신 7:6-10). 모세는 하나님이 언약에 의거하여 자기 백성을 사랑하신다는 점을 알았기에 계속해서 이스라엘 자손에게 우상 숭배를 피하라고 경고한다. 그들은 언약으로 맺어진 하나님을 버려서도 안 되고 잊어서도 안 되었다. 그들은 교만해서도 안 되었고 하나님의 규례를 지켜 하나님의 축복이 자신들에게 임하도록 해야 했다. 모세는 이스라엘 자손에게 열과 성을 다해서 경고한다. 왜냐하면 모세는 그 백성이 얼마나 완고하고 반항하는 족속인지를 직접 체험하여 알았기 때문이다.

나는 여러분이 신명기를 다 읽어 보기를 권한다(특히 1-11장). 왜냐하면 이 말씀을 보면 우리가 하나님의 구속 계획에서 어느 지점까지 왔는지를 탁월하고 냉철하게 볼 수 있기 때문이다. 이 장들은 신학적으로도 의미가 풍부하기 때문에 주의해서 읽어야 한다.

모세는 새로운 세대에게 그들이 벌일 전투에 대해서 구체적으로 지침을 내린다. 왜냐하면 그들은 이제 가나안 땅을 차지해야 하기 때문이다(신 20장). 전투를 벌이는 근본적인 전제는 그 민족들이 가증한 짓으로 땅을 더럽혔기 때문에 땅이 그 거주민들을 토해 낼 것이라는 점이다(레 18:24-30). 따라서 이스라엘 자손으로 그 민족들이 저지르는 가증한 짓을 따르지 않도록 하는 것이 전투의 규례라는 사실은 놀랍지 않다. 이는 매우 중요한 것이기 때문에 그들은 모든 주의 사항을 제대로 지켜야 했다. 이스라엘 자손은 그 땅의 모든 민족을 완전히 진멸해야 했다. 그들을 진멸하지 않으면 그들 때문에 오히려 이스라엘 자손이 돌아서서 다른 신을 따르게 될 것이고, 그러면 하나님은 이스라엘을 진멸하실 수밖에 없기 때문이다(출 34:11-17; 신 7:4-6). 일곱 족속, 즉 헷 족속과 기르가스 족속과 아모리 족속과 가나안 족속과 브리스 족속과 히위 족속과 여부스 족속을 진멸해야 했다(신 7:1-2, 20:17-18). 이스라엘 자손은 우상 숭배에 빠지지 않기 위해 그들과 어떤 언약도 맺을 수 없었고, 결혼할 수도 없었다(신 7:3-4).

하지만 이스라엘 자손은 다른 민족에게 평화 조약을 제의할 수는 있었다. 그리고 그 조약을 받아들인 민족은 이스라엘 자손의 노예가 되어야 했다. 그 제안을 받아들이지 않으면 그 민족의 모든 남자, 여자, 어린이를 죽이고 가축들을 전리품으로 취해야 했다(신 20:10-15). 이스라엘 자손은 여호와가 자신들을 위해 싸워 주신다는 사실을 기억해야 했다. 하나님이 그 땅을 소유하게 하실 것이다. 이스라엘 자손은 완고하고 목이 곧은 자들이었기 때문에 그들이 의로워서 땅을 소유하는 것은 아니었다. 단지 그 민족들이 악하고 하나님은 신실하게 약속을 지키시는 분이기 때문에 이스라엘 자손이 땅을 얻을 것이다(신 9:4-6).

• 언약이 갱신된다. 하지만 이스라엘은 하나님을 버릴 것이다

하나님은 이스라엘 자손에게 언약에 따르는 축복과 저주의 목록을 포함하여, 많은 경고와 지침을 내리신다(신 27-28장). 그리고 이스라엘 자손은 하나님과 언약을 갱신한다(신 29장). 모세는 그들에게 "이 언약의 말씀을 지켜 행하라 그리하면 너희가 하는 모든 일이 형통하리라"(신 29:9)라고 선포한다. 새로운 세대는 하나님의 규례를 따르기로 맹세하며 이제 언약 관계에 들어선다. 그런데 하나님은 모세가 죽기 전에 이스라엘 자손이 하나님을 배신할 것이라고 모세에게 말씀한다. 그들은 하나님을 버리고, 다른 신을 찾고, 언약을 깨뜨릴 것이라고 하신다(신 31:14-29). 바로 여기에서 전체 구약 이야기의 윤곽이 드러난다. 왜냐하면 하나님은 자기 백성에게 하나님의 명령을 순종하면 축복하겠다고 약속하셨지만, 율법은 궁극적으로 하나님의 백성을 하나님의 진노 아래 둘 것이기 때문이다. 하지만 문제는 율법이 아니라 사람들이 하나님의 공의로우신 요구 사항을 충족할 수 없었다는 점이다. 이스라엘 자손은 이 언약의 조건에 따라서 하나님께 심판을 받을 것이고, 결국 주전 586년에 포로가 될 것이다.

모세는 이스라엘 자손이 언약에 따르는 조건을 이행하지 못할 것이라는 말을 들었다. 하지만 하나님이 그들에게 심판을 내리시며 이야기가 끝나는 것은 아니다. 이스라엘의 죄로 모든 것이 종결되는 것은 아니다. 하나님의 백성에게는 심판을 넘어서는 희망이 있다. 하나님은 족장들에게 하신 약속을 신실하게 지키시기 때문이다. 모세는 이스라엘 자손이 하나님에게서 돌아서서 모든 저주를 받은 후에도, 여호와 하나님께 돌아와 그의 목소리를 들으면 여호와께서 그들을 돌아오게 하시며 긍휼히 여기시리라고 말한다(신 30:1-3; 레 26:40-46 참고). 하나님은 그들의 선조와 맺으신 언약을 잊지도 않으시고 그들을 멸하지도 않으신다. 하나님은 열방에서 자기 백성을 모으셔서 그 땅으로 돌아가게 하실 것이고, 그들의 마음에 할례를 베푸셔서(성령께서 하시는 내적 역사) 여호와 하나님을 사랑하게 하실 것이다(신 30:6). 이스라엘 자손이 언약을 어길지라도 하나님은 그들과 맺은 언약을 깨뜨리지 않으신다. 왜냐하면 하나님은 그들의 하나님 여호와이시기 때문이다. 하나님은 약속하신 것을 신실하게 이루실 것이지만, 그들 앞에는 기나긴 여정이 기다리고 있다. 모세는 죽기 직전에 이스라엘 자손에게 하나님이 그들 앞에 생명과 죽음, 축복과 저주를 두셨다고 말한다. 그리고 모세는 그들에게 생명을 선택하라고 당부한다(신 30:19). 모세의 죽음 이후(신 34장), 하나님의 백성을 인도하는 지도권은 계승자인 여호수아의 손으로 넘어간다(신 31:23; 수 1:1-9).

모세의 죽음으로 이 장을 마무리하면서, 모세가 얼마나 중요한 인물인지를 다시 생각해 보자. 하나님은 모세가 태어날 때부터 그의 삶에 개입하셔서 그의 생명을 피에 굶주린 애굽 왕의 손에서 구원해 내신다. 이처럼 모세는 출생부터 범상치 않았다. 모세는 불타는 나무에 나타나신 하나님의 음성을 듣고 부름을 받았다. 모세는 하나님이 선택하신 도구로서, 애굽에 노예로 있던 하나님의 백성을 구원해 낸다. 모세는 하나님의 능력으로 기적과 이사를 행했다. 그리고 하나님은 오직 모세를 통해서 백성에게 말씀을 주셨다. 또한 모세는 백성을 용서해 주실 것을 탄원하기도 한다. 모세는 그 백성을 약속의 땅 바로 앞까지 인도한다. 그는 구원의 역사에 나타날 하나님의 계획과 뜻을 보도록 허락된 자였다. 모세는 삶의 마지막 순간에 담담하게 이스라엘 자손에게 그들의 미래에 대해서 말한다. 미래에 대한 이 구절은 신명기 18장에 기록되어 있다. 여기에서 하나님은 언젠가 모세와 같은 선지자를 백성 가운데에서 일으키실 것을 약속하신다. 모세는 다음과 같이 말한다.

> 네 하나님 여호와께서 너희 가운데 네 형제 중에서 너를 위하여 나와 같은 선지자 하나를 일으키시리니 너희는 그의 말을 들을지니라 이것이 곧 네가 총회의 날에 호렙 산에서 네 하나님 여호와께 구한 것이라 곧 네가 말하기를 내가 다시는 내 하나님 여호와의 음성을 듣지 않게 하시고 다시는 이 큰 불을 보지 않게 하소서 두렵건대 내가 죽을까 하나이다 하매 여호와께서 내게 이르시되 그들의 말이 옳도다 내가 그들의 형제 중에서 너와 같은 선지자 하나를 그들을 위하여 일으키고 내 말을 그 입에 두리니 내가 그에게 명령하는 것을 그가 무리에게 다 말하리라(신 18:15-18)

모세가 죽은 후에 하나님은 모세와 같은 선지자를 일으키시고 다시 한 번 하나님의 말씀을 대변하게 하실 것이다. 그는 언약의 중재자로서 일할 것이며, 모든 사람은 그의 말을 들어야만 할 것이다. 구약의 틀에서 보자면 이러한 기대는 새로운 언약을 고대하는 것으로서, 메시아 대망 사상에서 가장 중요한 특징이 된다. 따라서 우리는 신명기 마지막 장에서 기대하는 마음으로 "그 후에는 이스라엘에 모세와 같은 선지자가 일어나지 못하였나니 모세는 여호와께서 대면하여 아시던 자요"(신 34:10)라는 말씀을 읽게 된다.

땅을 정복하는 여호수아와 사사기 이야기로 넘어가기 전에 신명기 전체를 읽어 볼 것을 권한다. 이 책은 구약 성경을 이해하는 데 매우 중요하다. 절대로 놓치지 말라!

• 여호수아의 지도 아래 "약속"의 땅을 정복하다

주전 약 1400년경 여호수아가 등장하며 새로운 시대가 열린다. 여호수아는 믿음의 사람(민 13-14장)으로서 하나님께 이스라엘 자손을 약속의 땅으로 인도하는 사명을 받은 자였다. 여호수아는 하나님께 율법에 순종하라는 말씀을 받고(수 1:1-9) 전면에 등장한다. 여호수아는 이스라엘 자손이 그 땅에 들어서기 직전에 두 정탐꾼을 보냈는데, 그들은 여리고에서 라합이라는 기생의 도움을 받는다(수 2장). 비록 이 여인은 이스라엘 자손도 아니었고, 율법과 상관없이 살던 사람이었지만 믿음으로 하나님의 백성이 되었다(히 11:31; 약 2:25).

이스라엘 자손은 요단 강을 건너 그 땅을 점령하기 시작한다. 그들은 처음으로 중요한 군사 작전에 나서는데(수 6-9장), 여리고로 시작하여(수 6장) 아이로 향한다(수 7-8장). 아이에서 패배한 후에 여호수아는 에발 산에서 하나님께 제단을 쌓고 하나님의 율법을 돌에 기록했다(수 8:30-35). 그리고 모세의 명령에 따라 백성의 절반은 에발 산에 서고 또 절반은 그리심 산에 서서 모세 언약에 따르는 축복과 저주의 말씀을 크게 읽었다. 이스라엘 자손들은 기브온 주민에게 속아 조약을 맺기도 하지만(수 9장), 계속해서 남부의 수많은 성읍을 차지하며 땅을 정복해 간다(수 10장). 그리고 이제는 북부 정벌 활동에도 나선다(수 11장). 또한 열두 지파에게 땅을 분배하고(수 13-22장), 실로에 성막을 세운다(수 18:1). 이렇게 해서 이스라엘 자손은 하나님이 족장들에게 약속하신 땅을 차지하게 된다(창 13:17, 15:18-21).

여호수아도 이제 나이가 들었다. 그래서 땅을 열두 지파에게 분배하고 난 뒤 이스라엘 자손에게 마지막 연설을 한다. 여호수아는 전투하신 분은 하나님이시며, 하나님이 그들을 위하여 싸우셨다고 말한다(수 23:3). 그리고 하나님은 참으로 약속을 다 이루어 주셨다고 공포한다(수 21:44-45; 느

9:23-25). 그러고 나서 여호수아는 이스라엘 자손에게 하나님의 길을 따르라고 경고한다. 그들은 절대로 다른 민족과 연합하지 말아야 했고, 심지어 그들이 섬기는 신들의 이름을 언급하지도 말아야 했다(수 23:7). 왜냐하면 이스라엘 자손은 여호와 하나님만 붙잡고 매달려야 했기 때문이다. 여호수아는 그들이 다른 신을 섬기는 날에는 하나님이 더 이상 남은 민족들을 몰아내지도 않으실 것이고, 그들의 잘못과 죄를 사하지도 않으실 것이라고 경고했다(수 24:19). 하나님은 이스라엘 자손에게 항상 선하셨다. 하지만 여호수아는 그들이 하나님의 율법을 따르지 않으면, 즉 그들이 언약을 어기고 다른 신에게 엎드리면 율법에 나타난 모든 위협이 그대로 임하여 그들이 그 땅에서 멸절할 것이라고 경고한다(수 23:12-16, 24:1-26). 여호수아서는 새로운 세대가 하나님과 언약 관계에 들어서는 장면으로 마무리된다. 그들은 하나님을 섬기고 하나님의 목소리에 순종하겠다고 약속한다(스 24:24-27). 언약을 갱신한 후에 여호수아는 죽는다(수 24:29-30; 삿 2:6-9). 이제 이스라엘은 사사 시대로 향한다.

◆ 이스라엘 자손이 다른 민족처럼 우상을 섬기다

유다 지파를 중심으로 이스라엘 자손은 그 땅을 정복해 나간다(삿 1장). 하지만 땅을 모두 정복하기란 아득한 일이었고, 그 과정은 더디기만 했다(삿 1:27-36, 2:1-5). 이스라엘 자손은 하나님이 명령하신 것처럼 성읍들을 완전히 점령하지 않았기 때문이었다. 사실, 이스라엘 자손이 진멸해야 했던 일곱 족속 중 가나안 족속과 아모리 족속도 아직 노예로서 그 땅에 거주하고 있었다(삿 1:27-35). 우리는 하나님이 그 땅의 족속들이 남는 것을 허락하셨다는 사실을 알고 있다. 왜냐하면 이스라엘 자손이 하나님의 말씀에 순종하지 않았기 때문이다. 하나님은 가나안 족속, 아모리 족속 및 그 땅의 어떤 민족과도 어떤 종류의 언약도 맺지 말라고 하셨다(신 7:1-2). 하지만 이스라엘 자손은 그 민족의 여인들과 결혼하고 그들의 신을 섬기기까지 한다(삿 3:5-6). 이스라엘 자손은 여호수아 시대에는 하나님을 섬겼다.

하지만, 여호수아가 죽고 난 후에 다음과 같은 일이 생긴다.

> 이스라엘 자손이 여호와의 목전에 악을 행하여 바알들을 섬기며 애굽 땅에서 그들을 인도하여 내신 그들의 조상들의 하나님 여호와를 버리고 다른 신들 곧 그들의 주위에 있는 백성의 신들을 따라 그들에게 절하여 여호와를 진노하시게 하였으되 곧 그들이 여호와를 버리고 바알과 아스다롯을 섬겼으므로(삿 2:11-13)

이 구절은 단지 사사 시대에 벌어진 일만 전하는 것이 아니라, 구약의 남은 이야기가 어떻게 진행될지 그 배경을 설정하는 역할도 한다. 왜냐하면 이스라엘 자손은 계속해서 다른 민족들과 똑같이 행동할 것이기 때문이다. 하나님이 이때 그 땅에 몇몇 이방 민족들을 남기신 것은 이스라엘 자손을 시험하여 그들이 하나님의 명령을 순종하는지 확인해 보기 위함이었다(삿 3:1-4). 이스라엘 자손은 그들과 구별되게 살아야 했지만, 오래지 않아 이방 민족들의 가증한 행위를 따르고 만다. 결국 우상을 숭배하는 마음이 적나라하게 드러나고 만 것이다.

◆ 하나님이 사사들을 세우셔서 이스라엘을 구하신다

사사 시대는 이때부터 주전 1050년 통일 왕국이 나타나기까지 약 300년에 달하는 기간을 말한다. 이 시기에는 "사사기 주기"(judges cycle)라는 우상 숭배 유형이 등장한다. 이 주기가 무엇인지 함께 살펴보자. 우선 하나님이 정하신 사사가 백성을 이끈다. 하지만 그 사사가 죽고 나면 백성은 다시 이방 민족의 우상을 숭배한다. 그러면 하나님은 그들을 벌하시기 위해 이스라엘에 적군을 보내신다(모세 언약의 저주 중 하나가 적에 쫓기는 것이라는 사실을 기억할 것이다). 그렇게 해서 이스라엘 자손은 고난을 받고, 적들이 자신들을 압제한다고 하나님께 부르짖는다. 그러면 하나님은 긍휼하셔서 무력으로 그들을 구원할 자, 즉 사사를 일으키신다. 그 사사는 하나님이 명하신 군대 지도자로서, 사람들을 원수에게서 구해 내는 역할을 한다. 하지만 사사가 죽으면 백성은 또다시 그들의 우상을 섬기고 만다. 기본적으로 이러한 유형이 반복되는 것을 사사기 주기라고 한다.

이러한 주기가 전형적으로 드러난 한 예로, 기드온의 시대에 일어났던 일을 살펴보자(삿 6-8장). 미디안 족속이 7년 동안 이스라엘 자손을 억압한다. 그래서 이스라엘 자손들은 고통 가운데 하나님께 울부짖는다. 그러자 하나님은 선지자를 보내어 그들이 어려운 상황에 처한 이유는 하나님의 음성에 순종하지 않았기 때문이라고 전한다. 그리고 하나님은 그들을 구원하시려고 기드온을 사사로 일으키신다. 하지만 성경은 기드온이 죽은 후에 이스라엘 자손이 "돌아서서 바알들을 따라가 음행하였으며 또 바알브릿을 자기들의 신으로 삼고"(삿 8:33)라고 전한다.

이러한 주기가 잘 나타나는 또 다른 예가 있다. 바로 야일이라는 사사가 죽었을 때 일어난 일이다(삿 10:3-5). 야일은 사사로서 22년간 이스라엘을 치리했다. 하지만 그가 죽은 후에 성경은 이스라엘 자손이 "다시 여호와의 목전에 악을 행하여 바알들과 아스다롯과 아람의 신들과 시돈의 신들과 모압의 신들과 암몬 자손의 신들과 블레셋 사람들의 신들을 섬기고 여호와를 버리고 그를 섬기지 아니하므로"(삿 10:6)라고 말한다. 이렇게 이스라엘 자손이 우상을 숭배하자 하나님의 분노는 불타올랐고, 하나님은 그들을 블레셋 사람의 손에 넘기신다(삿 10:7). 이스라엘 자손은 18년간 고통을 당하다가 다시 하나님께 부르짖는다. 하지만 하나님은 그들에게 말씀하신다. "너희가 나를 버리고 다른 신들을 섬기니 그러므로 내가 다시는 너희를 구원하지 아니하리라 가서 너희가 택한 신들에게 부르짖어 너희의 환난 때에 그들이 너희를 구원하게 하라"(삿 10:13-14). 이미 여호수아는 이스라엘 자손에게 하나님께 순종하지 않으면 이러한 일이 일어날 것이라고 정확하게 경고했었다(수 23:12-13). 어쨌든 그들은 하나님의 질책을 듣고 죄를 고백하고 우상을 제하여 버렸다(삿 10:15-16). 그러자 하나님은 다른 사사를 보내셔서 그들을 구원하신다. 열두 사사가 치리하는 내내 이러한 양상이 반복된다.

이스라엘 자손은 계속해서 이방 민족의 우상을 섬겼기 때문에, 이때는 분명히 그들이 언약에 충실하지 못한 시대였다(시 78:54-58). 사사기는 이스라엘 자손이 저지른 죄를 다양하게 묘사하고 있는데, 특히 말미에 갈수록 그 정도가 심해진다(삿 17-21장). 이때는 왕이 없을 때여서 모든 사람이 자기 눈에 옳은 대로 행한 것이다. 하지만 하나님은 자기 백성을 잊지 않으셨기 때문에, 그 크신 긍휼함으로 그들의 소리를 들으신다(느 9:27-31). 사사 시대에 하나님은 특별히 한 가정 가운데 역사하신다. 즉 나오미와 그의 며느리 룻의 가정에서 구원 계획이 발현되는 것이다. 다음에 살펴볼 룻기는 사사 시대와 왕정 시대를 잇는 가교 역할을 한다. 이스라엘에는 아직 왕이 없지만 분명히 왕은 등장할 것이다. 그리고 우리는 룻기를 마무리하는 족보에서 누가 그 왕이 될 것인지 예측할 수 있다.

◆ 하나님이 택하신 왕이 유다의 혈통으로 오신다

사사 시대 유다 베들레헴에 엘리멜렉이라는 사람이 있었다. 그는 기근 때문에 아내인 나오미와 두 아들을 데리고 이스라엘 땅을 떠나 모압 땅으로 향한다(룻 1장). 하지만 모압에 있을 때 엘리멜렉은 세상을 떠나 나오미는 과부가 되었다. 그런데 더욱 기막힌 일이 벌어진다. 그 두 아들도 모두 죽는 바람에 모압 여인인 며느리 둘도 과부가 되고 만 것이다. 나오미는 이스라엘로 돌아가기로 결정을 내리고, 떠나기 전에 두 며느리에게는 모압에 남아서 그들의 족속 중에 남편을 찾으라고 말한다. 그래서 오르바는 모압에 남기로 한다. 그런데 다른 며느리인 룻은 나오미와 함께 이스라엘로 돌아가고자 한다. 룻은 비록 외국인이었지만 자신의 신을 거부하고 이스라엘 언약 공동체의 일원이 되기로 한 것이다. 그러면서 룻은 나오미에게 말한다. "어머니의 백성이 나의 백성이 되고 어머니의 하나님이 나의 하나님이 되시리니"(룻 1:16).

나오미와 룻은 베들레헴에 돌아갔지만 그저 가난한 두 과부에 불과했다(룻 1:14-22). 그래서 룻은 자청하여 밭에서 곡식을 줍는다. 당시는 수확을 시작할 철이었는데 이스라엘 법에 따라 가난한 자들은 이삭을 주워 먹을 것을 공급받았다(신 24:19-22 참고). 룻은 자신이 보아스라고 하는 사람의 밭에 있는 것을 깨달았다. 보아스도 룻을 보고 그 가족사에 대해서 묻고는 룻이 필요한 만큼 곡식을 가져갈 수 있도록 해 주었다. 룻이 시어머니에게 일어난 일을 이야기하자 나오미는 기뻐한다. 보아스는 바로 그의 친족이었기 때문이다.

게다가 그는 그냥 친족이 아니라 기업을 무를 자였다(룻 2:20). 즉 보아스는 매우 가까운 친척이었기 때문에 법적으로 엘리멜렉에게 속한 토지를 상환해 주어야 할 책임이 있었던 것이다. 따라서 보아스는 땅을 지켜 주었을 뿐 아니라 룻을 아내로 들여 그 계통이 끊이지 않도록 한다(룻 4:1-15). 이후 하나님은 보아스와 룻에게 아들을 주셨다. 아들의 이름은 오벳이었는데, 하나님은 그에게 축복을 내리신다(룻 4:13-17).

룻기는 오벳에서 베레스까지 거슬러 올라가는 족보로 마무리된다(룻 4:18-22; 마 1:3-6 참고). 베레스는 창세기(창 28:27-29)에 기록된 대로 유다가 다말을 통하여 낳은 아들이다. 이 족보는 보아스와 룻에게서 난 아들인 오벳이 유다의 직계 자손이라는 의미를 담고 있다. 우리는 이미 창세기를 연구하면서 야곱이 넷째 아들 유다에게 "규가 유다를 떠나지 아니하며"(창 49:10)라고 축복한 사실을 봤다. 룻기 말미에 나오는 족보는 오벳이 유다의 직계 자손임을 명확하게 보여 준다. 그리고 오벳은 이새의 아버지이며, 이새는 다윗 왕의 아버지가 된다(삼상 16장). 이에 따라 앞으로 하나님은 사무엘이라고 하는 선지자를 불러 베들레헴에 있는 이새의 집에 보내실 것이다. 그리고 이새의 아들 다윗에게 기름을 부어 유다 족속에서 왕이 되게 하실 것이다(삼상 16장). 이제 왕권이 저 멀리서 어렴풋이 보이는 것 같다. 드디어 **왕정 시대**라고 명명한 구약의 다음 시대로 넘어갈 준비가 되었다.

다음 장을 시작하기 전에 사사기와 룻기 모두 읽어 보기를 권한다. 구약 연대표를 참고하면서 **시내 시대** 동안 일어났던 주요 사건을 다시 살펴보는 것도 도움이 될 것이다.

4장 왕정 시대 : 통일 왕국

Kings : United Monarchy

통일 왕국은 구약에서 매우 중요한 시기인 **왕정 시대**의 시작을 알린다. 이때는 이스라엘 왕국의 황금기였다. 이 장에서 우리는 사울과 다윗과 솔로몬의 생애에 벌어진 핵심적인 사건을 다룰 것이다. 그 내용은 연대표에도 간략하게 정리해 두었다. **왕정 시대**는 오랜 세월 지속되지만 결국 주전 586년 심판으로 마무리된다는 점을 기억하라. 하지만 하나님이 다윗 왕에게 하신 약속은 그 몇백 년에만 해당되는 것이 아니다. 이 약속은 주전 586년의 심판을 훨씬 넘어서는 것으로서, 다윗 후손으로 오셔서 하나님의 영원한 왕국을 세우고 하나님의 보좌에서 다스리실 메시아에 대한 것이다(시 145:13; 사 9:6-7; 단 2:44; 마 16:18). 공식적으로 통일 왕국은 이스라엘 자손이 왕을 요구하면서(삼상 8장) 시작된다고 할 수 있다. 하지만 그에 앞서 일어났던 중요한 사건들을 파악하면, 당시 하나님의 백성의 영적인 상태가 어떠했는지를 이해할 수 있을 것이다. 그 시기에 대해서는 사무엘상 1-7장에 기록되어 있으며, 사사 시대와 사울이 왕으로 부상하는 시대 사이에 있는 기간을 다룬다.

미리 보는 왕정 시대

구약 성경의 네 번째 시대는 **왕정 시대**라고 명명했다. 그 이유는 이 시기에 왕이 등장해서 이스라엘을 통치하기 때문이다. 이 시대에 이스라엘 자손은 선지자이자 사사인 사무엘에게 다른 민족들처럼 왕을 달라고 요구한다. 하나님은 그들의 요청에 따라 사울 왕을 주셨지만, 그는 하나님께 순종하지 않아서 결국 왕국을 빼앗긴다. 사울은 베냐민 지파 출신이었다. 하지만 하나님이 선택하신 왕은 하나님이 아브라함에게 주신 약속에 따라 유다의 혈통에서 난다. 하나님은 사무엘에게 베들레헴에 있는 이새의 집에 가서 그의 아들에게 기름을 부어 왕으로 세우라고 명하신다. 사무엘은 막내아들인 다윗에게 기름을 부어 왕으로 삼는다. 그는 유다 지파 출신이었다. 하나님은 그와 언약을 맺고 다윗의 왕위와 왕국을 영원히 세우시겠다고 약속하신다. 다윗이 죽은 후, 그의 아들인 솔로몬이 왕이 된다. 솔로몬은 예루살렘에 거대한 성전을 건축했고, 그 성전은 하나님의 영광스러운 임재로 가득 차게 된다. 이스라엘 자손은 그 땅에 정착하여 적군의 위험 없이 태평성대를 누린다. 하지만 시간이 흘러 하나님은 솔로몬에게 심판을 선포하신다. 그가 이방 여인들과 결혼하고 그들의 신을 예배했기 때문이다.

왕정 시대 중 첫 번째 시기를 통일 왕국 시대라고 한다. 예루살렘에서 한 왕이 열두 지파를 모두 통치했기 때문이다. 이 시대는 주전 930년부터 시작된 분열 왕국 시대와 구분된다. 이 통일 왕국 시대에 예루살렘에서 통치했던 왕으로는 사울(주전 1050-1010), 다윗(주전 1010-970), 솔로몬(주전 970-930)이 있다. 솔로몬이 죽은 후에, 그의 아들 르호보암이 왕이 된다. 하지만 얼마 지나지 않아 내전이 발생하여 왕국은 분열되고 만다. 열 지파는 북으로 향하여 군대 지도자인 여로보암의 휘하에 들어간다. 그리고 유다와 베냐민 두 지파는 레위 지파와 함께 남쪽 예루살렘에 남는다. 주전 930년 발생한 왕국의 분열은 하나님이 우상을 숭배한 솔로몬에게 심판을 내리신 직접적인 결과다. 이때부터 두 왕국이 공존하는데, 북쪽에 위치한 왕국은 (북)이스라엘이라 하고 남쪽에 위치한 왕국은 (남)유다라고 한다. 그렇지만 이 장에서는 통일 왕국 시대에 대해서만 배워 보고자 한다.

▶▶▶ 구약 연대표

앞선 장들과 마찬가지로, 구약 연대표를 앞에 두고 이 장을 읽기 바란다. 연대표를 보면 사울 및 그의 아들 이스보셋의 왕관은 붉은 색으로 되어 있다. 붉은 왕관은 북왕국을 상징하는데, 이는 정통성이 없는 왕을 의미한다. 왜냐하면 사울과 북왕국의 왕들은 유다 지파가 아닌 다른 지파 출신이기 때문이다. 이에 비해 다윗의 왕관은 파란색으로 되어 있다. 파란 왕관은 남왕국 및 하나님이 정하신 왕계를 의미하며 유다에게서 온 혈통을 나타낸다(창 49:8–10). 연대표의 파란 왕관과 남왕국에 보이는 파란 선은 다윗과 솔로몬, 그리고 남부의 왕들이 모두 유다 지파 출신임을 강조한다. 그리고 이는 다윗 왕조가 남왕국에서 계승되었음을 의미한다.

◆ 통일 왕국 이전 시대

통일 왕국 이전 시대에 대한 정보는 사무엘상 1-7장에 기록되어 있다. 사무엘서는 한나라는 여인과 그의 남편 엘가나라는 사람 이야기로 시작된다. 엘가나는 매년 실로에 가서 하나님께 경배하고 제사를 드리는 사람이었다(삼상 1장). 한나는 그의 아내로서 아이를 낳지 못해 크게 번민에 싸인 여인이었다. 그에 반해 엘가나의 다른 아내는 많은 자녀를 두고 있었다. 한나는 격렬하게 흐느끼면서 하나님께 자녀를 구하고, 자신의 요구를 들어주시면 그 아이를 여호와께 드리겠다고 서원한다. 하나님은 그 기도에 응답하셨고, 한나는 아들을 낳자 그 이름을 사무엘이라고 한다(삼상 1:20). 그리고 한나는 아이가 젖을 떼자 서원을 지키기 위해 아이를 드려 여호와를 섬기게 한다(삼상 1장).

이때, 실로에서는 엘리 제사장이 두 아들 홉니와 비느하스와 함께 하나님을 섬기고 있었다. 하지만 여호와의 분노가 엘리의 집에 타오르고 있었다. 엘리의 아들들이 제물의 가장 좋은 부분을 취했기 때문이었다. 하나님은 엘리에게 그의 아들들이 하나님의 제사를 멸시하였으므로 죽을 것이라고 말씀하신다(삼상 2장). 그리고 하나님은 사무엘을 부르셔서 실로에서 하나님을 섬기게 하시고 엘리의 집에 곧 심판이 임할 것이라고 하신다(삼상 3장). 사무엘은 선지자이기 때문에 하나님이 자신에게 가르쳐 주신 대로 엘리에게 알린다. 이 일이 있은 지 얼마 지나지 않아 사무엘상 4-5장에 기록된 대로 비극이 닥친다. 이스라엘은 블레셋 사람들에게 패배하여 하나님의 궤를 빼앗겼고, 궤는 블레셋의 성읍으로 옮겨졌다. 홉니와 비느하스는 죽었고, 그들의 아비 엘리도 아들들이 죽었으며 하나님의 궤도 빼앗겼다는 소식을 듣고 죽고 만다. 당시 비느하스의 아들을 임신한 그의 아내도 이 소식을 듣고 조산아를 낳고 죽고 만다. 참으로 비극적인 사건이었다. 이는 이스라엘의 영적인 상태가 얼마나 위중했는지를 나타낸다. 하나님의 궤가 떠났다는 것은 하나님이 자신이 거하시던 곳을 버렸다는 의미였다(삼상 4-5장; 시 78:60-61; 렘 7:12-14, 26:6). 비느하스와 그의 아내에게서 난 아들의 이름은 이가봇이라 했는데, "영광이 떠났다"(삼상 4:21)라는 의미였다.

이러한 사건이 발생한 이유는 이스라엘이 죄를 저질러 하나님이 심판하셨기 때문이다. 하지만 하나님은 하나님의 궤를 탈취한 블레셋 사람들에게도 진노하신다. 그래서 그들을 독한 종기로 치셨고, 일곱 달이 지난 후 그들은 결국 이스라엘에게 궤를 반환한다(삼상 5-6장). 사무엘 선지자는 이 비극적인 사건들이 일어난 이유는 이스라엘 자손이 이방 신을 섬겼기 때문이라고 설명한다. 사무엘은 말한다. "만일 너희가 전심으로 여호와께 돌아오려거든 이방 신들과 아스다롯을 너희 중에서 제거하고 너희 마음을 여호와께로 향하여 그만을 섬기라 그리하면 너희를 블레셋 사람의 손에서 건져 내시리라"(삼상 7:3; 삿 18:31참고). 이스라엘 자손은 사사 시대에도 이방 신을 섬겼고, 사무엘 시대에도 계속해서 우상을 숭배했다. 그렇지만 이번에는 사무엘의 권고에 반응하여 이스라엘 백성은 이방 신을 제하고 여호와만 섬기기로 한다(삼상 7:4). 사람들은 죄를 고백했고, 사무엘은 기도하며 제사를 드렸다. 그러자 하나님은 기도에 응답하셨고 블레셋 사람들은 이스라엘에게 굴복한다(삼상 7:5-13). 사무엘은 아들인 요엘과 아비야를 이스라엘 사사로 삼았다. 하지만 그들은 아버지의 행위를 따르지 않고 판결을 굽게 하며 이익을 따라 뇌물을 받았다(삼상 8:1-3).

사울 왕(주전 1050-1010)

사무엘상 8장에서 이스라엘 자손이 선지자이자 사사인(삼상 3:20-21, 7:6, 15) 사무엘에게 다른 나라들과 같이 왕을 세워 달라고 요구한다. 이렇게 통일 왕국 시대는 시작한다. 사무엘은 이스라엘 자손에게 여호와를 섬기면 원수에게서 구원해 내실 것이라고 막 선포한 상황이었다(삼상 7:3). 하지만 백성들은 전투를 수행할 수 있는 사람을 왕으로 삼기 원했다. 그들은 자신들을 구원해 줄 지도자를 세워 달라고 구하면서 결국 하나님을 거절했던 것이다(삼상 8:7, 10:19). 사무엘은 이 생각을 탐탁하지 않게 여겼지만 하나님께 기도를 드린다. 그러자 하나님은 그들이 구하는 대로 사울을 왕으로 삼으라고 하신다. 사울이라는 이름은 "구하다"(삼상 9장)에 해당하는 히브리어 동사에서 나온 단어다.

통일 왕국

• 베냐민 혈통의 사울

사울은 베냐민 지파 출신이었다. 여기에서 하나님은 베냐민 지파를 왕의 계통으로 선택하지 않으셨다는 사실을 반드시 짚고 넘어가야 한다(삼상 9:1, 21; 행 13:21). 야곱이 아들에게 내린 축복의 예언에 따르면, 하나님이 정하신 왕은 그의 넷째 아들 유다에게서 날 것이었다(창 49:8-12; 민 24:7, 17 참고). 사울이 베냐민 출신이라는 사실은, 이야기 초반부터 족장들에게 왕을 주시겠다고 하셨던 하나님의 약속이 사울을 통해서 성취된 것이 아니라는 점을 강조한다(창 17:6, 16, 49:10). 사울의 키와 외모를 집중적으로 다루는 것은 사울이 신체적인 능력과 군사적인 재능을 지녔다는 점을 보여 주는 것이다(삼상 9:1-12). 그는 사람들을 통솔할 만한 외적인 자격을 모두 갖추었다. 하지만 하나님은 자신이 세운 왕에게 군사적인 능력을 원하시는 분이 아니다. 하나님은 전심으로 자신을 섬기고 하나님의 구원을 신뢰하는 왕을 원하신다. 전쟁은 하나님의 것이다. 그리고 이 사실을 아는 왕이 성공한다. 실제로도 후에 사무엘은 외모와 상관없이 하나님이 선택하신 지도자에게 기름을 붓는다. 하나님은 마음을 보시기 때문이다(삼상 16:7). 하지만 사울이 그에 앞서 왕으로 기름 부음을 받았다(삼상 9-10장).

◆ 하나님께 순종하지 않아서 왕위를 박탈당하다

사울은 왕이 된 후에 백성이 원하는 대로 다 행한다. 그는 백성을 이끌고 전투에 나서서 암몬 사람을 시작으로 여러 적들을 물리친다(삼상 11장). 하지만 사울은 하나님이 요구하시는 것은 하지 않았다. 즉 사울은 하나님을 신뢰하고 하나님의 명령을 따르지 않았던 것이다. 그리고 특히 다음 세 가지 이야기에서 그러한 사울의 모습이 잘 드러난다.

그 첫 이야기는 사무엘상 13장에 기록되어 있다. 사울과 그의 군대는 블레셋 사람들과 전투를 벌이려는 참이었다. 하지만 사울은 사무엘이 도착하기를 기다려야만 했다. 그런데 사무엘에게서는 아무 기별도 없었고 그렇게 7일이 흘렀다. 사울과 백성들은 점차 블레셋 군대가 증원되는 것을 보고 초조해졌다. 그러자 결국 사울은 사무엘을 기다리지 않고 스스로 일을 해결하려고 한다. 즉, 전투에 나서기 전에 스스로 제사를 드리고 만 것이다. 사무엘은 도착해서 사울이 한 일을 보고, 왕이 하나님의 명령에 순종하지 않았으므로 그의 왕국을 빼앗길 것이라고 말한다(삼상 13:13-14). 사무엘이 떠나고 난 후에 사울은 군대를 계수한다(삼상 13:15). 이 모습은 사울이 승리란 군사적인 방법을 통해 얻는 것이라고 믿고 있었음을 적나라하게 보여 주는 것이다. 하지만 하나님은 자신이 세운 왕과 자기 백성이 구원을 이루시는 분은 하나님이심을 신뢰하기 원하신다(출 14:13 참고).

왕정 시대 내내 하나님은 왕과 백성이 하나님의 방법을 따르고, 하나님이 구원해 주실 것을 신뢰하기만 하면 원수를 이기게 해 주셨다. 하나님이 왕에 대해서 정하신 중요한 법규를 기억하라. 즉, "그는 병마를 많이 두지 말 것이요 병마를 많이 얻으려고 그 백성을 애굽으로 돌아가게 하지 말 것이니 이는 여호와께서 너희에게 이르시기를 너희가 이후에는 그 길로 다시 돌아가지 말 것이라"(신 17:16)라는 것이었다. 여호와를 신뢰하라는 이 명령은 시편에서도 여러 차례 반복된다. 예를 들어 시편 20편 7절은 "어떤 사람은 병거, 어떤 사람은 말을 의지하나 우리는 여호와 우리 하나님의 이름을 자랑하리로다"라고 선포한다. 하나님에 대한 신뢰를 아름답게 표현한 또 다른 말씀으로는 시편 33편 16-22절이 있다.

> 많은 군대로 구원 얻은 왕이 없으며 용사가 힘이 세어도 스스로 구원하지 못하는도다 구원하는 데에 군마는 헛되며 군대가 많다 하여도 능히 구하지 못하는도다 여호와는 그를 경외하는 자 곧 그의 인자하심을 바라는 자를 살피사 그들의 영혼을 사망에서 건지시며 그들이 굶주릴 때에 그들을 살리시는도다 우리 영혼이 여호와를 바람이여 그는 우리의 도움과 방패시로다 우리 마음이 그를 즐거워함이여 우리가 그의 성호를 의지하였기 때문이로다 여호와여 우리가 주께 바라는 대로 주의 인자하심을 우리에게 베푸소서

사사 기드온의 삶에서 이러한 진리가 강력하게 나타났었다. 그는 고작 300명의 군사로 미디안에게 승리를 거둔다(삿 6-7장). 사실, 기드온의 군대도 처음에는 수만 명에 달했다. 하지만 하나님은 말씀하신다. "너를 따르는 백성이 너무 많은즉 내가 그들의 손에 미디안 사람을 넘겨 주지 아니하리니 이는 이스라엘이 나를 거슬러 스스로 자랑하기를 내 손이 나를 구원하였다 할까 함이니라"(삿 7:2). 사울의 아들 요나단 역시 무기 든 자를 데리고 블레셋 사람에게 맞서러 나갈 때 하나님을 신뢰해야 한다는 이 기본적인 진리를 이해하고 있었다. 요나단은 말한다. "여호와께서 우리를 위하여 일하실까 하노라 여호와의 구원은 사람이 많고 적음에 달리지 아니하였느니라"(삼상 14:6). 요나단은 누가 자신과 함께하시는지, 그리고 전쟁에

서 어떻게 승리를 거두는지를 알고 있었다. 사울은 자신이 거느린 군사력을 신뢰했지만 하나님은 자기 백성이 자신을 신뢰하기 원하신다.

사울이 불순종한 두 번째 이야기는 사무엘상 15장에 기록되어 있다. 하나님은 사울에게 아말렉을 진멸하라고 말씀하신다. 그들은 이스라엘 자손이 애굽을 떠날 때 이스라엘을 대적했던 족속이기 때문이다(출 17:8-16; 민 24:20; 창 12:3[너를 저주하는 자에게는 내가 저주하리니] 참고). 하지만 사울은 아말렉에게 승리를 거두고서는 아말렉 왕 아각을 살려 두었고, 양과 소의 좋은 것들도 남겨 두었다. 사울은 단지 하나님의 명령에 순종하지 않았을 뿐 아니라, 본질적으로는 하나님의 말씀보다 자신이 옳다고 생각하는 대로 결정했던 것이다. 더 나아가 오래전에 발람은 이스라엘 왕이 "아각보다 높고" 그 왕국이 흥왕하리라고 예언을 했었다(민 24:7). 하지만 사울은 이스라엘 자손과 아말렉 사람들이 갈등을 빚었던 역사에도 불구하고, 또한 하나님이 직접적으로 명령을 하셨는데도 불구하고 그 왕을 살려 둔 것이다. 사무엘 선지자는 사울에게 하나님의 명령을 거부했기 때문에 하나님이 그를 왕위에서 박탈하실 것이고, 왕국도 빼앗길 것이라고 선언한다(삼상 15:22-28). 심지어 사무엘은 사울의 불순종을 주술 행위와 우상 숭배로 비유하기까지 한다. 이 예언은 사울 왕국의 몰락을 예견하는 것으로서, 뒤이어 하나님의 영이 그를 떠나실 것을 의미한다(삼상 16:13-14). 하나님께 순종하지 않으면 언제나 대가를 치른다. 이스라엘 역사를 보면 많은 세월이 지난 후 아각 사람 하만이 하나님의 백성을 이 땅에서 멸절시키려는 계획을 세운다. 이는 이스라엘 자손과 아말렉 민족 사이의 갈등을 상기시킨다(에 3:1). 사울은 하나님의 말씀을 따르지 않았지만 사무엘이 나서서 아각을 처형시킨다(삼상 15:32-33).

하나님이 사울을 심판하시기로 한 세 번째 사건은, 그가 신접한 여인을 찾은 일이었다(삼상 28장). 사울은 블레셋 사람과 전투를 앞두고 있었다. 그런데 두려운 나머지, 신접한 여인을 찾아 이미 죽은 사무엘과 접촉하게 해 달라고 한 것이다. 모세 언약은 이스라엘 자손이 신접한 자와 박수를 찾는 것과(레 19:31) 죽은 자의 혼을 불러들이는 것을(신 18:11) 엄격하게 금한다. 사실, 신접한 자는 이스라엘 자손 사이에서 찾아볼 수 없었다. 왜냐하면 그러한 행위는 이스라엘에서 금지되어 있고, 돌로 쳐 죽이라고 명령하기 때문이다(레 20:27; 신 18:10-12). 사울이 신접한 자를 찾았다는 것은 그의 불순종을 단적으로 보여 주는 예다. 그리고 사울은 하나님이 자신을 구원해 주실 것이라고 전혀 신뢰하지 않았다는 사실을 입증한다.

사무엘상의 남은 장을 보면 사울의 집과 다윗의 집 사이에 갈등이 점차 고조된다. 우리는 다윗이 기름 부음 받은 왕이었지만 여전히 생명을 부지하기 위해 오랜 세월 도망 다녀야 했다는 사실을 본다. 사무엘상은 사울과 그의 아들이 전쟁터에서 블레셋 사람과 싸우다가 죽는 모습으로 마무리된다(삼상 31장; 대상 10장) 블레셋 사람들은 사울의 세 아들 요나단, 아비나답, 말기수아를 죽였고 사울도 큰 상처를 입고 만다. 사울은 블레셋 사람들이 자신을 조롱하지 못하게 하려고 검을 꺼내 그 위에 엎드러진다. 이렇게 그는 비참한 최후를 맞이한다(삼상 31:3-5; 삼하 1:1-10). 다음날 블레셋 사람들은 사울의 시체를 발견하고는 갑옷을 벗기고 머리를 자른 뒤에 승리를 기념하며 블레셋 각지에 갑옷을 보낸다. 그리고 사울의 시체는 성벽에 못박아 둔다(삼상 31:1; 대상 10장). 그들은 사울의 갑옷을 블레셋 신당에 두고 머리는 블레셋 신인 다곤의 신전에 달아 놓았다(대상 10:9-10). 블레셋 사람의 관점에서 보면 자신들의 신이 승리를 주신 것이었다. 하지만 역대기는 사울의 죽음에 대해서 다른 이유를 제시한다. "사울이 죽은 것은 여호와께 범죄하였기 때문이라 그가 여호와의 말씀을 지키지 아니하고 또 신접한 자에게 가르치기를 청하고 여호와께 묻지 아니하였으므로 여호와께서 그를 죽이시고 그 나라를 이새의 아들 다윗에게 넘겨 주셨더라"(대상 10:13-14). 이스라엘의 첫 번째 왕은 적과 싸우다가 굴욕적인 죽음을 당한다. 게다가 그 시체는 분리되어 전리품이 되었다. 사울 왕에 대한 내용은 사무엘상 9-31장과 역대상 10장 1-14절에서 볼 수 있다.

다윗 왕(주전 1010-970)

다윗은 사무엘상 16장에 처음 등장하지만, 그의 출생은 이미 룻기에 예견되어 있었다(룻 4:22). 우리는 앞서 사울이 아직 왕위에 있을 때에 다윗이 왕이 되었음을 보았다. 사울은 하나님께 불순종했기 때문에 사무엘 선지자는 사울에게 심판을 선포한다(삼상 15장). 이후 하나님은 사무엘에게 베들레헴에 있는 이새의 집에 가서 그 아들 중 하나에게 기름을 부어 새로운 왕으로 삼으라고 하셨다. 아직 사울이 왕위에 있는데 말이다! 이미 룻을 연구했기 때문에 이새라는 이름이 친숙하게 느껴질 것이다. 우리는 다윗의 아버지 이새가 보아스와 룻의 손자라는 사실을 이미 알고 있다(룻 4:18-22).

◆ 사무엘이 베들레헴에서 하나님이 정하신 왕에게 기름을 붓다

이새와 그의 가족은 유다 지파에 속한(삿 17:7; 룻 1:1) 땅인 베들레헴에 살고 있었다(삼상 16:4). 우리는 이미 룻기에 기록된 많은 사건들이 베들레헴에서 일어난 일이라는 사실을 알고 있다(룻 1:1-2, 19, 2:4). 이후 베들레헴은 성경에서 매우 중요한 지역이 된다. 왜냐하면 그곳에서 메시아가 탄생하기 때문이다(미 5:2; 마 2장). 하지만 우선 베들레헴이 중요한 지역으로 등장하는 이유는 다윗이 이곳에서 살았기 때문이다(룻 4:17-22; 삼상 16장). 하나님은 특별히 다윗에게 보좌와 왕국을 약속하신다(삼하 7:8-17). 그리고 이러한 약속들은 다윗의 자손이며 메시아이신 예수를 통해서 궁극적으로 이루어질 것이다(마 1:11-17).

메시아는 베들레헴에서 날 것이다(미 5:2). 이곳은 다윗이 왕으로 기름부음을 받은 장소(삼상 16:12-13)라는 사실을 명심하라. 오랜 세월이 흐른 후, 헤롯은 예수께서 탄생하신다는 소식을 듣고 제사장들과 서기관들을 불러 메시아가 어디에서 나실 것인지 묻는다(마 2:1-4). 그러자 그들은 "유대 베들레헴이오니"(마 2:5)라고 답한다. 그러면서 미가 선지자의 말씀을 인용하는데, 미가 선지자는 이스라엘을 다스릴 자가 베들레헴에서 나올 것이라고 선포했기 때문이다(미 5:2). 또한 예수께서 메시아인지 아닌지에 대해서 논란이 일자, 어떤 사람은 다음과 같이 말한다. "성경에 이르기를 그리스도는 다윗의 씨로 또 다윗이 살던 마을 베들레헴에서 나오리라 하지 아니하였느냐"(요 7:42). 예수께서 베들레헴에서 탄생하신다는 것은 절대로 사소한 문제가 아니다! 우리는 예수께서 참으로 유다 족속에서 나온 약속의 "다윗의 자손"이라는 사실을 배울 것이다(마 1:1, 9:27; 눅 1:32, 69; 요 7:42; 행 13:23; 롬 1:3; 계 22:16).

하나님은 사무엘을 이새의 집으로 보내셨고, 사무엘은 그곳에 도착하여 우선 제사를 드린다. 그 자리에는 이새의 일곱 아들이 참여했다. 사무엘은 이새의 첫째 아들 엘리압을 보고서 그가 하나님이 기름 부으신 자라고 생각했다. 하지만 틀렸다! 하나님은 사무엘에게 외모를 보지 말라고 하신다. 왜냐하면 하나님은 마음을 보시기 때문이다(삼상 16:7). 일곱 아들이 다 사무엘 앞을 지나간 후에, 선지자는 아버지에게 다른 아들이 있는지를 묻는다. 이새는 막내아들이 들에서 양을 치고 있다고 답한다. 당시 풍습은 장자가 탁월함을 모두 누린다고 생각했기 때문에, 막내아들인 다윗이 들에서 양을 치고 있던 것은 전혀 이상한 일이 아니다. 하지만 하나님은 문화에 따른 기준이나, 가족에서의 위치를 따라 부르실 자를 결정하지 않는다는 것이 분명하다. 사실, 우리는 성경 전체에서 하나님은 자신의 목적을 이루시기 위하여 전혀 적합하지 않은 것 같고 아무 자격이 없는 자를 즐겨 선택하신다는 사실을 본다. 그래야 하나님의 능력이 약함 가운데 드러나기 때문이다!

사무엘은 이새에게 막내를 데려오라고 한다. 사무엘은 이제야 하나님이 하시는 일을 보게 되었다. 그리고 하나님이 이스라엘을 다스릴 통치자로서 그 어린 양치기 소년을 선택하셨다는 사실을 이해했다. 사무엘이 다윗에게 기름 부을 때(메시아라는 용어는 히브리 단어 "기름 붓다"에서 온 말이다), 하나님의 영이 그에게 임한다(삼상 16:13; 시 89:20). 하나님은 다윗을 양 치는 자에서 자기 백성을 치는 자로 삼으셨다(대상 17:7; 시 78:70-72). 하나님은 유다 족속에서 다윗을 선택하셔서 왕으로 삼으신다(행 13:22). 이 순간 하나님의 영은 사울을 떠나간다(삼상 16:14). 따라서 아직 다윗이 보좌에 앉아 있는 것은 아니지만 실제적으로 왕권은 사울에게서 다윗에게 넘어간 것이었다.

기름 부음을 받은 직후, 양치기 소년에게 자신의 믿음과 하나님에 대한 신뢰를 증명할 수 있는 사건이 생긴다(삼상 17장). 당시 블레셋 전사인 골리앗이 40일 동안 이스라엘 군사를 조롱하고 있었다. 하지만 골리앗의 위용이 대단했고 그 무용도 널리 알려져 있었기 때문에 이스라엘 군사 중에서 기꺼이 그와 맞서 싸우려는 자가 없었다. 그런데 전쟁 경험이 전혀 없는 어린 소년 다윗이 나선 것이다. 사울은 다윗에게 주의를 준다. "네가 가서 저 블레셋 사람과 싸울 수 없으리니 너는 소년이요 그는 어려서부터 용사임이니라"(삼상 17:33). 하지만 다윗은 전쟁이 자신의 것이 아니라 하나님의 것임을 알고 있었다. 믿음으로 다윗은 골리앗을 꾸짖으며 말한다.

> 다윗이 블레셋 사람에게 이르되 너는 칼과 창과 단창으로 내게 나아오거니와 나는 만군의 여호와의 이름 곧 네가 모욕하는 이스라엘 군대의 하나님의 이름으로 네게 나아가노라 오늘 여호와께서 너를 내 손에 넘기시리니 내가 너를 쳐서 네 목을 베고 블레셋 군대의 시체를 오늘 공중의 새와 땅의 들짐승에게 주어 온 땅으로 이스라엘에 하나님이 계신 줄 알게 하겠고 또 여호와의 구원하심이 칼과 창에 있지 아니함을 이 무리에게 알게 하리라 전쟁은 여호와께 속한 것인즉 그가 너희를 우리 손에 넘기시리라 (삼상 17:45-47)

다윗은 하나님이 골리앗을 이기게 하실 것이라고 선포한다. 그리고 바로 그렇게 되었다. 어린 양치기 소년이 블레셋의 용맹한 장군을 돌팔매질 한 번으로 쓰러뜨린 것이다. 바로 여호와 하나님이 그와 함께하셨기 때문이었다.

만군의 주 여호와의 이름으로 골리앗을 무찌른 후에, 다윗은 사람들 사이에서 그것도 특히 여인들 사이에서 이름이 높아졌다(삼상 18-30장). 그러자 사울은 질투심에 사로잡혀 다윗을 여러 번에 걸쳐 죽이려 한다. 그러자 다윗은 어쩔 수 없이 목숨을 부지하기 위해 도망을 갔다. 하지만 다윗은 무력으로 왕국을 취하지 않았고, 자신의 손으로 사울을 해치려고도 하지 않았다. 왜냐하면 하나님은 하나님의 계획에 따라 그에게 왕국을 주실 것이기 때문이다. 하나님은 사울에게 심판을 내린 후에 그렇게 하실 것이다(삼상 31장). 이제 사무엘하로 넘어가서 다윗 왕이 어떻게 통치했는지 살펴보려고 한다. 아직 읽어 보지 않았다면 사무엘상을 읽어 볼 것을 권한다.

• 다윗이 온 이스라엘의 왕이 되다

다윗 이야기는 사무엘하에서 계속된다. 사울이 죽은 후에(삼하 1장), 다윗은 헤브론에서 기름 부음을 받아 유다의 집을 다스리는 왕이 되었다. 하지만 사울의 군사령관 아브넬은 사울의 아들 이스보셋, 글자 그대로 "수치의 사람"을 이스라엘을 다스리는 왕으로 삼았다(삼하 2장). 이스보셋은 2년간 이스라엘을 다스렸고, 다윗은 유다의 왕이 되었다. 구약 연대표에서 이스보셋에 붉은 왕관 표시가 있다는 것에 주의하라. 이는 그가 유다의 혈통에서 나지 않았음을 나타낸다. 이후 이스보셋과 다윗의 왕실 사이에 점차 대립이 심해졌고, 결국 이스보셋은 살해되고 만다(삼하 3-4장). 이스라엘 지파들은 다윗에게 와서 그가 하나님이 택하신 왕임을 인정한다. 다윗은 이제 온 이스라엘을 다스리는 왕이 된다(삼하 5:1-5). 사무엘하 1-4장에서 사울 왕가와 다윗 왕가 사이의 갈등 관계를 볼 수 있다.

• 예루살렘은 거룩한 도성이 되다

다윗은 왕이 되자 군대를 일으켜 아직까지 예루살렘에 머물러 있던 가나안 족속인 여부스 사람과 맞서 싸웠다(수 15:63; 삿 1:21; 삼하 5:6-9; 대상 11:4-9). 여호와 하나님이 다윗과 함께하셨기 때문에 다윗은 성공적으로 예루살렘의 요새를 빼앗을 수 있었다. 이 승리는 아브라함에게 약속하셨던 땅을 완전히 정복했음을 나타내는 것이며, 역사를 통한 하나님의 구속 계획이 성취되는 또 다른 출발점이 된다. 이후 다윗은 예루살렘을 장악한다. 다윗은 시온이라고도 하는 예루살렘으로 이동한다. 이때부터 예루살렘은 이스라엘의 수도가 되었다. 하지만 언약궤가 옮겨지기 전까지는 아직이 성읍을 온전하다고 할 수 없었다. 언약궤를 가져와야만 예루살렘은 거룩한 도성, 하나님이 이 땅에서 거하시는 장소가 될 것이다. 블레셋 사람을 물리친 후에(삼하 5:17-25), 다윗은 부하들에게 여호와의 궤를 예루살렘으로 가져오도록 지시한다. 그런데 한 사람이 궤가 이동하는 중에 무심코 궤를 만져서 목숨을 잃고 만다. 겁이 난 다윗은 궤를 예루살렘에 가져오기까지 석 달을 기다렸다(삼하 6:1-12). 궤가 예루살렘에 들어서자 다윗은 크게 기뻐하며 제사를 드렸고 백성은 여호와께 감사를 드렸다(삼하 6:13-19; 대상 16장). 여호와의 궤가 돌아왔다는 것은 예루살렘이 이제 거룩한 도성이 되어 하나님의 임재를 드러내게 되었다는 것을 의미한다(출 25:10-22, 30:6; 삼상 4:4-8, 21-22, 5-6장). 예루살렘은 "하나님의 성 곧 지존하신 이의 성소"로 묘사된다. 왜냐하면 "하나님이 그 성 중에 계시기"(시 46:4-5) 때문이다.

예루살렘은 성경의 구속 이야기에서도 매우 중요한 곳이다. 예루살렘은 주전 586년에 바벨론에 의해 멸망되기까지 남왕국의 수도였다. 또한 이 도성이 파괴된 이후에도 예루살렘에 대한 희망은 남아 있었다. 하나님의 구속 계획에 이 도성이 회복되리라는 내용도 포함되어 있기 때문이다. 예루살렘은 하나님의 목적에 따라 바벨론 유수 이후에 재건된다(사 44:24-45:13). 로마가 주후 70년에 다시 한 번 이 성읍을 파괴하지만, 예루살렘은 그 이후에도 계속해서 중요한 역할을 담당한다. 그리고 예루살렘이 하나님의 도성이 되리라는 희망은 요한계시록 21-22장에 나타난 것처럼 하늘로부터 새 예루살렘이 임할 때 궁극적으로 실현될 것이다. 그날, 새로운 예루살렘의 경계는 새로운 창조 세계의 경계와 일치할 것이다. 그때 마침내 주님이 가르쳐 주신 "나라가 임하시오며 뜻이 하늘에서 이루어진 것같이 땅에서도 이루어지이다"(마 6:10)라는 기도가 온전히 응답될 것이다. 하나님의 임재가 있기에 새 예루살렘은 거룩한 도성이 될 것이다. 요한계시록에 묘사된 극적인 장면 중에, 큰 음성이 나서 예루살렘에 대해 "보라 하나님의 장막이 사람들과 함께 있으매 하나님이 그들과 함께 계시리니 그들은 하나님의 백성이 되고 하나님은 친히 그들과 함께 계셔서"(계 21:3)라고 선포하는 모습이 있다. 구속 역사는 그렇게 결말을 맺을 것이다. 하지만 이 이야기에서 우리가 주목하는 핵심은 여호와의 궤를 두게 되면서 이 땅의 예루살렘이 거룩한 도성이 되었다는 사실이다.

◆ 다윗 언약

다윗은 여호와의 궤를 예루살렘에 모시고 나서 나단 선지자에게 하나님이 거하시는 성전을 짓겠다는 계획에 대해서 말한다. 하지만 하나님은 나단에게 나타나셔서 다윗은 성전을 건축하지 못할 것이고, 그의 아들이 성전을 건축할 것이라고 말씀하신다. 그러면서 이때 하나님은 다윗에게 여러 가지 약속을 하신다(삼하 7장). 이 약속들은 다윗 언약으로 알려진다(삼하 23:5; 시 89:34-37; 렘 33:14-26). 아브라함 언약 및 모세 언약과 마찬가지로 다윗 언약은 전체 성경을 이해하는 기본적인 틀이 된다. 또한 하나님이 다윗에게 하신 약속은 **왕정 시대**의 토대가 되기도 한다. 이 약속들은 매우 근본적인 것이기 때문에 성경을 펴서 사무엘하 7장 8-17절을 읽어 보면 이 시대를 이해하는 데 큰 도움이 될 것이다. 하나님이 다윗에게 하신 약속들을 보면 하나님이 아브라함에게 하신 약속이 바로 떠오른다. 하나님은 다윗을 그의 아버지 집에서 불러내어 그를 높이신다. 그리고 하나님은 자신이 언약에 직접 참여하실 것을 약속한다. 또한 하나님은 다윗의 이름을 위대하게 하신다. 하나님은 한 장소(땅)를 자기 백성에게 지정하신다. 하나님은 자기 백성을 원수에게서 지켜 주신다. 아브라함에게 하신 약속처럼 다윗에게 하신 약속도 그의 "씨", 곧 다윗의 혈통을 통하여 날 자손에 집중한다. 약속을 받은 그의 자손은 영원한 왕이 될 것이다. 또한 왕이 될 다윗의 자손에 대해서는 더 많은 약속이 주어진다. 그 약속들은 다윗의 자손이 어떻게 통치할 것인지, 그리고 그 왕국이 어떠할 것인지에 집중한다. 우리는 간단하게 이 약속들을 살펴보려고 한다. 구약 연대표에서 다윗 언약 부분에 그 내용을 정리해 두었다.

• 다윗의 왕위와 그 왕국은 영원하다

다윗이 하나님의 집(성전을 의미하는 다른 단어)을 건축하겠다는 계획을 이야기하자, 하나님은 다윗의 집, 즉 다윗 왕조를 세워 주시겠다고 약속하신다. 하나님은 다윗에게 이렇게 말씀하신다. "네 수한이 차서 네 조상들과 함께 누울 때에 내가 네 몸에서 날 네 씨를 네 뒤에 세워 그의 나라를 견고하게 하리라 그는 내 이름을 위하여 집을 건축할 것이요 나는 그의 나라 왕위를 영원히 견고하게 하리라"(삼하 7:12-13). 이 약속은 시편 89편 3-4절에 다시 나타난다. "나는 내가 택한 자와 언약을 맺으며 내 종 다윗에게 맹세하기를 내가 네 자손을 영원히 견고히 하며 네 왕위를 대대에 세우리라." 몇 절 지나지 않아서 하나님은 이 약속을 다시 확인해 주시며 다음과 같이 말씀하신다. "다윗에게 거짓말을 하지 아니할 것이라 그의 후손(문자적인 의미로는 '씨')이 장구하고 그의 왕위는 해같이 내 앞에 항상 있으며"(시 89:35-36). 하나님은 다윗에게 그의 자손이 영원히 왕위를 누리고 왕국을 다스릴 것이라고 약속하신다. 곧 다윗 왕국이 건립되는 상황을 고려한다면 이 약속은 다윗의 친아들에 대한 내용처럼 보인다. 왜냐하면 솔로몬은 다윗의 왕위에서 다스릴 다음 왕이며, 예루살렘에 성전을 건축할 아들이기 때문이다. 그래서 솔로몬도 성전을 봉헌하면서 하나님이 아버지에게 하신 약속, 즉 "네게서 나서 이스라엘의 왕위에 앉을 사람이 내 앞에서 끊어지지 아니하리라"(왕상 8:25)라는 말씀을 떠올리고 하나님께 이 약속을 지켜 달라고 요구한다.

하지만 하나님의 약속의 수혜자가 될 그 다윗의 아들은 반드시 공의로 통치하는 왕임을 기억해야 한다. 물론 솔로몬도 재임 초기에는 지혜로운 왕이었지만, 말년에는 많은 이방 여인과 결혼하여 그들의 신을 섬겼다. 솔로몬이 우상을 숭배했기 때문에 하나님은 솔로몬에게서 왕국을 빼앗으실 것이라고 선포하신다(왕상 11장). 하나님이 이렇게 솔로몬을 심판하기로 하셨다는 것은 솔로몬은 약속을 따라 영원히 왕위를 누릴 다윗의 후손이 아니라는 점을 의미한다. 어떻게 우상을 숭배하는 왕이 하나님의 왕국을 제대로 통치할 수 있겠는가?

예루살렘을 통치하는 다윗 왕조의 왕들을 보면 하나님의 율법을 따르고자 애썼던 소수의 왕(아사, 여호사밧, 히스기야, 요시야)들이 있었다. 하지만 대다수 왕들은 그렇지 않았다. 최악의 왕들 중 하나인 므낫세는 우상을 숭배하고, 살인을 저지르고, 신접한 자와 박수를 찾고, 다른 나라들보다 더 가증한 죄를 저질렀다! 그 결과 주전 586년, 하나님의 심판이 마침내 남부 유다 왕국에 임한다. 성전과 성읍은 파괴되었다. 그리고 바벨론 왕 느부갓네살은 유다의 마지막 왕의 아들들을 죽이고 시드기야의 눈을 파낸 뒤에 자신의 땅으로 끌고 갔다. **왕정 시대**는 주전 1050년에 시작하여 주전 586년에 끝나고 만다. 따라서 그때부터 다윗 후손에서 난 왕이 예루살렘에서 다스리는 일은 없었다. 그렇다면 어떻게 따져 보아도 하나님이 다윗에게 하신 약속은 이루어지지 않은 것처럼 보인다.

하지만 다윗 후손에서 난 왕에 대한 희망은 여전히 남아 있었다. 그래서 주전 586년의 비극적인 사건이 벌어지는 와중에도 선지자들은 하나님이 공의로운 왕을 일으키셔서 다윗의 왕위에서 다스리게 하실 것이라고 선포한다. 하나님은 다윗에게 하신 약속을 성취하실 것이기 때문에 그의 나라는 영원하다는 것이다. 예를 들어 선지자 예레미야는 예루살렘이 파괴되는 것을 직접 목격한 사람이지만 "다윗에게 한 의로운 가지를 일으킬 것이라 그가 왕이 되어 지혜롭게 다스리며 세상에서 정의와 공의를 행할"(렘 23:5, 44:15 참고) 날이 올 것이라고 선포한다. 예레미야에 따르면 이러한 희망은 하나님의 확실한 약속에 근거한 것이다. 예레미야는 말한다. "여호와께서 이와 같이 말씀하시니라 이스라엘 집의 왕위에 앉을 사람이 다윗에게 영원히 끊어지지 아니할 것이며"(렘 33:17; 삼하 7:16; 행 2:30-31 참고). 예레미야는 하나님이 다윗에게 하신 약속의 확실성을 강조하면서, 낮과 밤이 영속적으로 정해진 시간에 나타나는 것에 비유한다. 예레미야는 만약에 하나님이 낮과 밤에 대해 세우신 언약을 사람이 깨뜨릴 수 있다면, 다윗과 맺은 하나님의 언약도 깨뜨려 왕위에서 다스릴 다윗의 후손이 없게 할 수 있다고 말한다(렘 33:20-21). 시편 저자도 하나님이 하신 약속이 영원하다는 사실을 역설하며, 다윗의 후손이 "장구하고 그의 왕위는 해같이 내 앞에 항상 있으며 또 궁창의 확실한 증인인 달같이 영원히 견고하게 되리라"(시 89:36-37)라고 말한다. 시편 저자와 마찬가지로 예레미야도 다윗에게서 영원히 왕위에 앉을 아들이 나올 것을 확신한다. 하나님은 에스겔 선지자에게도 다윗의 후손이 왕이 되어 자기 백성을 통치할 것이라고 말씀하신다(겔 34:23-24, 37:15-28). 이후 스가랴 선지자는 "싹"이라는 이름으로 오실 왕에 대해서 말하며 그가 왕위에서 다스릴 것이라고 한다(슥 6:11-15; 계 5:5, 22:16 참고). 스가랴는 하나님이 세우신 왕이 시온에 임하여, 땅끝까지 그의 통치가 이를 것을 선포한다(슥 9:9-10). 하지만 대략 주전 430년, 구약이 끝나갈 즈음까지도 다윗의 왕위에 앉을 왕은 나타나지 않는다.

하나님의 백성은 애굽에서 400년을 기다렸던 것처럼 다윗 왕조의 왕을 기다리며 또다시 400년을 기다려야 했다. 하지만 그 왕은 분명히 스가랴가 예언한 대로 겸손하게 나귀를 타고 오실 것이다(슥 9:9-10; 마 21:5). 군중은 그날 "호산나 다윗의 자손이여"(마 21:9)라고 외칠 것이다. 하지만 이 왕은 조롱을 당할 것이다. 로마 병사들은 그들에게 홍포를 입히고, 머리에는 가시관을 씌우며, 그의 앞에 무릎을 꿇고 "유대인의 왕이여 평안할지어다"라고 말하면서 그를 조롱할 것이다(마 27:28-31). 그리고 그 왕은 십자가에서 죽으실 것이며, 머리 위에는 "이는 유대인의 왕 예수라"(마 27:37)라는 죄패를 붙일 것이다. 약속의 메시아이신 예수께서 조롱을 받으시고 십자가에서 돌아가실 때, 이야기는 비극적인 결말로 마무리되는 것처럼 보인다. 하지만 하나님은 다윗의 씨를 일으키시겠다는 자신의 약속을 절대 잊지 않으셨다(삼하 7:12; 렘 30:9). 이 약속에 따라 하나님은 예수를 부활하게 하사 "일으키셨다"(행 2:23-24, 30-32, 3:15, 13:33-37). 그리고 이렇게 해서 예수께서 다윗의 후손으로 오신 공의로운 왕이심을 보이실 것이다. 다윗은 놀랍게도 약 1,000년 전에 메시아의 부활을 예견하며 하나님이 "주의 거룩한 자를 멸망시키지 않으실 것"이라고 말한다(시 16:9-11; 행 2:25-31, 13:35-37 참고). 따라서 하나님이 죽은 자 가운데서 "살리시고", 아버지 우편으로 올리실 분은 바로 다윗의 자손으로 오실 예수였던 것이다(히 1:3; 행 2:33-36, 5:30-31). 이것이 바로 죽은 자를 살리시는 창조주 하나님께 우리가 기대하는 것이다. 예수는 죽은 자 가운데서 살아나시고 보좌에 오르셔서 영원한 하나님 나라를 다스리신다(눅 22:29-30; 요 18:36; 히 1:8-13). 메시아의 부활은 다윗의 자손을 "일으키시겠다"는 하나님의 약속이 놀랍게 성취되었음을 의미한다. 그리고 **빈 무덤**(CASKET EMPTY)이라는 단어는 이 극적인 사건이 성경의 구속 이야기에 핵심이라는 사실을 나타낸다.

• 다윗의 후손이 하나님의 아들이 된다

다윗 언약에 포함된 또 다른 약속으로는 하나님이 다윗의 후손의 "아버지"가 되시며, 따라서 그의 후손은 하나님의 "아들"이 된다는 것이 있다(삼하 7:14). 출애굽기에서 하나님은 이스라엘 자손을 자신의 아들, 그것도 장자라고 칭하셨나(출 4:22; 렘 31:9). 그리고 애굽에서 구출해 낸 자도 하나님의 "아들"이라고 하신다. 호세아 선지자는 출애굽 사건에 대해서 "내 아들을 애굽에서 불러냈거늘"(호 11:1)이라고 묘사한다. 우리는 다윗의 후손으로 오실 왕도 마찬가지로 하나님의 아들이라는 사실을 배웠다. 그렇기 때문에 시편 저자는 하나님의 왕이 왕위에 오르는 모습을 묘사하면서, 아버지와 아들의 관계를 의미하는 용어를 사용한다. "내가 나의 왕을 내 거룩한 산 시온에 세웠다 하시리로다 내가 여호와의 명령을 전하노라 여호와께서 내게 이르시되 너는 내 아들이라 오늘 내가 너를 낳았도다"(시 2:6-7; 마 3:17 참고). 우리는 연구 내내 하나님이 다윗에게 하신 약속을 살펴볼 것인데, 신약은 분명히 예수를 하나님의 아들로 밝힌다. 그러면서 다음과 같이 익숙한 구절들을 인용한다. 예를 들어 마태는 "내 아들을 애굽에서 불러냈거늘"이라는 호세아 11장 1절 말씀을 인용하여 예수께서 헤롯의 때에 애굽으로 피하셨음을 설명한다. 그리고 그렇게 해서 그 말씀이 성취되었다고 놀라울 정도로 강하게 단언한다(마 2:15). 또한 마태는 예수께서 세례를 받으실 때 시편 2편 7절 "너는 내 아들이라"라는 말씀을 인용하면서(마 3:17), 예수를 지칭할 때 구약에서 분명히 왕권과 관련하여 사용한 용어를 이용한다. 그리고 사도 바울은 예수 그리스도가 다윗의 후손이라고 말하면서(행 13:22-23), 시편 2편 7절 말씀을 인용한다. "예수를 일으키사 …… 시편 둘째 편에 기록한 바와 같이 너는 내 아들이라 오늘 너를 낳았다 하셨고"(행 13:33). 바울은 그렇게 하나님이 선조들에게 하신 약속을 예수께서 성취하셨다고 강변한다. 히브리서 저자도 사무엘하 7장 14절에서 하나님이 다윗에게 하신 약속과 시편 2편 7절 말씀을 인용하는데, 그는 왕권을 다루는 이러한 본문들이 예수를 가리키고 있다는 점을 분명하게 이해하고 있었다. "하나님께서 어느 때에 천사 중 누구에게 너는 내 아들이라 오늘 내가 너를 낳았다 하셨으며 또다시 나는 그에게 아버지가 되고 그는 내게 아들이 되리라 하셨느냐 …… 아들에 관하여는 하나님이여 주의 보좌는 영영하며"(히 1:5, 8). 이렇게 볼 때 하나님의 보좌를 영영히 다스릴 자는 다름 아닌 하나님의 아들이었던 것이다! 신약 성경은 예수 그리스도가 참으로 하나님의 아들임을 입증한다(막 1:1; 요 20:31; 행 9:20). 그는 유다 지파에서 난 하나님의 왕으로서 하나님의 영원한 나라를 다스릴 것이다.

• 다윗의 아들이 성전을 건축할 것이다

하나님은 다윗에게 그의 아들이 성전을 건축할 것이라고 약속하신다. 하나님은 다윗의 후손에 대해서 "그는 내 이름을 위하여 집을 건축할 것이요"(삼하 7:13)라고 말씀하신다. 곧 다윗 왕국이 세워지는 상황을 고려한다면 이는 다윗의 생물학적 아들인 솔로몬을 가리키는 것으로서, 주전 966-959년 사이에 예루살렘에 성전을 건축한 사건을 의미한다고 볼 수 있다(왕상 6장; 행 7:47). 솔로몬은 성전을 바치며 하나님이 다윗에게 하신 약속을 성취하셨다고 확인한다. 그리고 이스라엘의 하나님 여호와를 송축한다. "여호와께서 그의 입으로 내 아버지 다윗에게 말씀하신 것을 이제 그의 손으로 이루셨도다"(왕상 8:15). 하나님이 자신의 아버지에게 하신 약속을 기억하며(왕상 8:19), 솔로몬은 말한다. "이제 여호와께서 말씀하신 대로 이루시도다 내가 여호와께서 말씀하신 대로 내 아버지 다윗을 이어서 일어나 이스라엘의 왕위에 앉고 이스라엘의 하나님 여호와의 이름을 위하여 성전을 건축하고"(왕상 8:20). 예루살렘에 성전이 건축된 것은 하나님이 자신의 약속을 지키신다는 사실을 입증한다(왕상 8:23-24; 행 7:46-50 참고).

하지만 솔로몬이 성전 건축을 완성하기 이전에도, 하나님은 솔로몬에게 하나님의 길로 걷고 하나님의 명령을 지킬 때만 자신의 약속을 이루어 주실 것이라고 경고하셨다(왕상 6:12-13). 그리고 솔로몬이 성전을 드린 후에 하나님은 또 다른 경고를 하신다. 하나님은 솔로몬에게 그가 정직하고 온전하게 하나님과 동행하여 그에게 명령하신 것을 모두 지키면 아버지 다윗에게 약속한 것처럼 이스라엘을 다스리는 그의 왕위를 영원히 지키시겠다고 약속하신다(왕상 9:4-5). 하지만 솔로몬과 그의 아들들이 하나님의 명령을 따르지 못하면 이스라엘은 빼앗길 것이고 성전은 폐허가 될 것이다(왕상 9:7). 우리는 솔로몬이 말년에 우상을 섬기며 하나님의 명령을 따르지 않았다는 사실을 알고 있다. 남왕국의 많은 왕들도 하나님의 율법을 따르지 않기는 마찬가지였다. 하나님은 다윗에게 하신 약속 때문에 심판을 늦추셨다(왕상 11:12-13, 15:4). 하지만 주전 586년 결국 하나님은 남왕국에 대해 노를 발하신다. 백성들은 포로가 되었고 성전도 바벨론인들에 의해 파괴된다.

이스라엘 자손이 바벨론에 끌려갔다가 예루살렘에 돌아왔을 때, 성전이 재건되리라는 희망은 부분적으로 실현된다. 솔로몬의 성전에 비하면 초라하지만 주전 516년 스룹바벨과 예수아의 지도 아래 예루살렘에 성전이 재건된다. 하지만 하나님의 영광이 성전을 가득 채우게 되리라는 예언자의 희망은 이때에 도저히 실현될 수 없었다는 점을 배울 것이다. 사실, 하나님의 임재가 재건된 성전에 다시 임하시리라는 보장도 없었다. 하지만 하나님이 언젠가 자기 백성 가운데 거하시리라는 희망은 남아 있었다(슥 2:1-12). 신약 성경은 자기 백성과 함께 거하시겠다는 하나님의 열망이 궁극적으로는 사람의 손으로 지은 성전의 네 벽 안에서 이루어지는 것은 아니라는 점을 보여 준다(행 7:48-50). 그러한 열망은 하나님의 성령이 내주하시면서, 하나님이 거주하시는 영적인 집으로 세워지는 사람들 안에서 이루어질 것이다. 따라서 예수는 자신이 성전을 지으실 것이라고 말씀하셨던 것이다(마 26:61, 27:40; 막 14:58, 15:29; 요 2:19-22). 이는 성령의 내주하심을 통해 성도들이 모두 하나님이 거하시는 곳이 된다는 놀라운 진리를 나타낸다(고전 3:16-17, 6:19; 엡 2:19-22; 벧전 2:4-8). 따라서 솔로몬이 예루살렘에 건축한 성전은 장래에 올 좋은 것의 그림자일 뿐이었다(히 8:1-5, 9:1-10:25).

• 다윗 언약은 폐기되지 않는다

우리는 하나님이 다윗에게 하신 약속이 얼마나 확실한지에 대해서 예레미야가 언급한 것을 보았다. 예레미야 선지자는 언약은 절대로 파기될 수 없다고 격정적으로 선포한다. 그리고 이를 하나님이 낮과 밤과 맺은 언약의 영속성에 비교한다(렘 33:20-21). 이 선지자는 "이스라엘 집의 왕위에 앉을 사람이 다윗에게 영원히 끊어지지 아니할 것이며"(렘 33:17)라고 증언한다. 이 언약은 하나님의 확실한 약속에 근거한 것이기 때문에 분명히 성취될 것이다. 즉, 다윗 왕이 밧세바와 간음을 행하고 그 남편을 죽게 했더라도(삼하 11-12장) 하나님의 약속은 여전히 유효하다는 뜻이다. 시편 89편도 하나님이 다윗에게 하신 약속은 분명히 실현된다는 사실을 강조한다. 시편 저자는 다윗에게 하신 약속을 회상하고(시 89:1-4, 26-29), 다윗의 아들들에게 일어날 일을 되풀이하여 말한다.

> 만일 그의 자손이 내 법을 버리며 내 규례대로 행하지 아니하며 내 율례를 깨뜨리며 내 계명을 지키지 아니하면 내가 회초리로 그들의 죄를 다스리며 채찍으로 그들의 죄악을 벌하리로다 그러나 나의 인자함을 그에게서 다 거두지는 아니하며 나의 성실함도 폐하지 아니하며 내 언약을 깨뜨리지 아니하고 내 입술에서 낸 것은 변하지 아니하리로다 내가 나의 거룩함으로 한 번 맹세하였은즉 다윗에게 거짓말을 하지 아니할 것이라 그의 후손이 장구하고 그의 왕위는 해같이 내 앞에 항상 있으며 또 궁창의 확

실한 증인인 달같이 영원히 견고하게 되리라 하셨도다(시 89:30-37)

시편 저자는 다윗의 후손들도 죄를 저지르면 벌도 받고 징벌을 받기도 할 것이지만, 하나님은 다윗과 맺으신 언약을 깨뜨리지 않으실 것이라는 사실을 확언한다. 하나님이 다윗의 후손에게 베푸시는 영속적인 사랑은 하나님이 사울에게 보이신 모습과 비교된다. 사울은 죄 때문에 결국 왕위를 박탈당했고, 그에게 임했던 하나님의 끝없는 사랑과 임재도 거두어졌다. 하지만 우리는 남왕국의 왕들에 대해서 배우면서 솔로몬을 필두로 많은 왕들이 하나님의 명령을 지키지 못하였지만 다윗 언약은 파기되지 않았고, 하나님의 자비는 결코 다하지 않는다는 사실을 깨달을 것이다. 이렇게 볼 때, 다윗에게 하신 약속은 여전히 효력을 발휘한다고 볼 수 있다. 그렇지만 분명한 사실은 이 왕들은 자신들이 저지른 죄에 대해서는 벌을 받는다는 것이다. 유다의 혈통은 하나님이 다윗에게 하신 약속 때문에 지속될 수 있었던 것이다(왕상 11:11-13, 15:1-3; 왕하 8:16-19; 대하 21:5-7). 물론 남왕국도 주전 586년에 끝내 멸망하고 만다. 하지만 그럼에도 불구하고 하나님의 변함없는 사랑과 자비는 다하지 않으셨다. 분명히 다윗에게서 하나님의 영원한 나라를 다스릴 아들이 나올 것이기 때문이다.

다윗에게로 다시 돌아오자. 다윗 왕은 하나님이 자신에게 주신 약속을 듣고 나서 자신에게는 그러한 약속을 받을 만한 자격이 전혀 없다는 생각에 압도된 나머지 이렇게 말한다. "다윗 왕이 여호와 앞에 들어가 앉아서 이르되 주 여호와여 나는 누구이오며 내 집은 무엇이기에 나를 여기까지 이르게 하셨나이까 주 여호와여 주께서 이것을 오히려 적게 여기시고 또 종의 집에 있을 먼 장래의 일까지도 말씀하셨나이다 주 여호와여 이것이 사람의 법이니이다"(삼하 7:18-19). 이 놀랍고도 영속적인 약속에 대해서 다윗은 하나님을 신뢰하고, 하나님이 자신에게 이루어 주시리라고 약속하신 모든 것을 받아들이는 것으로 반응한다(삼하 7:21-22). 하나님에 대한 다윗의 믿음은 그의 기도에 잘 나타난다. "여호와 하나님이여 이제 주의 종과 종의 집에 대하여 말씀하신 것을 영원히 세우시며 말씀하신 대로 행하사"(삼하 7:25). 다윗은 고백한다. "주 여호와여 오직 주는 하나님이시며 주의 말씀들이 참되시니이다 주께서 이 좋은 것을 주의 종에게 말씀하셨사오니"(삼하 7:28). **왕정 시대**를 계속해서 연구하다 보면 다윗 언약은 왕권을 이해하는 데 핵심적인 요소라는 사실을 깨닫는다. 이는 구약 성경에만 해당되는 것이 아니라 전체 성경에도 그대로 적용되는 사실이다. 구약 성경은 주전 430년경에 마무리되고 더 이상 다윗의 후손이 왕위에 오르지도 않지만, 우리는 하나님이 신실하시다는 사실을 알 수 있다. 그리고 그렇게 구약은 하나님의 백성이 하나님이 약속하신 것을 이루어 주시기를 기다리는 시대, 즉 **대망의 시대**로 우리를 인도한다. 다윗 언약에 대한 내용은 사무엘하 7장 8-17절, 역대상 17장 7-15절, 시편 89편, 132편, 예레미야 33장 14-26절에서 볼 수 있다.

◆ 죄에도 불구하고 임하는 하나님의 은혜

다윗은 하나님께 이 놀라운 약속을 받은 후에(삼하 7장), 주위 국가들과 전투를 벌이며 승리를 많이 거두었다(삼하 8-10장). 그러던 중 그의 군대가 암몬 사람들과 싸우고 있는 동안 다윗은 예루살렘에 남아 있었다. 그런데 이때 다윗은 밧세바라는 여인과 간음을 저지르고 만다. 마침 그의 남편 우리야는 다윗의 군사로 전쟁에 참여하고 있었다(삼하 11장). 밧세바가 임신했다는 사실을 알자 다윗은 자신의 행위를 무마시키기 위해 여러 가지로 애를 쓴다. 하지만 두 번이나 자신의 계획이 실패하자 군대 장관인 요압에게 편지를 써서 우리야를 전선 앞에 배치하여 전투 중에 죽게 하라고 한다. 이번에는 다윗의 계획이 성공했고, 결국 우리야는 죽고 말았다. 하지만 하나님은 나단 선지자를 보내서 다윗의 죄를 들춰내신다.

나단은 부유한 사람이 가난한 자가 소유한 유일한 어린 암양을 빼앗은 이야기를 하며 다윗 앞에 선다(삼하 12장). 다윗은 이 이야기를 듣고서 그 부자에게 분노하여 그 사람은 죽어 마땅하다고 한다. 그러자 나단은 다윗이 그 부자라고 선포한다! 그리고 다윗이 우리야를 죽였기 때문에 검이 그의 집에 떠나지 않으리라고 선포한다. 하나님은 또한 그의 아내들을 빼앗아 다른 사람에게 주실 것이라고 하신다. 다윗이 우리야의 아내를 빼앗았기 때문이다(이 예언이 어떻게 성취되는지를 보려면 삼하 16:21-22을 참고하라). 다윗은 즉각적으로 자신이 하나님께 죄를 저질렀음을 인정하고 죄를 고백한다(삼하 12:13). 나단은 다윗에게 하나님의 이름을 더럽혔기 때문에 그 아들은 죽을 것이라고 말한다. 하지만 선지자는 하나님의 놀라운 은혜로 다윗의 죄를 사해 주셨다고 선포한다.

모세의 율법에 따르면 간음을 저지른 사람은 돌로 쳐 죽여야 했다(레 20:10; 신 22:22). 그리고 살인자도 죽임을 당해야 했다(출 21:12; 레 24:17). 율법의 조항에 따르면 다윗은 두 가지 죄목으로 죽어야 마땅했다. 하지만 다윗은 죄를 저지르고도 죽임을 당하지 않았다. 그는 하나님의 자비를 입어 목숨을 부지했고 죄 사함을 받았다. 이는 참으로 놀라운 은혜였다. 다윗은 이렇게 하나님을 모르는 자를 옳다 하시는 하나님의 용서를 맛본 것이다. 다윗은 시편 32편에서 하나님의 용서에 대해서 이렇게 말한다. "허물의 사함을 받고 자신의 죄가 가려진 자는 복이 있도다 마음에 간사함이 없고 여호와께 정죄를 당하지 아니하는 자는 복이 있도다"(시 32:1-2). 다윗은 자신이 죄인이라는 사실을 잘 알았다(삼하 12:5, 13; 시 51:1-4). 하지만 하나님이 자비를 베푸셔서 자신의 죄를 계수하지 않으셨다는 사실도 알았다.

연구를 계속하다 보면 알겠지만, 사도 바울은 시편 32편을 인용하면서 모세 언약 아래 있는 자, 즉 율법으로는 의롭다 함을 받을 수 없는 자가 어떻게 하나님과 바른 관계를 누릴 수 있는지 그 방법을 제시해 준다(롬 4:1-8). 바울은 아브라함도 율법의 공로로는 의롭다 함을 얻지 않았다고 하면서(롬 4:1-5), "일한 것이 없이 하나님께 의로 여기심을 받는 사람의 복에 대하여 다윗이 말한 바"(롬 4:6)를 언급하며 논의를 펴 나간다. 율법에 따르면 다윗은 절대로 의로운 사람이 아니었다(두 번이나 의도적으로 율법을 어겼기 때문에). 하지만 하나님은 은혜롭게도 "일한 것이 없이" 그를 의롭다고 하셨다. 바울은 이미 의로운 사람이 하나도 없고 모두 하나님의 영광에 미치지 못하였음을 강변했다(롬 3:10, 23). 바울은 이제 더 나아가 "율법의 행위로 그의 앞에 의롭다 하심을 얻을 육체가 없나니"(롬 3:20, 갈 2:16, 3:10, 5:3 참고)라고 결론을 내린다. 다윗 왕은 이 경우에 매우 잘 들어맞는다. 다윗의 "행위"는 율법의 조건으로 보자면 결코 의롭다고 할 수 없기 때문이다(겔 18:4-9 참고). 따라서 다윗은 모세의 율법으로는 사망의 저주를 받은 "범법자"이지만(출 21:12; 레 20:10, 24:17; 신 22:22, 27:26), 은혜와 용서를 받은 대표적인 본보기가 되는 것이다. 다윗은 의도적으로 불순종하여 하나님의 진노에 처하는(신 27:26) 대신, 율법을 어긴 행동을 용서받고 의롭게 하시는 하나님의 선물을 받았다. 따라서 바울이 로마서 처음 몇 장에서 치밀한 논의를 통해서 강력하게 말하고자 하는 바는 유대인과 이방인은 모두 하나님 앞에서 죄가 있으며(롬 3:9-20), "하나님의 은혜"(롬 3:24)로만 의롭다 하심을 얻는다는 점이다. 바울은 다른 성경에서도 "그 은혜에 의하여 믿음으로 말미암아 구원을 받았으니 이것은 너희에게서 난 것이 아니요 하나님의 선물이라 행위에서 난 것이 아니니 이는 누구든지 자랑하지 못하게 함이라"(엡 2:8-9)라고 말한다. 그런데 구약을 따라가다 보면 다윗이 하나님의 율법에 순종하지 못했던 것이 특별한 일은 아니었음을 깨닫는다. 우리는 남왕국의 마지막으로 갈수록, 이 율법이 오히려 이스라엘을 하나님의 진노로 몰아넣는다는 사실을 깨닫는다. 하나님의 백성은(다른 모든 사람과 마찬가지로) 율법에 순종할 수 없었기 때문이다. 그들 역시 구원이라는 하나님의 은혜의 선물이 필요했다.

비록 다윗은 하나님의 은혜를 입었지만, 밧세바와 그 사이에서 난 아이는 다윗의 죄로 인해 병으로 죽고 만다(삼하 12:15-23). 밧세바는 다시 아이를 임신하여 솔로몬이라는 아들을 낳는다. 솔로몬을 여디디야라고도 하는데 이는 "여호와께서 사랑하셨다"(삼하 12:24-25)라는 뜻이다. 이후 다윗의 여생은 가족의 불화로 점철된다. 딸 다말은 배다른 형제인 암몬에게 강간을 당한다(삼하 13장). 그리고 아들 압살롬이 왕위를 찬탈하려고 반역을 저지르면서 다윗은 예루살렘에서 도주하기도 한다(삼하 15-18장). 이러한 갈등으로 내전이 일어나고 그 와중에 압살롬은 죽고 만다(삼하 18장). 다윗은 다시 왕위에 오르기는 했지만 더 큰 갈등이 그를 기다리고 있었다(삼하

19-21장). 하지만 다윗은 자신이 처한 상황에서도 하나님이 승리를 주시고 여호와만이 유일하신 하나님이라는 사실을 인정했다(삼하 22:32).

다윗은 말년에 군대 사령관 요압에게 자신이 거느린 정규군의 규모를 헤아리기 위해 백성의 수효를 세라고 지시한다(삼하 24:1-9; 대상 21:1-17). 그 과정에 9개월이 넘는 시간이 소요되었고 단에서 브엘세바까지 그 영토를 모두 조사해야 했다. 요압은 최종적으로 "곧 이스라엘에서 칼을 빼는 담대한 자가 팔십만 명이요 유다 사람이 오십만 명이었더라"(삼하 24:9)라고 보고한다. 사울도 군대의 수효를 헤아렸다는 사실(삼상 13장)을 기억할 것이다. 이는 그가 하나님보다 자신이 거느린 군대의 힘을 신뢰했다는 사실을 방증하는 것이었다. 다윗은 젊은 시절부터 전쟁의 승리는 군대의 힘으로 얻는 것이 아니라, 여호와 하나님의 능력으로 얻는 것이라는 사실을 누구보다 잘 아는 사람이었다. 다윗은 백성을 계수한 후에, 마음에 자책하여 하나님 앞에 자신의 죄를 고백한다(삼하 24:10). 하나님은 다윗에게 심판을 내리시겠다고 선포하신다. 그리고 은혜를 베푸셔서 다윗에게 받을 벌을 선택하게 하셨다. 선택지는 7년 기근, 원수에게 쫓겨 석 달 동안 그들 앞에서 도망하는 것, 사흘 동안 전염병이 있을 것, 세 가지였다. 다윗은 평생 하나님의 은혜와 자비를 경험했기 때문에 다음과 같이 말한다. "여호와께서는 긍휼이 크시니 우리가 여호와의 손에 빠지고 내가 사람의 손에 빠지지 아니하기를 원하노라"(삼하 24:14). 하나님이 정하신 심판에 따라 다윗의 죄는 백성 수만 명의 목숨을 앗아가고 말았다.

많은 사람이 전염병으로 죽어 나가자 다윗은 하나님께 자신이 죄를 저지른 장본인임을 자복하며 자신을 가엾게 여겨 달라고 간구한다(삼하 24:15-17). 갓 선지자는 다윗에게 제단을 쌓아 전염병이 백성에게서 물러나기를 구하라고 지시한다. 다윗은 갓 선지자를 통하여 하나님이 주신 명령에 따라 아라우나라는 여부스 사람에게 속한 타작마당에 제단을 쌓는다. 아라우나는 타작마당을 기꺼이 다윗에게 바치려고 했지만 다윗은 그 값을 지불하겠다고 주장한다. 다윗은 값없이 하나님께 번제를 드리려고 하지 않았다. 그렇게 다윗은 그 타작마당과 소를 은 50세겔로 산다. 그리고 다윗이 제단을 쌓고 번제와 화목제를 여호와께 드리자 전염병이 이스라엘에서 그쳤다(삼하 24:18-25). 다윗이 산 타작마당과 그가 세운 제단이 중요한 것은 이 장소에 성전이 세워지기 때문이다.

이후 다윗이 죽음을 앞두게 되자 그의 아들 아도니야는 스스로 왕위에 오르기 위해서 계략을 짰다. 제사장 사독과 선지자 나단이 이를 염려하여 솔로몬의 어머니인 밧세바에게 이 소식을 전한다. 밧세바가 다윗에게 이 이야기를 전하자 다윗은 솔로몬이 왕이 될 것이라는 예전 약속을 확인한다. 다윗은 사독과 나단에게 명하여 바로 그날로 솔로몬에게 기름을 부어 왕으로 세우라고 명령한다. 다윗은 죽기 전에 솔로몬에게 모세의 율법에 적힌 대로 하나님의 명령을 준수할 것을 강권한다. 그리고 하나님의 약속이 솔로몬을 통해 이루어지도록 하려면 율법에 반드시 순종해야 한다고 경고한다(왕상 2:4). 솔로몬은 하나님 앞에 신실하게 행해야만 다윗에게 하신 약속을 계승할 수 있을 것이다(왕상 2:3-5:1; 대상 22:6-13). 다윗은 이스라엘을 40년간 통치한 후에 다윗 성에 장사된다. 다윗에 대한 내용은 사무엘상 16-31장, 사무엘하 1-24장, 열왕기상 1-2장, 역대상 11-29장에서 찾아볼 수 있다.

솔로몬 왕(주전 970-930)

이제 솔로몬이 이스라엘의 왕으로 등극한다. 그는 왕위를 이어받아 나라를 부강하게 한다(왕상 2장). 성경은 솔로몬이 "여호와를 사랑하고 그의 아버지 다윗의 법도를 행하였으나 산당에서 제사하며 분향하더라"(왕상 3:3)라고 전한다. 하나님은 꿈에서 솔로몬에게 나타나 원하는 것을 구하라고 하신다. 솔로몬은 하나님이 자신의 아버지에게 보이셨던 인애를 기억하고, 하나님이 신실하셔서 그의 자리에 앉을 아들을 주셨다고 고백한다. 하지만 솔로몬은 그러한 책임을 다하기에는 자신이 너무 어리다고 생각했고, 그렇기 때문에 하나님께 지혜를 달라고 구한다(왕상 3:5-9). 하나님은 그 기도를 들으시고 지혜롭고 분별하는 마음을 주신다. 또한 그가 구하지 않은 부와 명예도 함께 주신다. 그러고 나서 하나님은 다음과 같이 솔로몬에게 약속하신다. “네가 만일 네 아버지 다윗이 행함같이 내 길로 행하며 내 법도와 명령을 지키면 내가 또 네 날을 길게 하리라”(왕상 3:14). 이 약속을 듣고 솔로몬은 깨어나 자신이 꿈을 꾸었다는 사실을 깨닫는다.

솔로몬은 출중한 지혜를 지닌 자로 주위 나라에까지 알려진다(왕상 4장). 잠언을 3,000개나 남겼고, 많은 노래를 알았으며, 그의 지혜는 애굽의 모든 지혜를 능가했다(왕상 4:30, 32). 따라서 잠언에 기록된 지혜로운 말씀 중 대다수는 그가 남긴 것이라는 사실도 놀랍지 않다(잠 1:1, 10:1, 25:1). 솔로몬은 전도서도 기록했을 것이다. 저자의 이름이 명시되어 있지 않기 때문에 확신할 수 없지만, 솔로몬은 예루살렘에서 왕위를 누린 다윗 왕조의 왕이다(전 1:1, 12). 솔로몬의 통치 아래 이스라엘의 영토는 확장되었고 주위 나라는 조공을 바쳤다(왕상 4:20-25). 그 땅에 평화가 깃들자 솔로몬은 다윗의 아들이 하나님의 집을 건축하리라는 하나님의 말씀에 따라 성전 건축을 시작하기로 결심한다(삼하 7:13; 왕상 5:5; 대상 22장).

• 솔로몬이 예루살렘에 성전을 건축하다

솔로몬은 이스라엘 백성이 애굽에서 나온 지 480년 되는 해, 통치를 시작한 지 4년째 되는 해에 성전 건축을 시작한다(왕상 6:1). 솔로몬이 주전 970년부터 재위했다는 점을 고려하면 성전 건축은 주전 966년에 시작했음을 알 수 있다. 이 엄청난 건축 계획에 앞서 솔로몬은 두로 왕과 언약을 맺어 성전에 쓸 나무를 레바논에서 공급받기로 한다(왕상 5장). 솔로몬이 성전을 건축할 때, 하나님이 그에게 약속을 하신다. 하나님은 다음과 같이 말씀하신다.

> 네가 지금 이 성전을 건축하니 네가 만일 내 법도를 따르며 내 율례를 행하며 내 모든 계명을 지켜 그대로 행하면 내가 네 아버지 다윗에게 한 말을 네게 확실히 이룰 것이요 내가 또한 이스라엘 자손 가운데에 거하며 내 백성 이스라엘을 버리지 아니하리라(왕상 6:12-13)

우리가 이미 살펴봤듯이 시내 산에서 확립된 언약은 이스라엘과 여호와 하나님이 맺으신 관계를 규정하는 틀이 된다. 왕은 하나님의 백성을 다스리는 존재이기 때문에, 하나님의 명령에 순종하는 것이 얼마나 중요한지에 대해서 특별히 경고를 받은 것이다.

• 하나님의 영광이 성전에 충만하다

주전 959년, 7년에 걸친 역사 끝에 성전을 완공하고(왕상 6:38) 나서 솔로몬은 하나님께 성전을 봉헌한다. 봉헌식 당일 그들은 수없이 많은 양과 소를 제물로 드렸다. 그리고 제사장들이 언약궤를 지성소로 옮기는 의식을 거행하면서 축하 행사는 절정에 달한다(왕상 8:6). 그리고 제사장들이 성소에서 나오자 구름이 여호와의 성전을 가득 채웠다. 그러자 솔로몬은 말한다. "여호와께서 캄캄한 데 계시겠다 말씀하셨사오나 내가 참으로 주를 위하여 계실 성전을 건축하였사오니 주께서 영원히 계실 처소로소이다"(왕상 8:12-13). 이때가 이스라엘의 최전성기였다. 하나님이 이제 자기 백성들 가운데 거하시기 때문이다. 우리는 출애굽기에서 하나님이 구름으로 그의 백성 가운데 임재하셔서 백성을 애굽에서 인도해 내신 것을 알고 있다(출 13:21-22, 14:19). 시내 산에 얹혀 있던 구름도 이와 같은 구름이었다(출 24:16-18). 모세가 성막 건축을 마무리했을 때도 하나님의 임재의 구름이 그 거룩한 곳을 채웠다(출 40:34-35). 하나님의 임재는 이스라엘이 하나님의 백성임을 구분해 주는 것이었다(출 33:14-16 참고). 솔로몬이 출애굽 이후 거의 500년 만에 성전을 봉헌하는 순간, 하나님의 영광스러운 임재가 그곳을 채운 것이다.

이는 확실히 이스라엘 이야기에서 정점이었다. 하지만 우리는 솔로몬과 그의 아들들이 하나님의 방법에 따라 행할 때만 하나님이 자기 백성과 거하시겠다고 약속하셨다는 사실을 기억해야 한다(왕상 6:12-13). 하나님은 모세 언약을 주시면서도 이스라엘 자손에게 그들이 하나님의 율법을 따를 때만 그들과 거하시겠다고 약속하셨다(레 26:3, 12). 하지만 하나님의 백성이 신실하지 못했음을 드러내는 증거가 많이 있다(민 25:1-3; 신 32:16-21;

삿 2:11-13; 삼상 7:1-4; 느 9:16-18, 26-29; 시 106:19-43; 겔 20:5-32 등등).

구약 성경을 연구하다 보면 에스겔 시대, 즉 예루살렘이 멸망하기 몇 해 전에는 솔로몬이 지은 바로 그 성전에서 우상 숭배가 이루어진다는 사실을 보게 된다. 그렇게 성전은 이스라엘의 가증함으로 더럽힐 것이다(겔 8-9장). 그 결과, 하나님의 임재는 그곳을 떠날 것이다(겔 10장, 11:22-23). 솔로몬이 다스리던 시절, 예루살렘에 성전을 봉헌한 순간이 이스라엘 역사의 최고 절정이라면 하나님의 임재가 떠나 성전이 파괴되는 순간은 이스라엘 역사의 최악의 순간이 될 것이다. 하나님의 임재가 하나님의 백성에게 계속 머물러 있으려면 죄의 문제가 반드시 해결되어야 했다. 그리고 이 사실은 궁극적으로 우리를 십자가로 인도한다. 왜냐하면 예수와 그분의 사역을 통해서만 하나님의 임재가 온전히 회복될 수 있기 때문이다. 이때야 마침내 예수는 임마누엘이 되실 것이다. 즉 "하나님이 우리와 함께하신다"라는 그 약속이 성취될 것이다.

구약 이야기를 이어가 보자. 솔로몬은 성전 봉헌식에서 언약을 지키시고 인애를 베푸시는 하나님을 찬양한다. 솔로몬은 하나님께 다윗에게 주신 약속을 지켜 주실 것을 간구한다. "네 자손이 자기 길을 삼가서 네가 내 앞에서 행한 것같이 내 앞에서 행하기만 하면 네게서 나서 이스라엘의 왕위에 앉을 사람이 내 앞에서 끊어지지 아니하리라 하셨사오니 이제 다윗을 위하여 그 하신 말씀을 지키시옵소서"(왕상 8:25). 봉헌식에서 솔로몬은 기도와 자복의 중요성을 강조하며 백성에게 죄를 저지르면 하나님의 심판이 임한다는 사실을 상기시킨다(솔로몬은 죄 없는 사람이 없다는 사실을 알았다). 그들은 하나님께 기도하고 하나님의 용서를 구해야 했다. 솔로몬은 하나님께 "하늘에서 들으시고 용서"해 주실 것을 간청한다. 마지막으로 솔로몬은 하나님을 송축하며 말한다.

> 여호와를 찬송할지로다 그가 말씀하신 대로 그의 백성 이스라엘에게 태평을 주셨으니 그 종 모세를 통하여 무릇 말씀하신 그 모든 좋은 약속이 하나도 이루어지지 아니함이 없도다 우리 하나님 여호와께서 우리 조상

들과 함께 계시던 것같이 우리와 함께 계시옵고 우리를 떠나지 마시오며 버리지 마시옵고 우리의 마음을 주께로 향하여 그의 모든 길로 행하게 하시오며 우리 조상들에게 명령하신 계명과 법도와 율례를 지키게 하시기를 원하오며(왕상 8:56-58)

솔로몬의 기도는 죄의 용서가 하나님의 손에만 달려 있는 것임을 일깨워 준다. 시간을 들여 이 기도문 전문을 읽어 볼 가치가 있다(왕상 8:22-61, 또한 대하 6:12-42 참고).

성전을 봉헌한 후 하나님은 솔로몬에게 두 번째로 꿈에 나타나셔서 그의 기도를 들었다고 말씀하신다. 하나님은 열왕기상 9장 4-9절에서 그에게 엄중한 경고를 하신다. 여기 그 일부를 담았다.

네가 만일 네 아버지 다윗이 행함같이 마음을 온전히 하고 바르게 하여 내 앞에서 행하며 내가 네게 명령한 대로 온갖 일에 순종하여 내 법도와 율례를 지키면 내가 네 아버지 다윗에게 말하기를 이스라엘의 왕위에 오를 사람이 네게서 끊어지지 아니하리라 한 대로 네 이스라엘의 왕위를 영원히 견고하게 하려니와 만일 너희나 너희의 자손이 아주 돌아서서 나를 따르지 아니하며 내가 너희 앞에 둔 나의 계명과 법도를 지키지 아니하고 가서 다른 신을 섬겨 그것을 경배하면 내가 이스라엘을 내가 그들에게 준 땅에서 끊어 버릴 것이요 내 이름을 위하여 내가 거룩하게 구별한 이 성전이라도 내 앞에서 던져 버리리니 이스라엘은 모든 민족 가운데에서 속담거리와 이야깃거리가 될 것이며 이 성전이 높을지라도 지나가는 자마다 놀라며 비웃어 이르되 여호와께서 무슨 까닭으로 이 땅과 이 성전에 이같이 행하셨는고 하면 대답하기를 그들이 그들의 조상들을 애굽 땅에서 인도하여 내신 그들의 하나님 여호와를 버리고 다른 신을 따라가서 그를 경배하여 섬기므로 여호와께서 이 모든 재앙을 그들에게 내리심이라 하리라(왕상 9:4-9; 대하 7:12-22 참고).

하나님은 솔로몬이 하나님의 길을 따르면 그의 왕위가 영원히 견고하리라고 다시 확인해 주신다. 하지만 하나님은 동시에 솔로몬에게 그와 그의 자손이 하나님의 명령을 지키지 않고 다른 신을 섬기면 이스라엘은 그 땅에서 끊어질 것이고, 성전은 폐허가 될 것이며, 그 백성은 만민 중에 조롱거리가 될 것이라고 경고하신다. 대대적인 기념행사를 벌인 직후에 하나님은 솔로몬에게 이러한 엄중한 경고를 하신 것이다. 이는 다윗에게 주신 약속의 수혜자는 하나님의 법규와 율례를 순종하고 정의와 공의로 다스리는 자여야만 한다는 사실을 강조한다. 그 왕은 결국 하나님의 영원한 왕국을 다스리도록 임명받은 자다. 하나님의 영원한 왕위에 앉을 만한 사람이 유다 지파에서 나올 것인가?

◆ 솔로몬은 지혜로웠지만 많은 이방 여인을 아내로 둔다

솔로몬은 오랜 세월에 걸친 수고 끝에 궁전과 성전을 완성했다(왕상 6-7장). 이로써 솔로몬은 널리 인정을 받았고, 부유함과 지혜로도 알려졌다(왕상 4:29-34, 9-10장). 하나님은 참으로 그의 기도를 들으셨고(왕상 3:5-9), 그에게 "지혜롭고 총명한 마음을 주노니 네 앞에도 너와 같은 자가 없었거니와 네 뒤에도 너와 같은 자가 일어남이 없으리라"(왕상 3:12)라는 약속을 이루어 주셨다. 성전을 봉헌하고 스바 여왕이 그의 지혜를 직접 듣고자 무리를 이끌고 예루살렘에 찾아오기까지 한다(왕상 10:1-13). 그리고 여왕은 솔로몬의 말을 듣고 경탄하여 많은 선물을 준다. 이때까지만 해도 분명히 솔로몬과 그의 왕국은 위대한 번영을 만끽하고 있었다(왕상 10장).

하지만 슬프게도 솔로몬은 주위 국가들과 정치적으로 연합 관계를 돈독하게 하기 위한 수단으로 많은 이방 여인들과 결혼한다(왕상 3:1, 11:1-10). 하나님이 이스라엘 자손에게 이방 여인과 결혼하지 말라고 명령하신 사실을 기억하라. 왜냐하면 그들은 여호와께 마음을 돌리게 하는 빌미가 되기 때문이다(출 34:12-16; 신 7:3; 왕상 11:2). 솔로몬은 700명의 부인과 300명의 후궁을 두었다. 게다가 그들 대다수가 이방인이었기 때문에, 이방 종교를 함께 들여왔던 것이다. 솔로몬은 나이가 들면서 마음을 돌려 아스다롯,

밀곰, 몰렉과 같은 이방 신을 섬겼다. 그는 심지어 그모스와 몰렉에게 제사를 드리기 위해 산당을 짓기까지 한다. 솔로몬이 "여호와의 눈앞에서 악을 행하여"(왕상 11:6) 하나님은 그에게 분노하신다.

• 솔로몬의 아들 르호보암은 그 왕국을 빼앗길 것이다

솔로몬이 우상을 숭배했기 때문에 하나님은 그에게 심판을 선포하신다. 하나님은 다음과 같이 말씀하신다.

> 네게 이러한 일이 있었고 또 네가 내 언약과 내가 네게 명령한 법도를 지키지 아니하였으니 내가 반드시 이 나라를 네게서 빼앗아 네 신하에게 주리라 그러나 네 아버지 다윗을 위하여 네 세대에는 이 일을 행하지 아니하고 네 아들의 손에서 빼앗으려니와 오직 내가 이 나라를 다 빼앗지 아니하고 내 종 다윗과 내가 택한 예루살렘을 위하여 한 지파를 네 아들에게 주리라 하셨더라(왕상 11:11-13)

하나님이 솔로몬에게서 나라를 빼앗는다고 하시지 않고, 그의 아들에게서 빼앗으리라고 하신 점에 주의하라. 솔로몬의 죄악이 심히 가증했지만 남왕국은 다윗과 예루살렘 때문에 존속될 것이다. 역사를 통한 하나님의 구속 계획은 분명히 성취될 것이다. 사람의 실수로 그 계획을 뒤엎을 수는 없다.

솔로몬이 아직 살아 있을 때에 아히야 선지자는 용사이며 솔로몬의 인력을 감독하고 책임지는 자인 여로보암에게 하나님의 말씀을 전한다. 아히야는 손으로 자기 옷을 찢어 열두 조각을 낸 뒤에 열 조각을 여로보암에게 준다. 그리고 아히야는 여로보암에게 옷 열 조각의 의미를 설명한다.

> 너는 열 조각을 가지라 이스라엘의 하나님 여호와의 말씀이 내가 이 나라를 솔로몬의 손에서 찢어 빼앗아 열 지파를 네게 주고 오직 내 종 다윗을 위하고 이스라엘 모든 지파 중에서 택한 성읍 예루살렘을 위하여 한 지파

> 를 솔로몬에게 주리니 이는 그들이 나를 버리고 시돈 사람의 여신 아스다롯과 모압의 신 그모스와 암몬 자손의 신 밀곰을 경배하며 그의 아버지 다윗이 행함 같지 아니하여 내 길로 행하지 아니하며 나 보기에 정직한 일과 내 법도와 내 율례를 행하지 아니함이니라 그러나 내가 택한 내 종 다윗이 내 명령과 내 법도를 지켰으므로 내가 그를 위하여 솔로몬의 생전에는 온 나라를 그의 손에서 빼앗지 아니하고 주관하게 하려니와 내가 그의 아들의 손에서 나라를 빼앗아 그 열 지파를 네게 줄 것이요 그의 아들에게는 내가 한 지파를 주어서 내가 거기에 내 이름을 두고자 하여 택한 성읍 예루살렘에서 내 종 다윗이 항상 내 앞에 등불을 가지고 있게 하리라 내가 너를 취하리니 너는 네 마음에 원하는 대로 다스려 이스라엘 위에 왕이 되되(왕상 11:31-37)

그리고 아히야는 곧 일어날 일에 대해서도 예언한다. 왕국은 분열될 것이고, 열 지파는 북으로 이동할 것이며 유다와 베냐민 지파는 남쪽에 남을 것이라는 내용이었다.

하나님이 이스라엘 자손에게 "너는 나 외에는 다른 신들을 네게 두지 말라"(출 20:3)라고 분명히 명령했는데도 그들이 이방 신을 섬겼다는 사실에 주목하라. 모세는 계속해서 이스라엘 자손에게 어떤 형상도 만들지 말고 섬기지 말라고 경고했다(출 20:5, 34:14-17; 레 19:4; 신 4:16-20, 5:7-9, 9:16, 11:16, 12:30-31, 13:1-8, 27:15, 31:16, 29, 32:15-21). 그들은 여호와 하나님만 섬겨야 했다(신 4:35, 39, 6:4-5). 하나님은 또한 이스라엘 자손에게 그들이 하나님의 율법에 불순종하면 저주를 내려 심판하겠다고 약속하셨다(레 26:14-39). 우상을 섬기는 것은 단지 하나님이 주신 계명 중 두 개를 어기는 행동일 뿐 아니라, 언약 관계에 균열을 초래하는 행위였다. 이스라엘 자손은 하나님의 백성이 되고 하나님은 그들의 하나님이 되어야 했다. 우리는 구약 성경을 연구하면서 우상 숭배 문제를 도대체 어떻게 해결해야 할지 고심해야 한다. 왜냐하면 이는 모든 사람의 마음에 깊이 박혀 있는 문제이기 때문이다. 이스라엘 이야기는 우상 숭배가 단지 **그들만의** 문제가 아닌 **우리 모두의** 문제임을 드러낸다.

결국 하나님은 솔로몬에게서 왕국을 빼앗을 것이라고 말씀하신다. 이후 성경은 "에돔 사람 하닷을 일으켜 솔로몬의 대적이 되게 하시니"(왕상 11:14)라고 전한다. 우리는 이미 사사 시대에 이러한 유형을 목격했다. 즉 이스라엘 자손들이 다른 신을 섬기면 하나님은 원수를 일으켜 그들을 괴롭게 하셨다(삿 2:11-21). 이러한 형태의 벌은 모세 율법의 저주에 그 근거를 둔 것으로서, 모세는 이스라엘 자손에게 그들이 하나님의 율법을 순종하지 않으면 하나님이 그들로 원수에게 패하게 하시리라고 말했다(레 26:17). **왕정 시대**에도 이러한 일이 비일비재하게 일어난다. 그리고 결국 주전 722년에 앗수르가 북왕국을 멸망시키고, 주전 586년에는 바벨론이 남왕국을 멸망시킨다.

통일 왕국 시대가 끝나면서, 솔로몬은 그의 왕국이 아들에게서 빼앗길 것이라는 말을 듣는다. 따라서 그는 영원히 왕위에 있을 자가 아니었다. 솔로몬은 이스라엘을 40년간 통치했다(왕상 11:42). 그리고 그의 죽음은 통일 왕국의 종말을 초래했다. 솔로몬의 통치, 성전 건축 및 봉헌, 여생에 대한 내용은 열왕기상 2-11장과 역대하 1-9장에서 볼 수 있다.

• 왕국의 분열(주전 930)

솔로몬이 죽고 나서 그의 아들 르호보암이 예루살렘에서 왕이 된다(왕상 12장). 여로보암과 그의 무리가 르호보암에게 와서 솔로몬 왕이 무거운 부담을 지웠다고 말하면서 그들의 멍에를 가볍게 해 달라고 부탁한다. 르호보암은 장로들에게 조언을 구했지만 그들의 조언을 듣지는 않았다. 오히려 그는 사람들의 멍에를 더욱 무겁게 하라는 젊은 사람들의 말을 듣는다. 그들은 솔로몬이 채찍으로 징계했으면 르호보암은 전갈 채찍으로 징계해야 한다고 한다. 르호보암은 이 이야기를 듣고 백성에게 고역을 더욱 무겁게 할 것이라고 답한다. 우리는 이 사건들이 여호와께로서 난 것이라는 것을 안다. 여호와는 아히야 선지자를 통해서 말씀하신 것들을 이루시고 있는 것이다. 즉, 솔로몬은 왕국을 빼앗길 것이며 열 지파는 여로보암을 따를 것이다(왕상 12:15). 이에 따라 백성들은 르호보암에게 반역을 일으키고 여로보암을 왕으로 삼는다(왕상 12장). 상황이 악화되어 이 두 세력 사이에 끔찍한 전쟁이 벌어지기 직전이 되었다. 하지만 스미야라는 선지자가 나타나서 그 백성들에게 형제와 싸우지 말라고 말한다. 그 결과 열 지파는 북부에서 여로보암과 함께하기로 했고, 유다와 베냐민 지파는 예루살렘에서 르호보암과 함께 남았다. 이때부터 공식적으로 왕국은 분열되었다. 따라서 주전 930년부터 북부와 남부에 하나씩 두 개 왕국이 동시에 공존하게 된다. 왕국의 분열에 대해서는 열왕기상 12장과 역대하 10장에서 볼 수 있다. 이제 우리는 북왕국에 대해서 배울 준비가 되었다.

5장 왕정 시대 : 북왕국

Kings : The Northern Kingdom

이 장에서는 **북왕국**의 왕들에 대해서 배울 것이다. 특히 중요한 여섯 명의 왕에 집중하려고 한다. 바로 여로보암, 아합, 예후, 여로보암 2세, 베가, 호세아다. 이 장을 읽다 보면 자연히 이 여섯 왕에게 초점을 맞추게 된다. 이 여섯 왕을 알면 200년 넘는 시기 동안 이스라엘의 영적인 상태가 어떠했는지를 파악하는 데 도움이 되기 때문이다. 북왕국에 대한 정보는 열왕기상과 열왕기하 1-17장에 나온다. 그리고 아래에서도 다루겠지만 역대하 몇몇 장에서도 그 내용을 볼 수 있다. 하나님이 이 왕국을 멸망시킨 이유는 열왕기하 17장에 제시되어 있다.

우리는 남왕국의 왕이 유다 지파에서만 나온 반면에, 북왕국의 왕은 어느 지파에서든지 나올 수 있다는 사실을 이미 언급했다. 우리는 이 사실을 반드시 명심해야 한다. 왜냐하면 **북왕국**와 **남왕국**은 이 점에서 분명하게 구분이 되기 때문이다. 예를 들어, 여로보암 1세는 북왕국의 첫 왕으로서, 에브라임 지파 출신이며 솔로몬의 신하였다(왕상 11:26). 북왕국은 왕조가 계승되는 것이 아니었기 때문에 현재 통치하는 왕을 암살하면 누구든지 왕이 될 수 있었다(왕상 15:28). 예를 들어,

바아사는 나답을 죽이고 왕이 된다(왕상 15:28). 또한 시므리 역시 엘라를 죽이고 왕이 되었다(왕상 16:9-10). 그렇기 때문에 군사 지도자가 새로운 왕으로 등극하는 일이 많았다. 그리고 이러한 살인이 일어나는 신학적인 이유들도 분명히 존재한다. 하지만 지금은 북왕국 왕들이 다양한 지파 출신이었다는 점만 알면 된다. 이제 북왕국의 첫 번째 왕인 여로보암 1세로부터 여행을 떠나도록 하자.

미리 보는 북왕국

북왕국은 주전 930년에 시작된다. 하나님은 여로보암을 왕으로 세우셨고, 그를 따라 열 지파가 이스라엘의 북부 지역으로 이동해 갔다. 여로보암은 본거지를 세겜으로 확정한 뒤에, 백성들이 제사를 드리기 위해 예루살렘으로 돌아갈 것을 우려하여 금송아지 모양으로 된 우상을 두 개 만들었다. 그리고 그 우상들이 애굽에서 그들을 구원해 낸 신이라고 했다. 여로보암은 우상 하나를 단에, 또 다른 하나를 벧엘에 세웠다. 이에 따라 북왕국의 이 두 장소는 우상을 숭배하는 장소가 되었다. 이러한 행위는 시내에서 확립된 언약 관계를 심각하게 훼손하는 것이었다. 비극적이게도 사람들은 이후 200년간 금송아지를 계속해서 섬겼고, 북왕국의 모든 왕은 주전 722년 마침내 나라가 멸망에 이를 때까지 여로보암의 죄를 계속 따랐다. 그리고 이 시대의 특징은 가나안 신인 바알을 숭배했다는 것이다. 북왕국의 왕 중 최악의 왕은 아합이었다. 그는 이방 공주 이세벨과 결혼하여 수도인 사마리아에 바알 신전을 건설한다.

하나님은 주전 9세기에 엘리야와 엘리사를 이스라엘에 보내셨고, 주전 8세기에 호세아와 아모스를 보내셨다. 이 선지자들은 하나님의 대변자로서 이스라엘의 왕들과 백성에게 하나님의 율법으로 돌아오라고 촉구했고,

그들이 회개하지 않으면 하나님의 심판이 임할 것이라고 경고했다. 호세아는 이방 신을 숭배하는 현상에서 드러나듯이 이스라엘이 언약을 신실하게 지키지 못했음을 폭로한다. 아모스는 가난한 자와 궁핍한 자를 괴롭혀서 부를 획득하는 현상에서 드러나듯이 이스라엘에 정의와 자비가 없음을 비판한다. 하나님은 또한 8세기 니느웨에 있는 앗시리아인들에게 선지자 요나를 보내신다. 이스라엘 자손이 아닌 니느웨에 거주하던 이들도 선지자를 통해 하나님의 말씀을 듣고서 회개한다. 하지만 북쪽 이스라엘 자손들은 하나님이 호세아와 아모스 선지자를 통해서 경고하셔도 듣지 않았다. 이 백성은 계속해서 하나님의 법에 반역하여 우상을 숭배하고, 정의와 공의를 버렸다. 마침내 주전 722년에 앗시리아 사람들이 북왕국을 공격하며 하나님의 심판이 임한다. 이때 많은 하나님의 백성이 그 땅에서 쫓겨나 멀리 흩어진다. 그리고 북부 지역은 이방인들로 다시 채워지게 되었다. 이것이 북왕국의 최후다.

▶▶▶ 구약 연대표

북왕국을 공부할 때 구약 연대표를 함께 보면 많은 도움이 될 것이다. 연대표에는 북왕국에 대해서 알아야 할 내용들이 잘 정리되어 있기 때문에 이를 참고하면 이 장을 잘 이해하고 더 큰 서사를 파악할 수 있을 것이다.

우선 구약 연대표에서 여로보암 옆에 있는 왕관이 붉은 색이라는 점에 주의하자. 이는 북왕국의 왕들은 하나님이 선택하신 유다 지파(연대표에서 파란색) 출신이 아니기 때문에 정통성이 없다는 사실을 나타낸다.

둘째로, 북왕국의 연대가 주전 930–722년이라는 점을 기억하라. 이 연도는 구약 연대표의 **왕정 시대** 부분 **"북부 : 이스라엘"** 아래에 있다. 개별 왕들의 통치 연도는 이 장 본문에는 나오지만 연대표에는 제공되지 않았다. 또한 북왕국은 **"북부 : 이스라엘"**이라는 제목으로 되어 있다는 점을 주목하라. "북부"라는 용어는 그 왕국이 지리적으로 이스라엘에서 북부 지역에 위치해 있음을 말한다. 그리고 수도는 사마리아다. 또한 왕국이 분열되었을 때 이스라엘의 열 지파가 여로보암과 함께 북으로 이주해 삼에 따라 이름을 "이스라엘"이라고 했다.

셋째, 북왕국의 왕들 옆에 있는 상징물에 주목하라. 가족, 검, 또는 두 개의 검 그림이 있다. 이 세 가지 그림은 각각의 왕을 파악하는 데 도움이 될 것이다. 사람들이 있는 그림은 그 왕이 선대 왕의 아들(또는 형제)임을 의미한다. 검은 새로운 왕이 예전 왕을 살해했음을 말한다. 그리고 두 개의 검은 새로운 왕이 이전 왕을 살해하고 그 전체 왕가도 몰살하였음을 나타낸다. 예로 나답과 바아사를 살펴보자. 나답 옆에는 가족 그림이 있는데, 이는 그가 여로보암의 아들이었음을 의미한다. 반면에 바아사 옆에는 두 개의 검이 있는데 이는 바아사가 나답의 아들이 아님을 의미한다(가족 그림이 없기 때문에). 그는 집권하던 왕을 살해하고 왕이 된 것이다(한 개의 검의 뜻). 그리고 그는 여로보암의 일가를 모두 죽였다(두 개의 검으로 표시). 이 장 내내 연대표에 이 그림을 사용할 것이다. 이 그림을 통해서 왕들이 어떻게 왕위에 올랐는지 시각적으로 기억할 수 있다.

넷째, 북왕국에는 열아홉 명의 왕이 있었는데, 그들은 모두 구약 연대표에 기록되어 있다. 참고로 재위했던 연도에 따른 북왕국 왕의 목록을 살펴보도록 하자.

여로보암(주전 930–909), 나답(주전 909–908), 바아사(주전 908–886), 엘라(주전 886–885), 시므리(주전 885), 오므리(주전 885–874), 아합(주전 874–853), 아하시야(주전 853–852), 요람(주전 852–841), 예후(주전 841–814), 여호아하스(주전 814–798), 요아스(주전 798–782), 여로보암 2세(주전 793–753), 스가랴(주전 753), 살룸(주전 752), 므나헴(주전 752–742), 브가히야(주전 742–740), 베가(주전 740–732), 호세아(주전 732–722)

왕들에 대한 내용을 살펴볼 때는, 구약 연구서마다 왕들의 재위 연도가 다르다는 점을 이해해야 한다. 날짜를 계산하는 방법에 차이가 있기 때문에 이러한 오차가 발생하기도 하고, 섭정 기간을 어떻게 계산하느냐에 따라 차이가 발생하기도 한다. 이 책에서는 일반적으로 통용되는 연도(NIV 연구 성경에서 볼 수 있는)를 사용하기로 한다. 이는 틸레(E. R. Thiele)의 연대기를 인용한 것이다. 위 연도들은 섭정 기간을 반영하지 않았지만, 뒤에 나오는 내용들에는 쓰여 있다. 또한 독자가 원한다면 왕정 시대에 관한 주석들을 찾아보는 것도 좋다. 마지막으로 북왕국에는 엘리야, 엘리사, 호세아, 아모스, 요나 다섯 명의 선지자가 등장한다. 엘리야와 엘리사는 자신의 이름으로 된 성경을 기록하지 않았지만, 이들에 대한 내용은 열왕기상 17장에서 열왕기하 13장까지 볼 수 있다. 이 시기에 북왕국에서 활동한 다른 선지자들도 많이 있지만 이 다섯 명의 중요한 선지자들만 연대기에 등장한다. 각 선지자가 활동한 시기는 다음과 같이 요약해 볼 수 있을 것이다.

주전 9세기 : 엘리야와 엘리사, 주전 8세기 : 호세아, 아모스, 요나

이 장을 계속 읽어 나가기 전에 연대표에서 이 선지자들을 찾아보자.

여로보암 1세(주전 930-909)

여로보암은 에브라임 지파인 느밧의 아들이다. 그는 솔로몬의 신하로서, 용맹하고 힘찬 전사로 기록되어 있다. 솔로몬은 여로보암에게 자신의 인력을 관리하는 지위를 맡겼다. 특히 그는 요셉 족속을 지휘하여 거대한 왕가 건물을 건축한다. 하지만 우리가 알다시피 여로보암은 다윗 성을 수축하는 일을 마치고는 솔로몬 왕에게 반역을 일으킨다. 여로보암은 도시를 떠나면서 아히야 선지자를 만난다. 선지자는 자신의 옷을 열두 조각으로 찢는다. 그리고는 열 조각을 여로보암에게 주면서 솔로몬은 왕국을 빼앗길 것이며, 열 지파는 여로보암에게 주어질 것이라고 설명한다. 두 조각은 두 지파를 상징하는데, 그들은 하나님이 다윗에게 주신 약속 때문에 남쪽에 남을 것이다(왕상 11:29-39). 솔로몬은 이 예언을 듣고 여로보암을 죽이려고 하지만, 여로보암은 애굽으로 도망가서 애굽 왕 시삭의 보호를 받으며 솔로몬이 죽을 때까지 거기에 머무른다. 이 사람이 바로 북왕국 첫 번째 왕, 여로보암 1세다. 아히야 선지자는 그에게 주신 하나님의 말씀을 선포한다.

> 내가 너를 취하리니 너는 네 마음에 원하는 대로 다스려 이스라엘 위에 왕이 되되 네가 만일 내가 명령한 모든 일에 순종하고 내 길로 행하며 내 눈에 합당한 일을 하며 내 종 다윗이 행함같이 내 율례와 명령을 지키면 내가 너와 함께 있어 내가 다윗을 위하여 세운 것같이 너를 위하여 견고한 집을 세우고 이스라엘을 네게 주리라 내가 이로 말미암아 다윗의 자손을 괴롭게 할 것이나 영원히 하지는 아니하리라 하셨느니라 한지라(왕상 11:37-39)

하나님은 여로보암에게 견고한 집을 세우시겠다고 약속하셨다. 하지만 이 약속은 그가 하나님의 길로 행할 때만 해당하는 것이었다. 여로보암은 열 지파를 끌고 북으로 이주하고 나서, 백성들이 제사를 드리기 위해 남쪽 예루살렘으로 가면 다시 르호보암에게 돌아가게 될까봐 염려가 되었다.

이를 막기 위한 방법으로 여로보암은 금송아지 우상을 두 개 만들기로 했다. 이는 이스라엘 자손이 시내에 있을 때 만들었던 금송아지와 똑같은 것이었다(출 32:4). 그는 이 우상을 만들고 백성에게 말한다. "너희가 다시는 예루살렘에 올라갈 것이 없도다 이스라엘아 이는 너희를 애굽 땅에서 인도하여 올린 너희의 신들이라"(왕상 12:28). 여로보암은 우상 중 하나를 이스라엘의 북쪽인 단에, 또 하나는 예루살렘에 근접한 벧엘에 두었다. 또한 두 곳에 각각 산당을 지었다. 심지어 레위 자손이 아닌 자들로 제사장을 삼아 제사를 드리게 했으며, 예루살렘에서 지켰던 것과 비슷하게 절기를 정하기도 한다(왕상 12:31-32; 대하 11:14-15, 13:9).

여로보암의 행위는 분명히 여호와 하나님과 맺은 독점적인 언약 관계를 심각하게 위반하는 것이었다. 유일하신 참 하나님을 경배하는 것은 모세 율법의 규례 중에서도 핵심적인 조항이었다. 하나님은 자신 이외의 다른 신을 섬기는 것을 엄격하게 금하셨다(출 20:3-5; 신 4:16, 23). 율법은 매우 분명하게 우상을 만든 자는 하나님께 저주를 받는다고 언명한다(신 27:15). 여로보암이 지은 이 우상들이 이후 200년간 북왕국에서 예배의 대상이 되었다는 사실은 너무나 마음 아픈 일이다. 금송아지를 만든 여로보암의 죄는 하나님의 심판이 임하여 북왕국이 포로로 잡혀갈 전조였다. 이러한 죄를 저질렀기 때문에 성경은 북왕국의 왕들에 대해서 모두 "여호와 보시기에 악을 행하되 여로보암의 길로 행하며 그가 이스라엘에게 범하게 한 그 죄 중에 행하였더라"(왕상 15:34, 왕상 15:26, 30, 16:19, 31, 22:52; 왕하 3:3, 13:2, 6, 11, 15:9, 18, 24, 28, 17:16, 21-23)라고 반복적으로 기록한다. 우상을 숭배한 죄는 하나님이 북왕국을 심판하신 주된 이유였다(왕하 17:21-22). 따라서 우리는 북부의 열 지파가 시내 산에 있던 이스라엘 자손과 전혀 다를 것이 없다는 결론을 내릴 수 있다. 그 백성은 완고하고 목이 곧기 때문에 하나님에게서 쉽사리 돌아서서 금송아지를 만들고 섬겼던 것이다(출 32장). 시내에서 이스라엘이 그랬듯이 북왕국에 있는 하나님의 백성도 신을 바꾸어 창조주 하나님 대신에 피조물을 예배하게 된다(시 106:19-20; 렘 2:11; 롬 1:23, 25 참고).

하나님은 우상 숭배하는 여로보암의 행동에 분노하셔서 유다에서 벧엘까지 선지자를 보내서 여로보암이 지은 제단에 대해 심판을 선포하게 하신다(왕상 13장). 하나님이 부르신 이 무명의 선지자는 확실한 이적을 보이며 여로보암 왕에게 하나님의 말씀을 전한다. 그는 제단을 향해 크게 외치며 말한다.

> 제단아 제단아 여호와께서 이와 같이 말씀하시기를 다윗의 집에 요시야라 이름하는 아들을 낳으리니 그가 네 위에 분향하는 산당 제사장을 네 위에서 제물로 바칠 것이요 또 사람의 뼈를 네 위에서 사르리라 하셨느니라 하고 그날에 그가 징조를 들어 이르되 이는 여호와께서 말씀하신 징조라 제단이 갈라지며 그 위에 있는 재가 쏟아지리라(왕상 13:2-3)

애석하게도, 그 선지자 자신도 하나님께 순종하지 못했고 결국 집에 돌아가는 길에 죽고 만다. 하지만 왕은 자신의 악한 길에서 돌아서지 않았다. 그래서 성경은 "이 일이 여로보암 집에 죄가 되어 그 집이 땅 위에서 끊어져 멸망하게 되니라"(왕상 13:34)라고 기록한다. 이러한 선포는 하나님이 여로보암의 집에 심판을 내리실 것을 예견하는 것으로, 바아사 왕에 의해 이 예언은 성취된다(왕상 15:29-30). 그 와중에 하나님은 아히야라는 선지자를 통해서 여로보암이 하나님을 분노하게 했으니 그에게 확실히 심판이 임할 것이라고 말씀한다. 선지자는 다음과 같이 선포한다.

> 내가 여로보암의 집에 재앙을 내려 여로보암에게 속한 사내는 이스라엘 가운데 매인 자나 놓인 자나 다 끊어 버리되 거름 더미를 쓸어버림같이 여로보암의 집을 말갛게 쓸어버릴지라 여로보암에게 속한 자가 성읍에서 죽은즉 개가 먹고 들에서 죽은즉 공중의 새가 먹으리니 이는 여호와께서 말씀하셨음이니라(왕상 14:10-11)

이 심판의 말씀에 주목하라. 그 내용에는 개가 먹고 새가 먹으리라는 말도 있다. 이는 저주의 언어로서 여로보암의 집이 우상 숭배로 인해 하나님께 저주를 받았음을 강조하는 말이다. 율법이 우상을 숭배하는 자는 저주를 받으리라고 선포한다는 사실에 비추어 볼 때 이는 놀라운 일이 아니다(신 27:15). 우리는 이미 하나님이 모세 언약의 조항에 따라 이스라엘 자손을 심판하셨던 일들을 살펴봤다. 그들이 하나님의 율법에 순종하지 않으면 하나님은 약속하신 대로 저주를 내리실 것이다(신 28:15-68, 29:25-28). 성경 곳곳에서 이러한 저주의 언어가 나타나기 때문에 우리는 모세 언약을 통해서 전체 구약 성경을 대략적으로 이해할 수 있다. 모세 언약은 자기 백성에게 심판을 내리시는 하나님을 이해하기 위한 신학적인 토대가 된다. 따라서 하나님이 자기 백성에 대해서 분노하시는 것은 절대 변덕에 의한 것이거나 자의적인 것이 아니며, 언약에 나타난 조건과 일맥상통하는 것임을 깨닫는다.

여로보암은 우상을 숭배했고, 선지자를 통해서 주신 하나님의 말씀도 청종하지 않았기 때문에 하나님의 분노를 촉발시킨다. 아히야는 하나님이 여로보암의 집을 끊어 버릴 한 왕을 일으키시고 있음을 알리며, 여로보암에게 심판이 임할 것을 알린다(왕상 14:14). 몇 년 후, 바아사가 여로보암의 가족을 하나도 남기지 않고 다 죽이고 왕위에 오르면서 이 예언은 실현된다(왕상 15:29-30). 또한 아히야는 여로보암에게 그들이 우상 숭배로 하나님의 분노를 촉발시켰으므로, 하나님이 이스라엘을 그 좋은 땅에서 뽑아내시고 이방 나라로 흩어 버리실 것이라고 말한다(왕상 14:15). 임박한 심판에 대한 이 말씀은 매우 중요하다. "뽑아내고" "흩어 버리는"과 같은 벌은 모세 언약의 저주를 생각나게 하기 때문이다(신 28:64, 29:17-28). 이는 북왕국이 주전 722년에 멸망할 것을 예견한 말씀이다. 아히야는 하나님이 "여로보암의 죄로 말미암아 이스라엘을 버리시리니 이는 그도 범죄하고 이스라엘로 범죄하게 하였음이니라"(왕상 14:16)라고 선포한다. 이미 우리는 성경이 여로보암 1세가 만든 우상들을 "여로보암의 죄"(왕상 14:16, 15:30, 16:2; 왕하 17:21-22)라고 계속해서 언급하고 있음을 살펴봤다. 따라서 심판은 확실히 임할 것이다.

여로보암의 통치 기간에 여로보암의 왕국과 아비야가 다스리던 남왕국 사이에 전투가 있었다(대하 13장). 여로보암은 전쟁터에도 그 금송아지를 가져간다! 하나님은 아비야로 여로보암에게 승리하게 하셨다. 남왕국의 백성들은 하나님을 신뢰했기 때문이다. 하지만 북부는 패배를 맛보았고 수많은 사람이 죽임을 당했다. 여로보암은 이 전쟁 이후 다시 회복하지 못했고 하나님은 그를 치셔서 죽게 한다(대하 13:20). 이후 여로보암의 아들인 나답이 왕위를 이어받았다. 여로보암 1세에 대한 내용은 열왕기상 11장 26-40절, 12장 2절-14장 20절, 15장 29-30절, 역대하 11장 14-15절 및 13장 1-20절에서 찾아볼 수 있다.

여로보암의 뒤를 이은 다섯 왕은 나답, 바아사, 엘라, 시므리, 오므리다. 이 왕들에 대해서는 간략하게만 살펴볼 것이다. 그들은 다른 북왕국의 왕들에 비해서 그다지 중요하지 않은 인물이기 때문이다. 연대표에서 각자의 이름 옆에 있는 그림을 보면 그 다섯 왕이 어떻게 왕위에 올랐는지 파악할 수 있다.

▶▶▶ 구약 연대표

다음 몇 왕들에 대해서 살펴보기 전에 여로보암의 삶에 있었던 중요한 사건들을 되돌아보자. 여로보암은 북왕국에서 가장 중요한 왕이기 때문이다. 구약 연대표에 여로보암 1세에 관한 내용이 요약되어 있는데, 이를 참고하면 그의 재위 기간에 일어났던 일을 기억하는 데 도움이 될 것이다. 두 금송아지 그림이 그 핵심적인 사건을 의미한다.

나답(주전 909-908)

나답의 이름 옆에 있는 가족 그림은 그가 여로보암의 아들이었음을 의미한다(왕상 15:25-28). 그는 하나님 보시기에 악을 행했다. 그리고 왕위를 물려받은 지 얼마 지나지 않아 바아사에게 죽임을 당하고 만다.

바아사(주전 908-886)

바아사의 이름 옆에는 가족 그림이 없다. 그 이유는 그가 나답의 아들이 아니기 때문이다. 바아사는 나답 왕을 죽이고(첫 번째 칼의 의미) 왕위에 오른 후, 여로보암의 일가를 모두 죽인다(두 번째 칼의 의미). 그래서 여로보암의 피붙이는 하나도 살아남지 못하는데, 이는 하나님이 선지자 아히야를 통해서 여로보암에게 말씀하신 대로 성취하신 것이다(왕상 14:7-11, 15:29-30). 따라서 여로보암의 일가가 모두 죽은 것은 여로보암이 우상을 숭배하여 심판이 임했기 때문이었다. 또한 이 기간에 바아사와 남왕국 왕인 아사 사이에 전쟁이 발발한다. 아사와 시리아(아람)의 왕 벤하닷이 동맹을 맺자 바아사는 물러난다(왕상 15:16-22, 32; 대하 16:1-6). 성경은 "바아사가 여호와 보시기에 악을 행하되 여로보암의 길로 행하며 그가 이스라엘에게 범하게 한 그 죄 중에 행하였더라"(왕상 15:34)라고 말씀한다. 하나님은 선지자 예후를 통해 바아사에게 심판의 말씀을 선포하신다.

> 내가 너를 티끌에서 들어 내 백성 이스라엘 위에 주권자가 되게 하였거늘 네가 여로보암의 길로 행하며 내 백성 이스라엘에게 범죄하게 하여 그들의 죄로 나를 노엽게 하였은즉 내가 너 바아사와 네 집을 쓸어버려 네 집이 느밧의 아들 여로보암의 집같이 되게 하리니 바아사에게 속한 자가 성읍에서 죽은즉 개가 먹고 그에게 속한 자가 들에서 죽은즉 공중의 새가 먹으리라(왕상 16:2-4)

바아사가 죽고 나서도(왕상 16:6) 바아사의 집에 대한 하나님의 심판은 계속되었다. 그의 아들도 우상을 숭배하여 하나님을 노엽게 했기 때문이다(왕상 16:7, 10-13). 바아사에 대한 내용은 열왕기상 15장 25절-16장 13절에서 볼 수 있다.

엘라(주전 886-885)

바아사가 죽은 후, 그의 아들 엘라가 왕위를 물려받는다. 엘라 옆에는 가족 그림이 있다. 이는 엘라가 바아사의 아들이었음을 의미한다. 하지만 병거 절반을 통솔한 지휘관 시므리에 의해 살해되면서 엘라의 통치는 갑작스럽게 끝나고 만다(왕상 16:9-10).

시므리(주전 885)

시므리는 엘라를 죽인 후(첫 번째 검) 주전 885년에 왕위에 올라 디르사에서 7일 동안 이스라엘을 통치했다(왕상 16:9-20). 그는 바아사 일가를 한 사람도 남기지 않고 모두 죽였다(두 번째 검). 이는 선지자 예후를 통해서 하나님이 말씀하신 바를 이루신 것이다(왕상 16:7, 12). 이렇게 해서 하나님은 우상을 숭배한 바아사와 그의 아들 엘라에게 심판을 내리셨다(왕상 16:11-13). 그런데 사람들은 시므리가 엘라를 죽였다는 소식을 듣고 군대 지휘관인 오므리를 이스라엘의 왕으로 선포했다. 오므리가 디르사를 포위하자 시므리는 왕궁 요새로 숨어들어 갔다. 시므리는 도시가 함락되었음을 깨닫고 왕궁에 불을 지른 뒤에 그 가운데에서 죽었다. 성경은 "이는 그가 여호와 보시기에 악을 행하여 범죄하였기 때문이니라 그가 여로보암의 길로 행하며 그가 이스라엘에게 죄를 범하게 한 그 죄 중에 행하였더라"(왕상 16:19)라고 전한다. 이러한 사건들에서 분명히 알 수 있는 것은 하나님이 죄를 심각하게 여기시며, 이 왕들에게 이스라엘을 죄로 이끈 책임을 물으셨다는 사실이다. 여로보암의 경우와 마찬가지로, 죄에 대한 벌은 죽음이었다. 시므리에 대한 내용은 열왕기상 16장 9-20절에서 볼 수 있다.

오므리(주전 885-874[디브니와 겹치는 부분, 주전 885-880])

사람들이 오므리를 왕으로 추대하기는 했지만, 그들 사이에서도 분열이 일어나 디브니를 왕으로 삼으려는 사람들도 생겨난다(왕상 16:21-22). 하지만 몇 년 후에 디브니는 죽고 오므리가 온 이스라엘을 다스리는 왕이 된다(왕상 16:21-22). 오므리는 왕이 되자 세멜이라는 사람에게서 북부의 토지를 구매한다. 그리고 그 산 위에 성읍을 건설하여 사마리아라고 명명한다(왕상 16:24). 사마리아는 주전 722년 앗수르 왕 살만에셀 5세가 그 땅을 침략하기 전까지 북왕국 수도였다(왕하 17:1-6). 오므리는 "그 전의 모든 사람보다 더욱 악하게 행하여"(왕상 16:25) 하나님 보시기에 악을 행했다. 오므리는 여로보암의 길을 그대로 따랐고, 이스라엘은 계속해서 우상을 숭배하여 여호와를 노하게 했다(왕상 16:25-26). 오므리가 죽고 나서 그의 아들 아합이 왕이 되었다. 다음 세 왕(아합, 아하시아, 요람) 모두 이름 옆에 가족 그림이 있다는 사실에 주목하라. 그들은 모두 오므리 자손이다. 이 시기를 오므리 왕조라고 한다. 이 왕조는 예후 왕이 요람을 죽이고 왕이 되면서 끝난다. 오므리에 대한 내용은 열왕기상 16장 16-28절에서 볼 수 있다.

아합(주전 874-853)

아합이 왕이 되었을 당시는 왕국이 분열된 지 채 60년이 지나지 않았을 때였다. 그런데 이 짧은 기간 동안에 북왕국을 통치한 모든 왕은 여로보암의 죄를 따라서 계속 우상을 숭배하며 여호와 하나님을 노하게 만들었다. 하나님은 이러한 죄를 반드시 벌하신다. 하지만 하나님은 은혜롭고 긍휼이 많으시며 노하기를 더디하시기 때문에 아직까지 북왕국에 대한 심판을 내리지 않으셨다. 그런데 이제 다루려는 이 시기에는 아합왕 아래에서 이스라엘의 죄가 극적으로 증가한다. 오므리가 죽자, 그의 아들 아합이 왕위를 물려받아서 주전 874년에서 853년까지 통치한다. 아합은 중요한 왕으로서, 성경의 일곱 장이 그에게 할애되었다(왕상 16-22장). 그리고 아합은 북왕국 왕들 중에서도 최악의 왕으로 나타난다. 아합은 "느밧의 아들 여로보암의 죄를 따라 행하는 것을 오히려 가볍게"(왕상 16:31) 여길 정도였다. 그는 이방 여인인 시돈 왕 엣바알의 딸 이세벨과 결혼했다. 아합은 이후 가나안 신 바알을 섬기는 행위를 이스라엘에 들여왔고, 사마리아에 바알을 위한 제단과 신전을 건설하기까지 한다. 그는 또한 아세라 숭배를 장려하여 아세라 상을 만들었다. 그래서 성경은 아합이 "그 이전의 이스라엘의 모든 왕보다 심히 이스라엘 하나님 여호와를 노하시게 하였더라"(왕상 16:33)라고 한다. 이때는 의심의 여지없이 북왕국 역사에서 최악의 시기였다. 사람들은 이미 금송아지를 예배하고 있었는데, 아합은 이에 더하여 바알 숭배까지 들여온 것이다. 그리고 바알 숭배는 이스라엘 전역에 퍼지게 되었다.

선지자 엘리야

엘리야는 9세기에 북왕국에서 활동한 선지자다. 하나님은 엘리야를 부르셔서 이스라엘의 마음을 다시 하나님께 되돌리려고 하셨다. 하지만 이는 결코 쉬운 일이 아니었다. 이미 이스라엘의 마음 깊숙이 우상 숭배가 강력하게 자리 잡고 있었기 때문이다. 엘리야 선지자는 아합에 맞서서 이스라엘에 벌어질 일을 선포한다. "내가 섬기는 이스라엘의 하나님 여호와께서 살아 계심을 두고 맹세하노니 내 말이 없으면 수년 동안 비도 이슬도 있지 아니하리라"(왕상 17:1). 우리는 모세 언약에 따른 저주 중에 비를 멈추시겠다는 것도 있다는 사실을 기억해야 한다(신 28:23-24). 하지만 하나님께 순종한다면 하나님은 그들에게 복을 내리시고 철에 따라 비를 주실 것이다(레 26:4; 신 28:12). 따라서 당시 이스라엘에 비가 내리지 않는 현상은 이스라엘이 순종하지 않았음을 증명하는 징조였다. 하나님은 엘리야를 아합과 맞서게 하신 후에 엘리야를 광야에 숨기시고 놀라운 방식으로 필요한 것을 공급하셨다. 하나님은 과부의 떡과 기름을 끊이지 않게 하시는 놀라운 이적을 행하시고, 과부의 죽은 아들을 살리시기까지 한다. 이 일로 그 여인은 "당신은 하나님의 사람이시요 당신의 입에 있는 여호와의 말씀이 진실"(왕상 17:24)하다고 고백한다. 3년 반이 지난 후 하나님은 엘리야에게 아합에게 가서 비를 주실 것이라고 전하라고 한다(왕상 18:19). 엘리야는 아합을 만난 자리에서 온 이스라엘을 갈멜 산으로 모이게 하고, 이세벨의 상에서 먹는 바알 선지자 450명과 아세라 선지자 400명도(왕상 18:19) 함께 부르라고 한다. 당시 얼마나 대대적으로 우상을 숭배하고 있었는지 생각해 볼 대목이다. 이스라엘 왕이 거의 1,000명에 가까운 거짓 선지자를 그 집에서 먹이고 있었던 것이다! 엘리야는 백성에게 도전한다. "너희가 어느 때까지 둘 사이에서 머뭇머뭇하려느냐 여호와가 만일 하나님이면 그를 따르고 바알이 만일 하나님이면 그를 따를지니라"(왕상 18:21). 엘리야는 이스라엘에게 하나님께 돌아가 유일하시고 참된 하나님을 섬기라고 부른다. 그리고 한 가지 시험을 통해서 여호와가 하나님이심을 깨닫게 만든다.

엘리야는 바알 선지자들에게 송아지를 잡아 각을 뜬 뒤에 단 위에 둘 것을 제안한다. 그리고 바알을 불러서 불로 그 제물을 태우라고 한다. 그러면 폭풍의 신인 바알이 번갯불을 내려 자신의 힘을 증명할 수 있지 않겠냐는 것이었다. 그리고 엘리야도 그들과 똑같이 하기로 한다(엘리야는 제단을 물로 흠뻑 적시기는 했지만). 아무도 직접 불을 붙일 수는 없었다. 선지자들은 각자 자신의 신을 부를 것이고, 거기에 불로 응답하는 신이 참 하나님으로 나타날 것이다. 바알 선지자들은 아침부터 저녁까지, 온종일 그들의 신을 불러 댔지만 하늘에서는 어떤 소리도 들리지 않았고 아무도 응답하지 않았다. 그들은 제단 주위에서 뛰놀았지만 그래도 여전히 응답은 없었다. 엘리야는 그들의 신이 다른 일을 하고 있는지, 아니면 먼 길을 떠났는지, 졸고 있는지 모르니 더 큰 소리로 외치라고 말하면서 그들을 조롱한다. 그러자 그 선지자들은 더욱 크게 울부짖었다. 심지어 자신들의 몸을 상하게 하여 몸에서는 피가 흘러내렸다. 그들은 그렇게라도 해서 자신들의 신으로부터 응답을 받기를 원했다. 하지만 성경은 "아무 소리도 없고 응답하는 자나 돌아보는 자가 아무도 없더라"(왕상 18:29)라고 전한다.

이 사건은 시편 기자가 우상에 대해서 "우상들은 은과 금이요 사람이 손으로 만든 것이라 입이 있어도 말하지 못하며 눈이 있어도 보지 못하며 귀가 있어도 듣지 못하며 코가 있어도 냄새 맡지 못하며"(시 115:4-6)라고 한 말씀을 떠올리게 한다. 그 선지자들이 아무리 크게 울부짖어도 바알은 그 소리를 들을 수 없었다. 왜냐하면 바알은 한낱 우상에 불과하며 사람의 손으로 만든 것이기 때문이다. 바알이 고작 사람이 만들어 낸 사물에 불과하다면, 왜 이때 바알 숭배가 이스라엘에 그렇게 만연했던 것인가? 우리는 이스라엘 이야기를 보면서 사람들은 말을 할 수 없는 신을 섬기는 편을 좋아한다는 점을 깨닫는다. 왜냐하면 그렇게 해야 신이 그들에게 무엇을 하라고 지시하는 것이 아니라, 그들이 신에게 무엇을 하라고 지시할 수 있기 때문이다. 그렇다면 다음과 같이 질문하게 된다. 실제로 누가 신인 것인가?

게다가 우상 숭배의 이면에는 또 다른 영역이 존재하는 것 같다. 즉 우상 숭배는 마귀를 예배하는 것이라는 생각도 해 볼 수 있다. 성경은 이러한 개념을 간단하게만 언급한다(신 32:16-17; 시 106:36-38; 고전 10:20 참고). 하지만 사람의 마음이 여호와 하나님을 예배하지 못하게 만들려고 애썼던 옛적 뱀이 연상되는 것은 사실이다. 성경을 보면 사탄이 우상 숭배를 통해서 계속 일하고 있음을 암시하는 말씀이 있다. 왜냐하면 우상 숭배는 사람들이 살아 계신 하나님을 떠나 창조주가 아닌 피조물을 섬기는 것을 의미하기 때문이다. 이는 처음부터 뱀이 품은 사악한 뜻을 떠올리게 한다.

바알 선지자들과는 대조적으로 엘리야는 참되시고 살아 계신 하나님을 예배한다. 하나님은 능력의 창조주로서 말씀만 하시면 그대로 이루시는 분이다. 이제 엘리야에게 자신이 섬기는 이 하나님을 드러낼 기회가 왔다. 그는 송아지를 준비하여 제단에 놓는다. 게다가 엘리야는 제단에 물을 흠뻑 부었기 때문에, 인간적인 관점에서는 제단에 불을 붙이기란 불가능한 일이었다. 그리고 엘리야는 아브라함과 이삭과 이스라엘의 하나님 여호와께 기도한다. 엘리야는 하나님께 백성에게 나타나셔서 자신이 하나님이심을 보이시고 사람들의 마음을 돌이켜 달라고 구했다. 그 순간 불이 하늘에서 내려와 제물과 나무와 돌과 먼지, 그리고 도랑을 가득 채운 물까지 다 핥아 버렸다! 백성들은 머리를 땅에 대고 엎드려 "여호와 그는 하나님이시로다 여호와 그는 하나님이시로다"(왕상 18:39)라고 외쳤다.

많은 세월이 지난 후, 하나님은 엘리야와 같은 또 다른 선지자를 부르실 것이다. 그는 낙타털 옷을 입고 허리에 가죽 띠를 두를 것이다(마 3:4; 막 1:6; 왕하 1:8). 그리고 사가랴 제사장에게 천사가 나타나 그가 올 것을 선포할 것이다(눅 1:5-25, 57-80). 이 선지자는 광야에서 외칠 것이고, 이스라엘 자손을 하나님께로 돌아오게 할 것이다(말 4:6; 눅 1:16-17, 76-80). 그의 이름은 요한으로(세례 요한으로 더 잘 알려져 있다), 주님이 오실 길을 예비할 자다.

엘리야의 사역을 통해서 하나님의 백성은 여호와가 하나님이심을 인정하게 되었다. 바알 선지자들은 죽임을 당했고(왕상 18:40), 하나님은 이스라엘에 비를 내리셨다(왕상 18:41-45; 약 5:17-18). 아합은 아내 이세벨에게 엘리야가 행한 모든 일을 말했다. 그러자 이세벨은 24시간 내에 그 선지자를 죽이겠다고 맹세한다. 그렇지만 하나님이 엘리야의 생명을 지켜 주신다. 엘리야는 당시 모든 사람들 중에서도 하나님께 열심이 유별한 사람이었다(왕상 19장). 하나님은 예전에 모세에게도 그러셨듯이(출 34장), 엘리야가 어느 산의 동굴에 들어가 있을 때 그에게 임하신다. 이제 엘리야는 하나님의 은혜로우신 임재와 조우한다. 엘리야는 바알에게 아직 무릎을 꿇지 않은 사람들이 있다는 하나님의 말씀을 직접 듣고 힘을 얻는다(왕상 19:14-18). 이 사람들 중에 사밧의 아들 엘리사가 있었다. 엘리야는 겉옷을 벗어 그에게 입혀 준다. 그는 엘리야의 후계자로서 이스라엘의 다음 선지자가 될 것이다(왕상 19:19-21).

• 아합에게 심판이 임하다

아합 왕은 이후, 뽐내기를 좋아하고 주정뱅이인 아람 왕 벤하닷과 두 차례 전투를 벌인다(왕상 20장). 아람 군대의 규모가 더 컸지만 선지자는 아합에게 하나님이 승리를 주실 것과, 아합이 여호와가 하나님이심을 알 것이라고 말한다(왕상 20:13-14, 26-28). 그런데 아합은 벤하닷을 죽이지 않고 그의 목숨을 살려 주었으며, 심지어 그와 언약을 맺기까지 한다(왕상 20:30-43). 이는 아각 왕을 죽이라는 하나님의 명령에 순종하지 못했던 사울의 모습을 떠올리게 한다(삼상 15장). 그때 한 선지자가 아합에게 와서 그의 목숨이 아람 왕의 목숨을 대신할 것이라고 전한다(왕상 20:42). 이는 이후에 아합이 아람 사람에게 패배하여 목숨을 잃을 것을 암시한다(왕상 22:29-40).

아합은 아람 사람에게 두 차례 승리를 거두었다. 그런데 이스르엘 사람 나봇의 포도원을 얻고 싶은 욕심에 사로잡힌다(왕상 21장). 하지만 나봇은 유산에 관한 이스라엘의 법에 따라서 포도원을 가족 내에서 유지하려고 한다(레 25:23; 민 36:7). 그러자 아합의 아내인 이세벨이 나서서 일을 처리한다. 이세벨은 아합의 이름으로 편지를 써서 두 명의 거짓 증인을 세워 나봇에 대하여 거짓으로 증언하게 한다. 결국 나봇은 돌에 맞아 죽고 만다. 그리고 이세벨은 아합에게 가서 나봇이 죽었으니 포도원을 차지하라고 한다. 그러자 하나님은 엘리야 선지자를 통하여 아합에게 심판의 말씀을 전한다. "개들이 나봇의 피를 핥은 곳에서 개들이 네 피 곧 네 몸의 피도 핥으리라"(왕상 21:19). 그뿐 아니라 아합에게는 더 많은 심판이 임한다. 하나님은 선지자를 통해 아합에게 이 사실을 통보한다.

> 내가 재앙을 네게 내려 너를 쓸어버리되 네게 속한 남자는 이스라엘 가운데에 매인 자나 놓인 자를 다 멸할 것이요 또 네 집이 느밧의 아들 여로보암의 집처럼 되게 하고 아히야의 아들 바아사의 집처럼 되게 하리니 이는 네가 나를 노하게 하고 이스라엘이 범죄하게 한 까닭이니라 …… 아합에게 속한 자로서 성읍에서 죽은 자는 개들이 먹고 들에서 죽은 자는 공중의 새가 먹으리라(왕상 21:21-22, 24)

엘리야는 이 선포문을 통해서 하나님이 여로보암과 바아사에게 내리셨던 심판을 상기시킨다. 그들의 일가가 완전히 전멸되어 아무도 살아남지 못했다는 사실을 기억할 것이다(왕상 15:29, 16:11-12). 엘리야는 아합의 가족 역시 진멸될 것이라고 선포한다. 이는 후에 예후 왕이 아합의 아들 70명을 죽이면서 현실이 된다(왕하 9:6-10, 10:1-17). 엘리야는 또한 이세벨에 대한 하나님의 심판도 선포한다. "개들이 이스르엘 성읍 곁에서 이세벨을 먹을지라"(왕상 21:23). 따라서 이세벨은 하나님의 심판을 피하지 못할 것이다. 이세벨은 말에 짓밟힐 것이고 개들이 그 피를 핥고 시신을 먹을 것이다. 그래서 오직 두골과 발과 손만 남을 것이다(왕하 9:33-37). 이 여자는 하나님의 진노 아래 놓인 것이다. 하나님은 죄를 심각하게 여기신다.

나봇이 죽고 난 후, 성경은 아합에 대해서 "예로부터 아합과 같이 그 자신을 팔아 여호와 앞에서 악을 행한 자가 없음은 그를 그의 아내 이세벨이 충동하였음이라 그가 여호와께서 이스라엘 자손 앞에서 쫓아내신 아모리 사람의 모든 행함같이 우상에게 복종하여 심히 가증하게 행하였더라"(왕상 21:25-26)라고 말씀하신다. 아합의 행위는 하나님이 "토하여 내신" 가나안 땅의 거류민 아모리인들이 저지른 가증한 일에 비견될 정도였다(창 15:16; 레 18:25-26). 이스라엘은 다른 나라들과 전혀 구분되지 못했고, 오히려 그들과 같아졌다. 그렇지만 아합은 하나님 앞에 겸비했다(왕상 21:28). 그 결과 하나님이 그의 집에 내리시려 했던 온전한 진노는 연기되었다. 그래서 아합의 생전이 아닌 그의 아들의 때에 심판이 임할 것이다(왕상 21:28-29).

아합은 아람 사람들과 싸우다가 전사했다(왕상 22:29-40). 이는 아람 왕 벤하닷을 죽이라는 하나님의 명령을 따르지 않았을 때 하나님이 아합에게 하신 말씀이 그대로 이루어진 것이었다(왕상 20:42). 아합은 병거에 있을 때 화살에 맞아 치명상을 입는다. 그의 피가 쏟아져 흘렀고, 병거를 씻을 때 개들이 와서 아합의 피를 핥았다(왕상 22:38). 이렇게 해서 "개들이 나봇의 피를 핥은 곳에서 개들이 네 피 곧 네 몸의 피도 핥으리라"(왕상 21:19)라는 엘리야의 예언이 성취되었다. 아합은 그 앞의 모든 왕보다도 더욱 악을 행한 왕이었다. 아합이 죽고 난 후, 그의 아들 아하시야가 왕으로 등극한다. 아합에 대한 내용은 열왕기상 16장 28절-22장 40절, 열왕기하 10장 1-17절, 역대하 18장에서 볼 수 있다.

▶▶▶ 구약 연대표

다음 왕들로 넘어가기 전에 연대표를 보면서 지금까지 살펴본 부분이 어디에 해당되는지 찾아보자. 우리는 여로보암 1세부터 아합까지 이스라엘의 처음 일곱 왕을 봤고, 그 시기는 대략 80년에 해당한다. 연대표에서 여로보암, 오므리, 아합에 대해 요약한 내용을 잠시 살펴보면, 이들이 통치하던 기간에 일어난 중요한 사건을 기억하는 데 도움이 될 것이다.

아하시야(주전 853-852)

아합이 죽고 난 후, 그의 아들인 아하시야가 왕이 되어 주전 853년에서 852년까지 통치한다. 그는 여로보암의 죄를 그대로 따랐고 아버지 아합처럼 바알을 숭배하여 하나님 보시기에 악을 행한다(왕상 22:5-53). 아하시야는 병이 들었을 때도 하나님을 찾지 않고 에그론의 신 바알세붑에게 사자를 보낸다(왕하 1:2). 엘리야는 그가 우상을 숭배했기 때문에 그에게 심판이 임할 것이라고 선포한다. 또한 그가 이스라엘의 하나님을 찾지 않고 바알세붑에게 갔기 때문에 병에서 회복하지 못할 것이라고 말한다(왕하 1:16). 그리고 아하시야는 "엘리야가 전한 여호와의 말씀대로"(왕하 1:17) 죽고 만다. 아하시야에 대한 내용은 열왕기상 22장 51-53절, 열왕기하 1장, 역대하 20장 35절에서 볼 수 있다.

여호람(주전 852-841)

여호람은 아합의 다른 아들로서 아하시야가 자식이 없이 죽었기 때문에 형을 대신해서 왕이 되었다. 여호람(또는 요람이라고도 한다)은 주전 852년부터 841년까지 통치한다. 그는 아버지가 만든 바알의 주상을 없애기는 했지만 여로보암의 "죄를 따라 행하고 떠나지 아니하여"(왕하 3:3) 하나님 보시기에 악을 행한다. 여호람이 통치하는 기간에 하나님은 엘리야를 불수레에 태워 하늘로 직접 올리셨고, 엘리사가 그의 후계자가 된다(왕하 2장). 여호람의 통치 초반에 모압 왕 메사가 반역을 일으켜, 여호람은 군대를 모으고 유다 왕 여호사밧과 에돔 왕을 불러 함께 모압 사람들과 싸우고자 한다(왕하 3장). 이 세 왕은 엘리사에게 가서 하나님이 승리를 주실지 묻는다. 엘리사는 하나님이 그들에게 승리를 주실 것이라고 말한다(왕하 3:18, 24, 26-27). 하지만 이는 하나님이 여호사밧(유다에서 종교 개혁을 시작한 남왕국의 왕)을 생각하셨기 때문이다.

선지자 엘리사

엘리사는 9세기 북왕국에서 활동한 선지자다. 그는 이 시기에 지속적으로 활발하게 활동했으며, 많은 이적과 치유 역사를 행했다. 가난한 과부의 기름을 풍부하게 했고(왕하 4:1-7), 아이를 임신하지 못하는 여성으로 아들을 낳게 했으며(왕하 4:6-17), 죽은 아들을 되살리고(왕하 4:18-17), 몇 안 되는 보리떡과 채소로 100명을 먹였으며(왕하 4:38-44), 시리아 군대 장관 나아만의 나병을 고쳐 주었다(왕하 5:1-14). 특히 이스라엘 사람이 아닌 나아만을 고쳐 준 사건은 매우 중요하다. 우리는 땅의 모든 족속 중 한 사람이 "내가 이제 이스라엘 외에는 온 천하에 신이 없는 줄을 아나이다"(왕하 5:15; 창 12:3 참고)라고 깨닫는 장면을 보기 때문이다.

우리는 엘리야와 엘리사의 예언 사역을 통해서 하나님이 왕이 다스리는 시대에 자기 백성을 어떻게 다루시는지를 본다. 선지자는 하나님의 부르심을 받아 하나님의 회의에 참여하여 하나님의 말을 전하는 자다. 따라서 성경에 부합하는 선지자란 하나님의 관점에서 자신이 처한 역사 배경을 해석하는 자들이다. 그들은 "여호와께서 이렇게 말씀하셨다"라고 백성에게 선포한다. 엘리사도 다른 선지자들과 마찬가지로 하나님의 회의에 참여하여 여호와의 말씀을 듣고, 사람들에게 담대하게 말한다. 그는 많은 이방인에 둘러싸인 상황에서도 환상으로 하나님의 목적을 보고 그의 동포들의 눈이 열리기를 기도했다(왕하 6:17).

• 예후가 왕으로 기름 부음 받다

이때 사마리아에 심각한 기근이 임한다. 그 기근이 얼마나 극심한지 여인들이 자신들의 자녀를 먹는 사건이 있었다(왕하 6:24-30). 이 또한 모세 언약에 나오는 저주라는 사실을 기억하라(레 26:27-29; 신 28:52-57). 기근은 7년 동안 지속되었다고 한다(왕하 8:1). 여호람이 아직 이스라엘을 다스리고 있었지만, 엘리사는 하나님이 예전에 하신 말씀에 따라 예후에게 기름을 부어 왕으로 삼고자 한다. 그래서 한 선지자의 손에 기름병을 쥐어 주며 길르앗 라못으로 보낸다(왕하 9:1). 그 선지자는 예후에게 기름을 부어 왕으로 세우면서 다음과 같이 말한다.

> 너는 네 주 아합의 집을 치라 내가 나의 종 곧 선지자들의 피와 여호와의 종들의 피를 이세벨에게 갚아 주리라 아합의 온 집이 멸망하리니 이스라엘 중에 매인 자나 놓인 자나 아합에게 속한 모든 남자는 내가 다 멸절하되 아합의 집을 느밧의 아들 여로보암의 집과 같게 하며 또 아히야의 아들 바아사의 집과 같게 할지라 이스르엘 지방에서 개들이 이세벨을 먹으리니 그를 장사할 사람이 없으리라 하셨느니라 하고 곧 문을 열고 도망하니라(왕하 9:7-10)

예후는 왕으로 기름 부음을 받고, 아람 사람들과 싸우다가 부상을 입은 여호람을 제거하기 위해 모의를 꾸민다. 예후는 병거를 타고 여호람이 회복하고 있는 이스르엘로 향한다. 유다 왕 아하시야(북왕국의 왕인 아하시야와 혼동하지 말 것)도 마침 부상당한 왕을 방문하기 위해 이스르엘에 있었다. 여호람은 예후가 화평을 맺기 위해 오는 것이 아님을 재빨리 알아차리고 마차를 부른다. 예후는 두 왕이 나봇의 토지에 있는 것을 발견했다. 여호람은 아하시야에게 "반역이로다"라고 외쳤다. 바로 그 순간 여호람은 예후가 쏜 화살에 맞아 죽고 만다. 그리고 아하시야도 도망가는 도중에 죽는다(왕하 9:14-26). 하나님이 엘리야를 통해 아합의 집에 대하여 심판을 선포하셨던 사실을 기억할 것이다(왕상 21:21-24). 이 말씀에 따라 예후는 그의 장관에게 아합의 아들 여호람의 시체를 나봇의 밭에 던지라고 한다. 나봇의 피가 흘린 바로 그곳에서 말이다! 이제 여호람은 죽었고 예후가 다음 왕위를 차지하며 이스라엘을 다스리는 왕이 되었다. 여호람에 대한 내용은 열왕기하 1장 17절, 3장 1-27절, 9장 14-26절에서 볼 수 있다.

• 북왕국의 처음 100년을 돌아보다

북왕국의 아홉 번째 왕 여호람의 죽음으로 이제 북왕국의 첫 100년을 모두 다루었다. 따라서 지금까지 배운 내용을 되돌려 보면 유익할 것이다. 알다시피 초대 왕 여로보암 1세가 금송아지 두 마리를 만들었는데, 주전 722년에 왕국이 멸망할 때까지 사람들은 계속해서 그 우상을 섬긴다. 그리고 우상 숭배는 아합의 통치 기간에 급증한다. 아합은 바알 신전을 건설하여 사마리아에서 바알 숭배를 확립시킨 장본인이다. 이는 북부에 사는 하나님 백성이 금송아지만을 섬기는 것이 아니라, 이제는 가나안 신 바알과 여신 아세라도 섬겼음을 의미한다. 엘리야 선지자는 하나님 앞에서 "이스라엘 자손이 주의 언약을 버리고 주의 제단을 헐며 칼로 주의 선지자들을 죽였음이오며"(왕상 19:10)라고 애통해한다. 그들의 행위는 모세 언약의 조약들을 직접적으로 위반한 것이기 때문에 우리는 당연히 하나님의 심판이 임할 것을 예상할 수 있다. 이때는 대대적인 배교의 시대였지만, 그럼에도 불구하고 이스라엘이 저지른 죄는 우리가 하나님의 은혜와 자비를 구해야 할 필요를 드러내는 역할을 한다. 놀랍게도 하나님은 아합이 살아 있을 때에 왕국을 멸망시키지 않으신다. 하나님은 자비를 베푸셔서 호세아 선지자와 아모스 선지자를 보내 이스라엘이 회개하지 않으면 심판이 임할 것을 경고하신 것이다. 우리는 이제 다음 왕으로 넘어갈 준비가 됐다.

예후(주전 841-814)

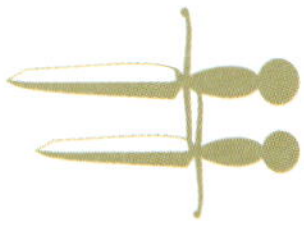

예후는 여호람을 죽인 후에(첫 번째 칼) 왕위를 받았고, 주전 841년부터 814년까지 통치한다. 이세벨은 예후 왕이 이스르엘에 있다는 소식을 듣고(왕하 9장), 눈을 그리고 머리를 꾸민다. 그리고 예후가 문에 들어서는 모습을 보자 인사를 건넨다. 하지만 예후는 이세벨이 창문 밖으로 자신을 내려다보는 것을 보고서 자신의 편이 될 자가 있으면 이세벨을 던지라고 외친다. 내시가 이세벨을 던졌고, 이세벨의 피는 담과 말에 튀었다. 그러자 예후는 그 시체를 밟았다. 그러고 나서 예후는 들어가서 먹고 마신다. 이후 그의 신하들이 이세벨을 장사하려 했으나 두골과 손발밖에는 찾을 수가 없었다. 이는 "이스르엘 토지에서 개들이 이세벨의 살을 먹을지라"(왕하 9:36)라는 하나님의 심판의 말씀이 이루어진 것이었다. 이세벨은 하나님의 선지자를 죽였고, 이제는 자신이 하나님의 진노를 받은 것이다(왕상 21:23). "저주받은 여인"의 최후에 대한 소름끼치는 이야기는 사람이 자신의 죄 때문에 하나님의 심판을 받는다는 것이 어떤 것인지를 생생하게 보여 준다.

이스르엘에서 또 다른 중요한 사건이 발생한다. 예후는 엘리사의 제자에게 기름 부음을 받을 때, 하나님의 종들의 피를 갚아 주기 위해 아합 일가를 멸절하라는 말씀을 들었다. 예후가 왕이 된 이후에도 아합의 아들 일흔 명은 여전히 사마리아에 머물러 있었다. 예후는 그 도시 지도자들에게 편지를 보내서 아합의 아들들을 죽여 그들의 머리를 바구니에 담아 이스르엘에 있는 자신에게 보내라고 한다(왕하 10장). 그들은 그대로 행하여 아합의 아들들의 머리를 문어귀에 쌓아 두었다. 예후는 아합의 집에 속한 모든 자를 죽여 아무도 살려 두지 않았다(왕하 10:11, 17). 여로보암과 바아사의 집과 같이(왕하 9:9) 아합의 집은(두 번째 칼이 나타내듯이) 완전히 멸절되었다. 이는 엘리야 선지자를 통해서 아합과 그의 집에 선포하신 하나님의 심판을 이루신 것이다(왕상 21:21; 왕하 10:10).

예후는 아합의 집을 멸절했을 뿐 아니라 바알을 섬기는 모든 사람을 죽임으로써 바알 숭배를 박멸한다(왕하 10:18-28). 예후는 하나님 보시기에 정직하게 잘 행했기 때문에 하나님은 그의 자손이 4대 동안 이스라엘 왕위를 이으리라고 말씀하신다. 그 네 왕은 여호아하스, 요아스, 여로보암, 스가랴다. 하지만 예후가 바알 숭배를 멸하기는 했으나, 금송아지는 없애지 않았기 때문에 그의 통치 기간에도 우상 숭배는 지속되었다(왕하 10:31). 우리는 "예후가 전심으로 이스라엘 하나님 여호와의 율법을 지켜 행하지 아니하며 여로보암이 이스라엘에게 범하게 한 그 죄에서 떠나지 아니하였더라"(왕하 10:31)라는 말씀을 본다. 이러한 죄들은 왕국의 마지막이 가까이 오고 있음을 암시한다(왕하 10:32-33). 이제 예후가 죽고 그의 아들인 여호아하스가 대신하여 왕이 된다. 예후에 대한 내용은 열왕기하 9-10장, 15장 12절에서 볼 수 있다.

여호아하스(주전 814-798)

선대 왕들과 마찬가지로 여호아하스는 "여호와 보시기에 악을 행하여 이스라엘에게 범죄하게 한 느밧의 아들 여로보암의 죄를 따라가고 거기서 떠나지 아니하였"(왕하 13:2)다. 하나님은 그에게 진노하셔서 아람 사람을 보내 이스라엘과 전쟁을 벌이게 하신다. 하지만 여호아하스는 하나님의 은혜를 구했고, 하나님은 긍휼하셔서 그들을 아람 사람에게서 구하셨다. 하지만 이 모든 일에도 불구하고 백성은 계속해서 금송아지를 섬기고 있었다! 여호아하스가 죽은 후에 그의 아들 요아스가 왕이 되었다. 여호아하스에 대한 내용은 열왕기하 13장 1-9절, 22절에서 볼 수 있다.

요아스(주전 798-782)

요아스는 여로보암의 죄를 그대로 답습하며 하나님 보시기에 악을 행한다(왕하 13:10-25, 14:8-16; 대하 25:17-24). 요아스는 유다 왕인 아마샤에 맞서 싸우고 그를 무찌른다. 아마샤가 에돔의 신을 섬겼기 때문이다(대하 25:14-28). 요아스는 예루살렘에 들어가서 성벽을 헐고, 성전의 재물을 약탈하여 사마리아로 가져간다(대하 25:17-25). 이때 요아스는 죽을병이 든 엘리사를 방문한다. 엘리사는 요아스에게 하나님이 그에게 아람 사람을 이기도록 하실 것이라고 말한다(왕하 13:14-19). 엘리사의 죽음 이후에 아람 사람들은 이스라엘을 학대한다. 하지만 성경은 "여호와께서 아브라함과 이삭과 야곱과 더불어 세우신 언약 때문에 이스라엘에게 은혜를 베풀며 그들을 불쌍히 여기시며 돌보사 멸하기를 즐겨하지 아니하시고 이때까지 자기 앞에서 쫓아내지 아니하셨더라"(왕하 13:23; 왕하 14:27 참고)라고 전한다. 하나님의 백성이 계속해서 우상들을 섬겼지만 하나님은 1,200년 전 족장들과 맺은 언약 때문에 그들에게 지금까지 은혜를 베푸시는 것이다. 하나님은 이스라엘이 계속 실패를 하는데도 불구하고 자신의 약속을 지키셨다! 요아스도 계속해서 여로보암의 죄를 지었지만 하나님은 은혜로우시기 때문에 요아스는 많은 성읍을 회복한다. 요아스가 죽은 후에 그의 아들 여로보암 2세가 섭정 기간(주전 793-782)을 거쳐 홀로 왕이 된다. 요아스에 대한 내용은 열왕기하 13장 10-25절, 14장 8-16절, 역대하 25장 17-24절에서 볼 수 있다.

여로보암 2세(주전 793-753[요아스의 섭정, 주전 793-782])

여로보암 2세에 대한 정보는 굉장히 적다(왕하 14:16, 23-29). 하지만 그가 여로보암 1세의 뒤를 따라 계속해서 하나님 보시기에 악을 행했다는 사실은 분명하게 알 수 있다(왕하 14:24). 이쯤이면 여로보암의 우상 숭배가 얼마나 심각한 문제인지 틀림없이 깨달았을 것이다. 우상 숭배는 북왕국의 전체 역사를 결정한 사건이었다. 그렇지만 하나님은 여전히 여로보암 2세가 통치하는 기간에도 자기 백성에게 은혜를 베푸셨다. 하나님은 당시 이스라엘이 적들 때문에 심한 고난을 당하는 것을 보시고 이스라엘의 영토를 잠시 회복시켜 주셨다(왕하 14:25-26). 하나님은 여로보암 2세의 손을 통해서 적군에게서 자기 백성을 구원하신다. "여호와께서 또 이스라엘의 이름을 천하에서 없이하겠다고도 아니하셨기"(왕하 14:27) 때문이다. 여로보암 2세는 중요한 왕인데, 그 이유는 그가 통치하는 기간에 세 명의 북왕국 선지자들(호세아, 아모스, 요나)이 예언 활동을 했기 때문이다.

우리는 호세아와 아모스 선지자를 별도로 다루어 이 시대에 어떤 일이 있었는지 살펴보도록 하겠다. 선지자는 하나님께 부름을 받아 하나님의 회의에 참여한 사람이라는 사실을 기억하라. 선지자는 하나님의 말씀을 백성에게 전하는 자이다. 선지자는 자신의 말을 하는 것이 아니라 "보내신 이"(요 12:44-45)의 말을 해야만 한다. 선지자가 존재한다는 것 자체가 하나님의 자비를 보여 주시는 것이다. 왜냐하면 하나님은 선지자를 통해서 개인이나 국가가 회복되기를 원하셨기 때문이다. 선지자의 말을 듣지 않는 것은 그를 보내신 여호와의 말을 듣지 않는 것과 같다. 하나님의 백성은 선지자들의 사역을 통해서 앞으로 오실 모세와 같은 선지자에 대한 기대감을 쌓아가게 되었다(신 18:15-18). 다음 여섯 왕을 살펴보기에 앞서 여로보암 2세 당시 사역했던 세 명의 선지자에 대해서 알아보려고 한다. 여로보암 2세에 대한 내용은 열왕기하 14장 16절, 23-29절에서 볼 수 있다.

선지자 호세아

호세아 선지자는 주전 8세기 북왕국에서 활동한 선지자다. 그는 "웃시야와 요담과 아하스와 히스기야가 이어 유다 왕이 된 시대 곧 요아스의 아들 여로보암이 이스라엘 왕이 된 시대에"(호 1:1) 예언 활동을 펼쳤다. 여로보암 2세가 주전 793년부터 753년까지 통치했기 때문에, 호세아는 8세기 북부 선지자로 여겨진다. 이미 살펴봤듯이 북왕국이 안고 있는 핵심적인 영적 문제는 우상 숭배였다. 호세아는 다른 신을 섬기는 이스라엘의 죄를 폭로한다. 그리고 이를 "음란", "음행"이라고 묘사한다. 이는 호세아서의 주요 주제이기도 하다.

우리는 하나님이 이스라엘과 시내 산에서 맺은 언약 관계가 결혼과 유사하다는 점을 명심해야 한다(결혼 역시 언약이다. 말 2:14). 예를 들어, 후에 예레미야 선지자도 하나님이 이스라엘과 맺은 언약을 언급하면서 "내가 그들의 남편이 되었어도"(렘 31:32; 겔 16:8 참고) 그들이 언약을 깨뜨렸다고 한다. 하나님이 시내에서 세우신 언약 관계는 언약을 맺은 상대방에 대한 신의를 요구하는 것이기 때문에(결혼이 그렇듯이), 이스라엘이 이 관계를 파기하는 것에 대해서 "음란", "음행", "부정", "매춘"과 같은 용어를 사용하는 것이다. 이 용어들은 하나님의 백성이 하나님과 맺은 언약을 버리고 다른 "애인", 즉 이방 신들을 섬겼다는 사실을 보여 준다. 이스라엘 자손은 우상을 만들거나 섬길 수 없었다(출 20:4-5; 신 13:1-8). 왜냐하면 그들은 참되신 한 분 하나님만 섬겨야 했기 때문이다(신 6:5; 호 13:4). 따라서 "간음", "음란", "음행"이라는 단어는 이스라엘이 하나님 앞에 부정한 행위를 저질렀음을 묘사하는 파괴적인 심상인 것이다. 이스라엘이 우상을 숭배하는 모습을 보면서 우리는 하나님이 약속에 의거하여 자기 백성에게 언약에 수반된 저주를 내리실 것을 예상해야 한다(레 26:14-39; 신 27:15, 28:15-68). 하나님은 호세아 선지자를 통해서 이스라엘에게 하나님께 돌아오라고 말씀하신다. 그렇지 않으면 그 백성이 음행(영적인 간음)을 저질렀기 때문에 심판하실 수밖에 없다고 반복해서 경고하신다(호 1:2, 2:1-13, 3:1-4, 4:11-19, 5:3-4, 6:10, 8:5-6, 9:1, 11:1-2, 13:1-2, 14장).

성경을 보면 하나님이 선지자들에게 상징적인 행동을 하라고 명하시는 경우가 종종 있다. 그런데 하나님은 선지자들에게 사람들이 조롱하고 경멸할 만한 행동을, 그것도 사람들이 보는 앞에서 하라고 지시하시는 경우가 많다. 예를 들어, 이사야는 임박한 심판의 징조로서 벗은 몸으로 다녔다(사 20:2-4). 예레미야는 그 백성이 바벨론 사람을 통해 보내실 하나님의 심판을 당할 것을 보여 주기 위해 목에 멍에를 걸기도 한다(렘 28장). 에스겔은 사람들의 목전에서 줄로 자기 몸을 동이고 바닥에 누워 인분으로 불을 피워 떡을 구워야 했다(겔 4장). 이 시대에 북왕국 선지자 호세아는 고멜이라는 창녀와 결혼하여 그 나라의 영적인 상황을 상징적으로 보여 준다. 결혼 생활에서 부정한 행위보다 더욱 파괴적인 일은 없을 것이다. 하나님은 자신과 자기 백성이 맺은 관계를 드러내도록 결혼을 설계하셨다(엡 5:32; 계 22:17). 하지만 하나님은 호세아에게 부정한 여인과 결혼하라고 하신다. 그렇게 해서 호세아의 결혼을 통하여 하나님이 부정한 이스라엘과 맺은 언약 관계가 어떠한지를 드러내신 것이다.

하나님은 호세아에게 "음란한 여자"인 고멜과 결혼하라고 하신다. 호세아는 그 나라가 여호와를 떠나 크게 음란한 것처럼 음란한 여자를 맞이하여 음란한 자식들을 낳아야 했다(호 1:2). 고멜은 모든 이스라엘 자손과 같았다. 그 사랑은 변질되었다. 이후 예레미야와 에스겔도 이스라엘과 유다를 "매춘하는" 부정한 자매로 묘사하면서(렘 3:1-14; 겔 16:1-59, 23:1-47), 음란이라는 단어를 사용한다. 하나님의 백성을 간음한 부인이나 음녀로 비유하는 것은 우상 숭배가 언약 관계를 파기하는 끔찍한 위법 행위임을 강조하는 것이다.

우리는 더 나아가서 하나님의 백성이 언약의 조항에 순종하면 하나님의 축복이 임하지만(레 26:1-14; 신 28:1-14), 그들이 하나님의 법에 순종하지 못하면 오히려 저주가 임한다는 사실도 알아야 한다(레 26:14-39; 신 27:1-26, 28:15-68). 이는 이스라엘이 이방의 "연인"에게 마음을 돌려 부정한 행위를 저질렀기 때문에 처참한 결과가 나타나리라는 뜻이다. 모세는 이스라엘 자손에게 이미 오래전에 경고를 했다. "네가 만일 마음을 돌이켜 듣지 아니하고 유혹을 받아 다른 신들에게 절하고 그를 섬기면 내가 오늘 너희에게 선언하노니 너희가 반드시 망할 것이라"(신 30:17-18). 호세아는 이스라엘이 하나님의 언약을 어기고 하나님의 율법에 반역했으므로, 언약의 규정에 근거하여 하나님의 심판이 임할 것을 선포한다. 호세아는 "이 땅에는 진실도 없고 인애도 없고 하나님을 아는 지식도 없고"(호 4:1)라며 애통해한다. 그래서 호세아는 이스라엘에게 돌이켜 하나님의 율법을 순종하라고 촉구한다. 또한 백성에게 여호와의 말씀을 들으라고 강권한다. 이스라엘 자손은 단지 다른 신을 따라 간음만 저지른 것이 아니었다. 호세아는 그들에 대해서 "저주와 속임과 살인과 도둑질과 간음뿐이요 포악하여 피가 피를 뒤이음이라"(호 4:2)라고 말한다. 호세아는 하나님의 백성에게 하나님의 율법을 어겨 목숨이 위험한 상태라고 경고한다.

• 호세아의 세 자녀: 이스르엘, 긍휼 없음, 내 백성이 아님

호세아와 고멜은 세 자녀를 낳았다. 그런데 자녀들의 이름은 이스라엘에 임할 심판을 전하는 역할을 한다. 첫 번째 아들의 이름은 **이스르엘**(호 1:4-5)로서, 피비린내 나는 많은 사건들과 연루된 지명이다. 나봇이 이스르엘에서 살해된 것을 기억할 것이다(왕상 21:1-23). 예후 왕이 이세벨을 죽이고 개가 그 피를 핥은 곳도 이스르엘이었다(왕하 9:30-37). 또한 요람의 시신이 던져진 곳도 이스르엘이며(왕하 9:24-25), 아합의 아들 일흔 명의 머리를 옮겨 둔 곳도 바로 이스르엘이었다(왕하 10:1-11). 그런데 호세아가 아들의 이름을 이스르엘이라고 지은 것이다! 하나님은 선지자에게 예후의 집이 그 흘린 피로 심판을 받을 것이며, 이스라엘 왕국도 "이스르엘 계곡에서" 끝날 것이라고 말씀하신다. 실제로 예후의 가문은 몇 년 후 스가랴가 살해당하면서 끝나고 만다.

두 번째 아이가 태어났는데, 호세아는 그 딸의 이름을 **긍휼 없음**(로루하마, 호 1:6-7)으로 지었다. 하나님은 **긍휼 없음**이 태어나면서 이스라엘 집에 더 이상 긍휼을 베푸시지 않을 것임을 선포하신 것이다. 북왕국은 거의 200년간 우상을 숭배한다. 그럼에도 불구하고 하나님은 긍휼하시고 노하기를 더디하셨다. 하지만 이제 하나님은 더 이상 그 백성에게 불쌍히 여기시지 않으시리라고 선언하신다. 이제 심판이 분명히 임할 것이다.

셋째 아이가 태어났는데, 그 아들의 이름은 **내 백성이 아님**(로암미, 호 1:8-9)이었다. 하나님은 모세의 때에 이스라엘 자손에게 자신이 그들의 하나님이 되고 그들이 하나님의 백성이 되리라고 약속하셨다(레 26:12). 하지만 이제 하나님은 이스라엘이 **내 백성이 아님**이라고 선포하시는 것이다. 이는 이스라엘이 이방 신을 섬겼기 때문에 언약을 맺었던 계약이 파기되었음을 말한다.

• 심판 후에 임할 회복의 희망

그런데 놀라운 사실은 이렇게 심판의 말씀 가운데서도, 호세아는 아브라함에게 하신 약속을 기억하며 희망의 말씀도 선포한다는 점이다. 호세아는 이스라엘이 저지른 죄에도 불구하고 언젠가 "이스라엘 자손의 수가 바닷가의 모래같이 되어서 헤아릴 수도 없고 셀 수도 없을 것이며 전에 그들에게 이르기를 너희는 내 백성이 아니라 한 그곳에서 그들에게 이르기를 너희는 살아 계신 하나님의 아들들이라 할 것이라"(호 1:10; 창 22:17, 32:12)라고 선포한다. 하나님의 진노는 분명히 임할 것이다. 하지만 하나님의 백성을 회복해 주시겠다는 희망은 여전히 유효한 것이다(호 2:14-23). 역사를 통한 하나님의 구속 계획은 심판으로 끝나지 않는다. 결국 자비는 승리할 것이다! 하나님은 자기 백성이 죄를 저질러도 용서받을 수 있는 길을 주실 것이고, 오래전에 약속하신 대로 모든 민족에게도 하나님의 축복이 미칠 것이다.

이는 **빈 무덤**(CASKET EMPTY)을 연구할수록 분명하게 나타난다. 우리는 오랜 세월이 흐른 뒤, 사도 바울이 호세아서 1장 10절 말씀을 언급하면서 이방인들도 하나님의 백성이 되었다고 말할 때 이 놀라운 사실을 볼 것이다. 사도 바울은 "나의 백성이 아닌" 자들, 즉 이방인들도 하나님의 백성이 될 것이라고 한다(롬 9:25-26). 하나님의 계획은 처음부터 모든 민족을 하나님의 전 세계 백성의 일원으로 삼는 것이었다(창 12:1-3, 17:1-8). 그리고 하나님은 자기 백성을 "땅의 티끌"같이 많게 하실 것이다(창 13:16, 15:5, 26:4, 28:14; 출 32:13; 신 1:10, 10:22). 호세아 선지자는 저 멀리서도 이 약속을 보았던 것이다.

이 구속 계획을 안다면 심판을 넘어선 희망을 볼 수 있다. 그래서 호세아도 회복의 때를 선포한다(호 1:10-2:1, 2:14-23, 3:5, 6:1-3, 10:12, 11:8-11, 14:1-8). 호세아서 2장 16-23절 말씀은 특히 감동적이다.

> 그날에 네가 나를 내 남편이라 일컫고 다시는 내 바알이라 일컫지 아니하리라 내가 바알들의 이름을 그의 입에서 제거하여 다시는 그의 이름을 기억하여 부르는 일이 없게 하리라 …… 내가 네게 장가들어 영원히 살되 공의와 정의와 은총과 긍휼히 여김으로 네게 장가들며 진실함으로 네게 장가들리니 네가 여호와를 알리라 …… 긍휼히 여김을 받지 못하였던 자를

궁휼히 여기며 내 백성 아니었던 자에게 향하여 이르기를 너는 내 백성이라 하리니 그들은 이르기를 주는 내 하나님이시라 하리라(호 2:16-23)

회복의 때가 임하는 순간, 하나님은 자기 백성을 아내로 삼아 영원히 공의와 신의를 지키면서 사실 것이다. 이는 두 번째 출애굽 사건이며, 결혼식이며, 새로운 창조를 알리는 서막과 같다. 호세아는 멀리서 이날을 보았다. 하지만 그 자신은 하나님의 심판이 임박한 현실에서 살아가야만 했다. 그리고 그 현실이란 고멜과 결혼하여 음행의 자녀 **이스르엘**, **궁휼 없음**, **내 백성이 아님**을 낳아 임박한 심판을 드러내는 것이었다.

▶▶▶ 구약 연대표

호세아를 연대표에서 찾아보고, 이 선지자를 상징하는 그림이 결혼 반지라는 사실에 주목하라. 결혼 반지는 호세아가 고멜과 결혼한 사건, 즉 하나님이 자기 백성과 맺은 언약 관계를 상징하는 것으로서 호세아서의 핵심 주제라고 할 수 있다. 연대표 뒷면에서는 이에 대해서 간단히 요약한 내용을 볼 수 있다.

이제 호세아와 동일한 시대에 살았던 아모스에 대해서 배우려고 한다. 아모스로 넘어가기 전에 호세아서를 꼭 읽어 보기 바란다. 중요한 구절에는 밑줄도 치면서 책에서 언급했던 주제를 마음에 새기라. 호세아서를 읽다 보면 구약에서 가장 감동적인 구절도 만날 것이다. 이 말씀은 하나님이 자기 백성을 얼마나 변함없이, 또 끝없이 사랑하셨는지를 결정적으로 보여 준다. 하나님의 말씀을 묵상하고 부정한 백성을 사랑하시는 구약의 하나님을 새롭게 발견해 보자.

선지자 아모스

아모스는 8세기 북왕국에서 활동한 선지자다. 그는 하나님의 말씀을 북왕국에 전하도록 부름을 받았던 호세아와 동시대 인물이었다. 아모스는 "여로보암의 시대"(암 1:1)에 이상을 받는데, 여로보암은 주전 793년부터 753년 사이에 통치했기 때문에 아모스가 사역한 시기는 주전 8세기가 된다. 우리는 아모스서를 통해서 이 시기가 이스라엘이 최대로 번영했던 시절임을 안다(연대표에서는 여로보암 2세 아래 금화 그림으로 표시했다). 아모스는 북왕국에 만연한 무절제한 생활 방식을 자세하게 묘사하면서 부의 문제를 다룬다. 우리는 이스라엘의 물질적인 풍요가 영적인 빈곤을 충족시키려는 몸부림에 불과하다는 사실을 분명하게 볼 것이다. 특히 아모스가 혐오스럽게 여기는 것은 그 시대에 만연했던 불공정이었다. 여호와는 아모스 선지자를 통해서 백성들이 저지르는 행위에 대해서 의로운 분을 내시고 사자처럼 "부르짖으신다"(암 1:2, 3:4, 5:19). 아모스는 다메섹, 가사, 두로, 에돔, 암몬, 모압과 같이 이스라엘에 인접한 많은 나라들에 대해서 하나님의 심판을 선포한 후에(암 1:3-2:3), 유다에 대해서도 심판을 선언한다(암 2:4-5). 아모스의 메시지는 이스라엘이 가난한 자와 힘없는 자를 압제하고 그들을 위하여 부정한 이득을 취하는 것 때문에 하나님이 이스라엘을 고발하는 모습에서 절정에 달한다(암 2:6-16). 선지자는 "애굽 땅에서 인도하여 올리신 모든 족속"(암 3:1)을 포함한 모든 백성에게 하나님의 심판을 선포한다. 여호와는 이스라엘에게 외치신다. "내가 땅의 모든 족속 가운데 너희만을 알았나니 그러므로 내가 너희 모든 죄악을 너희에게 보응하리라"(암 3:2).

아모스는 하나님이 이미 이전에도 기근을 내리시고, 비를 멈추시고, 깜부기와 칼을 보내시는 등 다양하게 예비적인 심판을 이스라엘에게 내리셨음을 상기시킨다(암 4:6-11). 하지만 이 모든 재난에도 불구하고 이스라엘은 여호와께 돌아오지 않았다. 아모스는 하나님의 백성에게 하나님을 찾으면 혹시 살 수 있을지 모르니 하나님께 부르짖으라고 촉구한다. 하지만,

그들의 죄는 여전히 막중했다. 이스라엘은 돈을 위해 의인을 팔았고, 가난한 자에게 무거운 세와 부당한 벌금을 부과했으며, 가난하고 힘없는 자를 외면했고, 의로운 자들을 괴롭게 했으며 뇌물을 취했다. 또한 값비싼 음식, 포도주, 기름과 좋은 집에 탐닉하여 방탕해졌다. 그들 가운데 가난한 자들이 있는데도 그렇게 했던 것이다. 모세 율법이 공평한 저울과 정의를 얼마나 중요하게 여기는지 기억할 것이다(레 19:35-36; 신 25:13-16). 하나님은 그러한 부정을 용납하지 않으시며, 힘없는 자를 학대하는 것을 가볍게 여기지 않으신다(신 27:19, 25). 당시에 이스라엘은 물질적으로는 풍요로웠을지도 모른다. 하지만 아모스서는 이스라엘의 부가 그들 가운데 있는 가난하고 힘없는 자들을 방치하여 얻은 부정한 이득에 불과하다는 사실을 보여준다.

아모스는 또한 이스라엘의 예배에 대해서도 언급한다. 여로보암 1세는 단과 벧엘에 금송아지를 만들어 이교 중심지로 삼았는데, 아모스 시절에도 백성들은 여전히 그 금송아지를 숭배하고 있었다. 하지만 재미있는 사실은 하나님의 백성이 여호와께도 제사를 드렸다는 점이다. 아모스는 우리가 "혼합주의"라고 지칭하는 것, 즉 하나님과 우상을 동시에 섬기는 것에 대해서 이야기한다. 아모스는 하나님이 이스라엘이 드리는 예배를 혐오하신다고 선포한다(암 5:21-24). 그러면서 이스라엘 자손은 광야를 40년간 방황하면서도 우상을 지니고 있었다고 말한다(암 5:25-26). 그들이 끊임없이 우상을 숭배했기 때문에 하나님의 심판은 반드시 임할 것이고, 그 결과 이스라엘은 포로로 끌려갈 것이다(암 3장, 5:27, 6:7, 7:11, 17, 9:1-10). 여호와는 선지자를 통하여 말씀하신다. "그러므로 그들이 이제는 사로잡히는 자 중에 앞서 사로잡히리니 기지개 켜는 자의 떠드는 소리가 그치리라 만군의 하나님 여호와의 말씀이니라 주 여호와가 당신을 두고 맹세하셨노라 내가 야곱의 영광을 싫어하며 그 궁궐들을 미워하므로 이 성읍과 거기에 가득한 것을 원수에게 넘기리라"(암 6:7-8). 이 일은 주전 722년 하나님이 앗수르 제국을 일으켜 북왕국을 치게 하시면서 성취된다. 그리고 그때 이스라엘은 땅에서 유리되어 흩어질 것이다(왕하 17장). 이 두려운 심판은 모든 것이 전도되는 극적인 현상으로 묘사된다. 해가 대낮에 질 것이다. 그리하여 백주에 땅이 캄캄해질 것이다. 절기는 독자의 죽음을 슬퍼하는 애도의 날이 될 것이다. 노래는 애곡이 될 것이다. 그날은 곤고한 날이 될 것이다(암 8:9-10).

다른 선지자들과 마찬가지로 아모스 역시 하나님의 공의로우신 심판으로 모든 것이 끝나는 것은 아니라고 한다. 아모스는 "야곱의 집은 온전히 멸하지는 아니하리라"(암 9:8)라는 하나님의 말씀을 언급하며, 미래에 회복이 있으리라고 희망을 선포한다. 아모스를 통해 주신 마지막 "여호와의 말씀"은 "그날에 내가 다윗의 무너진 장막을 일으키고 그것들의 틈을 막으며 그 허물어진 것을 일으켜서 옛적과 같이 세우고 그들이 에돔의 남은 자와 내 이름으로 일컫는 만국을 기업으로 얻게 하리라 이 일을 행하시는 여호와의 말씀이니라"(암 9:11-12)라는 기대감을 불러일으킨다. 아모스는 하나님이 사로잡힌 자기 백성을 회복하시고, 원래 그들이 있던 땅에 다시 심는 그 "날이 이를지라"라고 선언한다. 선지자는 우리 앞에 임한 하나님의 심판과 함께, 그 뒤에 있을 회복의 희망을 보여 주면서 마무리한다.

다음 선지자로 넘어가기 전에 아모스서 전체를 읽어 보기를 권한다. 그리고 구약 연대표에서 아모스의 위치를 찾아보라. 연대표에는 간략하게 그의 메시지를 정리했다. "불공정, 뇌물, 가난한 자를 학대함." 아모스를 읽으면서 하나님의 정의가 무엇인지, 하나님이 언약 백성에게 원하시는 공의로운 기준이 무엇인지에 대해서 생각해 보자. **거짓 저울 그림**은 아모스의 메시지를 상징한다. 아모스 선지자에 대해서는 뒤편에 간략하게 정리해 두었다.

선지자 요나

요나는 8세기 북왕국에서 활동한 선지자다. 그는 여로보암 2세 시절에 선지자로 부르심을 받았다(욘 1:1; 왕하 14:25). 따라서 요나는 주전 793년에서 753년 사이에 말씀을 전했을 것이다. 하나님은 요나를 니느웨로 보내신다.

그곳은 "사흘 동안 걸을 만큼 큰 성읍"이었다(욘 1:2, 3:3). 니느웨는 당시 앗수르의 부유한 도시였다. 앗수르 제국은 고대 근동에서 상당한 영향력을 발휘했다. 그리고 앗수르 왕 디글랏빌레셀(주전 745-727)이 통치할 때 그 왕국의 세력은 절정에 달했다. 앗수르는 주전 612년에 바벨론에 패배하여 니느웨가 함락될 때까지 이 지역에서 패권을 유지했다.

• 요나를 니느웨로 보내다

하나님은 요나를 보내 앗수르 사람들에게 회개하라고 외치게 하셨다. 그런데 앗수르 사람들은 얼마 지나지 않아 주전 722년에 북왕국을 공격할 자들이었다. 하나님은 요나에게 니느웨 사람들에게 가서 악한 행실에서 돌아서라고 명하며, 그렇지 않으면 40일 내로 그 도시가 망할 것이라고 경고하라고 하신다. 하지만 요나는 하나님의 명령에 순종하지 않고 욥바라는 항구 도시로 도망간다. 그곳에서 요나는 뱃삯을 내고 다시스(니느웨와 정반대에 있는 곳)로 향하는 배에 오른다. 한창 항해하는 중 요나는 배의 밑층에서 잠에 든다. 하지만 하나님은 강풍을 일으키셨고 사공들은 두려움에 떤다. 그러자 사람들은 각자 자신의 신에게 부르짖었고, 선장도 자포자기하여 요나를 깨운 뒤에 너의 신에게 기도하라고 한다. 선장은 요나의 신이 "우리를 생각하사 망하지 아니하게 하시"(욘 1:6)기를 바랐다. 하지만 요나는 이 이방인들을 위해서 전혀 기도하지 않았다. 결국 제비를 뽑게 되었고 선원들은 요나가 이 재앙의 이유임을 알게 된다. 그들이 추궁하자 요나는 다음과 같이 실토한다. "나는 히브리 사람이요 바다와 육지를 지으신 하늘의 하나님 여호와를 경외하는 자로라"(욘 1:9). 요나의 창조 신학은 꽤 괜찮았다. 하지만 문제는 니느웨 사람들과 같은 이방인은 물론 모든 민족을 포함한 온 세계를 구속하시려는 창조주 하나님의 뜻을 이해하지 못했다는 점이었다.

이야기가 진행되면서 이방인들은 요나가 섬기는 하나님의 이름을 알게 되었고 오히려 그들이 여호와께 구하며 자신들을 멸망시키지 말아 달라고 기도한다(욘 1:14). 선원들은 내키지 않았지만 결국 요나의 요청에 따라 요

북왕국

나를 배 밖으로 던져 버린다. 하나님은 멸망해 가는 배 안에 있는 이방인들을 참으로 돌보셨다. 바다가 바로 잔잔해진 것이다. 그러자 선원들은 제사를 드렸고 부르짖음을 들으신 여호와께 서원한다. 이제 하나님은 바다에 빠진 요나에게도 자비를 베푸셔서 거대한 물고기로 그 선지자를 삼키게 하신다. 그렇게 그의 목숨은 보존되었고, 요나는 물고기 배 속에서 3일 밤낮을 머문다(욘 1:17; 마 12:39; 눅 11:30 참고). 요나는 물고기 배 속에서 하나님께 기도한다(욘 2장). 그러자 하나님은 물고기를 명하사 요나를 육지에 뱉어 내게 하신다.

이때 하나님의 말씀이 요나에게 두 번째로 임한다. 하나님은 요나에게 니느웨에 가서 여호와께서 그에게 주신 메시지를 선포하라고 하신다(욘 3:1-4). 이번에는 요나도 순종했다. 그리고 그렇게 선포한 결과, 성경은 니느웨 사람들이 "하나님을 믿었다"(욘 3:5)라고 한다. 여기에서 사용한 "믿다"라는 단어는 창세기 15장 6절에서 아브라함의 믿음을 언급하며 사용한 단어와 동일한 단어다. 니느웨 사람들은 이방인이었지만 하나님 앞에서 스스로 겸비하고 악한 행실에서 돌아섰다. 또 그렇게 하자 하나님은 앗수르 사람들에게 내리셨던 심판을 철회하신다. 하지만 이 이야기에는 더 중요한 뜻이 담겨 있다.

• 잘못된 대상을 향한 요나의 긍휼

우리는 요나서 말미에 선지자의 내면세계를 잠시 엿볼 수 있다(욘 4:5-11). 이 구절은 요나가 성읍이 어떻게 되는지를 보려고 기다리면서 있던 일을 그린다. 이 이야기는 시간 순서를 따르지는 않는다. 하지만 문학적으로 볼 때 이 이야기를 책의 뒤편에 배치한 것은 이 이야기가 앞의 이야기보다 더욱 중요하다는 사실을 보여 준다. 요나는 작열하는 태양 아래 성의 동편에 앉아서 니느웨가 어떻게 되는지 지켜보고 있었다. 하나님은 한 식물을 자라게 하셔서 요나를 햇빛으로부터 가려 주신다. 요나는 당연히 반색을 하며 이 식물을 소중히 여겼다. 성경도 그가 "박 넝쿨로 말미암아 크게 기뻐하였더니"(욘 4:6)라고 전한다. 요나는 이야기 초반에 매우 행복했었다! 하지만 이튿날 아침 하나님은 벌레로 박 넝쿨을 갉아 먹게 하셨고, 결국 박 넝쿨은 시들어 죽고 말았다. 그리고 하나님은 "뜨거운 동풍"도 예비하셨다(욘 4:7-8). 그러자 요나는 분노한다. 이때 하나님은 요나와 말씀을 나누시며 다음과 같이 물으신다. "네가 이 박 넝쿨로 말미암아 성내는 것이 어찌 옳으냐?" 요나가 답한다. "내가 성내어 죽기까지 할지라도 옳으니이다"(욘 4:9). 하나님은 정곡을 찌르신다. "네가 수고도 아니하였고 재배도 아니하였고 하룻밤에 났다가 하룻밤에 말라 버린 이 박 넝쿨을 아꼈거든 하물며 이 큰 성읍 니느웨에는 좌우를 분변하지 못하는 자가 십이만여 명이요 가축도 많이 있나니 내가 어찌 아끼지 아니하겠느냐"(욘 4:10-11). 이 대화를 보면 요나는 하나님이 창조하신 사람들이 멸망하는 것보다 자신을 가려 준 나뭇잎이 사라지는 것에 더 마음을 쏟고 있었다는 사실을 보여 준다(욘 3:9).

비록 요나가 하나님의 명령에 순종했지만(그것도 두 번째 기회에), 하나님은 요나의 마음이 하나님의 긍휼하신 마음과 다르다는 점을 드러내기 원하셨다. 요나는 배에 있을 때에도 선원들을 위해 기도하지 않았다. 이를 보면 요나는 분명히 선원들이 죽든 말든 신경을 쓰지 않았던 것이다. 하지만 요나 이야기는 하나님이 선원들에 대해서도 마음을 쓰시고, 마찬가지로 하나님의 말씀을 듣지 않으면 멸망할 수밖에 없는 니느웨 사람들에게도 마음을 쓰신다는 사실을 일깨워 준다. 하나님은 자신이 보낸 선지자가 자신의 마음을 이해하기 원하셨던 것이다.

우리는 이미 하나님은 아브라함을 축복하셔서 그가 모든 민족에게 복이 되게 하시려는 목적을 품으셨다는 점을 살펴봤다(창 12:3, 22:18). 우리도 아브라함의 자녀로서 반드시 이 목적에 마음을 쏟아야만 한다. 하지만 우리는 민족들, 심지어 멸망하고 있는 이웃들에게 신경을 쓰기보다는 우리에게 직접적인 영향을 미치는 것(요나에게 그늘을 드리운 나무처럼)에 대해서만 마음을 쏟고 있는 것이 현실이다. 요나 이야기 역시 하나님의 구원 활동이 역사의 중심이라는 주제를 드러낸다. 그리고 우리 역시 잃어버린 세상에 대한 하나님의 마음을 나누어야 한다는 점을 일깨워 준다.

하나님은 풍랑과 물고기를 예비하셔서 요나가 순종하도록 만드셨다. 하지만 또한 벌레를 예비하셔서 요나의 가치관, 요나의 우선순위, 요나가 가장 마음을 쏟는 것이 무엇인지를 여실히 드러내셨다. 요나 이야기에서 하나님은 자신이 멸망하는 니느웨 사람들을 얼마나 생각하고 계신지를 드러내신다. 비록 그들은 이스라엘의 경계 밖에 있는 이스라엘의 원수였음에도 불구하고 말이다. 이러한 하나님의 구원 활동은 역사를 통한 하나님의 구속 계획의 핵심이다. 하나님은 세상을 위해 아브라함을 부르셨다. 그리고 멸망받는 자들에 대한 하나님의 관심은 십자가에서 가장 심오하게 드러난다. 왜냐하면 예수 그리스도는 잃어버린 자를 찾고 그들을 구원하시기 위해 오셨기 때문이다. 우리가 하나님이 멸망하는 자들을 깊이 돌보신다는 사실을 안다면, 우리를 향한 이 풍성한 하나님의 사랑은 반드시 우리의 가치관과 우리의 우선순위와 우리가 마음을 쏟는 대상에 영향을 미칠 수밖에 없다.

꼭 요나서를 읽어 보기를 권한다. 특히 하나님이 선지자에게 말씀하시는 마지막 구절을 깊이 묵상해 보자. 우리는 하나님이 요나와 나누신 대화를 보면서 스스로 반성하고, 잃어버린 세상을 향한 하나님의 긍휼하심을 어떻게 저들에게 나눠야 할지 깊이 생각해야 한다. 반드시 반성하는 시간을 갖기 바란다! 하나님은 하나님의 말씀이 우리의 영혼과 마음에 깊이 새겨지기를 원하신다.

▶▶▶ 구약 연대표

구약 연대표를 보면 요나서는 벌레 난 나무 그림과 함께 있다. 이 그림은 요나서의 마지막 장면을 떠오르게 한다. 그리고 선지자가 멸망하는 니느웨 사람들보다 시들어 버린 식물에 더 신경을 썼다는 사실을 일깨워 준다. 요나서의 내용은 구약 연대표 뒤편에 요약되어 있다.

스가랴(주전 753)

여로보암이 죽은 후, 주전 753년 그의 아들 스가랴가 왕위에 오른다. 하지만 그의 재위 기간은 6개월에 불과했다. 스가랴도 여로보암 1세가 한 그대로 우상을 섬기며 하나님 보시기에 악을 행했기 때문이다(왕하 15:9). 알다시피 하나님은 예후가 아합의 집에 대해서 하나님의 심판을 행했기 때문에 예후의 아들들이 4대까지 다스릴 것이라고 선포하셨다(왕하 10:30, 15:12). 하지만 하나님은 호세아 선지자를 통해서 예후가 이스르엘에서 피를 흘렸기 때문에 그의 집을 심판하실 것이라고 말씀하신다(호 1:4). 예후의 뒤를 이은 네 왕(여호아하스, 요아스, 여로보암 2세, 스가랴)은 모두 그의 후손이었다. 하지만 이제 네 번째 대를 이은 스가랴가 왕이 되었기 때문에 심판이 임할 것이다. 살룸이 스가랴를 죽이고 스스로 왕이 되면서 그 심판은 현실이 되었다. 이제 예후 왕조는 끝이 나고 만다. 스가랴에 대한 내용은 열왕기하 15장 8-11절에서 볼 수 있다.

살룸(주전 752)

살룸은 스가랴를 죽이고(한 개의 검), 스스로 왕이 되었다. 하지만 주전 752년 므나헴에게 살해당하기 전까지 겨우 한 달을 통치했다(왕하 15:14).

므나헴(주전 752-742)

므나헴은 살룸을 죽이고(한 개의 검) 왕위를 받는다. 그는 주전 752년부터 742년까지 10년 동안 사마리아에서 통치했다. 그는 여로보암의 죄를 그대로 따라 하나님이 보시기에 악을 행한다(왕하 15:18). 그의 통치 기간에 앗수르 왕인 디글랏빌레셀이 북왕국을 치러 온다. 성경에서는 이 왕을 "불"이라고도 한다(왕하 15:19). 그는 쇠퇴하던 앗수르를 다시 부흥하게 만든 왕으로서 유능하고도 정력적인 인물이었다. 이 왕은 죽기 전에 고대 세계를 대부분 정복한 왕으로서, 세계사에서도 가장 성공적인 군대 지휘자로 평가된다.

북왕국의 마지막 시기를 배우면서, 이후 계속될 구약 역사 300년 동안 세 개의 주요 제국이 존재했다는 사실을 알아야 한다. ABC 문자로 그 세 제국을 쉽게 기억할 수 있다. A는 앗수르 제국(**A**ssyrian Empire), B는 바벨론 제국(**B**abylonian Empire), C는 페르시아 제국의 왕인 고레스 2세(**C**yrus)를 의미한다. 구약 연대표에서 이 세 제국을 찾아보기 바란다(앗수르 제국과 바벨론 제국은 **왕정 시대** 부분, 페르시아 제국은 **성전 시대** 부분, 고레스 2세 아래에 있다). 우리는 북왕국 및 남왕국 이야기에서 앗수르 제국을 접하게 되는데, 그 시작이 바로 디글랏빌레셀이 다스리던 시기였다(주전 745-732). 그리고 주전 722년 살만에셀 5세와 사르곤 왕의 지휘 아래 앗수르인들은 결국 북왕국을 멸망시킨다.

므나헴은 디글랏빌레셀이 북왕국을 멸망시키지 않기를 바라며 은 1,000달란트를 조공으로 바친다. 하나님은 이스라엘 자손에게 하나님을 순종하면 하나님이 그들의 적군을 물리쳐 주시겠다고 약속하셨다(레 26:6-7; 신 28:7). 므나헴이 하나님의 율법을 따르기만 했으면 하나님은 분명히 므나헴의 편에서 앗수르인들을 물리쳐 주셨을 것이다. 하지만 므나헴은 하나님이 보호해 주실 것을 신뢰하는 대신 앗수르인들에게 엄청난 돈을 바쳐 그들의 호의를 얻고자 했다. 이는 성경뿐 아니라 앗수르 왕조의 기록에도 남아 있는 사실이다. 이렇게 해서 므나헴의 지위는 종주국을 섬기는 속국의 통치자로 격하되고 말았다. 이러한 조치는 앗수르인들을 잠시 동안 막는 임시방편에 불과했고, 북왕국은 오래지 않아 호세아가 통치할 때 멸망을 당한다. 므나헴이 죽고, 그의 아들 브가히야가 왕이 된다. 므나헴에 대한 내용은 열왕기하 15장 14-22절에서 볼 수 있다.

브가히야(주전 742-740)

브가히야는 2년 동안 이스라엘을 통치했다. 그는 여로보암의 죄를 계속하여 하나님 보시기에 악을 행했다. 베가라는 장관이 반역하여 브가히야를 죽이고 왕위를 찬탈한다(왕하 15:23-26).

베가(주전 740-732[단독 통치])

베가는 므나헴의 통치 기간에 힘을 길렀으나, 브가히야를 죽인 후에(한 개의 검) 단독 통치하는 왕이 되었다. 그는 주전 740년부터 732년까지 단독으로 통치한다. 베가도 계속해서 하나님 보시기에 악을 행하며 여로보암의 길을 따랐다. 베가의 통치 기간에 중요한 사건이 생긴다. 디글랏빌레셀의 통치 아래 앗수르인들이 계속 이스라엘에 압력을 가한 것이다. 베가는 앗수르에 맞서 자신의 지위를 강화하고자 아람 왕 르신과 동맹을 맺는다. 그들은 함께 남왕국 유다를 공격하여(아하스 왕의 통치 기간) 12만 명을 죽이기도 한다(대하 28:6-7). 하지만 오뎃 선지자가 베가에게 형제를 더 이상 죽이지 말라고 경고한다(대하 28:8-15). 아하스 왕은 이사야 선지자의 조언을 듣지 않고 앗수르에게 도움을 청한다(사 7-8장). 이때 앗수르 왕이 쳐들어와 북부의 수많은 성읍을 점령하고 주민 일부를 포로로 잡아간다(왕하 15:29, 16:9). 그러자 호세아라는 사람이 반역을 일으켜 베가를 죽이고 스스로 왕이 된다(왕하 15:30). 베가에 대한 내용은 열왕기하 15장 25-31절, 37절, 16장 5절, 역대하 28장 5-15절, 이사야서 7-8장에서 볼 수 있다.

호세아(주전 732-722)

호세아는 베가를 살해하고(한 개의 검), 왕위에 오른다. 그는 앗수르에게 충성했고 처음에는 디글랏빌레셀에게, 그리고 이후에는 그의 뒤를 이은 살만에셀 5세에게 조공을 바치면서 속국의 왕으로 살았다(왕하 17:3). 그런데 호세아는 매년 조공을 잘 바치다가 한 번은 조공을 보내지 않고 살만에셀에게 반역을 꾀했다. 애굽 왕 소에게 사자를 보내 도움을 구한 것이다(왕하 17:4). 호세아의 반역 행위에 화가 난 살만에셀은 그를 감옥에 가두고(왕하 17:4), 사마리아를 3년 동안 포위했다(주전 725-722). 주전 722년 살만에셀은 마침내 사마리아 성을 함락시켰고, 그 주민들을 끌고 가서 메소포타미아 동쪽 지역으로 이주시킨다(왕하 17:24-41). 살만에셀은 주전 722년에 죽었지만, 후계자 사르곤 2세가 이 계획을 완수한다. 그리고 앗수르인들은 주위 나라들에서 사람들을 데려다가 이스라엘 북부 지역에 정착시켰다(왕하 17:24-41). 사실, 정복 지역의 주민들을 다른 지역에 재배치하는 것은 앗수르인들의 핵심적인 군사 전략이었다(이를 인구 이동 전략이라고 한다). 그렇게 해서 앗수르는 새롭게 정복한 지역을 손쉽게 통제할 수 있었다. 사마리아는 이제 여러 민족이 혼재하는 앗수르의 한 지역으로 편입되었다.

이 정책에 따라 사마리아에 거주하던 백성들과 외국인이 뒤섞이면서 혼합주의가 득세하게 된다(이미 그러한 현상이 존재하기는 했지만). 이방인들은 자신들이 섬기던 신을 함께 가져왔기 때문이다. 이들이 바로 우리가 이후에 성경에서 만날 사마리아인이다(눅 10:33, 17:16; 요 4:9, 8:48; 행 8:25). 하지만 우리는 하나님의 구속 계획은 모든 민족을 포괄한다는 사실을 기억해야 한다. 그리고 이렇게 여러 인종이 섞이게 된 사마리아인들도 하나님의 구속 계획에서 괴리된 것은 아니었다. 오랜 세월이 흘러 예수께서는 우물가에서 사마리아 여인을 만나시고, 그 여인에게 자신이 오겠다고 한 바로 그 메시아로서 "생명수"를 주는 분임을 드러내신다(요 4:1-38). 그 여인은 그저 예수를 믿기만 한 것이 아니라, 사람들에게 예수를 증언하여 많은 사마리아인들도 예수를 믿게 되었다(요 4:39-42). 그들은 예수 그리스도가 "온 세상의 구주"시라고 제대로 선포했다.

몇 년 후, 빌립은 사마리아에서 사역하면서 메시아를 선포했고 많은 사람의 병을 고쳤다(행 8:4-8). 그 성읍에는 기쁨이 넘쳤고(행 8:8), 유명한 마법사까지도 예수를 믿고 세례를 받았다! 예루살렘에 있던 사도들은 "사마리아도 하나님의 말씀을 받았다"(행 8:14) 함을 듣고 베드로와 요한을 그리로 보낸다. 그리고 그들은 사마리아 성도들에게 손을 얹어 성령 받기를 기도했다(행 8:14-17). **왕정 시대** 200년 동안 우상을 숭배하던 바로 그 성읍, 이방인들이 거주하던 바로 그 성읍에서 이런 일이 벌어진 것이다! 이러한 성읍도 하나님의 자비하심에서 제외된 것이 아니었다. 역사를 통한 하나님의 구속 계획은 결국 이 지점으로 우리를 인도한다. 왜냐하면 하나님은 모든 민족을 마음에 품고 계시기 때문이다! 따라서 예수께서 제자들에게 **모든 민족**으로 제자를 삼으라고 하신 말씀은 전혀 놀라운 것이 아니다. 그렇게 해서 아브라함에게 주신 약속으로 시작한 하나님의 구원 계획은, 성령의 능력을 받은 예수를 따르는 자들을 통해서 계속 이루어져 나가는 것이다.

호세아에 대한 내용은 열왕기하 17장 1-6절에서 볼 수 있으며, 북왕국의 최후에 대한 내용은 열왕기하 17장에서 볼 수 있다. 시간을 내서 사도행전 8장에서 복음이 어떻게 선포되어 나가는지 읽어 보고, 모든 민족에게 선포될 이 놀라운 복음에 대해서 생각해 보라!

◆ 북왕국은 왜 멸망하고 말았는가?

열왕기하 17장 전체를 꼭 읽어 보기 바란다. 왜냐하면 그 내용은 북왕국 이야기를 요약한 것이기 때문이다. 북왕국의 최후에 대해서 성경은 이렇게 설명한다. "이 일은 이스라엘 자손이 자기를 애굽 땅에서 인도하여 내사 애굽의 왕 바로의 손에서 벗어나게 하신 그 하나님 여호와께 죄를 범하고 또 다른 신들을 경외하며 여호와께서 이스라엘 자손 앞에서 쫓아내신 이방 사람의 규례와 이스라엘 여러 왕이 세운 율례를 행하였음이라"(왕하 17:7-8). 이스라엘의 죄는 매우 상세하게 묘사되는데, 다른 신들을 경외한 것(7절), 이방 사람의 규례를 행한 것(8절), 산당을 세운 것(9절), 모든 곳에서 우상을 숭배한 것(10-12절) 등이 있다. 하나님은 선지자들을 통해서 이스라엘에게 반복해서 경고하셨다. "너희는 돌이켜 너희 악한 길에서 떠나 나의 명령과 율례를 지키되 내가 너희 조상들에게 명령하고 또 내 종 선지자들을 통하여 너희에게 전한 모든 율법대로 행하라"(13절). 하나님은 9세기 선지자 엘리야, 엘리사, 8세기 선지자 호세아, 아모스, 그리고 이스라엘의 왕들에게 하나님의 말씀을 전했던 다른 선지자들을 통해서 북왕국에 충분히 경고하셨다. 하지만 백성들은 선지자들의 말을 듣지 않았고 "그들의 목을 곧게 하기를 그들의 하나님 여호와를 믿지 아니하던 그들 조상들의 목같이"(14절) 했다. 그들은 목을 곧게 했을 뿐 아니라, "여호와의 율례와 여호와께서 그들의 조상들과 더불어 세우신 언약과 경계하신 말씀을 버리"(15절)기까지 했다. 그들은 목이 곧았기 때문에 여호와 앞에 회개하면서 돌아오지 않았다. 그리고 오히려 이방 사람의 관습을 따라 행했다.

> 그들의 하나님 여호와의 모든 명령을 버리고 자기들을 위하여 두 송아지 형상을 부어 만들고 또 아세라 목상을 만들고 하늘의 일월 성신을 경배하며 또 바알을 섬기고 또 자기 자녀를 불 가운데로 지나가게 하며 복술과 사술을 행하고 스스로 팔려 여호와 보시기에 악을 행하여 그를 격노하게 하였으므로 여호와께서 이스라엘에게 심히 노하사 그들을 그의 앞에서 제거하시니 오직 유다 지파 외에는 남은 자가 없으니라(왕하 17:16-18)

북왕국을 연구하면서 내내 목격했듯이 북부에 있는 하나님의 백성은 초대 왕 여로보암 1세 때부터 하나님의 율법을 어겼다. 그는 금송아지 두 마리를 만들고 "너희가 다시는 예루살렘에 올라갈 것이 없도다 이스라엘아 이는 너희를 애굽 땅에서 인도하여 올린 너희의 신들이라"(왕상 12:28)라고 말한 자였다. 이때부터 이스라엘은 이방 신들에게 제사를 드렸고, 그들을 따라 음란을 행했다. 북왕국의 열 지파는 여호와를 거부했고, 여호와의 명령을 노골적으로 어겼다. 그들은 유일하신 참 하나님을 섬기지 않았다. 이것이 모세 언약의 핵심이었는데 말이다. 그들은 마음을 다하고 뜻을 다하고 힘을 다해 여호와 하나님을 사랑해야만 했다. 하지만 그들의 마음은 계속해서 다른 곳을 향했다. 하나님은 긍휼하시고 자비하셔서 선지자들을 보내 그 길에서 돌이키려고 하셨지만, 백성들은 목이 뻣뻣하고 완고하여 회개하지 않았다. 우리는 결국 하나님이 "그의 종 모든 선지자를 통하여 하신 말씀대로 드디어 이스라엘을 그 앞에서 내쫓으신지라"(왕하 17:23)라는 말씀을 본다. 이렇게 북왕국은 멸망한다. 지금쯤이면 열왕기상 1장에서 열왕기하 17장, 그리고 호세아서, 아모스서, 요나서를 모두 읽었을 것이다. 혹시 그렇지 못했으면 다음 장으로 넘어가기 전에 꼭 읽어 보기를 권한다.

6장 왕정 시대 : 남왕국 1부

Kings : The Southern Kingdom Part 1

6, 7장에서는 남왕국의 모든 왕을 다루려고 한다. 하지만 특별히 아홉 왕에 집중할 것이다. 바로 르호보암, 아사, 여호사밧, 아하스, 히스기야, 므낫세, 요시야, 여호야김, 시드기야가 그 대상이다. 이 장을 연구하다 보면 자연스럽게 이들에게 집중하게 된다. 남왕국의 역사는 열왕기상·하, 역대상·하에 기록되어 있다. 그리고 하나님이 남왕국을 멸망하게 하신 이유는 역대하 36장에 나와 있다.

남왕국의 모든 왕은 유다의 혈통을 계승했기 때문에 위에 언급한 왕들 옆에는 모두 가족 그림이 있는 것과 마찬가지다(지면 여건 상 가족 그림은 르호보암 옆에만 한 번 나온다). 이 왕들 옆에는 두 개의 검 그림이 없다는 사실에 반드시 주목하라. 북왕국과 다르게 남왕국의 왕은 아무리 하나님께 가증하게 행하거나, 심지어 아하시야와 아몬처럼 왕이 다른 사람에게 살해당했을 때라도, 하나님은 다윗의 혈통에서 태어난 자를 완전히 멸절하지 않으셨기 때문이다. 다윗의 혈통이 지속된 이유는 하나님이 다윗에게 언제나 왕위를 다스릴 자손이 있게 하시겠다고 약속하셨기 때문이다.

미리 보는 남왕국

우리는 주전 930년에 발생한 왕국의 분열을 둘러싼 사건들에 관한 이야기로 남왕국 연구를 시작하려고 한다. 솔로몬이 죽은 후, 그의 아들 르호보암이 왕이 되었다. 하나님은 이미 솔로몬에게 그에게서 왕국을 빼앗을 것이라고 말씀하셨다. 그가 이방 여인들과 결혼하여 그들의 신을 경배했기 때문이다. 르호보암 시대에 내전이 발발하면서 하나님의 말씀은 이루어졌다. 열 지파가 여로보암을 따라 북으로 건너가면서 왕국은 무너지고 말았던 것이다. 하지만 유다 지파와 베냐민 지파, 그리고 제사장 지파인 레위 지파가 남았기 때문에 완전히 무너진 것은 아니었다. 르호보암은 왕이 되어 주위 국가들처럼 이교도를 따라 행하여 이방 신을 숭배하고 신전 창기(娼妓)를 만들었다. 우리는 유다가 그 조상들보다 하나님 보시기에 더욱 악을 행했다는 엄중한 진실을 깨닫는다. 남왕국은 출발부터 조짐이 좋지 않았다. 물론 아사, 여호사밧, 히스기야, 요시야처럼 하나님을 신실하게 섬긴 왕들도 소수 있었지만 남왕국 왕들은 대부분 하나님 보시기에 악을 행했다. 특별히 히스기야와 요시야가 통치할 때처럼 종교 개혁을 시행하는 등 빛나는 순간도 잠시 있었지만, 아하스, 므낫세, 여호야김, 시드기야의 때처럼 죄가 극악하게 번창하는 어두운 시대가 많았다.

하나님은 남왕국에 많은 선지자를 보내셔서 그 왕과 백성에게 악한 길에서 돌아서라고 말하며, 회개하지 않으면 심판이 임할 것을 선포하신다. 하나님은 이사야, 미가, 예레미야, 에스겔과 같은 선지자들과 더불어 스바냐, 요엘, 하박국과 같이 덜 알려진 선지자들도 일으켜 세우신다. 예레미야와 에스겔은 특별히 고통스러울 정도로 자세하게 유다의 죄목을 밝힌다. 그들은 심지어 북이스라엘과 남유다 모두 이방 신을 그들의 연인으로 삼은, "음행"을 저지르는 두 "자매"로 묘사한다. 이 두 선지자는 심지어 남쪽에서 벌어지는 유다의 음행이 자매인 북부 이스라엘을 공의롭게 보이도록 할 정도로 악랄했다는 경악스러운 결론에 도달한다. 북왕국에서 200년 동안 벌어졌던 일을 생각한다면 이는 절대로 사소한 문제가 아니다. 남왕국은 300년 넘게 지속되기는 하지만 결국 주전 586년에 멸망하고 만다. 하나님의 백성이 반역을 저지르고 불순종하여 모세 언약을 어겼기 때문이다. 하나님은 언약에 따라 저주를 내리시는데, 우상을 숭배하는 바벨론을 심판의 도구로 삼으셨다. 주전 586년에 성전은 파괴되었고, 예루살렘은 화염에 휩싸였다. 마지막 왕 시드기야는 눈이 뽑힌 채로 바벨론에 끌려갔으며, 많은 사람이 살육을 당하거나 바벨론에 끌려갔다. 그리고 힘없는 자들만이 예루살렘에 남았다. 공식적으로 이 왕국은 멸망하고 만다. 왜냐하면 그 이후로는 더 이상 예루살렘에서 다윗의 보좌에 앉아 다스리는 자가 나오지 않았기 때문이다.

▶▶▶ 구약 연대표

연대표를 앞에 두고 참조하면 남왕국을 연구할 때 도움이 될 것이다. 알아두면 이 장(과 다음 장)을 파악하는 데 도움이 될 사항들이 몇 가지 있다. 그러한 내용을 참고로 하면 남왕국의 왕들을 거대한 서사 안에서 이해할 수 있을 것이다. 우선적으로 첫 번째 왕인 르호보암 옆에 있는 왕관이 파란 색이라는 점에 주목하라. 이미 살펴보았듯이 이는 남왕국의 왕들은 모두 선택받은 유다의 혈통에서 났다는 것을 의미하는 것으로서, 하나님이 아브라함에게 하신 약속을 일깨워 준다(창 17:6, 49:10). 남왕국을 보면 왕조가 이어지는 것을 알 수 있는데, 이는 유다의 혈통에서 계속 왕이 났다는 사실을 입증한다.

두 번째로, 남왕국의 연대가 주전 930–586년이라는 사실을 기억하면 좋다. 이 연도는 구약 연대표 **왕정 시대** 부분에 나와 있다. 이와 더불어 남왕국에서 있었던 중요한 세 가지 사건의 연도를 기억하자.

주진 605년 : 1차 바벨론 유배, 다니엘 포함

주전 597년 : 2차 바벨론 유배, 여호야김과 에스겔 포함

주전 586년 : 마지막 바벨론 유배, 성전 파괴

연대표를 보면 이 세 연도가 **왕정 시대** 부분에 나와 있다. 왕들의 재위 연도는 본문에서 다룰 것이고, 아래에서도 한 번 언급할 것이다. 하지만 연대표에는 표시하지 않았다.

세 번째로, 연대표를 보면 남왕국은 **남부 : 유다**라는 제목으로 되어 있다. "남부"라는 용어는 그 왕국이 예루살렘을 수도로 하여 이스라엘의 남부 지역에 있었기 때문에 그 지리적 위치를 지칭하는 것이다. 왕국의 명칭은 유다 지파의 이름을 따서 유다라고 한다. 이는 그 초대 왕이 유다 지파 출신인 다윗 왕이라는 사실을 상기시키는 역할을 한다.

네 번째로, 남왕국에는 열아홉 명의 왕과 한 명의 여왕(아달랴)이 있다. 구약 연대표에는 그 순서에 따라 나열되어 있다. 참고로 남왕국 연대표는 다음과 같다.

르호보암(주전 930–913), 아비야(주전 913–910), 아사(주전 910–869), 여호사밧(주전 872–848), 여호람(주전 853–841), 아하시야(주전 841), 아달랴(주전 841–835), 요아스(주전 835–796), 아마샤(주전 796–767), 웃시야(주전 792–740), 요담(주전 750–732), 아하스(주전 735–715), 히스기야(주전 792–686), 므낫세(주전 697–642), 아몬(주전 642–640), 요시야(주전 640–609), 여호아하스(주전 609), 여호야김(주전 609–598), 여호야긴(주전 598–597), 시드기야(주전 597–586).

연대표를 보면 르호보암의 이름 아래에 가족 그림이 있는데, 이는 모든 왕이 선왕의 자녀임을 의미한다(여왕 아달랴만 제외).

◆ 남부의 선지자들

우리는 다음 두 장에 걸쳐 남쪽에서 활동한 선지자들에 대해서도 배울 것이다. 그리고 이 선지자들이 몇 세기, 몇 년도에 사역을 펼쳤는지에 대해서도 정보를 제공할 것이다. 연대표를 펴서 이 선지자들이 어디에 있는지 찾아보자. 남왕국 선지자로는 미가, 이사야, 나훔, 스바냐, 예레미야, 요엘, 하박국 등이 있다. 그리고 연대표 뒤에는 선지자들에 대한 내용을 간략하게 정리해 놓았다. 물론 다른 선지자들도 있었지만 가장 중요한 선지자들만 연대표에 담았다. 남왕국 선지자들은 너무 많기 때문에 혼동하기가 쉽다. 선지자들과 그림을 연결해서 그들이 전한 메시지를 기억할 수도 있지만, 다음 연상법을 사용하면 각각의 선지자를 기억하기가 더 수월할 것이다.

이사야: **이**해력 부족(이스라엘에게는 하나님의 방법이 "보이지 않았다")

미가: **미**달된 정의

스**바**냐: **바**짝 임박한 심판

예레미야: **예**루살렘이 무너질 것

요엘: **요**란한 생물(메뚜기)이 예루살렘을 침공함

하박국: **하**나님을 믿으라(의인은 믿음으로 말미암아 살리라)

나훔: **니**느웨가 하나님의 심판을 받을 것

에스겔: **외**국에 잡혀감(바벨론 포로)

다니엘: **다** 멸망하는 세상 나라

남왕국에는 북왕국보다 더 많은 선지자가 활동했다. 그리고 이사야(66장), 예레미야(52장)와 같은 성경은 특히 더 길기 때문에 남왕국은 1, 2부로 나눠서 살펴보도록 하자. 1부는 르호보암부터 히스기야까지의 시대를 다루는데, 이사야 선지자와 미가 선지자가 포함되며 대략 230년에 해당한다(주전 930-696). 2부는 므낫세부터 시드기야의 시대를 다루며, 스바냐, 예레미야, 요엘, 하박국, 나훔 선지자가 포함되고 마지막 100년에 해당한다(주전 696-586). 특별히 므낫세는 남왕국에서 최악의 왕이었기 때문에, 성경은 반복해서 그의 가증한 행위로 인해 하나님이 예루살렘을 심판하셨다고 전한다. 따라서 2부에서 므낫세가 나오는 순간 남왕국의 종말이 가까웠다고 생각하면 도움이 될 것이다. 이제 남왕국의 왕들에 대해서 배울 준비가 되었다.

르호보암(주전 930-913)

솔로몬의 아들인 르호보암은 아버지가 죽고 난 후에 왕이 되었다. 그는 주전 930년에서 913년까지 통치했다. 하지만 르호보암은 왕위를 물려받을 때 지혜롭지 못하게 처신했다. 그는 장로들의 말을 듣지 않고 젊은이들의 조언을 받아들여 백성들의 멍에를 더 무겁게 하기로 한다. 그는 자신의 새끼손가락이 아버지의 허리보다 굵다고 뽐낸다(왕상 12:10). 그리고 교만하게도 "내 아버지는 채찍으로 너희를 징계하였으나 나는 전갈 채찍으로 너희를 징치하리라"(왕상 12:14; 대하 10장)라고 말한다. 그 결과 열 지파는 여로보암을 따라 북쪽으로 이동했고, 남쪽으로는 유다 지파와 더불어 베냐민

지파와 레위 지파만 남았다(왕상 12-13장; 대하 10장). 그러자 르호보암은 북쪽 지파들을 공격하기 위해 18만 명의 전사를 소집하여 분리되어 나간 열 지파를 다시 손에 넣고자 한다. 하지만 하나님의 사람 스마야를 통해 하나님이 왕국을 분열시키신 것이라는 여호와의 말씀(왕상 12:24)을 듣고 그 뜻을 이루지 못하게 되었다. 이제 공식적으로 왕국은 분열되었다. 이는 솔로몬이 우상을 숭배했기 때문에 하나님이 내리신 심판이었으며(왕상 11:11-13), 아히야를 통해 여로보암에게 주셨던 하나님의 말씀이 성취된 것이었다. 하지만 하나님이 그 왕국을 르호보암에게서 완전히 빼앗지 않은 이유는 하나님이 다윗에게 그의 자손으로 예루살렘에서 영원히 다스리게 하시겠다고 약속하셨기 때문이었다(삼하 7:12-16:1; 왕상 11:13).

르호보암은 왕위에 오르자 방비하는 성읍들을 건축하고 무기를 많이 배치한다(대하 11:5-12). 그는 또한 자신의 아들들을 각 성읍의 지도자로 세웠다(대하 11:18-23). 르호보암의 어머니는 암몬 사람 나아마였는데(왕상 14:21, 31), 솔로몬이 결혼한 주변 국가 여인 중 하나였다(왕상 11:1). 솔로몬의 통치 기간에 사람들은 암몬의 신인 밀곰을 숭배했다(왕상 11:5). 이렇듯 우상 숭배가 이미 성행하고 있었기 때문에 르호보암의 통치 기간에 일어난 일은 전혀 놀랍지 않다.

> 유다가 여호와 보시기에 악을 행하되 그의 조상들이 행한 모든 일보다 뛰어나게 하여 그 범한 죄로 여호와를 노엽게 하였으니 이는 그들도 산 위에와 모든 푸른 나무 아래에 산당과 우상과 아세라 상을 세웠음이라 그 땅에 또 남색하는 자가 있었고 여호와께서 이스라엘 자손 앞에서 쫓아내신 국민의 모든 가증한 일을 무리가 본받아 행하였더라(왕상 14:22-24).

유다는 열방의 빛이 되기는커녕 사실상 그들과 전혀 구분할 수 없는 지경으로 타락해 버렸다. 산당, 주상들, 아세라 목상, 신전에서 일하는 신전 창기는 모두 이교도의 관습에서 온 것으로, 모세의 법에 따르면 엄격히 금지된 행위였다. 솔로몬의 때에 우상 숭배와 더불어 이러한 이교도의 관습이 도입되었는데, 이는 유다의 죄가 점차 늘어나고 있음을 의미한다. 하나님의 백성은 "그의 조상들이 행한 모든 일보다 뛰어나게 하여 그 범한 죄로 여호와를 노엽게"(왕상 14:22) 했다. 하나님이 가나안 사람들을 심판하신 이유가 그들의 "가증한 일"(레 18:24-25; 신 9:4-5) 때문임을 기억할 것이다. 그렇기 때문에 그 땅은 그들을 "토해 냈다"(레 18:28). 모세는 이스라엘 자손에게 그 땅에 들어서면 다른 민족들이 하는 가증한 행위를 절대로 본받지 말라고 계속해서 경고했다. 그래야 그 땅이 그들 역시 토해 내지 않을 것이라고도 선포했다(레 18:26-30). 그런데 이제 우리는 하나님의 백성이 "쫓아내신 국민의 모든 가증한 일을 본받아" 행하고 있다는 충격적인 말씀을 본다.

그런데 유다의 혈통에서 난 왕들이 가증하게 행하여도, 하나님은 여로보암, 바아사, 아합과 같은 몇몇 북왕국 왕들 및 그 가족에게 하신 것처럼 남왕국 왕의 전체 일가를 멸절하지는 않으신다. 이렇게 하나님이 남왕국 왕들을 북왕국 왕들보다 관대하게 대하신 것은 그들이 의롭거나 도덕적이어서가 아니라, 다윗에게 그의 자손이 인제나 왕위를 누리게 하시겠다고 약속하셨기 때문이었다(삼하 7:12-16; 대하 13:5; 시 89:4; 렘 33:17, 20-21, 25-26). 하나님은 다윗의 후손이 이교도 민족들처럼 가증하게 굴어도 그들에게 자비를 베푸셨다. 따라서 유다의 혈통이 지속될 수 있었던 것은 왕들이 잘 순종했다거나 그들에게 어떠한 공로가 있어서가 아니었다. 단지 하나님이 다윗에게 언약으로 주신 약속을 신실하게 지키셨기 때문이다(삼하 7:12-16).

남왕국의 왕들을 한 명씩 보다 보면, 그 왕들이 아무리 가증한 행위를 하더라도 하나님은 다윗에게 하신 약속을 신실하게 지키신다는 사실을 가장 먼저 깨닫게 된다. 예를 들어 여호람은 살인자였고, 아합의 딸과 결혼했다. 또한 하나님 보시기에 악을 행했고, 우상을 숭배하기 위해 산당을 짓고, 아합 왕처럼 유다를 "음탕함"으로 꾀었다. 하지만 하나님은 그 가족을 멸절하지 않으셨다(대하 21:1-7, 11-15). 하나님은 여호람을 불치병으로 치셔서 일찍 죽게 하셨지만, 여호람의 일가를 진멸하지는 않으셨고 한 아들을 살려 주셨다. 하나님이 "다윗의 집을 멸하기를 즐겨하지 아니하셨음은 이전에 다윗과 더불어 언약을 세우시고 또 다윗과 그의 자손에게 항상 등불을 주겠다고 말씀하셨기"(대하 21:7; 왕상 15:4; 왕하 8:19; 대하 23:3 참고) 때문이었다. 그렇게 해서 여호람의 "씨"가 보존된 것이다. 하지만 남왕국이 멸망하고 백성들이 바벨론으로 잡혀갈 날은 다가오고 있었다. 그럼에도 불구하고 하나님은 그 남은 자를 지키셔서 유다의 혈통이 지속되게 하실 것이다(마 1:1-17). 하나님은 유다 지파에서 다윗의 자손을 일으켜서 그로 영원히 다스리게 하실 것을 약속하셨다(삼하 7:12; 대상 17:11, 23:5). 사람이 아무리 죄를 저질러도 하나님의 약속은 절대 뒤엎을 수 없다.

르호보암의 통치 기간에 유다는 하나님께 신실하지 못했기 때문에, 하나님은 애굽 왕 시삭을 보내서, 수많은 병거와 마병으로 유다를 치게 하셨다. 시삭은 유다의 견고한 성읍들을 함락하고 예루살렘까지 당도한다. 그러자 선지자 스마야는 르호보암과 함께 모인 무리에게 말한다. "여호와께서 이같이 말씀하시기를 너희가 나를 버렸으므로 나도 너희를 버려 시삭의 손에 넘겼노라"(대하 12:5). 이 말씀을 듣고 르호보암과 유다 방백들은 하나님 앞에 겸비했다. 그러자 스미야는 하나님이 시삭을 통하여 예루살렘에 분노를 쏟지는 않으실 것이라고 선포한다(대하 12:5-12). 비록 애굽 왕 시삭이 예루살렘을 공격하고 하나님의 집에서 보물들을 탈취하기는 했지만 이 성읍이 멸망하지는 않는다. 그리고 유다의 혈통도 보전되었다. 르호보암이 죽은 후 그의 아들 아비야가 대신하여 왕이 되었다. 르호보암에 대한 내용은 열왕기상 12장 1-24절, 14장 21-31절, 역대하 10-12장에서 볼 수 있다.

아비야(주전 913-910)

르호보암의 아들 아비야 혹은 아비얌이라고도 하는 이 왕은 주전 913년에서 910년까지 남왕국을 통치한다. 그는 아버지의 죄를 계속 저지른다(왕상 15:1-7). 그래서 "그의 마음이 그의 조상 다윗의 마음과 같지 아니하여 그의 하나님 여호와 앞에 온전하지 못하였다"(왕상 15:3)라는 부정적인 평가를 받는다. 하지만 하나님은 다윗에게 그 자손을 세워 주시겠다는 약속, 즉 "그의 아들을 세워 뒤를 잇게 하사 예루살렘을 견고하게 하셨으니 이는 다윗이 헷 사람 우리아의 일 외에는 평생에 여호와 보시기에 정직하게 행하고 자기에게 명령하신 모든 일을 어기지 아니하였음이라"(왕상 15:4-5)라는 약속을 지키셔서 그를 보존하신다. 아비야의 통치 기간에는 여로보암의 북왕국과 전쟁이 있었다(대하 13장). 아비야는 여로보암이 택한 용사의 절반밖에 되지 않는 규모의 군대로 전쟁에 나선다. 그는 여로보암과 그의 군대에게 하나님이 다윗과 그의 자손에게 왕권을 주셨으며, 절대로 멸하지 않으시겠다고 약속하셨다는 사실을 일깨워 준다(대하 13:5). 아비야의 군대는 훨씬 규모가 큰 상대 병력에게 매복 공격까지 당하지만, 하나님을 신뢰했기 때문에 승리를 거둔다. 여로보암은 전쟁터에 금송아지까지 가져갔지만 결국 전투에서 패배했고, 북왕국의 수많은 백성이 목숨을 잃었다. 그리고 여로보암은 이 패배에서 끝내 회복하지 못했다. 아비야에 대한 내용은 열왕기상 15장 1-8절과 역대하 13장에서 볼 수 있다.

아사(주전 901-869)

아비야가 죽은 후에 그의 아들 아사가 대신하여 왕위에 올랐고, 주전 910년부터 869년까지 40년이 넘도록 통치한다. 그는 하나님 보시기에 선과 정의를 행한 첫 번째 남왕국 왕이었다. 아사는 이방 신의 제단과 산당을 없애고, 주상을 깨뜨리며, 아세라 상을 찍었다(대하 14:2-3). 또한 우상을 제거하고 남색하는 자를 다 쫓아냈다(왕상 15:12-13; 신 23:17 참고). 나아가 그는 유다 사람에게 명하여 하나님을 구하고 하나님의 율법과 명령을 지켜 행하게 한다(대하 14:4). 아사는 또한 유다에 견고한 성읍들을 건축하고 군대를 강하게 했다. 그가 통치하던 시절에 종교 개혁이 시작되었으며, "나라가 그 앞에서 평안함을 누렸다"(대하 14:5-6).

구스 사람 세라가 아사를 공격했을 때 일어난 일을 보면 아사에 대해서 더 많은 것을 알 수 있다(대하 14:8-15). 아사 왕이 구스 왕에 비해 열세인 것은 분명했다. 하지만 전투 중에 아사는 하나님께 부르짖는다. "여호와여 힘이 강한 자와 약한 자 사이에는 주밖에 도와줄 이가 없사오니 우리 하나님 여호와여 우리를 도우소서 우리가 주를 의지하오며 주의 이름을 의탁하옵고 이 많은 무리를 치러 왔나이다 여호와여 주는 우리 하나님이시오니 원하건대 사람이 주를 이기지 못하게 하옵소서"(대하 14:11). 하나님은 이와 같은 기도, 즉 힘없는 자가 하나님을 신뢰하며 부르짖는 기도에 기꺼이 응답하신다. 수적으로는 구스 사람들이 아사의 군대를 훨씬 능가했지만, 하나님은 그들이 하나님이 도와주실 것을 신뢰했기 때문에 그 백성을 구원하신다. 그들은 전쟁터에서 하나님을 신뢰함으로써 여호와가 하나님이심을 믿는다는 사실을 증명한 것이다.

하나님은 아사랴 선지자를 보내 그 왕과 백성에게 "너희가 여호와와 함께하면 여호와께서 너희와 함께하실지라 너희가 만일 그를 찾으면 그가 너희와 만나게 되시려니와 너희가 만일 그를 버리면 그도 너희를 버리시리라"(대하 15:2)라고 말씀하신다. 더 나아가 "이스라엘에는 참 신이 없고 가르치는 제사장도 없고 율법도 없은 지가 오래되었으나 그들이 그 환난 때에 이스라엘 하나님 여호와께로 돌아가서 찾으매 그가 그들과 만나게 되셨나니"(대하 15:3-4)라고 말씀하신다. 이는 **왕정 시대** 신학에서 매우 중요한 부분이다. 하나님의 백성이 하나님의 말씀을 배우지 않고 믿지 않을 때, 그들은 환난에 처하게 된다. 하지만 아사는 선지자를 통해서 주신 하나님의 말씀을 경청한다. 그래서 아사는 예루살렘의 성전을 재건하고, 우상을 제거했으며, 예배를 다시 세웠다. 그는 심지어 자신의 어머니가 세운 아세라 주상도 찍고, 부수고, 태워 버렸다(대하 15:16). 그는 예루살렘에 있는 모든 유다와 베냐민 지파 사람들, 그리고 하나님이 아사와 함께하심을 알고 북쪽으로 향하지 않은 다른 지파 사람들을 다 불러 모은다. 온 백성은 하나님께 제사를 드리고 "마음을 다하고 목숨을 다하여 조상들의 하나님 여호와를 찾기로 언약"(대하 15:12)을 맺는다. 산당을 완전히 제거하지는 않았지만 아사는 유다에서 손꼽히는 종교 개혁을 이루어 냈다.

하지만 몇 년 후, 북왕국의 왕 바아사가 예루살렘에 전쟁을 걸어오자(왕상 15:17-22; 대하 16:1-10), 아사는 아람 왕 벤하닷과 조약을 맺고 그에게 바아사와 동맹 관계를 단절해 달라고 요청한다. 그 결과 바아사는 후퇴했다. 하지만 하나님은 아사가 여호와를 신뢰하지 않고 아람 왕 벤하닷에게 도움을 구했기 때문에 아사를 기뻐하지 않으셨다. 하나님은 하나니 선지자를 아사에게 보내신다. 선지자는 아사 왕에게 하나님을 신뢰하지 않았기 때문에 전쟁이 끊이지 않을 것이라고 선포한다. 이 이야기를 통해서 하나님은 자기 백성이 자신만 의지하기 원하신다는 사실을 다시 한 번 깨닫는다. 하나니 선지자는 하나님은 참으로 그 마음이 하나님에게 속한 자들을 강하게 하신다고 선포한다. 왜냐하면 "여호와의 눈은 온 땅을 두루 감찰하사 전심으로 자기에게 향하는 자들을 위하여 능력을 베푸시기"(대하 16:9) 때문이다.

구약에서 이스라엘 왕들은 적군이 닥쳤을 때, 특히 더 많은 군사를 지닌 적군이 쳐들어올 때면 반드시 하나님을 신뢰해야만 했다. 이러한 전투는 하나님의 백성으로 하여금 여호와만이 하나님이시라는 것을 깨닫게 하고, 인간으로는 도저히 어찌할 수 없는 상황에서도 그 사실을 신뢰하며 살아가는 법을 배우는 기회가 되었다. 전쟁을 할 때면 이스라엘 자손들은 수적으로 뒤지는 경우가 많았다. 하나님은 그들이 자신의 힘 또는 군사력을 신뢰하는 대신 하나님을 의지하는 법을 배우기 원하셨기 때문이다. 출애굽 사건은 처음부터 이스라엘 역사에 이러한 현실을 깊이 각인시켰다. 군대나 무기나 병거나 기병도 없는 노예들이 당시 가장 강력했던 군사를 물리쳤기 때문이다. 바로 여호와가 그들의 용사가 되시고 여호와가 그의 이름(출 15:3)이 되셨기에 가능한 일이었다. 여호와가 그들의 용사가 되시고 이름이 되신다는 선언은 하나님이 이스라엘을 대신해서 싸우신다는 사실을 강력하게 일깨워 준다. 전쟁은 그들의 것이 아니라 하나님의 것이다.

하나님의 백성은 도저히 가망이 없을 것 같을 때 하나님만을 신뢰해야 했다. 하나님은 왕왕 그러한 상황을 만드시고 하나님께 의지하는 법을 배우게 하셨다. 시편은 계속해서 이스라엘에게 하나님이 그들의 도움이시며 방패시며, 하나님만이 그들의 구원자가 되신다는 사실을 상기시킨다. 그렇기 때문에 그들은 하나님을 신뢰해야만 했다. 이제 익숙한 시편 말씀이 하나 떠오를 것이다. "많은 군대로 구원 얻은 왕이 없으며 용사가 힘이 세어도 스스로 구원하지 못하는도다 구원하는 데에 군마는 헛되며 군대가 많다 하여도 능히 구하지 못하는도다"(시 33:16-17). 우리는 이제 과거와 같이 전쟁에 휩싸일 일은 없다. 또한 하나님도 모세 언약을 맺고 이스라엘에게 약속하신 것처럼 우리에게 전투에서 승리할 것이라고 약속하지 않으신다. 하지만 여전히 유효한 사실이 하나 있다. 바로 하나님은 자기 백성이 모든 순간에, 가망이 전혀 없을 때에도 자신을 신뢰하기 원하신다는 점이다. 하나님은 우리가 스스로의 힘이나 능력에 의지하지 않고 오직 하나님만 의지하기를 원하신다. 하나님은 전 세계를 다니시며 자신을 신뢰하는 자들을 찾으신다. 그리고 그들을 강하게 하시고 힘을 주신다. 하나님의 백성이 어려운 상황에서도 그를 신뢰한다면, 그들은 참으로 여호와가 하나님이심을 믿는다는 것을 증명하는 것이다.

하지만 아사는 선지자 하나니를 통해서 주신 하나님의 경책의 말씀을 들으려고 하지 않았다. 그는 오히려 분노해서 하나니를 투옥시킨다. 이 사건이 있은 후 아사는 병에 걸리고 만다. 하지만 "병이 있을 때에 그가 여호와께 구하지 아니하고 의원들에게 구하였더라"(대하 16:12)라고 성경은 말한다. 병에 걸려서도 아사의 마음은 변하지 않았던 것 같다. 그리고 결국 2년 후에 아사는 죽고 만다. 아사의 왕권은 화려하게 시작한다. 그는 하나님 보시기에 선하고 공의로운 첫 남왕국의 왕으로서 강력하게 종교 개혁 정책을 펴 나갔다. 하지만 말년에 가서는 하나님을 신뢰하지 않았다. 오히려 그는 이방 왕과 맺은 동맹 관계를 의지하고, 아플 때에도 하나님을 찾는 대신 의원들을 신뢰한다. 남왕국의 왕들을 보면 가장 훌륭한 왕들도 어떤 식으로든 실패하는 모습이 나타난다. 하지만 언젠가 하나님은 다윗의 의로운 자손을 일으키실 것이다. 그리고 그 왕은 절대로 실패하지 않을 것이다. 그는 죽음의 순간에서조차 순종할 것이고, 하나님은 옛 약속에 따라 그에게 영원한 왕국을 세우실 것이다. 아사에 대한 내용은 열왕기상 15장 8-24절, 역대하 14-16장에서 볼 수 있다.

여호사밧(주전 872-848[아사 왕과 섭정, 주전 872-869])

아사의 아들인 여호사밧은 아버지가 죽고 난 후에 단독 군주로서 왕위를 물려받아 주전 848년까지 계속 통치한다. 그는 왕위에 오르면서 산당과 아세라 상을 없애고 하나님의 명령을 따랐다(대하 17:1-6). 하나님은 다윗 왕에게 하신 것처럼 여호사밧과 함께하셨다. 그는 바알을 찾지 않았기 때문이다(대하 17:3). 여호사밧은 유다의 성읍들에서 관리들과 레위인들에게 하나님의 율례를 가르쳤다. 이때 블레셋 사람들과 아라비아 사람들이 조공을 드릴 정도로 그의 왕국은 왕성해진다. 하나님은 여호사밧과 함께하셨고 주변 국가들은 그를 두려워했다.

하지만 여호사밧은 이스라엘의 아합 왕과 동맹을 맺는다. 여호사밧은 아합의 딸과 결혼했을 뿐 아니라 아합과 함께 아람 사람들과의 전쟁에 나서기로 합의하기까지 한다(대하 18장). 처음에 아합이 여호사밧에게 전쟁에 참여할 것을 부탁했을 때 여호사밧은 우선 그 제의를 거절한다. 여호와께 이에 대해서 물어봐야 했기 때문이다. 아합은 400명의 거짓 선지자들에게 물었고, 그들은 아합이 승리할 것이라고 예언했다. 하지만 여호사밧은 물을 만한 여호와의 선지자를 찾았다(왕상 22:7). 여호사밧은 미가야라는 선지자가 있다는 것을 알았다. 하지만 아합은 그가 자신에 대하여 흉한 일만 예언하기 때문에 좋아하지 않는다고 한다. 미가야는 하나님의 말씀을 전하도록 부름받은 여느 선지자들처럼 다음과 같이 맹세한다. "여호와께서 내게 말씀하시는 것 곧 그것을 내가 말하리라"(왕상 22:14). 미가야는 아합의 패배를 예언하고, 하나님을 섬기지 않는 왕을 강력하게 비난하며 다음과 같이 말한다. "내가 보니 온 이스라엘이 목자 없는 양같이 산에 흩어졌는데 여호와의 말씀이 이 무리에게 주인이 없으니 각각 평안히 자기의 집으로 돌아갈 것이니라"(왕상 22:17). 이러한 심상은 공의의 왕이 보살펴 주시기를 바라는 하나님의 백성의 열망을 강조하기 위한 것으로 성경 곳곳에서 나타난다(겔 34:1-6; 슥 10:2; 마 9:36; 요 10:1-18 참고). 아합은 하나님의 말씀을 듣고서는 아사가 몇 년 전에 선지자 하나니에게 한 것처럼 미가야를 투옥시킨다.

우리는 이제 고난과 거절을 당하는 것이 예언 사역에 필수적으로 수반되는 현상임을 본다. 이는 하나님의 백성이 단지 선지자들을 거부한 것이 아니라, 그들을 보내신 하나님 그분을 거부한 것이라는 근원적인 현실을 시사한다. 실제로 선지자들은 앞으로 오랜 세월 동안 박해를 당할 것이다. 이스라엘의 마음이 강퍅해져서 하나님이 자기 사자들을 통해서 주시는 음성을 듣지 않으려고 하기 때문이다(대하 36:16). 하나님의 선지자들을 그렇게 모질게 취급했기 때문에 심지어 선지자들은 죽음을 맞기도 한다. 그리고 이러한 현상은 신약 성경에서도 그대로 이어진다. 하나님의 백성은 하나님이 자기 종들을 통해서 주시는 하나님의 말씀에 전혀 개의치 않는다(마 23:29-37; 행 7:52).

미가야는 아합에게 패배할 것이라고 분명히 예언했지만, 아합은 어쨌든 변장한 채로 전쟁터에 나섰다. 하지만 선지자를 통해 주신 하나님의 말씀에 따라 아합 왕은 전투에서 죽음을 당했고, 개들이 병거에서 떨어지는 그의 피를 핥았다(대하 18:28-34; 왕상 22:29-40). 전쟁 중에 아람 사람들은 여호사밧을 이스라엘 왕이라고 오인하여 그를 공격한다. 하지만 마지막 순간 여호사밧은 하나님께 도움을 청한다. 그러자 하나님은 여호사밧에게 응답하셔서 그의 목숨을 보전하신다. 하지만 예후 선지자는 그가 아합 왕과 동맹한 것을 경책한다(대하 19:1-3).

이 사건이 있은 후에 여호사밧은 유다에서 대규모 종교 개혁을 감행한다(대하 19장). 그는 재판관을 세워 하나님의 율법을 따라 공의롭게 심판을 내리도록 했다. 또한 레위인들과 제사장들에게 예루살렘에서 여호와와 관련한 모든 일에 대해서 판결을 내릴 수 있는 임무를 부여했다. 그런데 이러한 개혁을 실시한 후에 여호사밧의 원수들이 전쟁을 일으킨다(대하 20장). 하지만 여호사밧은 하나님께 기도했다. "우리 조상들의 하나님 여호와여 주는 하늘에서 하나님이 아니시니이까 이방 사람들의 모든 나라를 다스리지 아니하시나이까 주의 손에 권세와 능력이 있사오니 능히 주와 맞설 사람이 없나이다"(대하 20:6). 그 대규모의 군대를 보고 여호사밧은 자신의 연약함을 인정한다. "우리 하나님이여 그들을 징벌하지 아니하시나이까 우리를 치러 오는 이 큰 무리를 우리가 대적할 능력이 없고 어떻게 할 줄도 알지 못하옵고 오직 주만 바라보나이다"(대하 20:12). 이 기도를 드리자 하나님의 영이 야하시엘에게 임하여 격려의 말씀을 주신다. 그는 선포한다. "너희는 이 큰 무리로 말미암아 두려워하거나 놀라지 말라 이 전쟁은 너희에게 속한 것이 아니요 하나님께 속한 것이니라"(대하 20:15). 선지자를 통해서 하나님의 말씀을 받은 여호사밧과 백성들은 하나님을 경배하고 찬송을 드렸다. 이튿날 그들이 전쟁터로 나설 때, 왕은 유다 백성들에게 하나님을 신뢰하라고 권고한다. 백성들은 "여호와께 감사하세 그의 인자하심이 영원하도다"(대하 20:21)라고 노래를 부르며 하나님을 찬양하기 시작한다. 여기에서 주목할 사실은 그들이 전쟁에서 승리를 거두기 전에 그렇게 했다는 점이다. 성경은 "그 노래와 찬송이 시작될 때에 여호와께서 복병을 두어 유다를 치러 온 암몬 자손과 모압과 세일 산 주민들을 치게 하시므로 그들이 패하였으니"(대하 20:22)라고 전한다. 하나님은 부르짖는 그들의 소리를 들으시고 적군을 물리치셨다. 여호사밧은 승리를 거두고 하나님을 찬양하며 예루살렘으로 돌아온다. 우리는 이 일화에서 다시 한 번 하나님은 그의 백성이 자신을 신뢰할 때 즐거워하신다는 사실을 배운다. 여호사밧이 유다 주민들에게 "너희 하나님 여호와를 신뢰하라"(대하 20:20)라고 권고할 때 사용한 히브리어 단어는 창세기 15장 6절에서 아브람이 "여호와를 믿으니"라고 할 때 사용한 단어와 같다. 하나님은 불가능할 것처럼 보이는 상황에서도 자신을 믿기 바라신다. 우리는 "믿음이 없이는 하나님을 기쁘시게 하지 못하나니"(히 11:6)라는 말씀을 명심해야 한다.

여호사밧 왕은 "그의 아버지 아사의 길로 행하여 돌이켜 떠나지 아니하고 여호와 보시기에 정직하게 행한"(대하 20:32) 왕으로 묘사된다. 하지만 "산당만은 철거하지 아니하였으므로 백성이 여전히 마음을 정하여 그들의 조상들의 하나님께로 돌아오지 아니하였더라"(대하 20:33)라는 말씀도 잊지 말아야 한다. 그리고 이후에 여호사밧은 금을 찾기 위한 배를 짓기 위해 이스라엘 왕 아하시야와 협력하는데, 하나님은 선지자 엘리에셀을 일으켜 여호사밧을 꾸짖으시고, 그 배들도 파괴하신다(대하 20:35-37). 이미 살펴봤듯이, 가장 훌륭한 왕도 어떤 면에서는 실패하기 마련이다. 여호사밧은 죽고, 그의 아들 여호람이 섭정(주전 853-848)으로 섬기다가 단독 왕이 된다. 여호사밧에 대한 내용은 열왕기상 15장 24절, 22장 1-50절, 역대하 17-20장에서 볼 수 있다.

여호람(주전 853-841[여호사밧과 섭정, 주전 853-848])

그런데 상황은 최악으로 치닫는다. 여호사밧의 아들 여호람은 주전 848년부터 841년까지 단독 왕으로 통치하는데, 여호람이 왕위를 물려받은 뒤에 정적들을 모두 제거하기 위해 자신의 아우들을 죽인 것이다. 이에 대해서 성경은 "이스라엘 왕들의 길로 행하여 아합의 집과 같이 하였으니 이는 아합의 딸이 그의 아내가 되었음이라 그가 여호와 보시기에 악을 행하였으나"(대하 21:6)라고 말한다. 여호람의 아내가 아합의 딸이었다는 사실만으로도 아합과 모종의 관계가 있으리라는 점을 짐작할 수 있다. 그렇기 때문에 아합의 때에 북이스라엘에서 했던 것처럼 여호람도 산당을 짓고 "예루살렘 주민으로 음행하게"(대하 21:11) 했다는 사실은 전혀 놀랍지 않다. 하나님은 엘리야 선지자를 통해 여호람에게 심판을 선포하신다. 왜냐하면 그가 유다로 하여금 다른 신을 좇아 음행을 저지르게 했고, 아우들을 모두 죽였기 때문이었다. 여호와는 블레셋 사람들과 아라비아 사람들을 격동시켜 유다를 치게 하신다. 그래서 여호람은 왕가의 모든 재산 및 자녀들과 아내들을 빼앗긴다(대하 21:12-20). 오직 막내아들 여호아하스(아하시야라고도 함)만이 살아남아 다음 왕이 되었다(대하 22:1). 여호람이 그렇게 우상을 숭배하고 언약을 파기했는데도 하나님이 그의 가족을 보전하신 것은 순전히 다윗 왕에게 하신 약속 때문이었다(대하 21:7). 하지만 여호람은 하나님의 말씀에 따라 창자에 병이 들어 고통스럽게 죽었고, 성경은 여호람이 "아끼는 자 없이 세상을 떠났으며 무리가 그를 다윗 성에 장사하였으나 열왕의 묘실에는 두지 아니하였더라"(대하 21:20)라고 전한다. 여호람에 대한 내용은 열왕기하 8장 16-24절, 역대하 21장에서 볼 수 있다.

아하시야(주전 841)

아하시야는 아버지가 죽은 후 22세에 기름 부음을 받고 왕이 된다. 그는 단 1년 동안 통치한다. 아하시야는 오므리 왕의 증손녀인 아달랴의 아들이기 때문에 어머니를 통해서 북왕국과 연결된 인물이었다(대하 22:2). 아하시야는 "패망하게 하는 아합의 집의 가르침을 따라 여호와 보시기에 아합의 집같이 악을 행하였더라"(대하 22:4). 또한 그는 아합의 아들이자 이스라엘 왕인 여호람과 동맹을 맺고 함께 아람 사람들과 맞서 싸운다(대하 22:5). 여호람 왕은 전투에서 상처를 입고 이스르엘로 도주한다. 아하시야는 이스르엘로 여호람을 찾아갔다가 예후(여호람의 뒤를 이은 북왕국 왕)와 전투를 벌인다. 예후는 북왕국 왕(여호람)을 죽였고, 남왕국 왕(아하시야)과 그의 조카들도 죽인다. 그러자 그의 어머니 아달랴는 자식이 죽은 것을 보고 유다 집의 왕국의 씨를 모두 진멸한 뒤에 스스로 왕위에 오른다(대하 22:10). 아하시야에 대한 내용은 열왕기하 8장 24-29절, 9장 16-29절, 역대하 22장 1-9절에서 볼 수 있다.

아달랴(주전 841-835)

아달랴 여왕은 이스라엘 왕이었던 오므리의 손녀로서, 주전 841년에서 835년까지 유다를 통치한다. 북왕국의 아합과 마찬가지로 아달랴 역시 바알을 숭배했다(대하 24:7). 아달랴는 아하시야 일가를 멸하려 한 살인자였다. 하지만 하나님의 섭리로 요아스 왕자는 죽음을 피할 수 있었다. 여호사브앗이라는 여인이 아하시야의 어린 아들 요아스를 하나님의 전에 숨겼던 것이다. 여호사브앗은 제사장 여호야다의 아내이자, 여호람 왕의 딸이며 아하시야 왕의 누이였다(대하 22:10-12). 아달랴가 유다를 다스리는 6년 동안 어린 요아스는 숨어 지내야 했다. 아달랴는 다윗의 씨를 말살하려고 했지만, 하나님은 약속에 의거하여 다윗의 씨를 보전해 주셨다(삼하 7:12-15). 아달랴 통치 7년째 되는 어느 안식일, 제사장 여호야다는 대담하게 레위 사람들과 이스라엘 족장들을 모아 놓고 요아스에게 기름을 부어 왕으로 삼는다(대하 23장). 여호야다는 요아스가 하나님이 다윗에게 하신 약속을 성취하기 위하여 보존한 자라는 사실을 알았다. 그렇기 때문에 "여호와께서 다윗의 자손에게 대하여 말씀하신 대로 왕자가 즉위하여야 할지니"(대하 23:3)라고 선포한 것이다. 요아스가 왕이 되자 모든 사람이 기뻐했다. 아달랴가 그 자리에 도착했지만 여호야다의 명령을 따라 무리가 그를 죽인다(대하 23:11-15). 아달랴에 대한 내용은 열왕기하 11장 1-16절, 역대하 22장 10-12절, 23장 12-15절에서 볼 수 있다.

요아스(주전 835-796)

여호아스라고도 하는 요아스는 일곱 살에 왕으로 기름 부음 받아 주전 835년부터 796년까지 통치한다. 그의 통치 기간에 여호야다 제사장은 여호와, 백성, 왕 사이에 언약을 세운다. 그렇게 해서 그들은 여호와의 백성이 되었다(대하 23:16). 이 언약에 따라 백성들은 즉시 바알의 집을 허물고 바알의 형상을 깨뜨리며 바알의 제사장들을 죽인다(대하 23:16-21). 백성들은 언약에 따라 바알 숭배를 박멸한다. 요아스가 이러한 종교 개혁을 단행했기 때문에 성경은 요아스에 대해서 "여호야다가 세상에 사는 모든 날에 요아스가 여호와 보시기에 정직하게 행하였으며"(대하 24:2)라고 평가한다. 요아스와 여호야다는 백성들에게 여호와의 전을 수리하는 데 필요한 모든 것을 드리라고 명하여 성전을 보수한다(대하 24:4-14).

하지만 여호야다 제사장이 죽은 후에 모든 것이 변했다(대하 24:15-17). 성경은 백성이 "그의 조상들의 하나님 여호와의 전을 버리고 아세라 목상과 우상을 섬겼으므로 그 죄로 말미암아 진노가 유다와 예루살렘에 임하니라 그러나 여호와께서 그들에게 선지자를 보내사 다시 여호와에게로 돌아오게 하려 하시매 선지자들이 그들에게 경고하였으나 듣지 아니하니라"(대하 24:18-19)라고 말한다. 하나님의 백성은 재빠르게 우상 숭배로 돌아선다. 그러자 하나님은 여호야다의 아들 스가랴를 일으키신다. 하나님의 영이 그에게 임하자 스가랴는 백성들에게 말한다. "하나님이 이같이 말씀하시기를 너희가 어찌하여 여호와의 명령을 거역하여 스스로 형통하지 못하게 하느냐 하셨나니 너희가 여호와를 버렸으므로 여호와께서도 너희를 버리셨느니라"(대하 24:20). 백성들은 스가랴의 말을 듣기는커녕 요아스의 명에 따라 그를 돌로 쳐 죽여 버린다! 스가랴의 아버지 여호야다는 요아스가 어린 소년이었을 때부터 제사장으로 신실하게 섬기고 그를 왕으로 세웠는데, 이제 요아스는 그의 아들을 죽이라고 부추긴 것이다. 스가랴가 돌에 맞아 죽고 난 후 하나님은 아람 사람들을 들어 유다를 공격하게 하신다. 아람 사람들의 군사는 많지 않았지만 하나님이 요아스를 징벌하기 위해 그들을 사용하셨기 때문에, 그들은 유다를 칠 수 있었다. 요아스는 부상을 입어 요양하고 있었다. 하지만 요아스가 흘린 피 때문에 신하들이 요아스를 죽여 버린다. 요아스에 대한 내용은 열왕기하 11-12장, 역대하 22장 10절-24장 27절에서 볼 수 있다.

아마샤(주전 796-767)

요아스가 살해된 후, 그의 아들 아마샤가 25세로 왕위를 물려받아 주전 796년부터 767년까지 통치한다. 그는 여호와 보시기에 정직하게 행하기는 했지만 다윗 왕처럼 온전하지는 못했다(왕하 14:3; 대하 25:2). 그의 통치 기간에 백성들은 여전히 산당에서 이방 종교 예식을 했기 때문이다. 아마샤가 왕이 되어 처음으로 한 일은 아버지의 살해 사건에 연관된 자들을 죽인 것이었다. 하지만 그들의 자식들은 죽이지 않음으로써 율법에 따라 스스로 삼갔다(대하 25:5; 신 24:16). 그러고 나서 아마샤는 왕국을 강화하고 에돔 사람들과 전쟁을 벌인다. 하지만 에돔 사람들에게 승리한 이후에 오히려 그들의 신들을 가져다가 자신의 신으로 삼는다. 그는 심지어 에돔의 신들 앞에 경배하고 분향하기까지 한다(대하 25:14-16). 하나님은 아마샤에게 분노하셔서 선지자를 보내 그를 꾸짖으신다. 하지만 아마샤는 선지자의 말을 듣지는 않고 조용히 하라고 명령한다. 이후 아마샤는 오만하여져서 북왕국을 도발한다. 하지만 하나님의 말씀에 따라 그는 곧 벧세메스에서 벌어진 전투에서 이스라엘 왕 요아스(유다의 선대 왕인 요아스와 혼동하지 말 것)와 맞서 싸우다 패배하고 만다. 이스라엘은 180미터에 달하는 예루살렘의 성벽을 허물고 여호와의 성전을 약탈했고, 사마리아로 돌아가기 전에 왕궁의 재물도 빼앗아 갔다. 아마샤는 라기스로 도망했지만 그곳에서 살해되고 만다(대하 25:27-28). 아마샤에 대한 내용은 열왕기하 14장 1-20절, 역대하 25장에서 볼 수 있다.

웃시야(주전 792-740[아마샤와 섭정, 주전 792-767])

아마샤가 죽은 후, 그의 아들 아사랴라고도 하는 웃시야가 단독 왕으로 보좌에 올랐을 것으로 추정된다. 웃시야는 주전 740년까지 통치한다. 웃시야는 산당을 제하지는 않았지만 재위 초기에 여호와 보시기에 정직하게 행했다. 웃시야는 새로운 성읍들을 건설했고, 하나님은 블레셋 사람에게도 승리하게 해 주셨다. 암몬 사람들은 그에게 조공을 바쳤으며, 그의 명성은 애굽 지경까지 알려졌다. 웃시야는 예루살렘을 견고하게 했고, 부유해졌으며, 강한 군대를 갖추었다. 하나님이 도왔기 때문에 그는 성공할 수 있었다. 하지만 웃시야는 오히려 힘을 얻은 후에 몰락하고 만다. 그 마음이 교만해졌기 때문이다(대하 26:1-16). 웃시야는 주제넘게도 성전에 들어가서 제단에 분향하려 한다. 그러자 제사장 아사랴는 여든 명의 제사장들과 함께 그를 따라 들어와서 성전에서 즉시 떠나라고 명했다. 제사장만 분향을 할 수 있도록 엄격하게 제한되어 있었기 때문이다(대하 23:6 참고). 하지만 웃시야는 오히려 제사장들에게 노를 발한다. 그런데 그가 화를 내는 순간 제사장들이 보는 앞에서 그의 이마부터 나병이 발병한다. 제사장들은 그에게 하나님의 심판이 임했음을 알고 왕을 재빨리 성전에서 쫓아냈다(대하 26:17-21). 결국 웃시야 왕은 죽는 날까지 나병 환자로 살았다. 그는 불결한 자가 되어 하나님의 전에서 끊어진 채로 왕궁 별관에서 살아야 했다. 웃시야에 대한 내용은 열왕기하 14장 21-22절, 15장 1-7절, 역대하 26장에서 볼 수 있다.

요담(주전 750-732[웃시야와 섭정, 주전 750-740])

웃시야의 아들 요담은 그의 아버지가 죽은 후에 단독 왕이 되어 주전 732년까지 통치한다. 요담은 하나님을 따르기는 했지만 여전히 산당을 남겨두어 백성들은 여전히 이방 종교의 관습을 따라갔다(왕하 15:35). 요담은 유다에 성읍들을 건설하고 그 지역을 견고하게 구축했다. 군사적으로도 성공을 거두어 암몬 사람들이 조공을 바치기까지 했다. 성경은 요담이 "그의 하나님 여호와 앞에서 바른 길을 걸었으므로 점점 강하여졌더라"(대하 27:6)라고 말한다. 왕은 바르게 행했지만 백성들은 여전히 부패했다(대하 27:2). 요담이 죽고 그의 아들 아하스가 왕이 된다. 요담에 대한 내용은 열왕기하 15장 32-38절, 역대하 27장 1-9절에서 볼 수 있다.

▶▶▶ 구약 연대표

아하스 왕으로 넘어가기 전에 지금까지 살펴본 왕들을 연대표에서 확인해 보자. 왕마다 간략하게 요약해 놓은 내용을 참고하면 왕의 생애에 있었던 핵심 사건들을 기억하는 데 도움이 될 것이다. 지금까지 여러 왕들을 배우기 위해 애를 썼다는 사실을 알고 있다. 하지만 벌써 거의 200년을 다루었다는 점을 기억하고 기운을 내자! 이 장에서는 앞으로 중요한 두 왕, 아하스와 히스기야 및 8세기 선지자 이사야와 미가에 대해서 배울 것이다. 그러니 힘을 내도록 하자! 이제 두 왕밖에 남지 않았다!

아하스(주전 735-715[요담과 섭정, 주전 735-732])

이제 우리는 남왕국에서 매우 중요한 시대로 들어설 참이다. 이제 아하스 왕과 히스기야 왕, 그리고 8세기 선지자 이사야와 미가를 만나기 때문이다. 이 두 왕과 두 선지자를 마지막으로 남왕국 1부는 마무리될 것이다. 아하스 왕이 들어서면서 상황은 더욱 악화된다. 그는 주전 732년에 단독 왕이 되어 주전 715년까지 통치한다. 아하스는 남왕국 왕 중에서도 최악의 왕으로 꼽힌다. 그는 "이스라엘의 여러 왕의 길로 행하며 또 여호와께서 이스라엘 자손 앞에서 쫓아내신 이방 사람의 가증한 일을 따라 자기 아들을 불 가운데로 지나가게 하며 또 산당들과 작은 산 위와 모든 푸른 나무 아래에서 제사를 드리며 분향"(왕하 16:3-4)했기 때문이다. 아하스는 우상들에게 제사만 드린 것이 아니라, 자신의 자녀를 제물로 드리기까지 했다. 고대 세계에서는 자녀를 제물로 드리기도 했지만, 이는 분명히 하나님이 가증하게 여기시는 행위였다(신 12:31). 아하스는 하나님이 가나안 땅에서 몰아낸 바로 그 민족들과 똑같이 행했던 것이다.

이때 아하스는 아람 왕 르신과 북이스라엘 왕 베가에게 공격을 받는다(왕하 16:1-6; 대하 28:5-15). 그 결과 유다에서 12만 명이 죽임을 당했고, 20만 명이 사마리아에 노예로 끌려갔다. 이러한 비극이 발생한 이유는 유다가 "조상들의 하나님 여호와를 버렸기"(대하 28:6) 때문이었다. 하지만 오뎃 선지자는 베가와 이스라엘의 지도자들에게 북왕국의 죄 때문에 하나님의 노가 불같이 일어났다고 경고하면서 형제인 그 포로들을 돌려보내라고 한다. 그러자 그들은 포로들에게 옷을 입히고 자신들이 취한 전리품을 쥐여 돌려보냈다. 하지만 아하스 왕은 모든 면에서 곤경에 빠져 있었다. 이제는 에돔 사람들과 블레셋 사람들이 유다 영토를 점령한 것이다. 하나님은 유다를 겸손하게 만들고 계셨다. 그의 백성이 신실하지 못했기 때문이다.

아하스 왕이 르신과 베가에게 공격을 당할 때, 하나님은 이사야 선지자를 세우셔서 말씀을 전하게 하신다(사 7-8장). 이사야는 아하스 왕에게 르신과 베가가 성공하지 못할 것이라고 말한다. 따라서 아하스는 하나님을 믿어야 했다. 이사야는 심지어 왕에게 하나님이 징조를 주실 것이라고 말했다. 즉, "하나님이 우리와 함께하신다"는 뜻인 "임마누엘"이라는 이름의 아들을 주시겠다고 한 것이다. 아하스는 그 아이가 탄생한다는 소식을 듣고 믿음의 격려를 받아야 했다. 왜냐하면 그는 군사적인 압박을 받을 때도 하나님을 신뢰해야 했기 때문이다. 하지만 아하스는 하나님을 신뢰하지 않았고, 징조도 원하지 않았다. 그는 이미 다른 마음을 먹고 있었다. 아하스는 하나님을 의지하여 구원을 얻는 대신, 우상을 섬기는 앗수르에게 도움을 청한다(대하 28:16-21). 그는 앗수르 왕 디글랏빌레셀('불'이라고도 함)에게 지원을 요청한다. 그렇게 해서 즉각적이고 단기적인 효과는 얻을 수 있었지만(왕하 16:9), 아하스는 자신이 기대했던 만큼의 도움을 받지는 못한다(대하 28:21).

이러한 위기 상황에서 아하스는 더욱 자포자기하여 하나님께 더욱 범죄를 저지른다. 이제는 오히려 다메섹의 신에게 제사를 드리고 나선 것이다. 아하스는 그 신들이 자신을 공격한 아람 왕을 도왔다고 생각하면서, 그 신들이 자신도 도울 수 있다고 믿었던 것이나(대하 28:23). 이미 살펴보았듯이 전쟁은 왕들이 하나님을 신뢰할 수 있는 기회다. 하지만 아하스는 오히려 다메섹이 섬기는 이방의 우상에게 도움을 구하는 것이다. 이때 사역하던 이사야 선지자는 사람의 손으로 만든 우상을 신뢰하는 것이 어리석다고 말한다(사 44:9-20; 렘 10:1-16 참고). 이사야는 우상에게 기도하는 자들을 조롱하며 말한다. "너는 나의 신이니 나를 구원하라 하는도다"(사 44:17). 사람의 손으로 지은 우상에게는 절대로 구원할 수 있는 능력이 없다. 이사야는 아하스에게 살아 계신 하나님을 신뢰하라고 권고하지만, 오히려 아하스는 우상들에게 도움을 구했다. 아하스는 심지어 성전 문을 폐쇄하여 이스라엘의 하나님께 제사를 드리지 못하게 한다. 그는 하나님의 전에 있는 기구들을 부수고, 더 높은 산당을 세워 다른 신들에게 분향을 드린다. 이렇게 아하스는 여호와 하나님을 진노하게 했다(대하 28:24-25). 아하스가 처했던 군사적인 위기는 그의 마음이 얼마나 완고하고 반항적이었는지를 드러낸다. 왜냐하면 그는 이스라엘과 마찬가지로 하나님의 말씀에 귀가 막히고 눈이 감겼기 때문이다(사 6:9-10 참고). 아하스는 끝없이 이방 종교를 따르다가(대하 28:24-25) 마침내 죽어 예루살렘에 장사된다(대하 28:26-27). 아하스에 대한 내용은 열왕기하 16장, 역대하 28장, 이사야서 7-8장에서 볼 수 있다.

▶▶▶ 구약 연대표

계속해서 남왕국의 남은 기간을 연구하기 전에 이 시기에 사역했던 8세기 선지자 두 사람, 이사야와 미가에 대해서 배워 보자. 미가가 전한 주요 주제는 **미**달된 정의라고 했다. 이사야를 대표하는 그림은 눈 먼 사람이다. 그리고 미가를 나타내는 그림은 부정한 저울이다.

선지자 이사야

이사야는 8세기 남왕국에서 활동한 선지자다. 그는 "유다 왕 웃시야와 요담과 아하스와 히스기야 시대에", "유다와 예루살렘에 관하여" 계시를 받은 자였다(사 1:1). 이사야 6장 1절에서 이사야는 웃시야 왕이 죽는 해에 하나님의 부르심을 받았다고 하기 때문에, 이사야가 소명을 받은 해는 대략 주전 740년일 것이다. 이사야는 다음 세 왕이 통치하는 시기에도 계속 예언 사역을 한다. 히스기야의 통치가 주전 686년에 끝나기 때문에 이사야가 사역한 기간은 주전 740년부터 686년이 된다.

• 하나님은 이사야를 불러서 반역하는 백성들에게 말씀하신다

이사야서의 도입부는 이 선지자가 전하려는 전체 메시지의 논조를 결정한다. 바로 하나님이 반역을 저지른 자기 백성을 고소하시는 것이다. 이사야는 이스라엘을 "범죄한 나라요 허물 진 백성이요 행악의 종자"(사 1:4)라고 묘사한다. 이사야 선지자는 처음 다섯 장에서 유다와 예루살렘을 여러 가지 수치스러운 대상으로 그려 낸다. 즉 그들은 반항하는 자녀, 불공정으로 가득한 성읍, 절개 없는 여자, 우상으로 가득한 땅, 교만하고 거만한 자, 끝으로 열매 맺지 못하는 포도밭이라고 이야기한다. 이사야서를 시작하는 처음 몇 장은 하나님이 공의로우시기 때문에 유다에 심판을 내리시는 것이라는 사실을 강조한다. 그래서 하나님은 자신의 포도밭을 공허하게 하실 것이며, 그의 백성은 사로잡혀 갈 것이다. 그리고 하나님이 선지자를 부르셔서 하늘의 환상을 보게 하실 때, 하나님이 백성에게 내리실 심판은 절정에 달한다(사 6장). 이사야는 천사 같은 존재들이 "거룩하다 거룩하다 거룩하다 만군의 여호와여 그의 영광이 온 땅에 충만하도다"(사 6:3)라고 외치는 광경을 보고, 하나님이 하늘 성전 보좌에 앉으신 모습을 목격한다. 하나님의 거룩함을 직접 본 선지자는 자신이 부정한 입술을 가진 사람이며, 하나님의 임재 앞에 설 수 없는 존재임을 깊이 깨닫는다. 왜냐하면 만군의 여호와를 보았기 때문이다. 이사야가 자신의 죄악을 직시할 때, 하나님의 놀라우신 자비로 말미암아 이사야의 부정함은 사라지고 그 죄도 용서받았다(사 6:7; 사 43:25 참고).

이사야는 죄에서 정결함을 받고 이스라엘에 가서 하나님의 말씀을 선포하라는 사명을 받는다. 하지만 그 백성은 반역하여 그의 말을 듣지 않을 것이었다. "가서 이 백성에게 이르기를 너희가 듣기는 들어도 깨닫지 못할 것이요 보기는 보아도 알지 못하리라 하여 이 백성의 마음을 둔하게 하며 그들의 귀가 막히고 그들의 눈이 감기게 하라 염려하건대 그들이 눈으로 보고 귀로 듣고 마음으로 깨닫고 다시 돌아와 고침을 받을까 하노라"(사 6:9-10)라는 말씀처럼 이사야의 사역은 자신의 말을 듣지 않는 자들에게 하나님의 말씀을 선포하는 것이었다. 이사야는 이스라엘에게 말씀을 선포한다. 하지만 백성들은 이사야의 말을 들을수록 그 마음이 더욱 강퍅해지고, 영적으로 더욱 우둔해졌다. 이러한 심상은 매우 중요한 것으로서, 성경에서 핵심적인 죄로 나타나는 우상 숭배와 연결된다. 우상 숭배는 살아계신 하나님이 아닌, 이 땅에 있는 어떠한 존재나 사람을 신뢰하는 것을 말한다. 실제로 우상 숭배는 이사야서가 다루는 주된 주제다.

• 하나님의 백성이 우상처럼 눈이 멀고 귀가 먹다

당시 남왕국에 있는 하나님의 백성은 은과 금으로 만든 우상을 숭배하고 있었다(사 2:8, 20, 10:11, 40:18-20, 42:17, 44:9-20, 46:1-7). 선지자는 이렇게 우상을 숭배하는 상황에서 지속적으로 여호와 하나님 외에는 다른 신이 없다고 선포한다(사 40-48장). 이사야서에서 하나님은 다음과 같은 질문으로 일갈하신다.

> 그런즉 너희가 나를 누구에게 비교하여 나를 그와 동등하게 하겠느냐 하시니라 너희는 눈을 높이 들어 누가 이 모든 것을 창조하였나 보라 주께서는 수효대로 만상을 이끌어 내시고 그들의 모든 이름을 부르시나니 그의 권세가 크고 그의 능력이 강하므로 하나도 빠짐이 없느니라(사 40:25-26)

여호와는 창조주 하나님으로서 이스라엘을 모태에서부터 지어 내신 분이다(사 44:2, 24). 그분만이 하나님이 되신다. 이사야는 여호와에 대해서 이렇게 말한다. "이스라엘의 왕인 여호와, 이스라엘의 구원자인 만군의 여호와가 이같이 말하노라 나는 처음이요 나는 마지막이라 나 외에 다른 신이 없느니라 …… 그들에게 알릴지어다"(사 44:6-7). 이사야는 이 유일하시고 참되신 하나님을 알았기 때문에 나무와 은과 금으로 우상을 만드는 일은 어리석다고 말한다(사 44:9-20). 왜냐하면 사람들은 자신이 우상을 만들어 놓고도 그 앞에 엎드려 경배하면서 "너는 나의 신이니 나를 구원하라"(사 44:17)라고 기도하기 때문이다.

이미 살펴봤듯이 사람은 말할 수 없는 신을 경배하는 편을 좋아한다. 왜냐하면 신이 그들에게 해야 할 것을 명하는 것이 아니라, 오히려 신에게 해야 할 것을 명할 수 있기 때문이다! 하지만 시편 기자가 증언하듯이 하나님의 백성은 그러한 거짓 예배를 드리면 드릴수록 그들이 예배하는 우상과 같아질 것이다.

> 그들의 우상들은 은과 금이요 사람이 손으로 만든 것이라 입이 있어도 말하지 못하며 눈이 있어도 보지 못하며 귀가 있어도 듣지 못하며 코가 있어도 냄새 맡지 못하며 손이 있어도 만지지 못하며 발이 있어도 걷지 못하며 목구멍이 있어도 작은 소리조차 내지 못하느니라 우상들을 만드는 자들과 그것을 의지하는 자들이 다 그와 같으리로다(시 115:4-8)

결국 하나님의 백성은 그들의 우상들처럼 눈이 멀고 귀가 먹게 되었다. 그렇기 때문에 이사야는 이스라엘에 대해서 다음과 같이 말한다. "너희 못 듣는 자들아 들으라 너희 맹인들아 밝히 보라 맹인이 누구냐 내 종이 아니냐 누가 내가 보내는 내 사자같이 못 듣는 자겠느냐 누가 내게 충성된 자같이 맹인이겠느냐 누가 여호와의 종같이 맹인이겠느냐 네가 많은 것을 볼지라도 유의하지 아니하며 귀가 열려 있을지라도 듣지 아니하는도다"(사 42:18-20). 이사야는 하나님의 백성이 "눈이 있어도 보지 못하고 귀가 있어도 듣지 못한다"(사 43:8)라고 선포한다. 우리가 창세기를 연구할 때, 하나님이 아담을 창조하시면서 눈과 귀와 입이 있는 살아 있는 형상으로 만드시고 생기를 불어넣으셨던 장면을 기억할 것이다. 왜냐하면 아담은 살아 계신 하나님의 형상대로 만들어졌기 때문이다. 이제 우리는 사람이 죄로 인해 영적으로 보지 못하고 듣지 못하게 되어 결국 하나님의 형상이 파괴된 것을 목격한다. 이사야가 아무리 하나님의 말씀을 선포해도, 하나님이 그들을 심판하기로 하셨기 때문에 이스라엘의 마음은 더욱 굳어질 뿐이다. 이사야는 우상을 만드는 모습을 묘사하고 난 직후에 이스라엘에 대해서 말한다. "그들이 알지도 못하고 깨닫지도 못함은 그들의 눈이 가려서 보지 못하며 그들의 마음이 어두워져서 깨닫지 못함이니라"(사 44:18).

후에 예레미야 선지자와 에스겔 선지자도 하나님의 백성을 비슷하게 묘사한다. 예레미야는 이스라엘이 "눈이 있어도 보지 못하며 귀가 있어도 듣지 못하는 백성"(렘 5:21)이라고 한다. 에스겔은 이스라엘을 두고 "볼 눈이 있어도 보지 아니하고 들을 귀가 있어도 듣지 아니하나니 그들은 반역하는 족속임이라"(겔 12:2)라고 말한다. 이러한 주제와 부합하듯, 구약 성경에서 다윗 왕조의 마지막 왕인 시드기야 왕은 눈을 잃은 채로 예루살렘을 떠날 것이다. 바벨론 왕 느부갓네살이 그의 눈을 파 버리기 때문이다(왕하 25:6-7; 렘 39:6-7). 어두움 가운데 헤맸던 백성들과 마찬가지로 유다의 마지막 왕은 "어두울 때에" 시력을 잃은 채로 끌려갈 것이다(겔 12:1-13). 이사야는 이미 이스라엘이 포로로 잡혀갈 것을 선포했다. 그리고 정확히 주전 586년에 이스라엘은 그렇게 된다.

• 하나님은 심판 후에 자기 백성을 회복시키실 것이다

다른 선지자와 마찬가지로 이사야는 바벨론에 포로로 잡혀간 후에 회복의 시대가 임할 것을 본다. 이사야는 하나님의 공의가 다스릴 그때를 크게 기대하며 고대한다. 그때에는 "보는 자의 눈이 감기지 아니할 것이요 듣는 자가 귀를 기울일 것"(사 32:3, 사 29:18 참고)이다. 하나님은 자신의 종을 세우실 것이고, 그의 빛은 어두움을 비출 것이다. 이사야는 심판 후에 있을 이 영광스러운 회복의 소망을 선포한다. 즉, 보지 못하던 자가 보게 되고 듣지 못하던 자가 듣게 될 것이다(사 29:18, 32:3-4, 35:5-6, 42:6-7).

이 희망의 예언을 염두에 두고 연구를 계속하다 보면, 예수께서 공생애를 시작하시면서 회당에서 이사야 선지자의 글을 읽으셨다는 사실을 배울 것이다. 예수는 하나님의 영이 자신에게 임했으며, 자신은 "포로 된 자에게 자유를, 눈먼 자에게 다시 보게 함을 전파"(눅 4:18, 사 61:1 참고)하도록 부르심을 받았다고 선언하신다. 그리고 예수는 책을 덮은 후에 "이 글이 오늘 너희 귀에 응하였느니라"(눅 4:21)라고도 하신다. 예수께서 하신 신유 사역을 보면 특히 눈먼 자를 보게 하시는 경우가 많은데, 이는 결코 우연이 아니다(사 42:6-7; 마 9:27-31, 11:4-5, 12:22-24, 20:29-34; 막 8:17-26, 10:46-52; 눅 7:21-22, 18:35-43; 요 9장; 행 9:1-18). 이사야는 하나님의 구원에는 회복이 따르기 때문에 눈먼 자들이 볼 것이라고 선언한다. 또한 세례 요한이 예수께 사람을 보내어 오실 이가 맞는지, 아니면 다른 사람을 찾아야 하는지 물었을 때도, 예수는 그들에게 요한에게 돌아가서 본 대로 전하라고 하시며 말씀하신다. "맹인이 보며 못 걷는 사람이 걸으며 나병환자가 깨끗함을 받으며 귀먹은 사람이 들으며 죽은 자가 살아나며 가난한 자에게 복음이 전파된다 하라"(눅 7:22, 사 35:5, 61:1 참고). 눈먼 자를 보게 하는 것을 포함하여, 예수가 이렇게 신유 역사를 행하신 것은 이사야의 예언을 성취하신 것이었다(사 35:5, 42:6-7; 눅 4:18, 7:18-22). 하지만 믿는 자들만이 참으로 "볼 수 있을" 것이다. 슬프게도 많은 징조가 눈앞에서 펼쳐져도 모든 사람이 믿지는 않을 것이다. 따라서 믿기를 거부한 자들은 심판에 따라 계속해서 앞을 볼 수 없을 것이고 그 마음도 더욱 강퍅해질 것이다(마 13:10-17; 막 4:11-12; 요 12:37-40; 행 28:24-28; 롬 9-11장).

▶▶▶ 구약 연대표

구약 연대표에서 이사야를 나타내는 그림이 눈먼 사람의 모습이라는 점에 주의하라. 이 그림은 하나님의 백성이 영적으로 눈멀고 귀먹었음을 나타낸다. 언젠가 메시아를 통해서 그 시력이 회복될 것이다.

◆ 고난받는 종

이사야는 하나님이 자기 백성을 영적으로 새롭게 해 주시는 환상을 본다. 그리고 이 환상은 궁극적으로 하나님의 종으로 밝혀진 인물을 통해 이루어질 것이다(사 42:1-7, 49:1-6). 그는 이스라엘을 대신하여 고난을 받으며(사 52:13-53:12), 야곱을 하나님께로 돌아오게 하고(사 49:5-6), 이방의 빛이 되며(사 42:6, 49:6; 눅 2:32; 행 13:46-48, 26:17-23 참고), 눈먼 자들을 보게 하고 갇힌 자를 이끌어 낼 것이다(사 42:7 및 사 35:5-6, 61:1-2; 눅 4:18-19, 7:18-22; 행 26:18 참고). 또한 이방인들에게 희망을 주며(사 42:7 및 마 12:17-21; 사 11:10; 롬 15:12 참고), 많은 사람의 죄악을 담당하여 그들을 의롭게 하실 것이다(사 53:11).

우리는 몇백 년 후, 예루살렘에 예배하러 왔다가 수레를 타고 돌아가는 한 에티오피아 관리의 이야기를 알고 있다(행 8:26-39). 천사가 예수의 제자 빌립에게 예루살렘에서 가사로 내려가는 길까지 가라고 말한다. 빌립은 그곳에서 수레에 앉아 이사야 선지자의 글을 읽고 있는 한 에티오피아 사람을 만난다. 그러자 성령이 빌립에게 수레 가까이 가라고 말씀하신다. 빌립이 수레를 향하여 달려가서 소리를 들어 보니 그 사람은 고난받는 종에 대한 말씀을 읽고 있었다. 그가 읽고 있는 말씀이 바로 이 말씀이었다. "그가 도살자에게로 가는 양과 같이 끌려갔고 털 깎는 자 앞에 있는 어린 양이 조용함과 같이 그의 입을 열지 아니하였도다 그가 굴욕을 당했을 때 공정한 재판도 받지 못하였으니 누가 그의 세대를 말하리요 그의 생명이 땅에서 빼앗김이로다"(행 8:32-33; 사 53:7-8; 빌 2:8 참고). 빌립은 그에게 읽고 있는 말씀을 깨닫는지 묻는다. 그리고 이사야서 53장의 종의 이야기로 시작해서 예수에 대한 좋은 소식을 그에게 전한다! 이방인이었던 그 에티오피아 사람은 예수 그리스도가 하나님의 아들이심을 믿는다고 고백한다. 빌립은 계속 그와 동행하면서 이야기를 나누었다. 그런데 이 사람이 물을 보더니 자신에게 세례를 베풀어 달라고 부탁하는 것이었다. 빌립은 그에게 세례를 준다(행 8:36-40)! 이사야 선지자는 그 멀리서부터 이 일을 봤다. 즉, 하나님의 종이 야곱을 돌아오게 하실 뿐 아니라, 이방인들에게도 빛이 되셔서 눈먼 자들을 보게 하시리라는 사실을 예견한 것이다. 이 에티오피아 사람은 하나님의 종으로 오신 예수에게 희망을 둔 이방인이었다. 그리고 종의 사역은 이스라엘의 구원에도 매우 중요하다. 왜냐하면 야곱을 회복시키려는 하나님의 목적은 궁극적으로 예수의 대속의 죽음을 통해서만 이루어지기 때문이다. 이때 하나님의 구원은 세계 끝까지 미칠 것이다. 왜냐하면 에티오피아 사람이 이사야서 53장에서 하나님의 종에 대한 내용을 읽으면서 깨달은 것처럼, 예수는 이방인들에게 빛이 되시기 때문이다.

• 하나님의 축복이 이방에까지 미치다

이사야 선지자는 이방 민족들도 하나님의 백성이 되는 놀라운 환상을 보았다. 이는 하나님이 오래전 아브라함에게 주신 약속과 일맥상통하는 것이었다(창 12:3, 22:18, 26:4, 28:14; 행 3:24-26 참고). 그리고 이사야는 하나님의 종이 이방의 빛이 되실 것이라고 선포한다(사 42:6, 49:6; 및 눅 2:32; 행 13:45-47, 26:17-23 참고). 이사야는 전 세계 모든 사람이 하나님의 백성이 될 것을 꿈꾸면서, 이방인들이 복을 받아 하나님의 백성이 될 그날에 대해서 다음과 같이 말한다.

> 그날에 애굽에서 앗수르로 통하는 대로가 있어 앗수르 사람은 애굽으로 가겠고 애굽 사람은 앗수르로 갈 것이며 애굽 사람이 앗수르 사람과 함께 경배하리라 그날에 이스라엘이 애굽 및 앗수르와 더불어 셋이 세계 중에 복이 되리니 이는 만군의 여호와께서 복 주시며 이르시되 내 백성 애굽이여, 내 손으로 지은 앗수르여, 나의 기업 이스라엘이여, 복이 있을지어다 하실 것임이라(사 19:23-25)

이사야는 하나님이 모든 민족과 언어를 모으실 날, 그들이 와서 하나님의 영광을 볼 그날이 임할 것이라고 말한다(사 66:18).

잠시 약 700년 후에 일어날 일을 한번 찾아보자. 예수의 부모는 정결 예식을 드리기 위해 예수를 성전으로 데려간다. 그러자 시므온이라는 사람이 찾아와 어린 예수가 "이방을 비추는 빛"(눅 2:32)이라고 예언한다. 이새의 뿌리에서 날 것이라고 약속된 그분을 통해서 이방의 소망이 참으로 이루어질 것이다(사 11:10; 롬 15:12). 하나님의 구원은 이스라엘뿐 아니라, 메시아이자 하나님의 아들이신 예수를 믿는 모든 민족에게까지 미친다(행 10:34-48, 11:1-18, 15:1-35). 따라서 유대인과 이방인 모두를 하나님의 한 가족으로 묶으시려는 하나님의 계획, 즉 아브라함을 많은 민족의 아버지로 삼으려는 그 계획은 예수를 통해 놀랍게 이루어질 것이다!

사도 바울도 이방인을 향해 이러한 사역을 계속했다. 사도 바울은 자신의 사역을 언급하면서, "주께서 이같이 우리에게 명하시되 내가 너를 이방의 빛으로 삼아 너로 땅끝까지 구원하게 하리라 하셨느니라"(행 13:47 및 행 9:15, 26:16-18 참고)라는 이사야서 말씀을 인용한다. 이방 사람들이 예수 그리스도에 대한 복음을 들으면 그들 중 많은 사람이 예수를 믿을 것이고, 그렇게 해서 하나님의 말씀이 퍼져 나간다는 것이다. 베드로는 "다른 이로써는 구원을 받을 수 없나니 천하 사람 중에 구원을 받을 만한 다른 이름을 우리에게 주신 일이 없음이라"(행 4:12)라고 확신했다. 그리고 오늘날도 그렇다. 하나님은 "그를 믿는 사람들이 다 그의 이름을 힘입어 죄 사함을"(행 10:43) 받게 하시려고 지금도 전 세계 모든 민족에게 복음을 선포하고 계신다. "각 나라와 족속과 백성과 방언에서 아무도 능히 셀 수 없는 큰 무리가 나와 흰 옷을 입고 손에 종려 가지를 들고 보좌 앞과 어린양 앞에 서서 큰 소리로 외쳐 이르되 구원하심이 보좌에 앉으신 우리 하나님과 어린양에게 있도다"(계 7:9-10 및 계 5:1-10; 단 7:13-14 참고)라고 외칠 그날이 분명히 올 것이다. 모든 나라에서 온 사람들이 하나님의 보좌 앞에 설 때 마침내 역사를 통한 하나님의 구속 계획은 마무리될 것이다. 그래서 이사야 선지자가 **주의** 영광을 보고 **주를** 가리켜 말했던 것(요 12:41)처럼 이 일은 메시아, 즉 하나님의 종을 통해서 놀랍게 이루어질 것이다.

• 시온의 영광스러운 미래

이사야가 본 이 회복의 심상은 구약을 통틀어서 가장 감동적인 구절이다. 이사야 선지자는 우리의 기대, 즉 하나님만이 높임을 받는 그 영광스러운 모습에 대한 희망을 고양하기 위해서 여러 가지 개념을 강력하게 결합시킨다. 하나님은 이스라엘과 모든 나라에 알려지실 것이고 예배를 받으실 것이다. 또한 하나님의 백성은 죄를 용서받을 것이다. 따라서 이는 마치 두 번째 출애굽과 같은 사건이 될 것이다. 그리고 새로운 창조와 진배없는 일이 될 것이다. 여러분도 알다시피 이러한 모든 기대는 **창조, 아브라함, 시내, 왕정 시대**에 나타나는 성경의 주제를 토대로 만들어진 것이다. 이는 구약이 단순한 이야기 모음집이 아니라, 이 세상이 흘러가는 참된 이야기를 이해할 수 있는 내용과 심상을 공급하는 근원이라는 사실을 일깨워 준다. 출애굽기에서 하나님이 자기 백성을 애굽에서 인도해 내셨듯이, 하나님은 다시 한 번 새롭게 그들을 구원해 내실 것이다. 즉, 하나님은 바벨론에 사로잡혀 간 자기 백성을 이끌어 내어 예루살렘으로 인도하실 것이다(사 40장, 43:14-21, 44:24-28). 잉태하지 못했던 자는 다시 많은 자녀를 출산하고 기쁨으로 노래할 것이다! 하나님은 이스라엘의 장막을 넓히시고 그들의 자손을 번성하게 하실 것이다. 이스라엘의 구원자는 긍휼을 베푸셔서 자기 백성을 회복하실 것이다(사 54:1-8). 하나님은 다윗을 향한 그 변함없는 사랑을 지키실 것이다. 이스라엘은 기쁨으로 나아갈 것이며, 평화로 이끌려 갈 것이다. 시온이 회복되어 이방인들도 하나님의 백성이 되고, 이스라엘과 함께 하나님의 거룩한 산에서 예배하게 된다(사 56:3-8). 그들은 밝게 빛나는 하나님의 빛에 이끌려 멀리서부터 선물을 가지고 예루살렘으로 줄지어 향할 것이다(사 60장).

선지자는 더 나아가 시온의 영광이 완전히 회복되어, "다시는 낮에 해가 네 빛이 되지 아니하며 달도 네게 빛을 비추지 않을 것이요 오직 여호와가 네게 영원한 빛이 되며 네 하나님이 네 영광이 되리니"(사 60:19)라고 선언한다. 이사야는 하나님이 구원으로 임하실 때 시온이 영광스럽게 회복될 것을 본다(사 62장). 이는 새 하늘과 새 땅을 기대하는 것이다. 선지자는 하나님의 새로운 창조 세계가 회복되는 모습을 다음과 같이 그린다. "보라 내가 새 하늘과 새 땅을 창조하나니 이전 것은 기억되거나 마음에 생각나지 아니할 것이라 너희는 내가 창조하는 것으로 말미암아 영원히 기뻐하며 즐거워할지니라 보라 내가 예루살렘을 즐거운 성으로 창조하며 그 백성을 기쁨으로 삼고"(사 65:17-18, 계 21-22장). 이사야서의 마지막 장은 온 우주가 회복되는 환상으로 가득하다. 선지자는 선포한다. "내가 지을 새 하늘과 새 땅이 내 앞에 항상 있는 것같이 너희 자손과 너희 이름이 항상 있으리라 여호와의 말이니라"(사 66:22). 이때 온 땅은 하나님의 영광으로 가득할 것이다. 이사야는 스랍들이 "거룩하다 거룩하다 거룩하다 만군의 여호와여 그의 영광이 온 땅에 충만하도다"(사 6:3)라고 외치는 와중에 이러한 환상을 본다. 하나님은 선지자에게 이 환상을 주셨고, 하나님이 역사하셔서 모든 것을 회복시키실 때 이 환상은 현실이 될 것이다.

다시 역사 이야기로 돌아오도록 하자. 하나님은 구원을 이루기 위해 바사(페르시아) 왕 고레스를 자신의 목자로 세우시고, 그를 통해 사로잡혀 간 하나님의 백성을 회복해 주신다(사 44-55장). **성전 시대**에 그러한 일이 생긴다. 고레스 왕이 주전 539년에 바벨론을 무너뜨리면서 이사야의 예언은 이루어진다. 그리고 고레스의 칙령에 따라 바벨론으로 끌려갔던 하나님의 백성이 예루살렘에 돌아와 성을 재건하기 시작한다(대하 36:22-23; 스 1:1-4). 하지만 우리가 이미 살펴본 것처럼 이사야의 환상은 주전 538년에 백성들이 귀환한 사건의 범위를 훨씬 넘어서는 것이었다. 왜냐하면 이사야는 온 우주가 회복되어 하나님의 영광으로 가득할 것을 봤기 때문이다. 이제 다음 선지자인 미가로 넘어가 보도록 하자. 하지만 먼저 이사야서를 전부 읽어 보기를 권한다. 이사야서는 절대 놓치면 안 된다! 이사야서는 구약 성경에서도 특히 빛나는 보석으로서 신약 성경에서 가장 많이 인용하는 성경이기도 하다.

선지자 미가

미가는 주전 8세기 남왕국에서 활동한 선지자다. 그는 요담, 아하스, 히스기야의 시대에 예언했다(미 1:1). 따라서 미가 선지자의 활동 시기는 주전 740년에서 686년 사이다. 즉 미가는 이사야와 동시대 인물이었다. 미가는 사마리아와 예루살렘에 대해 말씀을 전한다(미 1:1). 미가는 북왕국이 우상으로 음란하게 행했으므로 하나님이 우상을 모두 무너뜨리시고 사마리아가 폐허가 될 것이라고 선포한다. 이미 살펴봤듯이, 주전 722년에 하나님이 앗수르를 일으켜 북왕국을 치시면서 심판이 이루어진다. 미가는 이 사건에 대해서 예언한다. 미가는 주로 남왕국을 향해 말씀을 선포했고, 남왕국을 예루살렘 또는 유다로 지칭한다. 이 책에서는 심판(미 1:1-2:11, 3:1-12, 6:1-7:6)과 회복(미 2:12-13, 5:1-5:15, 7:7-20)이 반복적으로 나타난다.

• 심판의 말씀

미가는 심판의 소식을 전하며 유다가 저지른 죄악을 소상하게 밝힌다. 그리고 그때마다 "들을지어다"라는 명령으로 시작한다(미 1:2, 3:1, 6:1). 미가는 유다 사람들에게 그들이 저지른 죄와 반역 행위를 알리도록 부름받은 자였다(미 1:5, 13, 3:8, 6:7). 미가는 그들의 죄를 폭로한다. 그들이 저지른 죄는 불공정, 뇌물, 속이는 저울, 기만, 피 흘림 등이 있다. 이러한 행위들은 하나님이 세우신 의로움의 기준에 완전히 어긋나는 것으로서, 율법에도 상세하게 기록되어 있는 내용이었다. 예를 들어서 모세는 이스라엘 자손에게 말했다. "너희는 재판할 때나 길이나 무게나 양을 잴 때 불의를 행하지 말고 공평한 저울과 공평한 추와 공평한 에바와 공평한 힌을 사용하라"(레 19:35-36 및 출 23:1-9; 신 25:13-16 참고). 율법 또한 공의를 왜곡하는 자는 저주를 받으리라고 분명하게 말한다(신 27:19, 25). 하지만 하나님의 백성은 "부정한 저울"과 "거짓 저울추"를 사용한다(미 6:11). 하나님은 백성에게 정의를 행하고, 인자를 사랑하며, 겸손하게 하나님과 함께 행하라고 요구하신다(미 6:8). 하지만 미가가 유다를 볼 때 올바른 자를 전혀 찾아볼 수 없었다. 오히려 "그들의 가장 선한 자라도 가시 같고 가장 정직한 자라도 찔레 울타리보다 더하도다"(미 7:4, 7:1-6 참고)라고 말한다. 지도자들도, 친구들도, 심지어 가족들도 하나같이 악을 행한다. 이렇게 죄를 저지르면서도 유다는 하나님이 그들 가운데 거하시며, 그들에게는 재앙이 미치지 않으리라고 착각한다(미 3:11). 미가는 유다가 저지른 죄와 잘못 때문에 예루살렘이 폐허가 되리라고 분명하게 선언한다(미 3:12). 그리고 주전 586년에 있을 예루살렘의 몰락에 대해서 예언한다.

• 회복의 말씀

유다는 끊임없이 반역을 행하지만, 미가는 심판 후에 있을 회복에 대한 소망을 반복해서 이야기한다. 남은 자, 즉 이스라엘에 남아 있는 적은 무리가 있을 것이다. 왜냐하면 하나님은 자기 백성을 완전히 진멸하지 않으시기 때문이다(미 2:12-13; 롬 9:27, 11:1-6 참고). 미가는 "끝 날에" 하나님의 성전이 있는 그 산이 굳게 설 것이고, 많은 민족이 그리로 몰려올 것이라고 예언한다(미 4:1-5). 그러면 하나님은 그의 백성을 구속하시고 시온을 굳게 세우실 것이다. 이 회복의 때에 하나님은 베들레헴에서 난 한 통치자를 세우셔서 하나님의 백성을 통치하게 하실 것이다. 미가는 다음과 같이 선포했다.

> 베들레헴 에브라다야 너는 유다 족속 중에 작을지라도 이스라엘을 다스릴 자가 네게서 내게로 나올 것이라 그의 근본은 상고에, 영원에 있느니라 그러므로 여인이 해산하기까지 그들을 붙여 두시겠고 그 후에는 그의 형제 가운데에 남은 자가 이스라엘 자손에게로 돌아오리니 그가 여호와의 능력과 그의 하나님 여호와의 이름의 위엄을 의지하고 서서 목축하니 그들이 거주할 것이라 이제 그가 창대하여 땅끝까지 미치리라(미 5:2-4)

다윗의 후손에서 난 여러 왕이 예루살렘의 보좌에서 다스리지만, 미가가 말하는 통치자는 구약 성경이 끝날 때까지 나타나지 않는다. 그 통치자는 **대망의 시대**에도 나타나지 않을 것이다. 하지만 하나님의 백성은 그를 기다린다. 오랜 세월이 흐른 뒤에, 헤롯은 베들레헴에서 태어난 아이의 소식을 듣고서 제사장과 서기관들에게 메시아가 어디에서 태어날 것인지를 묻는다. 제사장들과 서기관들은 메시아가 유대 땅 베들레헴에서 날 것이라고 하며 미가 선지자의 말을 인용한다(마 2:5-6; 미 5:2). 그리고 동방 박사들은 태어난 아이를 보기 위해 베들레헴까지 왔고, 아기를 만나자 바로 엎드려 경배했다. 또한 보배합을 열어 왕께 적합한 선물인 금과 유향과 몰약을 드린다(마 2:1-12). 이렇게 예수는 베들레헴에서 나신 바로 그 통치자가 되신다. 예수는 메시아로서 그 근본은 상고에 있다. 예수는 여호와의 힘으로 하나님의 양 떼를 돌볼 것이다. 그리고 예수의 이름은 땅끝까지 위대하게 될 것이다. 미가는 저 멀리서 이것을 봤다. 우리도 동방 박사와 마찬가지로 베들레헴에서 나신 왕께 엎드려 경배한다. 그분은 자기 백성을 그들의 죄에서 구원하실 것이기에 그 이름을 예수라고 하실 것이다.

미가 선지자(미가라는 이름의 의미는 "누가 여호와와 같은가?"다)는 여호와 하나님의 성품을 묵상하며 자신이 받은 예언을 마무리한다. 미가가 마지막에 제시하는 질문이 특히 감동적이다. 미가는 "주와 같은 신이 어디 있으리이까?"라고 묻는다. 하나님의 백성이 저지른 죄와 반역 행위를 폭로한 후에, 선지자는 자신이 섬기는 하나님께 경탄하는 것이다.

> 주와 같은 신이 어디 있으리이까 주께서는 죄악과 그 기업에 남은 자의 허물을 사유하시며 인애를 기뻐하시므로 진노를 오래 품지 아니하시나이다 다시 우리를 불쌍히 여기셔서 우리의 죄악을 발로 밟으시고 우리의 모든 죄를 깊은 바다에 던지시리이다 주께서 옛적에 우리 조상들에게 맹세하신 대로 야곱에게 성실을 베푸시며 아브라함에게 인애를 더하시리이다(미 7:18-20)

하나님의 백성은 하나님의 용서와 자비로우심에 희망을 두어야 한다. 언젠가 하나님은 이스라엘의 죄를 깊은 바다에 던져 버리실 것이다. 따라서 하나님의 백성이 저지른 죄악에 대한 해답은 하나님이 언약으로 세우신 사랑과 자비에 있는 것이다. 그리고 그 사랑과 자비는 십자가에서 온전하게 드러날 것이다. 왜냐하면 "우리가 아직 죄인 되었을 때에 그리스도께서 우리를 위하여 죽으셨기"(롬 5:8) 때문이다. 베들레헴에서 나신 아기는 마침내 우리를 죄에서 구원하실 것이다. 따라서 우리는 마땅히 미가와 똑같이 외칠 수밖에 없다. "주와 같은 신이 어디 있으리이까!"

▶▶▶ 구약 연대표

구약 연대표에서 미가를 찾아보고, 미가의 메시지를 의미하는 부정한 저울 그림을 살펴보라. 그리고 다음과 같이 미가의 핵심 주제를 기억하자.

미가 : **미**달된 정의

히스기야(주전 729-686[아하스와 섭정, 주전 729-715])

이제 유다 왕 이야기로 돌아가도록 하자. 아하스의 아들 히스기야는 아버지가 죽은 후 주전 715년에 홀로 왕위에 올라 주전 686년까지 계속 통치한다. 히스기야는 유다에서 중요한 종교 개혁을 단행한 왕이었다(왕하 18:1-6; 대하 29-31장). 사실 히스기야가 재위했던 기간이 남왕국 최전성기라고 할 수 있다. 왕위에 오른 첫해부터 히스기야는 (그의 아버지가 폐쇄했던) 성전 문을 열었다. 그리고 제사장들과 레위 지파를 모아 놓고서는 모든 백성을 소집하여 성전을 정화해야 한다고 말한다.

> 우리 조상들이 범죄하여 우리 하나님 여호와 보시기에 악을 행하여 하나님을 버리고 얼굴을 돌려 여호와의 성소를 등지고 또 낭실 문을 닫으며 등불을 끄고 성소에서 분향하지 아니하며 이스라엘의 하나님께 번제를 드리지 아니하므로 여호와께서 유다와 예루살렘에 진노하시고 내버리사 두려움과 놀람과 비웃음거리가 되게 하신 것을 너희가 똑똑히 보는 바라 이로 말미암아 우리의 조상들이 칼에 엎드러지며 우리의 자녀와 아내들이 사로잡혔느니라(대하 29:6-9)

히스기야는 하나님과 언약을 세우고, 하나님의 분노가 유다에서 떠나가게 하겠다고 굳게 다짐한다(대하 29:10-11). 히스기야는 그 백성이 하나님께 돌아오기만 하면 사로잡혀 간 자들도 회복될 것이라는 사실을 알았다. 히스기야는 사람들을 일깨운다. "너희 하나님 여호와는 은혜로우시고 자비하신지라 너희가 그에게로 돌아오면 그의 얼굴을 너희에게서 돌이키지 아니하시리라"(대하 30:9). 하나님의 은혜야말로 이스라엘이 지금까지 존속할 수 있었던 근거였다. 그리고 히스기야는 그 사실을 잘 알고 있었다. 히스기야 왕은 이스라엘과 유다 온 땅에 전령을 보내어 "여호와께로 돌아오라 그리하면 그가 너희 남은 자 곧 앗수르 왕의 손에서 벗어난 자에게로 돌아오시리라 …… 너희가 만일 여호와께 돌아오면 너희 형제들과 너희 자녀가 사로잡은 자들에게서 자비를 입어 다시 이 땅으로 돌아오리라 너희 하나님 여호와는 은혜로우시고 자비하신지라 너희가 그에게로 돌아오면 그의 얼굴을 너희에게서 돌이키지 아니하시리라"(대하 30:6, 9)라고 전한다. 이 말을 비웃는 사람도 있었지만, 스스로 겸비하여 예루살렘 성전에 모인 자들도 있었다. 이제 성전은 정화되었고 제사도 재개되었다. 참으로 즐거운 때였다. 히스기야는 유월절 절기를 다시 확립하고, 하나님께 하나님을 찾는 자들을 용서해 달라고 구한다(대하 30:18-20). 성경은 "예루살렘에 큰 기쁨이 있었으니 이스라엘 왕 다윗의 아들 솔로몬 때로부터 이러한 기쁨이 예루살렘에 없었더라"(대하 30:26)라고 기록한다. 이렇게 절기를 지킨 후에 그 땅에 있던 산당과 제단 및 주상들이 제거되었다. 또한 제사장들과 레위인들에게 십일조를 드려 그들이 하나님의 율법에 전념할 수 있도록 했다. 성경은 히스기야에 대해서 "온 유다에 이같이 행하되 그의 하나님 여호와 보시기에 선과 정의와 진실함으로 행하였으니 그가 행하는 모든 일 곧 하나님의 전에 수종드는 일에나 율법에나 계명에나 그의 하나님을 찾고 한마음으로 행하여 형통하였더라"(대하 31:20-21)라고 전한다. 히스기야의 재위 시절은 유다가 어떻게 거룩하신 하나님의 임재 가운데 살아야 하는지, 하나님 나라가 어떠해야 하는지를 보여 준 본이라고 할 수 있다. 즉, 백성들이 여호와 하나님께 예배하고 그의 율법에 순종하는 것이다.

▶▶▶ 구약 연대표

잠시 연대표에서 아하스 왕과 히스기야 왕에 대해 요약된 내용을 살펴보자. 이 두 왕 모두 매우 중요한 왕들이다. 히스기야 왕 옆에 있는 두루마리 그림은 이때 언약이 갱신되었음을 보여 주는 것이다.

• 주전 701년 앗수르가 침략하다

이렇게 종교 개혁을 단행한 후, 히스기야 왕에게 큰 위기가 닥친다. 앗수르 제국이 고대 세계에서 점차 세력을 확장하다가 그 군사력이 절정에 달한 것이다. 5장에서 앗수르 왕 살만에셀 5세와 사르곤 2세가 주전 722년에 북왕국을 멸망시킨 사실을 기억할 것이다. 이제 20년 후 앗수르 왕 산헤립은 유다의 성읍들을 공격하기 시작했다. 히스기야는 산헤립이 곧 예루살렘에 닥칠 것을 알았다. 그래서 그에게 은 300달란트와 금 30달란트를 조공으로 바친다(왕하 18:14-16). 히스기야는 이렇게 해서 시간을 벌고 앗수르의 공격에 대비한다. 히스기야가 가장 먼저 한 일은 예루살렘에서 사용할 물을 안전하게 확보하는 것이었다. 그는 신하들에게 수로를 파서 기혼 골짜기로부터 성읍까지 물을 끌어오도록 했다(왕하 20:20; 대하 32:1-4). 물을 안전하게 확보하고 나서 히스기야는 군대 장관들을 소집하고 이렇게 이야기한다. "너희는 마음을 강하게 하며 담대히 하고 앗수르 왕과 그를 따르는 온 무리로 말미암아 두려워하지 말며 놀라지 말라 우리와 함께하시는 이가 그와 함께하는 자보다 크니"(대하 32:7). 또한 히스기야는 백성들도 격려하여 하나님을 신뢰하게 한다. 그는 하나님은 앗수르의 군대보다 훨씬 위대하신 분이라는 사실을 알았다. 앗수르에 맞서는 이때 히스기야의 믿음은 드러난다(왕하 18-19장; 대하 32:1-23; 사 36-37장).

앗수르는 예루살렘에서 멀지 않은 성읍인 라기스를 포위한다. 산헤립은 라기스를 공격하는 와중에 사자를 예루살렘에 보낸다. 그리고 백성들에게 하나님을 신뢰하라고 격려하는 히스기야의 말을 믿지 말라고 한다. 또한 그 사자들은 이스라엘의 하나님은 결코 앗수르의 군대에게서 예루살렘 사람들을 구원할 수 없을 것이라고 말한다. 그리고 이스라엘의 하나님을 조롱하는 편지를 예루살렘으로 보낸다. 히스기야는 이 소식을 듣고 큰 충격을 받았다. 그래서 옷을 찢고 굵은 베를 입은 채로 하나님께 도움을 구했다. 그는 간절하게 기도하며 하나님이 자기 백성을 앗수르에게서 구원해 달라고 구했다. 히스기야는 심지어 앗수르가 그에게 보낸 편지를 가져다가 여호와 앞에 펴놓고 기도한다. "그룹 사이에 계신 이스라엘 하나님 만군의 여호와여 주는 천하 만국에 유일하신 하나님이시라 주께서 천지를 만드셨나이다"(사 37:16). 히스기야는 여호와만이 하나님이시며 만물을 지으신 창조주라는 사실을 알았다. 히스기야 왕은 눈이 있어도 보지 못하고, 귀가 있어도 듣지 못하고, 입이 있어도 말하지 못하는 다른 나라의 신들과 여호와 하나님은 같지 않다는 사실을 알고 있었다. 그는 유일하신 참 하나님, 살아 계신 하나님, 모든 상황을 아시고 기도를 들으시는 하나님을 경배한다. 히스기야 왕은 "여호와여 귀를 기울여 들으시옵소서 여호와여 눈을 뜨고 보시옵소서 산헤립이 사람을 보내어 살아 계시는 하나님을 훼방한 모든 말을 들으시옵소서"(사 37:17)라고 기도한다. 히스기야는 기도를 하면서 다른 신들은 신이 아니라 사람의 손으로 지은 나무와 돌 조각에 지나지 않는다고 고백한다(왕하 19:14-19; 사 37:19). 앗수르 제국의 세력과 자신들의 신이 승리를 주신다는 그들의 주장을 고려할 때, 히스기야가 이렇게 고백하기란 결코 쉬운 일이 아니었다(왕하 19:11-13). 하지만 히스기야는 여호와 하나님이 창조주이시며 모든 민족을 다스리시는 주권자이심을 알았다. 그는 하나님께 자신을 구원하시고 "천하 만국이 주만이 여호와이신 줄을 알게 하옵소서"(사 37:20)라고 기도한다.

하나님은 히스기야의 기도에 응답하신다(왕하 19:20). 이사야 선지자는 히스기야 왕에게 하나님이 앗수르 사람들을 물리쳐 주실 것이라고 장담했고, 실제로 그렇게 됐다. 앗수르의 역사 기록을 봐도, 앗수르 사람들이 유다의 많은 성읍을 차지하기는 했지만 놀랍게도(그들의 군사력을 고려할 때) 예루살렘은 함락시키지 못했다고 한다. 앗수르인들에게 도움을 구하고 다메섹의 우상을 숭배했던 아하스 왕과 달리 히스기야는 살아 계신 하나님, 여호와 하나님께 도움을 구했다. 성경은 히스기야가 "이스라엘 하나님 여호와를 의지하였는데 그의 전후 유다 여러 왕 중에 그러한 자가 없었으니 곧 그가 여호와께 연합하여 그에게서 떠나지 아니하고 여호와께서 모세에게 명령하신 계명을 지켰더라"(왕하 18:5-6)라고 한다. 히스기야는 위기 가운데에서도 하나님을 신뢰한 왕으로서 놀라운 본이 된다. 연대표에도 주전 701년 있었던 앗수르의 공격을 표시해 두었고, 몇몇 구약 성경에도 이 사건이 기록되어 있다(왕하 18-19장; 대하 32:1-23; 사 36-37장). 또한 앗수르의 왕궁 문서에도 이 사건이 나타난다. 또한 라기스 전투에 대한 내용이 앗수르의 건축물의 한 벽에 조각되어 있는데, 현재는 런던의 영국 박물관에 전시되어 있다.

그런데 이때 히스기야 왕은 갑자기 심각하게 아프기 시작한다. 그러자 히스기야는 하나님께 기도했다. 그리고 이사야 선지자는 하나님이 그의 생명을 15년 연장해 주셨다고 한다(왕하 20:1-11; 대하 32:24-26; 사 38장). 그러자 히스기야는 자신을 낫게 해 주신 하나님께 감사하지 않고 마음이 교만해졌다. 하지만 곧 여호와 앞에 마음을 겸비했기 때문에 이사야는 계속해서 히스기야 왕을 보필한다. 히스기야는 병에서 회복되었지만, 지혜롭지 못하게도 바벨론 왕에게 성전 보물들을 모두 보여 주고 만다. 이사야 선지자는 히스기야의 행동을 문제 삼고 언젠가 그 보물들이 바벨론으로 옮겨질 것이라고 말한다(왕하 20:12-18; 사 39장). 이는 주전 586년 남왕국이 멸망할 것을 의미한다. 그리고 실제로 바벨론 왕 느부갓네살은 성전을 파괴하고 모든 집기를 바벨론으로 가져간다(대하 36:18). 하지만 히스기야가 살아 있는 동안에 예루살렘은 매우 든든했다. 그렇지만 히스기야가 죽으면서 남왕국의 가장 화려했던 시절도 종말을 고한다. 히스기야는 굵직한 종교 개혁을 단행했지만 다음 왕인 아들 므낫세로 인해 곧 허사가 되고 만다. 므낫세가 통치하면서 남왕국은 최악의 시대로 접어들었고, 유다에도 엄청난 타격을 미친다. 히스기야에 대한 내용은 열왕기하 18-20장, 역대하 29-32장, 이사야서 36-39장에서 볼 수 있다.

이제 남왕국의 일부를 마쳤다. 다음 장으로 넘어가기 전에 이 시기에 있던 중요한 왕들을 계속 살펴보고 이사야서와 미가서를 반드시 읽기 바란다. 히스기야의 통치와 함께 남왕국의 전성기는 끝난다. 그리고 이사야 선지자와 미가 선지자는 심판이 임할 것을 선포한다. 하지만 이사야서와 미가서 전반에 걸쳐 하나님의 백성이 회복될 것이라는 희망이 가득하다. 선지자들의 예언을 깊이 묵상하라. 하나님은 자신의 종을 보내셔서 백성을 회복시키고 그들을 죄에서 구원하실 것이다. 이야말로 참으로 좋은 소식이다.

7장 왕정 시대 : 남왕국 2부

Kings : The Southern Kingdom Part 2

6, 7장에서는 남왕국의 모든 왕을 다루려고 한다. 하지만 특별히 아홉 왕에 집중할 것이다. 바로 르호보암, 아사, 여호사밧, 아하스, 히스기야, 므낫세, 요시야, 여호야김, 시드기야가 그 대상이다. 이 장을 연구하다 보면 자연스럽게 이들에게 집중하게 된다. 남왕국의 역사는 열왕기상·하, 역대상·하에 기록되어 있다. 그리고 하나님이 남왕국을 멸망하게 하신 이유는 역대하 36장에 나와 있다.

남왕국의 모든 왕은 유다의 혈통을 계승했기 때문에 위에 언급한 왕들 옆에는 모두 가족 그림이 있는 것과 마찬가지다(지면 여건 상 가족 그림은 르호보암 옆에만 한 번 나온다). 이 왕들 옆에는 두 개의 검 그림이 없다는 사실에 반드시 주목하라. 북왕국과 다르게 남왕국의 왕은 아무리 하나님께 가증하게 행하거나, 심지어 아하시야와 아몬처럼 왕이 다른 사람에게 살해당햇을 때라도, 하나님은 다윗의 혈통에서 태어난 자를 완전히 멸절하지 않으셨기 때문이다. 다윗의 혈통이 지속된 이유는 하나님이 다윗에게 언제나 왕위를 다스릴 자손이 있게 하시겠다고 약속하셨기 때문이다.

미리 보는 왕정 시대

지금까지 주전 930년 르호보암의 통치로 시작하여 200년 넘는 남왕국 역사를 살펴봤다. 남왕국의 영적인 상태는 히스기야의 아들 므낫세가 등극하면서 급전직하(急轉直下)한다. 그리고 그에 따라 남왕국의 역사도 돌변한다. 하나님은 므낫세의 죄를 반드시 벌하셔야 했기 때문에 하나님의 백성은 자신들이 저지른 가증한 일 때문에 포로로 사로잡혀 갈 것이다. 따라서 이 장에서는 주전 586년 남왕국이 멸망할 때까지의 마지막 순간을 배워 보도록 하자.

므낫세(주전 697-642[히스기야와 섭정, 주전 697-686])

므낫세는 주전 686년에 그의 아버지가 죽은 후에 단독 군주로서 왕권을 맡아 주전 642년까지 통치했다. 므낫세는 "여호와 보시기에 악을 행하여 여호와께서 이스라엘 자손 앞에서 쫓아내신 이방 사람의 가증한 일을 따"(왕하 21:2)랐다. 므낫세는 이스라엘 왕 아합이 예전에 한 것처럼, 히스기야가 헐어 버린 산당을 재건하고, 바알을 위한 제단을 쌓고, 아세라 여신을 다시 숭배한다. 거기서 그치지 않고 여호와의 성전에 천체들, 즉 태양과 달과 별들을 위한 제단들을 세우기까지 한다. 므낫세는 심지어 성전 안, 즉 하나님의 임재가 거하시는 바로 그곳에(왕하 21:7; 신 12:11) 자신이 손수 새겨 만든 아세라 목상을 두었다(왕하 21:3-7). 하나님은 "너는 나 외에는 다른 신들을 네게 두지 말라"(출 20:3)라고 분명하게 명령하셨지만 그는 전혀 개의치 않았다. 므낫세가 성전 안에 우상을 두게 되면서 남왕국 공동체 전체의 목숨이 위험에 처한다. 하나님은 이사야를 통해 예전에 말씀하신 것처럼, 어느 누구와도 자신의 영광을 나누지 않으시는 분이다. "나는 여호와이니 이는 내 이름이라 나는 내 영광을 다른 자에게, 내 찬송을 우상에게 주지 아니하리라"(사 42:8). 므낫세는 우상 숭배에서 그치지 않고 자신의 자녀를 제물로 바치기까지 한다(왕하 21:6; 레 20:2; 신 12:31 참고). 또한 므낫세는 점을 치고, 사술을 행하고, 요술을 행하며, 신접한 자와 박수를 신임한다(대하 33:6; 레 19:31, 20:6 참고). 또한 무죄한 자의 피를 많이 흘려 예루살렘이 그 피로 가득하게 되었다. 므낫세는 백성들을 꾀어 여호와가 진멸하셨던 모든 나라보다 더욱 악하게 행했다(왕하 21:9-11; 대하 33:9). 그가 저지른 이러한 가증한 행위는 모두 시내에서 주신 하나님의 율법이 명백하게 금지한 것이었다는 사실을 잊지 말자.

따라서 하나님은 므낫세의 죄를 반드시 벌하셔야만 했다. 그렇기 때문에 성경은 하나님이 남왕국을 심판하셨던 주요한 이유로 므낫세가 저지른 죄를 여러 차례 언급한다(렘 15:4; 왕하 23:26-27, 24:3-4).

> 여호와께서 그의 종 모든 선지자들을 통하여 말씀하여 이르시되 유다 왕 므낫세가 이 가증한 일과 악을 행함이 그 전에 있던 아모리 사람들의 행위보다 더욱 심하였고 또 그들의 우상으로 유다를 범죄하게 하였도다 그러므로 이스라엘의 하나님 여호와가 말하노니 내가 이제 예루살렘과 유다에 재앙을 내리리니 듣는 자마다 두 귀가 울리리라 …… 또 사람이 그릇을 씻어 엎음같이 예루살렘을 씻어 버릴지라 내가 나의 기업에서 남은 자들을 버려 그들의 원수의 손에 넘긴즉 그들이 모든 원수에게 노략거리와 겁탈거리가 되리니 이는 애굽에서 나온 그의 조상 때부터 오늘까지 내가 보기에 악을 행하여 나의 진노를 일으켰음이니라(왕하 21:10-15)

그렇다고 하나님이 즉각적으로 예루살렘과 유다를 심판하신 것은 아니었다. 하지만 하나님은 언젠가 분명히 그렇게 하실 것이다. 하나님은 이 모든 가증한 일을 보시다가 앗수르 군대를 일으키셔서 예루살렘을 치게 하신다. 그 결과 므낫세는 바벨론으로 잡혀간다.

므낫세는 바벨론에서 고통을 당하는 와중에 하나님께 기도하고 겸비한다. 므낫세는 남왕국에서 최악의 왕으로 손꼽히지만, 성경은 하나님이 "그의 기도를 받으시며 그의 간구를 들으"(대하 33:13)셨다고 말한다. 므낫세는 성전에 우상을 두고, 자녀를 제물로 바치고, 모든 나라들보다 가증하게 행했는데 하나님이 그의 간구도 들으신다는 말인가? 그렇다. 이것이 여호와 하나님의 성품이시다. 하나님은 은혜로우시고 긍휼이 많으시며, 특히 회개하는 죄인의 말을 들으시는 분이다. 절대로 하나님의 자비에서 벗어난 죄인은 없다. 하나님은 므낫세의 기도를 들으시고 그를 예루살렘으로 보내신다. 이 일이 있은 후에야 므낫세는 "여호와께서 하나님이신 줄을 알았"(대하 33:13)다. 므낫세는 이제 여호와 하나님을 알았기 때문에 이방 신을 제거하고 여호와의 집에서 우상을 철수시켰다(대하 33:15). 예배를 드릴 다른 대상이 완전히 사라졌기 때문에 여호와 하나님은 므낫세의 하나님이 되었다.

이제 우리는 남왕국의 마지막을 볼 것이다. 하지만 하나님이 므낫세를 회복하신 것은 우상을 숭배하는 유다에게도 희망이 있다는 사실을 실감나게 보여 주신 것이라고 할 수 있다. 그들은 예전의 왕들처럼 우상을 숭배했기 때문에 포로로 잡혀갈 것이다. 하지만 하나님은 모세가 오래전에 백성에게 전했듯이 그들이 겸비하여 회개하고 여호와를 찾으면 그들을 예루살렘으로 다시 데려오실 것이다(신 30:1-4). 우리는 선지자 다니엘에게서 이 약속을 선명하게 본다. 다니엘은 포로로 잡혀 온 사람들을 대신하여 죄를 고백하는 기도를 드린다(단 9장). 따라서 남왕국 역사에서 최악의 시기였던 이때에도 하나님의 성품 때문에 희망은 존재했다. 역사를 통한 하나님의 구속 계획은 사람의 죄 때문에 무산되는 것이 아니다. 죄인도 회개하기만 하면 은혜를 입을 수 있다. 므낫세에 대한 내용은 열왕기하 21장 1-18절, 역대하 33장 1-20절에서 볼 수 있다.

아몬(주전 642-640)

아몬은 므낫세의 아들로서 22세에 왕이 되어 주전 642년부터 640년까지 통치한다. 그는 아버지와 똑같이 여호와 보시기에 악을 행했다(대하 33:22). 아몬은 아버지가 만든 새겨진 주상에게 제사를 드리고 우상을 섬겼다. 하지만 그는 므낫세처럼 겸비하지 않았고, "더욱 범죄했다"(대하 33:23). 신하들이 반역을 일으켜 아몬을 죽였기 때문에 그는 단지 2년이라는 짧은 기간만 통치했을 뿐이다. 그러자 유다 백성들은 신하들을 죽이고 아몬의 아들 요시야를 왕으로 삼았다. 아몬에 대한 내용은 열왕기하 21장 19-26절, 역대하 33장 21-25절에서 볼 수 있다.

요시야(주전 640-609)

요시야의 통치는 주전 640년부터 609년까지 지속되었는데 이때는 남왕국 최고의 기간이었다. 이 시기에 여호와를 구하는 왕의 영도 아래 중요한 종교 개혁이 일어났기 때문이다. 요시야는 여덟 살에 왕이 되었고 처음부터 "여호와 보시기에 정직하게 행하여 그의 조상 다윗의 길로 걸"(대하 34:2)었다. 요시야는 특히 통치 8년째 되는 해에 여호와를 구하기 시작한다. 그리고 통치 12년째 되는 해인 주전 628년에는 종교 개혁을 시작하여 유다에서 우상 숭배를 진멸했다. 그는 바알과 아세라의 제단을 허물고, 아로새긴 형상들도 파괴했다. 그리고 우상을 빻아 가루로 만들어 우상들에게 제사하던 자들의 무덤에 뿌렸다(대하 34:4). 심지어 그 제사장들의 뼈를 제단에서 태워 예루살렘과 유다를 정결하게 했다. 따라서 주전 628년은 종교 개혁이 시작된 중요한 해라고 할 수 있다. 예레미야 선지자가 바로 다음 해인 주전 627년에 사역을 시작했다는 사실에도 주목하자(렘 1:2, 25:3). 곧 예레미야에 대해서 배우겠지만, 그에 앞서 그보다 몇 년 후인 주전 622년에 어떤 일이 있었는지를 살펴보도록 하자.

• 율법책을 발견하다

요시야는 통치 18년째 해인 주전 622년(왕하 22-23장)에 종교 개혁을 감행한다. 왕은 서기관 사반을 대제사장 힐기야에게 보낸다. 그리고 성전에 있는 돈을 계산하여 성전을 수리하는 이들에게 주라고 명한다. 힐기야는 성전에서 돈을 찾다가 우연찮게 하나님의 율법책을 발견한다. 본래 왕은 평생 율법책을 읽어야 했다(신 17:18-20). 하지만 율법책이 사라진 줄 알았던 것이다. 하나님의 말씀을 무시하면 언제나 재앙과 같은 두려운 결과가 나타난다. 이제 주전 622년이 되어서야 그 책이 발견되었고, 사반은 율법책을 가져와 요시야 앞에서 읽었다.

요시야는 하나님의 말씀을 듣고 그 나라가 저지른 죄에 대해서 심각하게 우려했다. 요시야는 옷을 찢고 자신과 그 백성을 위해 진심 어린 회개를 한다. 왕은 대제사장 힐기야와 다른 지도자들에게 명하여 발견한 책의 말씀에 대하여 알아보라고 지시한다. 요시야는 이제 "우리 조상들이 이 책의 말씀을 듣지 아니하며 이 책에 우리를 위하여 기록된 모든 것을 행하지 아니하였으므로 여호와께서 우리에게 내리신 진노가 크도다"(왕하 22:13)라는 사실을 알게 되었다. 요시야는 그 순간부터 즉시 선지자에게 여호와의 뜻을 구하기 원했다. 그러자 힐기야와 다른 지도자들은 여선지자 훌다를 찾아가 율법에 쓰인 것에 대해서 물었다. 훌다는 종교 지도자들에게 그 뜻을 해석하며 선포한다.

> 여호와께서 이같이 말씀하시기를 내가 이곳과 그 주민에게 재앙을 내리되 곧 유다 왕 앞에서 읽은 책에 기록된 모든 저주대로 하리니 이는 이 백성들이 나를 버리고 다른 신들에게 분향하며 그의 손의 모든 행위로 나의 노여움을 샀음이라 그러므로 나의 노여움을 이곳에 쏟으매 꺼지지 아니하리라 하라 하셨느니라(대하 34:24-25)

훌다는 유다와 예루살렘에 대한 하나님의 심판이 임하지 않을 것이라고 설명한다. 그 이유는 요시야 왕이 하나님 앞에 겸비했기 때문이었다. 힐기야와 다른 종교 지도자들은 여선지자 훌다가 선포한 여호와의 말씀을 그대로 요시야에게 보고한다. 이 말을 듣고 요시야는 유다의 모든 백성을 모은 뒤에, 언약의 책에 있는 말씀을 낭독한다. 그리고 이렇게 해서 하나님의 백성은 다시 하나님과 언약의 시대로 들어선다.

> 왕이 자기 처소에 서서 여호와 앞에서 언약을 세우되 마음을 다하고 목숨을 다하여 여호와를 순종하고 그의 계명과 법도와 율례를 지켜 이 책에 기록된 언약의 말씀을 이루리라 하고 예루살렘과 베냐민에 있는 자들이 다 여기에 참여하게 하매 예루살렘 주민이 하나님 곧 그의 조상들의 하나님의 언약을 따르니라(대하 34:31-32)

왕과 백성들은 이 엄숙한 의식을 거행하면서 언약의 조항들을 다 지키기로 맹세한다. 즉, 율법에 쓰인 말씀을 그대로 행하기로 한 것이다. 그 결과 몇 년 전인 주전 628년에 있었던 종교 개혁과 더불어 수많은 종교 개혁 운동이 생겨난다.

사람들이 하나님의 율법을 따르기로 맹세한 후, 요시야는 더 나아가 유다에서 우상 숭배를 완전히 박멸하기 위해서 조치를 취한다(왕하 23:4-25; 대하 34:31-33). 요시야는 우상 숭배에 사용된 모든 집기를 태웠고, 산당에서 분향을 드렸던 제사장들을 모두 죽였으며, 남색하는 집을 헐었고, 자녀 제사를 금지시켰다. 그리고 성전으로 들어가는 곳에 자리 잡고 있던 태양을 위하여 드린 말들을 제하여 버렸다. 그는 또한 아하스와 므낫세가 이방신을 섬기기 위해 다락 지붕에 세운 제단을 허물었고, 솔로몬 왕이 아스다롯, 그모스, 밀곰을 위하여 세운 산당도 헐어 버린다. 솔로몬 이후에도 그 제단이 400년간 그곳에 있었던 것이다! 요시야는 거기서 멈추지 않고 북부까지 다니며 여로보암이 300년 전에 세운 벧엘에 있던 제단도 허물어 버린다. 그리고 이스라엘로 죄를 짓게 만드는 산당들도 무너뜨렸다. 그는 사마리아에 남아 있는 산당의 제사장들도 다 죽였으며 그 뼈는 제단 위에 불살라 버렸다. 이렇게 해서 요시야는 예전에 하나님의 사람이 예언했던 말씀을 그대로 응하게 했다(왕상 13:2). 또한 요시야는 예루살렘에 돌아와서 유월절 절기를 확립한다. 하지만 요시야는 여기서 멈추지 않았다. 그는 율법의 말씀을 이루기 위하여 신접한 자와 점쟁이와 모든 가증한 것을 다 제거한다(왕하 23장). 요시야의 개혁은 유다가 얼마나 극악하게 우상을 숭배하고 이교도의 신을 섬기고 있었는지를 보여 준다. 게다가 그러한 우상 숭배가 하나님이 선택하시고 그의 이름이 거하시던 성읍인 예루살렘에서 일어났다는 사실은 우리를 더욱 아찔하게 한다.

잠시 요시야의 통치 시절 이전에 있었던 그 역겨운 행위들을 생각해 보자. 하나님의 백성이라는 자들이 그러한 가증한 행위를 한 것이다. 하지만 우리는 그들 역시 사람들이 모여서 이룬 한 집단에 불과하다는 사실을 기억해야 한다. 따라서 우리는 이스라엘 역사를 통해서 사람의 마음 상태가 국가적인 단위로 나타난 현상을 목격한 것일 뿐이다. 그렇기 때문에 우리 또한 구세주가 필요하다는 사실을 깨달아야 한다.

요시야 때에 모세 언약이 갱신되었고, 큰 즐거움이 있었다. 물론 언약을 새롭게 하면서 사람들이 일시적으로 하나님께 돌아온 것은 사실이다. 하지만 사람 내면의 마음 상태는 전혀 변하지 않았다. 왜냐하면 유다는 곧 우상들에게 돌아가기 때문이다. 따라서 사람이 죄에서 자유롭게 되기 위해서는 모세 언약 이상의 것이 필요하다. 그것이 바로 예레미야가 곧 선포할 새로운 언약이었다. 구약 역사를 계속 따라가다 보면 대규모 종교 개혁이 있던 요시야 시대가 남왕국의 전성기였다는 사실을 깨달을 것이다. 따라서 요시야는 하나님께 온전히 헌신한 자로 칭송받는다(왕하 23:25).

이러한 종교 개혁이 있었지만, 유다의 죄는 이미 극에 달해 있었다. 따라서 성경이 증언하는 대로 이 순간에도 하나님의 진노는 유다와 예루살렘에 임박해 있었다.

> 여호와께서 유다를 향하여 내리신 그 크게 타오르는 진노를 돌이키지 아니하셨으니 이는 므낫세가 여호와를 격노하게 한 그 모든 격노 때문이라 여호와께서 이르시되 내가 이스라엘을 물리친 것같이 유다도 내 앞에서 물리치며 내가 택한 이 성 예루살렘과 내 이름을 거기에 두리라 한 이 성전을 버리리라 하셨더라(왕하 23:26-27)

다시 한 번 예루살렘의 최후가 목전에 닥쳤다. 하나님은 주전 627년 예레미야 선지자를 유다에 보내신다. 그 해는 요시야 왕 아래에서 종교 개혁이 시작된 지 1년이 지난 때였다. 예레미야의 메시지에 대해 곧 알아보겠지만, 지금으로서는 예레미야가 요시야 왕이 재위에 있을 때 예언 사역을 시작했다는 점에 주목하도록 하자. 그는 유다에게 악한 길에서 돌아서라고 외친다. 그들은 다른 신을 따르지도 말고, 다른 신을 섬기지도 말아야 했다. 그렇게 하면 하나님이 분노하시기 때문이다. 하지만 유다는 앞으로 20년에서 30년가량 하나님이 반복해서 예레미야를 통해 주시는 이 경고의 말씀에 귀 기울이지 않는다(렘 25:3-11). 예레미야 선지자가 심판을 예언했다는 사실은 요시야의 개혁이 지속되지 못했음을 입증한다. 이는 요시야같이 위대한 왕도 영원한 의로움을 확립할 수 없었다는 점을 다시 한 번 일깨워 준다. 오직 하나님이 다윗에게 의로운 한 가지를 일으키셔서, 그가 정의와 공의를 행하며, "여호와 우리의 공의라"라고 일컬음을 받을 때만 영원한 의로움이 임할 것이다(렘 23:5-6). 그때까지 우리는 예루살렘에 파괴적인 심판이 곧 임할 것이라는 이야기를 계속 접할 것이다. 하지만 요시야는 하나님 앞에 겸비했기 때문에 그의 생전에는 심판이 일어나지 않는다.

예루살렘에서 이런 일이 벌어지는 동안, 유다의 경계 바깥에 있는 지역에서는 정세가 급변하고 있었다. 애굽과 앗수르는 바벨론에 대항하여 힘을 모았다. 그래서 애굽 왕 느고는 주전 609년에 앗수르를 돕기 위해 하란으로 향한다. 그는 요시야와 맞닥뜨렸고, 요시야는 애굽 군대가 더 이상 진전하기를 원하지 않았다. 느고 왕은 요시야에게 전쟁을 하기 원하지 않으니 물러나라고 요청했다. 느고 왕의 말은 "하나님의 입에서 나온"(대하 35:22) 것이었지만 요시야는 전장을 떠나지 않았다. 오히려 그는 변장을 하고 므깃도에 가서 전투를 벌이다가 결국 화살에 맞고 말았다(대하 35:20-24). 요시야는 죽었고, 모든 백성이 그를 애도한다. 심지어 예레미야 선지자도 그를 위해 애가를 지었다(대하 35:25). 이날은 참으로 유다에게 애석한 날이었나. 요시야가 주전 609년에 죽은 후에, 유다의 몰락은 더욱 가까워졌기 때문이다. 요시야의 죽음은 남왕국 멸망의 시초였다. 요시야에 대한 내용은 열왕기하 22장 1절-23장 30절, 역대하 34-35장에서 볼 수 있다.

▶▶▶ 구약 연대표

잠시 연대표에서 므낫세와 요시야를 살펴보자. 이들이 통치한 기간은 남왕국에서도 가장 중요한 시기였다. 율법 두루마리의 의미는 연대표 뒤편에 설명되어 있다. 이는 요시야의 재위 기간에 언약이 갱신되었음을 의미한다. 다음 왕 여호아하스로 넘어가기 전에 요시야 때 사역한 두 선지자에 대해서 잠시 살펴보도록 하자. 그들은 바로 스바냐와 나훔이다.

선지자 스바냐

스바냐는 주전 7세기 남부에서 활동한 선지자로서 요시야의 통치 기간에 예언을 한다(습 1:1). 따라서 그는 주전 640년에서 609년 사이에 사역한 인물이다. 스바냐는 메시지를 시작하면서, 대홍수를 연상시키는 언어를 사용하여 전 세계에 하나님의 심판이 임할 것을 선포한다(습 1:2-3). 하지만 그 주된 대상은 유다다. 스바냐 선지자는 처음부터 이렇게 말한다.

> 내가 유다와 예루살렘의 모든 주민들 위에 손을 펴서 남아 있는 바알을 그곳에서 멸절하며 그마림이란 이름과 및 그 제사장들을 아울러 멸절하며 또 지붕에서 하늘의 뭇별에게 경배하는 자들과 경배하며 여호와께 맹세하면서 말감을 가리켜 맹세하는 자들과 여호와를 배반하고 따르지 아니한 자들과 여호와를 찾지도 아니하며 구하지도 아니한 자들을 멸절하리라(습 1:4-6)

이러한 죄를 모두 알던 스바냐 선지자는 하나님의 심판을 "여호와의 날"(습 1:7, 14)로 묘사한다. 선지자는 그날이 어둡고 캄캄한 날이 될 것이라고 선포한다. 또한 유다를 패망하게 할 그 심판의 날이 "가깝고도 빠르도다"(습 1:14)라고 선언한다. 스바냐가 "여호와의 날"을 어떻게 묘사하는지 함께 보자.

> 그날은 분노의 날이요 환난과 고통의 날이요 황폐와 패망의 날이요 캄캄하고 어두운 날이요 구름과 흑암의 날이요 나팔을 불어 경고하며 견고한 성읍들을 치며 높은 망대를 치는 날이로다 내가 사람들에게 고난을 내려 맹인같이 행하게 하리니 이는 그들이 나 여호와께 범죄하였음이라 또 그들의 피는 쏟아져서 티끌같이 되며 그들의 살은 분토같이 될지라(습 1:15-17)

선지자들은 보통 미래에 있을 하나님의 심판을 "여호와의 날"(욜 1:15, 2:1-2, 11, 3:14; 암 5:18-20)이라고 한다. 스바냐는 계속해서 "패역하고 더러운 곳, 포학한 그 성읍이 화 있을진저 그가 명령을 듣지 아니하며 교훈을 받지 아니하며 여호와를 의뢰하지 아니하며 자기 하나님에게 가까이 나아가지 아니하였도다"(습 3:1-2)라며 예루살렘을 고발한다. 스바냐는 "그 가운데 방백들은 부르짖는 사자요 그의 재판장들은 이튿날까지 남겨 두는 것이 없는 저녁 이리요 그의 선지자들은 경솔하고 간사한 사람들이요 그의 제사장들은 성소를 더럽히고 율법을 범하였도다"(습 3:3-4)라고 선포하며 예루살렘의 지도층을 강력하게 비판한다. 스바냐는 우상 숭배가 만연하고 언약을 지키는 자가 없지만, "그 가운데에 계시는 여호와는 의로우사"(습 3:5)라고 선포한다. 여호와는 공의로우시고 탁월하신 영광의 왕이시다. 그는 정의를 행하시며, 예루살렘과 이방 나라들에게 의로운 심판을 행하실 것이다. 특히 하나님의 백성이 몰락하는 것을 즐거워하며 교만하여 스스로 높아진 민족들을 심판하실 것이다(습 2장).

하지만 그 심판의 메시지 속에서도 여호와는 백성에게 "나를 기다리라"(습 3:8)라고 강권하신다. 하나님의 구속 계획은 절대로 심판으로 끝나지 않는다. 하지만 심판은 그 백성을 정결하게 하기 때문에 반드시 필요하다. 스바냐는 궁극적으로 하나님의 백성이 심판을 받은 후에 회복될 것을 바라보고 있다. "시온의 딸아 노래할지어다 이스라엘아 기쁘게 부를지어다 예루살렘 딸아 전심으로 기뻐하며 즐거워할지어다 여호와가 네 형벌을 제거하였고 네 원수를 쫓아냈으며 이스라엘 왕 여호와가 네 가운데 계시니 네가 다시는 화를 당할까 두려워하지 아니할 것이라"(습 3:14-15).

스바냐는 "그날에" 여호와가 그의 백성을 지키실 것이라고 선포한다. 여호와는 기꺼이 그들을 즐거워하실 것이다. 우리는 특히 스바냐서의 마지막 구절에서 회복이 일어나는 극적인 장면을 목격한다. 하나님의 임재가 돌아오면서 심판을 받아 포로된 자들도 돌아올 것이다. 하나님은 자기 백성을 지키시고 그들을 즐거워하실 것이다. 하나님은 그들을 두고 크게 노래하실 것이다. 하나님은 저는 자와 쫓겨난 자를 모으시며, 그들의 수치를 칭찬으로 바꾸실 것이다(습 3:14-20). 이스라엘의 왕이신 여호와가 그들 가운데 거하실 것이다! 이야말로 우리가 나중에 **메시아** 부분에서 복음 이야기를 읽으면서, 반드시 마음속으로 **대망**해야 할 것들이다.

▶▶▶ 구약 연대표

다음 선지자로 넘어가기 전에 구약 연대표에서 스바냐를 찾아보자. 스바냐가 전한 메시지를 상기시키기 위해 간단한 문구를 기록해 두었다. 스바냐 선지자 연상법을 기억할지 모르겠다. 스**바**냐 : **바**짝 임박한 주님의 날로 기억하면 된다. 이렇게 하면 스바냐 선지자가 주장한 핵심 내용을 기억하는 데 도움이 될 것이다.

선지자 나훔

나훔은 주전 7세기 남왕국에서 활동한 선지자다. 하나님은 나훔을 불러 앗수르의 성읍인 니느웨에 대한 심판을 선포하신다. 니느웨는 요나가 약 100년 전에 말씀을 전했던 바로 그 도시다. 바벨론이 니느웨를 멸망시킨 때가 주전 612년이기 때문에, 나훔 선지자는 그 전에 예언 사역을 했을 것이다. 또한 나훔은 노아몬의 몰락에 대해서도 언급하는데(나 3:8-10), 이는 주전 663년에 발생한 사건이기 때문에 나훔은 주전 663년 이후에 예언 사역을 했다고 추측할 수 있다.

나훔서는 여호와를 묘사하는 것으로 시작한다. 나훔이 말하는 여호와는 특히 출애굽 이미지(특히, 출 34:6-7 말씀을 기반으로, 그리고 출 19-20장에서 말하는 **시내**에서 나타나신 하나님을 토대로)에 근본을 두고 있다. 나훔의 묵시는 이렇게 시작한다.

> 여호와는 질투하시며 보복하시는 하나님이시니라 여호와는 보복하시며 진노하시되 자기를 거스르는 자에게 여호와는 보복하시며 자기를 대적하는 자에게 진노를 품으시며 여호와는 노하기를 더디하시며 권능이 크시며 벌 받을 자를 결코 내버려 두지 아니하시느니라 …… 누가 능히 그의 분노 앞에 서며 누가 능히 그의 진노를 감당하랴 그의 진노가 불처럼 쏟아지니 그로 말미암아 바위들이 깨지는도다 여호와는 선하시며 환난 날에 산성이시라 그는 자기에게 피하는 자들을 아시느니라(나 1:2-3, 6-7)

이미 살펴봤듯이, 여호와의 선지자들은 이스라엘뿐 아니라 주위 나라들에 대해서도 심판을 선포한다. 나훔은 니느웨가 "거짓이 가득하고 포악이 가득한"(나 3:1) 도시이며, 창녀로서 "마술에 능숙한 미모의 음녀가 많은 음행을 함이라 그가 그의 음행으로 여러 나라를 미혹하고 그의 마술로 여러 족속을 미혹하느니라"(나 3:4)라고 말한다. 그렇기 때문에 하나님은 자신이 그 도시를 대적하신다고 말씀하신다(나 3:5). 앗수르가 히스기야의 통치 시기에 남왕국을 공격하여 예루살렘을 빼앗으려 했던 일을 기억할 것이다. 게다가 앗수르의 사자들은 하나님을 모욕하기까지 했다. 하지만 나훔은 이제 하나님이 자신의 적들에게 복수하실 때가 왔다고 선포한다. 유다는 자신을 괴롭히던 앗수르에게서 자유롭게 될 것이다. 이야말로 나훔이 선포한 "위로"였다(나훔이라는 이름의 의미도 "위로"다). 하나님이 자기 백성을 구원하는 것은 산 위에 선 전령의 모습으로 묘사된다. "볼지어다 아름다운 소식을 알리고 화평을 전하는 자의 발이 산 위에 있도다"(나 1:15; 사 52:7; 눅 2:10; 행 10:36; 롬 10:15 참고). 원수가 심판을 받으면서 하나님의 백성은 구원받을 것이다. 그리고 하나님의 백성에게 영원한 평화가 임할 것이다.

▶▶▶ 구약 연대표

다음 왕으로 넘어가기 전에 나훔을 읽어 보고 연대표에서 찾아보도록 하자.

나훔은 **왕정 시대** 부분 위쪽에 있다. 요약된 내용을 보면 **나**훔의 메시지를 기억하기 쉽다. "**니**느웨가 멸망할 것이다!" 이는 나훔 선지자를 기억하는 연상법이다.

여호아하스(주전 609)

요시야가 주전 609년에 죽은 후, 사람들은 요시야의 넷째 아들 여호아하스를 왕으로 삼는다(대상 3:15). 그의 출생시 이름은 살룸이었지만 왕위에 올라서는 여호아하스로 이름을 바꾼다. 그가 왕이 되었을 때 스물세 살이었는데, "여호와 보시기에 악을 행하였"(왕하 23:32)다. 같은 시기에 활동했던 예레미야 선지자는 유다에게 여호아하스를 위해 슬피 울라고 한다. 왜냐하면 그는 포로로 잡혀가 그곳에서 죽어 예루살렘에 돌아오지 못할 것이기 때문이다(렘 22:11-12). 여호아하스는 겨우 석 달을 통치했다. 느고 왕이 예루살렘을 공격하면서 여호아하스를 립나에 가두었기 때문이다. 느고는 그 나라에 벌금을 징수했으며, 여호아하스는 애굽으로 끌려가 그곳에서 죽었다. 여호아하스에 대한 내용은 열왕기하 23장 30-34절, 역대하 36장 1-4절, 예레미야 22장 11-17절에서 볼 수 있다.

선지자 요엘

요엘은 예루살렘이 주전 586년 멸망하기 전에 사역한 예언자다. 하나님은 요엘 선지자를 불러 남왕국에 종말이 임하기 전인 이 최후의 날에 유다를 향하여 말씀을 전하게 하셨다. 요엘서에는 연도를 특정할 만한 정보가 없다. 하지만 요엘 선지자가 예루살렘에 임한 공격에 대해서 이야기하는 것을 보면 아마도 여러 차례에 걸친 바벨론의 공격(주전 605, 597, 586년)이 있기 전에 예언 활동을 한 것 같다. 요엘은 메뚜기 떼가 예루살렘을 습격하여 모든 곡식을 먹어 치워서 그 땅을 황폐하게 만드는 환상을 본다(욜 1:4).

이는 말 그대로 메뚜기 떼일 수도 있고, 예루살렘을 공격하는 적군을 비유하는 것일 수도 있다(욜 1:6-7, 2:1-11, 25). 선지자는 하나님의 심판을 묘사하면서, "여호와의 날"을 언급한다. 그리고 그날이 "가까웠고" 곧 임할 것이라고 선포한다(욜 1:15, 2:1, 11). 그날은 어둡고 캄캄한 날이다(욜 2:2, 10). 그리고 군대가 북으로부터 예루살렘을 칠 것이라고 하는데, 이를 보면 아마도 바벨론 군대를 언급한 것으로 볼 수 있다(욜 2:20; 렘 1:14, 4:6, 10:22 참고).

요엘은 하나님의 심판이 임박했음을 봤기 때문에 유다에게 여호와께 돌아가라고 호소하며, 그들에게 하나님의 은혜로우신 성품을 가르쳐 준다. "여호와의 말씀에 너희는 이제라도 금식하고 울며 애통하고 마음을 다하여 내게로 돌아오라 하셨나니 너희는 옷을 찢지 말고 마음을 찢고 너희 하나님 여호와께로 돌아올지어다 그는 은혜로우시며 자비로우시며 노하기를 더디하시며 인애가 크시사 뜻을 돌이켜 재앙을 내리지 아니하시나니 주께서 혹시 마음과 뜻을 돌이키시고 그 뒤에 복을 내리사 너희 하나님 여호와께 소제와 전제를 드리게 하지 아니하실는지 누가 알겠느냐"(욜 2:12-14). 호세아도 "여호와께 돌아올지라"라고 똑같이 호소했다(호 6:1, 14:1-2; 렘 3:11-14, 22 참고). 이제는 요엘이 유다에게 회개하며 여호와께 돌아가라고 부르짖는다. 그는 하나님은 자비로우시고 은혜로우시다는 사실을 알고 있기 때문이다. 하지만 이스라엘이 하나님께 돌아가기를 거부했던 것처럼, 유다 역시 하나님께 돌아가지 않는다(렘 5:3, 8:5). 구약을 연구하다 보면 하나님의 구속 계획에 회개가 절대적으로 중요하다는 사실을 알게 된다(마 3:2, 11; 막 1:4, 15; 눅 15:7, 24:47; 행 2:38, 3:19, 5:31, 17:30, 26:20).

요엘 역시 회복의 때가 임할 것을 선포한다. 하지만 심판 후에야 회복이 있을 것이다. 하나님은 메뚜기 떼가 먹어 치운 것을 회복하실 것이다(욜 2:21-27). 스바냐에게 하셨듯이 하나님은 포로로 잡혀간 자들에 대한 저주를 뒤엎으셔서, 그들을 복으로 바꾸실 것이다. 더 이상 그분의 백성은 두려워하지 않고 오히려 기뻐할 것이다(욜 2:21-23). 그들은 다시는 수치스럽지 않을 것이다. 하나님의 의로우신 심판과 은혜로우신 구원으로 백성들은 "너희 하나님 여호와가 되고 다른 이가 없는 줄을"(욜 2:27) 알 것이다. 요엘이 "그 후에 내가 내 영을 만민에게 부어 주리니 너희 자녀들이 장래 일을 말할 것이며 너희 늙은이는 꿈을 꾸며 너희 젊은이는 이상을 볼 것이며 그때에 내가 또 내 영을 남종과 여종에게 부어 줄 것이며"(욜 2:28-29)라고 설명하는 것처럼 회복의 특징은 하나님이 자신의 영을 부어 주시는 것으로 나타난다. 구약에서는 하나님을 섬기기 위해 구분된 일부 지도자나 선지자들에게만 하나님의 영이 임한다(민 11:16-30; 삿 6:34; 삼상 10:6, 16:13). 하지만 이 예언에서 요엘은 하나님이 모든 백성에게 자신의 영을 부어 주실 것을 선포한다.

앞으로 예루살렘에서 아버지가 약속하신 것을 기다리던 무리에게 오순절 성령이 임하시는 것을 배울 것이다(행 1:4-8, 2:1-36). 베드로는 요엘서 2장 28-32절 말씀을 인용하면서 하나님의 영이 임하신 것은 요엘의 예언을 성취한 것이라고 설명한다. 이는 요엘이 오리라고 말한 "말세"가 임했다는 사실을 확증하는 것이다(행 2:17). 그리고 이제 백성들은 회개하고 죄를 용서받기 위해 세례를 받을 것이다. 베드로는 그들이 성령의 선물을 받을 것이라고 한다(행 2:38). 요엘의 예언에 따라 하나님의 영은 유대인뿐 아니라, 이방인을 포함하여 "모든 육체"에게 부어진다(행 10:43-48, 11:1-18). 하나님의 영을 통해서 유대인과 이방인 모두 아브라함의 한 가족이 될 것이다(갈 3:14, 4:28-29). 요엘 선지자는 생전에 이 예언이 성취되는 것을 보지는 못했지만, 마지막 날이 반드시 올 것이라고 증언했다. 그는 또한 미래에 하나님이 민족들을 심판하실 때, 즉 "여호와의 날"(욜 3:12-14)에 하나님이 자기 백성은 안전하게 지켜 주심을 봤다(욜 3:16-21). 하나님은 요엘에게 미래에 있을 회복을 보여 주셨다. 하지만 요엘은 하나님이 심판하시는 시대에 살아야 했다. "메뚜기 떼"가 반드시 예루살렘을 치러 올 것이기 때문이다.

▶▶▶ 구약 연대표

다음 선지자인 하박국에 대해서 배우기 전에 요엘서와 사도행전 1–2장 말씀

을 읽어 보기를 권한다. 그리고 구약 연대표에서 요엘을 찾아보라. 메뚜기 떼 그림과 요엘에 해당하는 연상법이 있다. **요**엘: **요**란한 생물(메뚜기)로 기억하라. 그러면 요엘을 예루살렘에 임박한 심판을 메뚜기 떼로 묘사했던 선지자로 기억하는 데 도움이 될 것이다.

선지자 하박국

하박국은 남왕국 최후의 몇 년 동안 사역했던 7세기 선지자다. 하박국서에는 연도를 특정할 정보가 없지만, 바벨론이 유다에 임할 것을 언급한다는 점을 고려한다면 주전 605년에 바벨론이 침공하기 이전임을 알 수 있다. 하박국 선지자는 유다에서 자신이 목격한 불의에 대해서 하나님께 질문한다. 유다에서는 "율법이 해이하고 정의가 전혀 시행되지 못하기"(합 1:4) 때문이었다. 하나님은 하박국에게 그가 살아 있는 동안에 놀라운 일을 행하실 것이라고 말씀하신다. 즉 하나님이 갈대아인(바벨론인의 다른 이름)을 보내어 유다를 심판하신다는 말씀이었다(합 1:5-11). 하지만 하박국은 이 말씀에 전혀 위로를 받지 못한다. 하나님이 왜 바벨론과 같이 악한 나라를 자신의 백성을 징계하고 심판하시는 도구로 사용하시는지 이해할 수 없었기 때문이다(합 1:12-17). 그렇지만 하나님은 하박국에게 하나님을 신뢰해야 한다고 응답하신다! 그 악한 도구도 벌을 받을 것이다. 그리고 하나님은 의인은 믿음으로 말미암아 산다고 말씀하신다(합 2:4).

하박국서는 선지자가 심판이 반드시 임할 것을 깨달으면서 마무리된다(합 3:1-16). 하박국은 두려워 떨며 하나님께 심판 가운데서도 긍휼을 잊지 말아 달라고 간청한다. 이제 선지자는 반드시 기다려야만 했다. 믿음으로 기다려야 했다. 하박국이 하나님을 신뢰한다는 사실은 다음 말씀에서 확인할 수 있다. "비록 무화과나무가 무성하지 못하며 포도나무에 열매가 없으며 감람나무에 소출이 없으며 밭에 먹을 것이 없으며 우리에 양이 없으며 외양간에 소가 없을지라도 나는 여호와로 말미암아 즐거워하며 나의 구원의 하나님으로 말미암아 기뻐하리로다"(합 3:17-18). 포도나무에 열매가 없어도 하나님을 신뢰하는 것, 이것이 참 믿음이다. 바로 이것이 태에 자녀가 없을 때에도 하나님을 신뢰했던 아브라함의 믿음이다. 왜냐하면 아브라함은 하나님이 "약속하신 그것을 또한 능히 이루실 줄을 확신"(롬 4:21)했기 때문이다. 우리는 다시 한 번 하나님의 백성은 우상, 이방 세력, 병거, 군대, 자신의 지혜 및 그 외의 모든 것을 신뢰하지 말고 오직 하나님 한 분만 신뢰해야 한다는 사실을 깨닫는다. 하나님의 백성은 포도원의 열매를 신뢰하지 않는다. 그리고 무화과나무가 무성하지 못하여도 하나님을 즐거워한다. 수백 년이 흐른 후, 사도 바울은 하나님의 백성에게 믿음이 가장 중요하다고 단언하면서 하박국서 2장 4절(의인은 그의 믿음으로 말미암아 살리라) 말씀을 인용한다. 바울이 로마서를 시작하면서 하는 말씀을 보자. "내가 복음을 부끄러워하지 아니하노니 이 복음은 모든 믿는 자에게 구원을 주시는 하나님의 능력이 됨이라 먼저는 유대인에게요 그리고 헬라인에게로다 복음에는 하나님의 의가 나타나서 믿음으로 믿음에 이르게 하나니 기록된 바 오직 의인은 믿음으로 말미암아 살리라 함과 같으니라"(롬 1:16-17). 바울은 의로움이 율법의 행위에서 나는 것이 아니라 믿음으로 나는 것이라고 단언한다(롬 3:20; 갈 2:16, 3:11-12). 이는 우리가 **아브라함 시대**에서 살펴본 내용, 즉 아브라함은 행위가 아닌 믿음으로 의롭다 하심을 받았다는 사실(창 15:6)을 되풀이하는 것이다. 따라서 하나님의 백성의 특징은 믿음이라고 할 수 있다(히 11장 참고). 히브리서 저자는 "믿음은 바라는 것들의 실상이요 보이지 않는 것들의 증거니 선진들이 이로써 증거를 얻었느니라"(히 11:1-2)라고 한다. 하박국도 이 전통에 서 있다. 왜냐하면 그는 포도나무에 아무 열매가 없을 때에도 하나님을 신뢰했기 때문이다. 하박국은 아직 보이지 않는 것을 확신했던 것이다.

▶▶▶ 구약 연대표

연대표에서 하박국을 찾아보라. 간단한 요약문이 함께 기재되어 있다. "바벨론이 유다를 심판할 것! 의인 : 믿음으로 말미암아 살리라." 또한 연상법을 통해서도 하박국의 핵심 문구(합 2:4)를 기억할 수 있다. **하**박국: **하**나님을 믿으라! 다음 왕으로 넘어가기 전에 하박국서를 읽어 보기를 권한다. 상황과 관계없이 하나님을 신뢰하라는 하나님의 권고를 통해서 마음과 영혼에 힘을 얻으라. 하나님은 자신을 신뢰하는 자들을 절대로 실망시키지 않으시는 분이다.

여호야김(주전 609-598)

남왕국 최후의 날이 다가오고 있다. 느고 왕은 여호아하스를 왕위에서 축출한 뒤에 그의 형인 엘리아김(요시야의 둘째 아들, 대상 3:15)을 왕위에 세우고 이름을 여호야김으로 바꿨다(대하 36:4). 여호야김은 긴박한 시대였던 주전 609년에서 598년 사이에 통치했다. 그는 종주국인 애굽의 느고 왕을 섬기는 속국의 왕에 불과했다. 그가 바로에게 은 100달란트와 금 한 달란트라는 막대한 액수를 해마다 세금으로 바쳤다는 사실을 볼 때 그는 명백하게 속국 왕이었다(대하 36:3). 여호야김은 느고 왕에게 금과 은을 성실하게 조공으로 바치면서 자신의 충성을 증명했다(왕하 23:35). 성경은 여호야김에 대해서 "그의 조상들이 행한 모든 일을 따라서 여호와 보시기에 악을 행하였더라"(왕하 23:37; 대하 36:5)라고 전한다. 역대기와 열왕기는 여호야김에 대해서 최소한의 정보만 제공하고 있다(왕하 23:34-24:6; 대하 36:4-8). 하지만 예레미야 선지자가 여호야김 왕의 이름을 스무 번도 넘게 언급하면서 그의 통치 기간에 발생했던 여러 가지 중요한 사건을 기록하기 때문에 우리는 당시 유다와 여호야김 왕에 대해서 알 수 있다(특히 렘 22, 24-28, 35-37장 참고).

선지자 예레미야

예레미야는 7세기 남왕국에서 활동한 중요한 선지자다. 예레미야는 남왕국이 주전 586년 멸망하기 직전까지 40년 동안 예언했다. 예레미야의 사역은 요시야 왕 재위 13년(주전 627)에 시작해서 포로로 잡혀가는 주전 586년, 그리고 그 이후에도 계속된다(렘 1:1-3). 그는 유다의 마지막 다섯 왕, 요시야(주전 640-609), 여호아하스(주전 609), 여호야김(주전 609-598), 여호야긴(주전 598-597), 시드기야(주전 597-586)가 통치하던 시기 내내 사역했다. 예레미야서를 볼 때, 각 장이 연대기순으로 기록된 것이 아니라는 점에 주의해야 한다. 예를 들어 예레미야서 24장은 주전 597년에 발생한 일이지만, 25장은 주전 605년에 있었던 일을 다룬다. 예레미야는 그 묵시가 어느 왕의 통치 시기에 임했는지를 종종 언급하기 때문에 여기에 특별히 주의를 기울여야 할 것이다(예를 들어 렘 25:1, 26:1, 27:1, 28:1). 그러한 정보를 통해서 개별 장들이 언제 있었던 일인지를 파악할 수 있다.

하나님은 예레미야가 모태에서 나오기 전부터 이미 여러 나라에게 보낼 선지자로 세우시기 위해 그를 성별하셨고, 아직 그가 아이일 때 부르셨다. 예레미야가 받은 예언자의 사명은 하나님의 말씀을 그 세대에게 선포하는 것이었다. 모세, 이사야, 그리고 다른 선지자들처럼 예레미야는 자신이 도저히 하나님의 말씀을 전하는 사자로 섬길 자격이 없다는 사실을 자각한다. 하지만 여호와는 그에게 두려워하지 말라고 하신다. "여호와께서 내게 이르시되 너는 아이라 말하지 말고 내가 너를 누구에게 보내든지 너는 가며 내가 네게 무엇을 명령하든지 너는 말할지니라"(렘 1:7). 이후 이사야서 6장을 연상하게 하는 장면이 나타난다. "여호와께서 그의 손을 내밀어 내 입에 대시며 여호와께서 내게 이르시되 보라 내가 내 말을 네 입에 두었노라"(렘 1:9). 예레미야는 사역 내내 대체로 사람들에게 거절을 당했다. 육체적으로도 고난을 당했고, 하나님께 불순종하는 백성에게 말씀을 선포하는 일 때문에 내적인 고뇌도 겪어야 했다. 다른 선지자들과 마찬가지로 예레미야도 임박한 심판과 미래의 희망을 선포했다. 하나님은 예레미야에게

"뽑고 파괴하며 파멸하고 넘어뜨리며 건설하고 심게"(렘 1:10) 하시려고 그를 세우셨다고 말씀하신다. 선지자 전통에 따라 예레미야는 여호와의 말씀을 선포했을 뿐 아니라 상징적인 행위도 한다. 예레미야서에서 반복적으로 나타나는 형상은 "마음"으로서, 예레미야는 50번 넘게 마음에 대해서 언급한다. 구약 연대표에서 예레미야를 상징하는 그림도 마음인데, 율법이 그 안에 있다. 이 그림의 의미는 예레미야 선지자에 대해서 배우면서 점차 명확해질 것이다.

• 예레미야가 유다의 죄를 폭로하다

예레미야는 책 전반부에서(렘 1-20장) 유다의 죄를 폭로한다. 여호와는 이 선지자를 통하여 언약을 깨뜨린 백성에 대하여 자신의 입장을 개진하신다. 예루살렘 거주민들은 하나님을 버렸고, 다른 신들에게 제사를 드렸으며, 자신들의 손으로 만든 것들을 숭배했다(렘 1:16). 이사야 선지자가 유다의 우상 숭배에 대해 말하면서 이미 하나님의 백성이 "눈멀고 귀먹었다"라고 말했던 사실을 기억할 것이다. 이제, 그로부터 약 100년이 지났지만 그들의 마음 깊은 곳에는 여전히 우상 숭배가 자리 잡고 있었다. 우리는 남부에 있는 하나님의 백성이 북부에서 아합 시대에 섬겼던(왕상 16:31-33) 가나안 신 바알을 똑같이 섬긴다는 사실을 본다(렘 2:23). 그들은 나무와 돌로 만든 신을 섬기고(렘 2:27), 해와 달과 하늘의 별을 섬기며(렘 8:2), 자녀를 이방 신에게 제물로 드리기까지 한다(렘 7:31). 이스라엘이 다른 신을 좇아 "행음"한 것처럼 유다도 그렇게 했다(렘 3:6-10). 하지만 유다가 우상을 숭배하는 행위가 이스라엘의 행위보다 더욱 악했다. 그래서 예레미야는 "비록 이스라엘이 나를 배신하였다고 하지만, 신실하지 못한 유다보다는 낫다"(렘 3:11, 새번역)라는 충격적인 발언을 전한다. 유다가 돌로 만든 우상들 및 아세라 상과 간음했는데도, 하나님은 여전히 "배신한 이스라엘"과 "신실하지 못한 유다" 모두 자신에게 돌아오라고 외치신다(렘 3:11-25). 하지만 하나님의 백성은 여전히 마음이 완고했고, 반항적이며, 징계를 거부하고, 회개하지 않았기 때문에 예루살렘의 멸망이 곧 다가올 것이다. 북에서 적들이 임하여 그 도시를 칠 것이다. 그들은 잔인하고 무자비할 것이며, 모든 곳에 두려움이 임할 것이다. 유다는 외아들을 잃은 어머니처럼 애통해하며 잿더미 속에서 뒹굴 것이다. 그 파괴자가 갑자기 임할 것이기 때문이다(렘 5-6장).

• 예레미야가 성전 문에서 외치다

하나님은 예레미야에게 성전 문에서 유다에게 주신 하나님의 말씀을 선포하라고 하신다(렘 7장). 예레미야는 백성에게 악한 행실에서 돌아서서 선을 행하면 하나님은 그들을 예루살렘에 계속 거하게 하실 것이라고 선포한다. 예레미야는 그 도시에서 일어나는 가증한 행위를 간략하게 다룬다. 그러한 행위로는 도둑질, 살인, 간음, 거짓 맹세, 바알에게 분향함, 다른 신을 섬김, 하늘의 여왕을 예배함(렘 7:9, 19) 등이 있다. 시내에서 주신 율법을 보면 하나님이 도둑질(출 20:15), 살인(출 20:13), 간음(출 20:14), 거짓 맹세(출 20:16), 다른 신을 섬김(출 20:3, 5)과 같은 모든 행위를 분명히 금하셨다는 사실을 반드시 기억해야 한다. 하나님의 백성은 빈번하게 언약을 어기면서도 그 악한 길에서 돌아오려고 하지 않았다. 그리고 그들은 앞으로도 회개하려 하지 않는다! 예루살렘은 거짓 제사장과 선지자로 가득했고, 그들은 백성을 속여 죄를 심각하게 여기지 않아도 된다고 한다. 따라서 백성들은 하나님이 절대로 하나님의 집인 성전에 심판을 내리지 않으시리라고 생각한다(렘 7:4). 그러자 여호와는 예전에 백성들이 불순종하는 바람에 실로에 있던 자신의 집을 멸망시킨 사실이 있었다는 사실을 일깨우신다(렘 7:14). 예레미야를 통해서 하나님은 선포하신다.

> 오직 내가 이것을 그들에게 명령하여 이르기를 너희는 내 목소리를 들으라 그리하면 나는 너희 하나님이 되겠고 너희는 내 백성이 되리라 너희는 내가 명령한 모든 길로 걸어가라 그리하면 복을 받으리라 하였으나 그들이 순종하지 아니하며 귀를 기울이지도 아니하고 자신들의 악한 마음의 꾀와 완악한 대로 행하여 그 등을 내게로 돌리고 그 얼굴을 향하지 아니하였으며 너희 조상들이 애굽 땅에서 나온 날부터 오늘까지 내가 내 종

선지자들을 너희에게 보내되 끊임없이 보내었으나 너희가 나에게 순종하지 아니하며 귀를 기울이지 아니하고 목을 굳게 하여 너희 조상들보다 악을 더 행하였느니라(렘 7:23-26).

하나님의 백성은 애굽에서 나온 그 순간부터 마음이 완고하여져서 하나님의 말씀을 듣지 않으려 했던 것이다! 예레미야는 유다에 대해서 "너희는 너희 하나님 여호와의 목소리를 순종하지 아니하며 교훈을 받지 아니하는 민족이라"(렘 7:28)라고 말한다. 하나님의 백성이 생명이 아닌 죽음을 선택했기 때문에(렘 8:3; 신 30:19 참고), 그에 따라 유다에 심판이 임할 것이다. 동산에서 아담은 하나님의 명령에 순종하지 않아 죽음을 선택했다(창 2:17). 이제 유다도 역시 하나님의 목소리를 순종하지 않아서 죽음을 택하려는 것이다. 문제는 바로 아담이 그들 안에 있었다는 점이다.

예레미야는 격정적으로 하나님의 백성이 모두 하나님께 잘못했다고 선언한다(렘 2:29). 성경은 "가장 작은 자로부터 큰 자까지 다 욕심내며 선지자로부터 제사장까지 다 거짓을 행함이라"(렘 8:10)라고 말한다. 모든 사람이 그렇게 했던 것이다. 더 나아가 성경은 "그들은 다 간음하는 자요 반역한 자의 무리가 됨이로다 …… 형제마다 완전히 속이며 이웃마다 다니며 비방함이라 그들은 각기 이웃을 속이며 진실을 말하지 아니하며 그들의 혀로 거짓말하기를 가르치며"(렘 9:2-5)라고 전한다. 한번은 하나님이 예레미야에게 "예루살렘 거리로 빨리 다니며 그 넓은 거리에서" 정의를 행하고 진리를 구하는 자가 있는지 찾아보라고 하신다. 그리고 선지자에게 의로운 사람을 하나라도 찾을 수 있으면 예루살렘을 용서하시겠다고 말씀하신다! 선지자는 가난한 자와 부유한 자를 모두 찾아다녔지만 놀랍게도 의로운 사람을 찾을 수 없었다(렘 5:1-9).

예레미야가 하나님의 백성을 규탄하는 것을 보면 사도 바울이 사람을 평가한 것과 일치한다. 바울은 선포한다. "의인은 없나니 하나도 없으며 깨닫는 자도 없고 하나님을 찾는 자도 없고 다 치우쳐 함께 무익하게 되고 선을 행하는 자는 없나니 하나도 없도다"(롬 3:10-12; 시 14:1-3 인용). 바울은 "모든 사람이 죄를 범하였으매 하나님의 영광에 이르지 못하더니"(롬 3:23, 롬 3:9-23, 5:12 참고)라고 결론 내린다. 예레미야도 하나님의 백성에 대해서 비슷한 견해를 표출한다. 왜냐하면 정의를 행하고 하나님을 찾는 자를 하나도 찾을 수 없었기 때문이다. 예레미야는 그 백성의 죄악을 목격하고 울부짖는다. "내가 낮이나 밤이나 울 수 있도록, 누가 나의 머리를 물로 채워 주고, 나의 두 눈을 눈물 샘이 되게 하여 주면 좋으련만"(렘 9:1, 새번역)! 우리 중에 누가 하나님의 영광을 경멸하는 죄를 보고 예레미야처럼 영혼의 고통을 느낄 것인가?

• 모세 언약이 파기되다

예레미야는 유다가 우상을 어떻게 숭배했는지 자세하게 그려 낸다. 왜냐하면 그들이 세상의 창조주이자 자신들의 아버지이신 여호와, 유일하신 참 하나님 대신에 자기 손으로 지은 우상을 계속 섬겼기 때문이다(렘 1:16). 예레미야는 유다의 우상 숭배를 비난한 후 바로 하나님의 백성이 모세 언약을 파기했다는 사실을 입증한다(렘 11:1-17). 그들은 하나님의 율법을 지키지 않았기 때문에 저주를 받을 것이다. 예레미야는 "이 언약의 말을 따르지 않는 자는 저주를 받을 것이니라 이 언약은 내가 너희 조상들을 쇠풀무 애굽 땅에서 이끌어 내던 날에 그들에게 명령한 것이라 곧 내가 이르기를 너희는 내 목소리를 순종하고 나의 모든 명령을 따라 행하라 그리하면 너희는 내 백성이 되겠고 나는 너희의 하나님이 되리라"(렘 11:3-4; 신 27:26 참고)라고 선포하며 언약 조항을 상기시킨다. 예레미야는 유다에 대한 여호와의 심판이 절대적으로 의로운 것이라고 증언한다. 하나님은 이미 자기 백성이 하나님께 순종하면 축복하시지만, 순종하지 않으면 저주를 내리신다고 약속했다. 그리고 예레미야는 계속해서 유다가 하나님의 목소리에 순종하지 않았다고 주장한다(렘 3:13, 25, 7:23-28, 9:13, 11:4-8, 10, 13:10-11, 17:23, 37:2, 43:4, 44:16-17). 이처럼 예레미야는 유다가 하나님의 목소리를 순종하지 않는 "배반하는 아들"이라고 말한다(렘 3:11-14). 그러므로 반드시 처벌이 임할 것이다.

예레미야는 이스라엘이 반역하고 불순종하는 모습을 바라보면서 모세 언약에 따른 저주를 상기시킨다. 그리고 곧 닥칠 심판이 어떠할지를 묘사한다. 예레미야는 하나님이 분노를 드러내실 네 가지 도구가 있다고 선포한다. 바로 죽이는 칼, 찢는 개, 삼켜 멸하는 공중의 새와 땅의 짐승이다(렘 15:3). 하나님의 백성은 "독한 병으로 죽어도 아무도 슬퍼하지 않을 것이며 묻어 주지 않아 지면의 분토와 같을 것이며 칼과 기근에 망하고 그 시체는 공중의 새와 땅의 짐승의 밥이 되리라"(렘 16:4). 모세는 이스라엘 자손에게 모압 평지에서 하나님의 율법을 순종하지 않을 때 임할 저주 중 하나로서 "네 시체가 공중의 모든 새와 땅의 짐승들의 밥이 될 것이나 그것들을 쫓아 줄 자가 없을 것"(신 28:26)을 언급했다. 예레미야는 이 저주 및 다른 여러 저주를 이야기하면서 백성에게 호소한다. 그리고 이제 유다에 하나님이 모세를 통하여 약속하셨던 그 저주들이 부어질 것임을 보여 준다. 예레미야는 심지어 부모가 자식을 잡아먹을 수밖에 없을 정도로 극심한 기근이 있을 것이라고 경고한다.

> 이 성읍으로 놀람과 조롱거리가 되게 하리니 그 모든 재앙으로 말미암아 지나는 자마다 놀라며 조롱할 것이며 그들이 그들의 원수와 그들의 생명을 찾는 자에게 둘러싸여 곤경에 빠질 때에 내가 그들이 그들의 아들의 살, 딸의 살을 먹게 하고 또 각기 친구의 살을 먹게 하리라 하셨다 하고 (렘 19:8-9)

이미 모세는 시내에서 이스라엘 자손에게 언약을 순종하지 않으면 몸의 소생을 먹을 것이라고 경고했다(레 26:29; 신 28:53). 이제 모세 율법의 조건에 따라 유다에 바로 그 저주가 내릴 것이다(신 29:25-28). 성전은 파괴될 것이고, 그 땅은 황폐해질 것이며, 많은 사람이 도살될 것이며, 그렇지 않은 자는 포로로 잡혀갈 것이다. 예레미야는 유다에게 모든 민족이 예루살렘을 보면서 머리를 흔들며 야유할 것이라고 경고한다. 그 성읍이 공포와 경악의 장소가 될 것이기 때문이다(렘 19:7-8).

모세 언약에 따른 이러한 충격적인 저주를 대변하는 상징이 독수리 그림이다. 독수리 그림은 **왕정 시대**뿐 아니라 **시내 시대** 및 **포로 시대**에서도 찾아볼 수 있다. 이 그림의 신학적 의미는 연대표 뒤편에 요약되어 있다.

• 예루살렘이 저주가 되다

하나님이 내리신 저주가 주위 국가에 미친 영향도 생각해 봐야 할 것이다. 오래전에 하나님은 아브라함에게 모든 족속이 그의 자손으로 복을 받으리라고 약속하셨다(창 12:3, 22:18, 26:4). 하나님은 실제로 예루살렘을 열방의 중심에 두셔서 모든 족속이 하나님의 축복을 목격하고 이스라엘의 하나님께 나아와 예배를 드리게 하셨다. 하지만 주전 586년, 예루살렘 주민들은 상상도 할 수 없는 벌을 받아 고통을 당할 것이다. 기근이 닥치고, 전염병이 돌며, 동물들이 자녀들을 해치고, 새의 먹이가 되고, 사람이 사람을 먹고, 죽어도 장사를 하지 못하며, 검에 죽고, 민족 중에 흩어지고, 바벨론에게 정복당하고, 하나님의 임재가 떠나갈 것이다. 예루살렘은 모든 족속에게 복이 되기는커녕 저주가 될 것이다(렘 24:9, 25:18, 26:6 및 슥 8:13 참고). 하나님이 이스라엘에게 저주를 내리시는 것을 보면 하나님의 진정한 목적은 과연 무엇이었는가 하는 의문이 생긴다. 하나님의 백성이 반역하고 불순종하여 분노 아래에 놓여 있는데, 어떻게 모든 족속이 아브라함의 후손을 통하여 복을 받을 수 있을 것인가? 이스라엘은 죄를 저질러 복이 아닌 저주를 받게 되었고, 그 결과 그들은 모든 족속에게 복이 될 수 없었다. 이는 매우 심각한 문제였다. 그렇다면 구약에 나오는 이스라엘 이야기는 이스라엘이 하나님의 법을 순종하지 못했기 때문에 아브라함의 씨를 통해서 모든 민족을 축복하시려는 하나님의 계획이 무산될 수도 있다는 점을 보여주는 것이다. 민족들은 이스라엘의 하나님께 나아오기는커녕 하나님의 백성을 야유하고 조롱했고, 하나님의 이름은 오히려 열방 중에 치욕을 당한 것이다. 따라서 하나님이 자기 백성에게 저주를 내림으로써 심각한 신학적인 의문이 발생하게 된다. 하나님의 축복이 아브라함의 후손을 통해서 모든 민족에게 미치게 하려면, 이스라엘의 반역과 불순종이라는 문제가 반드시 해결되어야만 한다.

• 십자가에 못 박힌 메시아가 저주가 되다

성경 전체에서 하나님의 구속 계획을 고찰해 보면, 바울이 갈라디아 사람들에게 보낸 편지에서 모세 언약에 따른 저주를 만난다. 사도 바울은 자신의 편지에서 율법 아래 있는 자는 저주 아래 있는 자라고 설명한다. "무릇 율법 행위에 속한 자들은 저주 아래에 있나니 기록된 바 누구든지 율법 책에 기록된 대로 모든 일을 항상 행하지 아니하는 자는 저주 아래에 있는 자라 하였음이라"(갈 3:10). 바울은 우리가 이미 **시내 시대**에서 살펴봤던 신명기 27장 26절 말씀을 인용한다. 신명기 27장 26절 말씀은 언약에 따르는 저주의 긴 목록(신 27:15-26) 말미에 있는 요약문이다. 예레미야는 바로 이 말씀을 인용하면서(렘 11:3; 신 27:26 참고) 유다가 하나님의 목소리에 순종하지 않았기 때문에 임할 하나님의 심판을 묘사한다. 600년도 더 지난 후에 바울도 율법 아래 있는 자들을 설명하면서 똑같은 구절을 인용한다. 그 신학적인 의미는 이렇다. 즉 율법의 행위로는 아무도 의롭다 하심을 받지 못하기 때문에 율법은 결국 사람들을 하나님의 진노 아래 놓이게 할 뿐이라는 것이다(롬 3:19-20, 4:15, 7:7, 10-11; 갈 2:16). 따라서 바울이 로마서에서 "유대인이나 헬라인이나 다 죄 아래에 있다 …… 기록된 바 의인은 없나니 하나도 없으며"(롬 3:9-10)라고 기록한 것은 전혀 놀라운 일이 아니다. 바울은 "율법의 행위로 그의 앞에 의롭다 하심을 얻을 육체가 없나니 율법으로는 죄를 깨달음이니라"(롬 3:20), 그리고 "모든 사람이 죄를 범하였으매 하나님의 영광에 이르지 못하더니"(롬 3:23)라고 결론 내린다. 역사를 통한 하나님의 구속 계획은 결국 우리를 이 지점으로 인도한다. 왜냐하면 유대인이든 이방인이든 상관없이 모든 사람은 율법에 제시된 하나님의 의로우신 기준을 만족할 수 없고, 그 결과 하나님의 분노 아래 놓인 자가 되기 때문이다.

우리는 **빈 무덤**(CASKET EMPTY)의 핵심적인 개념이 어떻게 드러날지를 기대한다. 하지만 우리는 이스라엘의 메시아로 오신 분이 결국 예루살렘 바깥 한 언덕에서 십자가에 못 박혀 죽고 만다는 것을 안다. 그렇지만 우리는 메시아가 어떤 죽음을 당하셨는지 분명하게 파악해야 한다. 메시아는 바로 하나님의 저주 아래 놓인 자로서 죽으셨다. 오래전에 모세가 이스라엘에게 "사람이 만일 죽을 죄를 범하므로 네가 그를 죽여 나무 위에 달거든"(신 21:22)이라고 말한 것을 기억할지 모르겠다. 모세는 더 나아가 그 시체를 밤새 두지 말라고 명령한다. 그 이유는 "나무에 달린 자는 하나님께 저주를 받았기"(신 21:23) 때문이다. 바울은 예수 그리스도가 십자가에 죽으신 것을 이야기하면서 이 구절을 인용한다. 그러면서 바울은 율법이 하나님의 백성을 그 진노 아래 놓이게 할 뿐이라고 말한다. 그리고 예수 안에 나타난 그 저주의 해결책을 설명한다. "그리스도께서 우리를 위하여 저주를 받은 바 되사 율법의 저주에서 우리를 속량하셨으니 기록된 바 나무에 달린 자마다 저주 아래에 있는 자라 하였음이라"(갈 3:13). 죄와 사망의 법에 대한 해답은 십자가에서, 즉 의로우신 예수 그리스도가 율법 아래에 있는 자들을 속량하기 위하여 율법의 형벌을 스스로 지신 그 자리에서 가장 심오하게 나타난다. 이렇게 해서 모세 언약의 저주는 풀리게 된다. 즉, 죄 없으신 분이 죄인의 자리를 대신하여 죽으심으로 저주를 대신지신 것이다.

따라서 우리는 완고하고 반역하는 이스라엘의 마음(사람의 마음)에 대한 해결책은 하나님의 법을 순종하겠다는 새로운 약속 가운데 나타나는 것이 아니라, 순종하시고 대속의 죽음을 당하셔서 우리의 의로움을 든든하게 지키신 예수 안에서 발견되었다는 사실을 알게 된다(롬 5:12-21). 믿는 자에게 예수의 의로우심이 은혜의 선물로 값없이 주어지는 것이다. 이것이 바로 오래전에 아브라함이 받았던 의의 선물이다. 더 나아가 우리는 십자가가 하나님의 저주가 임한 장소일 뿐 아니라, 하나님이 모든 민족에게 주신 축복이 실현되는 방법이라는 사실에 주목해야 한다. 십자가의 심오함은 역사를 통한 하나님의 구속 계획이 우리를 십자가로 인도한다는 사실에 있다. 바울은 예수 그리스도가 저주를 받으사 "그리스도 예수 안에서 아브라함의 복이 이방인에게 미치게"(갈 3:14) 하셨다고 한다. 예수께서 우리 죄를 대속하시고 죽으셨기 때문에 모든 민족에게 주시기로 한 하나님의 복이 성취된 것이다. 예수는 실제로 그 약속을 받은 아브라함의 후손이셨기 때문이다. 예수는 율법이 할 수 없는 것을 성취하실 것이다.

이 부분의 결론을 내리면서, 이스라엘의 죄가 얼마나 위중한 것인지 마음 깊이 통감해야 한다. 우리는 이스라엘 이야기를 통해서 구원자가 필요하다는 사실을 뼈저리게 느낀다. 또한 동시에 그 십자가에서 우리를 구속하기 위해 필요한 대가가 완전하게 치러졌다는 사실을 목격한다. 하나님의 놀라우신 사랑과 자비하심이 여러분의 마음에 지울 수 없는 자취가 되어 남기 원한다. 왜냐하면 그리스도가 죄인들을 구원하러 오셨다는 말씀은 신뢰할 만한 말씀이며, 전적으로 받아들여야 마땅한 말씀이기 때문이다. 또한 그 죄인 중에서도 누구보다도 내가 가장 죄인이기 때문이다. 히브리인 중의 히브리인인 사도 바울은 모든 것을 배설물로 여겼다고 한다. 하지만 이는 전혀 놀라운 일이 아니다! 그는 주님 되신 그리스도 예수를 아는 그 놀라운 지식의 부유함을 보았고, 율법에 의거하여 스스로 의로움을 얻는 것이 아니라 하나님이 주시는 의로움을 얻어 그리스도 안에서 발견되었다는 사실을 알았기 때문이다. 바울은 자신을 사랑하시고 자신을 위해서 스스로를 내어 주신 하나님의 아들을 믿는 믿음으로 자신이 살아간다고 증언한다! 이것이 바로 예수께서 우리에게 베푸신 그 위대한 사랑이다! 당신이 저지른 그 엄청난 죄와, 비길 데 없이 풍성한 하나님의 사랑과 자비하심이 오늘 당신의 마음과 영혼을 사로잡기 원한다.

• 70년간의 포로 생활

이제 다시 예루살렘이 파괴되기 전으로 돌아가 보자. 예레미야는 하나님의 구속 계획이 **포로 시대**에서 끝나는 것이 아니라고 선포한다. 예레미야를 통해 주신 여호와의 말씀은 **포로 시대**를 넘어, 심판 후에 이루어질 회복을 **대망**하게 만든다. 예레미야는 유다에게 영원히 포로로 잡혀가지는 않을 것이며 "칠십 년 동안"(렘 25:11-12, 29:10) 그렇게 되리라고 전한다. 그 기간이 70년인 이유는 하나님이 안식년을 되찾기 원하셨기 때문이다. 하나님은 이스라엘 자손들에게 6년 동안 곡식을 수확하고 일곱째 해에는 그 땅을 "쉬어 안식하게"(레 25:1-7) 하라고 명하셨다. 하지만 이스라엘 자손은 안식년을 지키지 못했다. 따라서 하나님은 예레미야에게 안식년을 되찾으시겠다고 말씀하신 것이다. 이스라엘 자손이 그 땅의 "안식"을 지키지 않은 햇수를 추정해 보자면 대략 490년이 된다. 포로로 잡혀간 시기를 70년이라고 한 것이 문자 그대로 70년을 말하는지(그렇다면, 그 기간은 주전 609-539년 내지 주전 586-516년이 된다), 아니면 상징적인 의미로서 완전함을 나타내기 위한 대략적인 기간을 말하는 것인지에 대해서는 논란의 여지가 있다. 분명한 사실은 70년이라는 기간은 이스라엘에 잘 알려져 있었고(대하 36:21; 단 9:2; 슥 1:12, 7:5), 포로로 잡혀가는 기간이 한정되어 있다는 희망을 주었다는 점이다. 몇 년 후 가브리엘 천사가 다니엘 선지자에게 나타나 70년이라는 포로 기간이 나타내는 더 깊은 의미를 깨닫게 하실 것이다(단 9장). 심판이 임박한 상황에서도 예레미야는 70년 동안의 포로 생활 후에 회복의 때가 임할 것이고, 그때에는 하나님이 새로운 언약을 맺으시고 다윗의 후손으로 난 의로운 왕으로 그 백성을 통치하게 하실 것이라고 선포했다. 이러한 약속에 대해서는 다음 장인 **포로 시대**에서 자세하게 다루려고 한다. 지금으로서는 예레미야가 하나님의 심판에 대해서만 이야기한 것이 아니라 미래의 회복에 대한 희망도 선포했다는 사실만 알고 있으면 된다.

▶▶▶ 구약 연대표

구약 연대표에서 예레미야를 찾아보자. 그리고 이 선지자에 대해서 간략하게 정리한 내용도 확인해 보자. 연상법을 사용하면 이 선지자의 메시지를 기억하는 데 도움이 된다. **예**레미야 : **예**루살렘의 몰락. 예레미야를 상징하는 그림은 십계명이 안에 있는 마음 그림이다. 이 그림으로 하나님이 예레미야를

통해서 새로운 언약의 약속을 주셨다는 사실을 떠올릴 수 있을 것이다. 또한 연대표 뒤편에는 예레미야 선지자에 대해서 요약해 둔 내용이 있다.

• 예레미야가 여호야김 왕에게 경고하다

지금까지 남왕국의 마지막 날에 예레미야가 예언했던 말씀을 살펴봤다. 이제 여호야김 왕이 통치하던 때, 즉 주전 609-598년에 예레미야 선지자가 어떠한 사역을 했는지에 대해서 배우도록 하겠다. 여호야김의 통치 초기에 하나님은 예레미야에게 성전 뜰에 서서 하나님의 심판이 임할 것이고, 실로에게 한 것처럼 예루살렘에게도 행하실 것이라고 백성에게 경고하라고 하신다(렘 26장; 삼상 4장 참고). 하지만 제사장, 선지자, 예루살렘 백성들은 예레미야의 말을 듣기는커녕 오히려 예레미야에게 "네가 반드시 죽어야 하리라"(렘 26:8)라고 말한다. 그리고 실제로 선지자 우리야는 여호야김의 손에 죽임을 당한다(렘 26:20-23). 물론 하나님의 백성이 선지자를 죽이려고 시도한 것이 이번이 처음은 아니었다. 그리고 분명히 마지막도 아니었다(마 23:30-35; 행 7:52-53). 많은 세월이 흐른 후에 예수께서는 예루살렘을 두고 애통해하시며 말씀하신다. "예루살렘아 예루살렘아 선지자들을 죽이고 네게 파송된 자들을 돌로 치는 자여 암탉이 그 새끼를 날개 아래에 모음같이 내가 네 자녀를 모으려 한 일이 몇 번이더냐 그러나 너희가 원하지 아니하였도다 보라 너희 집이 황폐하여 버려진 바 되리라"(마 23:37-38). 바로 그 성읍이 이제는 성전 뜰에서 하나님의 말씀을 선포했다고 예레미야를 죽이려는 것이다. 하지만 이때 선지자는 아무런 해를 입지 않았다(렘 26:16-20, 24). 그리고 계속해서 유다에게 하나님의 말씀을 선포한다.

• 주전 605년 예레미야가 심판이 닥칠 것을 경고하다

여호야김 통치 4년째(주전 605), 남왕국의 종말이 임박했음을 알리는 중요한 사건이 발생한다. 예레미야는 유다에게 하나님의 심판이 닥칠 것을 경고한다(렘 25:1-11). 예레미야는 자신이 23년 동안 경고의 말씀을 전했지만 그들이 듣지 않았음을 애통해한다. 하나님은 그들에게 선지자를 보내고 또 보냈지만 그들은 의도적으로 하나님의 목소리에 순종하지 않았다. 하나님의 백성은 "눈이 있어도 보지 못하며 귀가 있어도 듣지 못하는"(렘 5:21, 6:10, 17-19) 어리석은 백성이었다. 그들은 여전히 눈이 멀고 귀가 어두워 그들이 섬기는 우상들과 같이 되었다. 예레미야는 하나님이 바벨론 왕 느부갓네살을 예루살렘으로 보내실 것이고, 모든 땅이 "폐허가 되어 놀랄 일이 될 것"(렘 25:11, 29:10)이라고 선포한다. 하나님은 예레미야에게 예루살렘과 유다에 대한 하나님의 말씀을 모두 두루마리에 기록하라고 하신다(렘 36:1-2). 예레미야가 기록한 내용이 바로 우리가 지금 보고 있는 예레미야서 말씀인 것이다. 예레미야 선지자는 자신의 서기인 바룩을 성전으로 보내 그 말씀을 읽게 했다(렘 36:4-8). 유다는 역시나 하나님의 말씀에 귀 기울이지 않았다. 그리고 이제 하나님의 심판을 돌이킬 수 없게 되었다.

• 주전 605년 1차 유배

주전 605년, 여호야김의 재위 4년째(렘 46:2) 되는 해에 바벨론은 애굽에게 큰 승리를 거둔다. 바벨론의 왕세자 느부갓네살은 메소포타미아의 유프라테스 강가의 갈그미스라는 지역에서 애굽 군대를 공격한다. 그 결과 예레미야가 기술한 대로(렘 46:1-26) 바벨론은 애굽에 결정적인 승리를 거둔다. 느부갓네살은 자신의 아버지 나보폴라사르(Nabopolassar)가 죽었다는 소식을 듣고 왕위를 물려받기 위해 바벨론으로 돌아간다. 하지만 그는 곧 서부 정벌 계획을 재개했고, 이번에는 예루살렘을 목표로 삼았다. 그리고 느부갓네살 왕은 도시를 포위한다. 그는 유다에 대한 하나님의 분노를 나타내는 도구였기 때문이다(왕하 24:1-4).

우리는 "주께서 유다 왕 여호야김과 하나님의 전 그릇 얼마를 그의 손에 넘기시매 그가 그것을 가지고 시날 땅 자기 신들의 신전에 가져다가 그 신들의 보물 창고에 두었더라"(단 1:2)라는 말씀을 통해서, 이때 느부갓네살 왕이 유다의 지도층을 바벨론으로 끌고 갔으며, 성전의 집기들도 약탈해 갔다는 사실을 알 수 있다. 느부갓네살에게 거역한 여호야김 왕은 사슬에 묶인 채로 바벨론에 끌려갔고(대하 36:6-7), 결국 그곳에서 살아남지 못했다(왕하 24:6). 이때 수많은 지도층이 바벨론에 잡혀갔는데, 왕족, 귀족 및 유다의 뛰어난 젊은이들이 바벨론 왕의 궁정에서 섬기는 일에 배치되었다. 다니엘과 그의 세 친구 하나냐, 미사엘, 아사랴도 유다에서 바벨론으로 잡혀간 첫 포로였다(단 1:1-7). 이것이 주전 605년에 있었던 바벨론 1차 유배다. 두 번째 유배는 주전 597년에 일어나는데, 이때 에스겔 선지자와 여호야긴 왕도 바벨론에 잡혀간다.

• 주전 604년 예레미야가 예루살렘의 멸망을 경고하다

이듬해인 주전 604년, 예레미야의 서기인 바룩은 성전에 올라가 예루살렘의 고관들 앞에서 하나님이 예레미야에게 주신 말씀을 읽는다. 그들은 그 쓰인 글을 다 듣고, 크게 두려워하며 여호야김 왕에게 이를 전하기로 결심한다. 그때 왕은 겨울 별관에서 화로 옆에 앉아 불을 쬐고 있었다. 여후디라는 사자가 들어와 그 두루마리 글을 왕에게 읽었고 고관들도 옆에 서 있었다. 그런데 여후디가 겨우 처음 몇 줄을 읽는데, 여호야김은 자리에서 일어나 두루마리를 낚아채어 서기관의 칼로 읽은 부분을 잘라 낸 뒤에 불에 던지는 것이었다! 그렇게 해서 하나님의 말씀이 다 불에 타 사라졌다. 하지만 어떤 불로도 하나님의 심판을 사라지게 할 수는 없었다. 하나님의 심판은 분명히 그의 백성에게 임할 것이다(렘 36장).

이 사건 이후, 하나님은 예레미야에게 다른 두루마리를 가져다가 똑같은 말씀을 기록하라고 하셨다. 그리고 이번에는 여호야김 왕에 대한 내용을 더하게 하셨다. 바로 여호야김의 자손은 왕위에 앉지 못할 것이며(그의 아들 여호야긴이 3개월 동안 다스리기는 했지만), 그의 시체는 바깥에 내버려질 것이라는 내용이었다(렘 36:27-32, 렘 22:18-23). 하나님은 여호야김의 후손들도 벌하시고 예루살렘도 심판하실 것이다. 그리고 왕은 치욕스럽게 죽을 것이다(렘 22:18-19, 36:30-31). 하나님은 예레미야 선지자를 통해서 여호야김에게 경고하셨지만, 왕은 듣지 않았던 것이다. 여호야김은 어려서부터 하나님의 목소리를 청종하지 않았다(렘 22:21). 그는 "모든 가증한 일"(대하 36:8)을 행하고는 결국 죽는다. 그리고 아들 여호야긴이 왕위를 물려받는다(왕하 24:6). 하지만 그의 통치는 매우 짧을 것이다. 여호야김에 대한 내용은 열왕기하 23장 34절-24장 6절, 역대하 36장 4-8절, 예레미야 22장 18-19절, 24-26절, 30절에서 볼 수 있다.

여호야긴(주전 598-597)

이제 여호야김의 아들 여호야긴(고니야 또는 여고니야로도 알려져 있음)이 유다 왕이 된다. 하지만 그는 고작 3개월간 통치했을 뿐이다! 하나님은 예레미야에게 여호야긴에 대한 말씀을 주신다. 즉, 여호야긴이 하나님이 오른손에 차신 인장 반지라 하더라도 그것을 빼어 내실 것이라는 말씀이었다. 여호야긴은 느부갓네살의 손에 넘겨질 것이다(렘 22:24-25). 주전 597년 느부갓네살은 예루살렘 성읍을 포위하여 여호야긴과 더불어 지도자들, 장인들, 대장장이들을 포로로 삼아 바벨론에 끌고 간다(왕하 24:10-16; 렘 24:1 참고). 이제 그 땅에는 가장 약한 자들만 남았다. 이 사건이 바로 2차 유배다. 에스겔 선지자도 이때 바벨론으로 끌려갔으며, 몇 해 후인 주전 593년에 사역을 시작한다(겔 1:1-3). 여호야긴은 13년 동안 바벨론에서 감옥에 갇혀 있다가 마침내 풀려난다. 하지만 그는 예루살렘으로 돌아오지 못하고 바벨론에서 죽고 말았다(렘 22:24-30, 52:31-34). 그에게는 일곱 아들이 있었지만(대상 3:17-18), 왕위에 대해서는 "무자"한 것과 마찬가지였다. 아들 중 누구도 예루살렘에서 왕으로 통치하지 못했기 때문이다. 그럼에도 불구하고 유다의 계보는 여호야긴의 아들들을 통해, 특히 여호야긴의 손자인 스룹바벨(대상 3:19; 학 1:1 참조)을 통해 계속 이어진다. 그 족보는 신약 성경(마 1:12-16)에서 확인할 수 있다. 여호야긴에 대한 내용은 열왕기하 24장 6-16절, 역대하 36장 8-10절, 예레미야서 22장 24-30절, 52장 31-34절에서 볼 수 있다.

시드기야(주전 597-586)

주전 597년 느부갓네살은 여호야긴과 다른 고관들을 바벨론으로 잡아간 후, 요시야의 세 번째 아들 맛다니야(대상 3:15)를 왕위에 세우고 그 이름을 시드기야로 바꾼다. 유다의 왕위에 앉은 이 마지막 왕은 21세에 등극하여 주전 597년부터 586년까지 11년간 예루살렘에서 통치한다. 그는 바벨론 왕을 섬기는 속국의 왕이었다. 이제 우리는 어느덧 남왕국의 마지막 때에 와 있다. 시드기야 역시 "그의 하나님 여호와 보시기에 악을 행하고 선지자 예레미야가 여호와의 말씀으로 일러도 그 앞에서 겸손하지 아니하였으며"(대하 36:12; 렘 37:2)라고 한다. 예레미야는 몇 차례에 걸쳐 시드기야에게 심판이 임할 것을 경고하며, 왕과 백성들이 바벨론 왕에게 항복하고 그를 섬겨야 한다고 말했다(렘 27-28장). 하지만 왕은 예레미야의 말을 듣지 않고 거짓 선지자의 말을 더 듣기 좋아한다.

느부갓네살이 예루살렘을 포위하자 시드기야는 예레미야에게 바벨론에 대해서 여호와께 물어보라고 부탁한다. 그러자 예레미야는 하나님이 직접 왕을 대적하여 전쟁을 일으키신 것이며, 하나님이 죄에 대한 벌로 왕과 백성들을 느부갓네살의 손에 넘기실 것이라고 말한다(렘 21장). 그러면서 시드기야는 "정의와 공의를 행하여 탈취당한 자를 압박하는 자의 손에서 건지고 이방인과 고아와 과부를 압제하거나 학대하지 말며"(렘 22:3; 신 24:17 참고)라는 여호와의 명령을 받았다. 그가 만약 하나님의 말씀에 순종하면 다윗의 왕위에 앉을 것이지만, 그렇지 않으면 성전은 폐허가 될 것이다(렘 22:5). 예레미야는 또한 백성들이 "자기 하나님 여호와의 언약을 버리고 다른 신들에게 절하고 그를 섬긴 까닭"(렘 22:9)으로 그 성읍이 멸망할 것이라고 선포한다.

하지만 시드기야는 느부갓네살에게 반역을 저지르고 애굽의 도움을 구한다(렘 37:5-7; 겔 17:15). 그 와중에 바벨론 왕은 애굽의 전진을 막기 위해 예루살렘을 포위하다가 철수한다. 그렇게 잠시 한숨을 돌리게 되었을 때, 예레미야는 시드기야에게 애굽 사람들은 애굽으로 돌아갈 것이며 바벨론 사람(또는 "갈대아인"이라고 함)이 예루살렘에 와서 성읍을 취할 것이라고 말한다(렘 37:1-10). 에스겔 선지자 또한 시드기야가 바벨론 왕에게 반역을 꾀하는 것에 대해서 한마디 한다(왕하 24:20; 겔 17:18). 에스겔은 느부갓네살과 시드기야가 언약을 맺었다는 점을 상기시킨다(겔 17:11-15). 기록에 따르면 시드기야는 적어도 한 번 이상 바벨론을 방문했다(렘 51:19). 그리고 에스겔은 "언약을 배반하고야 피하겠느냐"(겔 17:15)라고 물으며 언약을 깨지 말라고 당부한다. 고대 세계의 기준에 따르자면 언약을 파기한 자는 당연히 그 대가를 치러야 했다. 에스겔은 시드기야가 느부갓네살과 맺은 언약을 파기하면 하나님의 언약도 파기하는 것이라고 말한다. 따라서 왕은 언약을 배반했기 때문에 그 심판으로 바벨론에 끌려갈 것이다(겔 17:19-20). 예레미야는 여호와의 말씀을 시드기야에게 전한 후에 예루살렘이 함락될 때까지 시위대 뜰에서 연금을 당한다(렘 47-48장).

• 예레미야에게 밭을 사라고 명하시다

예레미야가 시위대 뜰에 갇혀 있을 때에 하나님의 말씀이 그에게 임한다. 그리고 조카인 하나멜이 예레미야에게 와서 아나돗에 있는 자신의 밭을 사라고 할 것이라고 알려 주신다(렘 32:1-15). 하나멜은 정확히 그렇게 했고, 예레미야는 이 일이 여호와가 하신 것임을 알았다. 따라서 예레미야는 하나님이 명하신 대로 그 밭을 사고 증서를 쓴 뒤에, 그 매매 증서를 바룩에게 주어 토기에 담아 오래 보존하도록 했다. 이제 침략을 받아 빼앗길 것을 뻔히 아는 그 토지를 산다니 상상할 수 있는가! 유다는 포로로 잡혀갈 것이고 예루살렘은 곧 파괴될 것인데, 하나님은 "사람이 이 땅에서 집과 밭과 포도원을 다시 사게 되리라"(렘 32:15)라고 약속하고 계신다. 예레미야는 하나님이 자기 백성을 돌아오게 하실 수 있으며, 여호와 하나님이 천지를 지으신 분으로서 할 수 없는 일이 없으신 분임을 알았다(렘 32:16-17). 예레미야는 지금까지 하나님이 자기 백성에게 어떻게 하셨는지를 자세하게 다룬다. 그리고 하나님이 말씀하신 것은 반드시 그대로 이루어진다고 인정한다(렘 32:18-44).

분명히 심판이 임할 것이다. 하지만 심판 너머에는 희망이 있다. 왜냐하면 하나님은 자기 백성을 모아서 그 땅으로 돌려보내시고 그들과 새로운 언약을 맺으실 것이기 때문이다. 하나님은 예레미야에게 말씀하신다. "일을 행하시는 여호와, 그것을 만들며 성취하시는 여호와, 그의 이름을 여호와라 하는 이가 이와 같이 이르시도다 너는 내게 부르짖으라 내가 네게 응답하겠고 네가 알지 못하는 크고 은밀한 일을 네게 보이리라"(렘 33:2-3). 이 "크고 은밀한 일"에는 자기 백성을 모든 죄악에서 정하게 하시고 그 모든 죄악을 사하시는 일도 포함된다(렘 33:8). 이 일들은 오직 창조주 하나님만이 행하실 수 있는, 참으로 위대한 일이다. 그리고 계속 살펴보겠지만 하나님은 미래에 반드시 이 일을 이루신다.

• 주전 586년 예루살렘이 함락당하다

바벨론 왕 느부갓네살이 2년 넘게 예루살렘을 둘러싸고 공격을 계속하면서, 성읍 안에서는 모든 양식이 동이 난다. 그러다가 마침내 주전 586년 예루살렘은 함락되고 만다(왕하 25:1-5). 성벽이 마침내 헐리자, 시드기야 왕과 그의 부대는 예루살렘을 버리고 떠난다. 하지만 바벨론 군대는 시드기야를 추적해서 여리고 평야에서 그를 덮쳤고 군대는 흩어지고 말았다. 바벨론 사람들은 전혀 자비를 베풀지 않았다. 그들은 심판대에 앉은 느부갓네살 앞에 그 사로잡은 왕을 끌고 왔다. 그들은 시드기야가 보는 바로 앞에서 아들들을 죽이고 시드기야의 눈을 파낸 뒤에, 놋 사슬로 그를 결박하여 바벨론으로 끌고 간다(왕하 25:7; 렘 52:10-11). 유다의 마지막 왕에게 이런 일이 생기고 만 것이다. 느부갓네살은 잔인하게 시드기야의 시력을 빼앗았고, 시드기야는 말 그대로 어두운 상태로 예루살렘을 떠나게 된다(겔 12:12-13에서 암시된 대로). 시드기야가 눈을 잃고 바벨론에 끌려가듯이, 우상을 숭배하고 눈이 있어도 보지 아니하는(겔 12:2) 하나님의 백성들도 포로로 잡혀간다. 시드기야에 대한 내용은 열왕기하 24장 17절-25장 7절, 역대하 36장 10-21절, 예레미야서 21장 1절-22장 9절, 13-17절, 27-28절, 32장 1-5절, 34절, 37장 1절-39장 10절, 52장 1-11절, 에스겔서

12장 12-14절, 17절에서 볼 수 있다.

잠시 이 비극적인 사건을 마음과 영혼에 새겨보자. 다윗의 후손으로 온 마지막 왕에게 이런 일이 생기고 만 것이다. 이 이야기는 하나님의 백성에게 다윗의 후손으로 오실 의로우신 왕이 절대적으로 필요하다는 사실을 보여 주는 뼈저린 일례다. 메시아는 오셔서 보지 못하는 눈을 열어 주셔서 자기 백성으로 다시 한 번 보게 하실 것이다(사 42:7; 마 11:4-5, 12:22-23, 20:29-34; 막 8:17-26, 10:46-52; 눅 7:21-22, 18:35-43; 요 9장; 행 9:1-18). 그는 "갇힌 자를 감옥에서 이끌어 내며 흑암에 앉은 자를 감방에서 나오게"(사 42:7) 하실 것이다. 메시아가 오셔야만 영원한 평화가 이루어질 것이다. 그리고 이 왕은 베들레헴에서 나실 것이다. 그는 자기 백성을 그들의 죄에서 구원하시고 하나님의 영원한 나라를 세우실 것이다. 주 예수여 오시옵소서. 오시옵소서.

이제 다음 **포로 시대**로 넘어갈 준비가 되었다. 열왕기와 역대기를 다 읽어 보기를 권한다. 특히 각 책의 마지막 몇 장들을 꼭 읽어 보라. 그러면 이 왕정 국가는 어쩌다가 파국을 맞게 되었는지 이해하는 데 도움이 될 것이다.

8장 포로 시대

Exile

연대표를 꼭 앞에 두고 이 장을 읽기 바란다. 이 시대를 시작하면서 우선 주전 586년 예루살렘이 멸망하기 몇 해 전부터 사역했던 에스겔 선지자에 대해서 살펴보도록 하겠다. 또한 남왕국 최후의 날과 예레미야애가, 오바댜서, 다니엘서에 대해서도 알아보겠다.

미리 보는 포로 시대

구약 성경의 다섯 번째 시기는 **포로 시대**라고 이름을 붙였다. 왜냐하면 주전 586년에 예루살렘이 파괴되면서 유다가 바벨론에 포로로 끌려가기 때문이다. 그로부터 몇 년 전인 주전 605년에도 지도층과 귀족들이 바벨론으로 잡혀가는 1차 유배가 있었다. 그 무리 중에는 다니엘과 그의 세 친구도 속해 있었다. 그리고 주전 597년에도 느부갓네살은 유대인 한 무리를 바벨론으로 끌고 갔었다. 그 무리 중에는 여호야긴 왕과 에스겔 선지자가 있었다. 그렇지만 주전 586년부터 공식적으로 포로 시대가 시작했다고 할 수 있다. 그러다가 주전 539년 바사 왕 고레스가 바벨론 제국을 무너뜨리면서 포로 일부가 예루살렘에 돌아와서 성전을 다시 건축했기 때문에 부분적으로는 포로 생활에서 벗어났다고 할 수 있을 것이다. 하지만 앞으로 살펴보겠지만 하나님의 백성 중 극히 일부만이 그 땅으로 돌아온 것이었다. 따라서 대대적인 회복이 있으리라는 예언은 아직 성취되지 않았다. 왜냐하면 이스라엘은 여전히 이방의 통치를 받으며 살아가고 있었기 때문이다. 따라서 실제적으로 포로 시대는 그 이후로도 지속된다고 볼 수 있으며, 이는 신약을 마주할 때도 반드시 염두에 두어야 할 중요한 내용이다.

에스겔 선지자는 제사장 가문에서 태어나 주전 597년 2차 유배 직후부터 사역을 시작한다. 에스겔은 포로들과 바벨론에서 살아가다가, 환상으로 강력하고 압도적인 여호와의 영광을 보고서 하나님께 부름을 받았다. 예루살렘이 파괴되기 몇 해 전인 주전 593년, 하나님은 그 선지자를 부르셔서 하나님의 말씀을 이스라엘의 집에 선포하라고 하신다. 하지만 우리가 이미 뼈아프게 자각하고 있듯이, 하나님의 백성은 완고하고 반역하는 백성이었다. 하나님도 선지자에게 백성들이 선지자를 청종하지 않을 것이라고 말씀하신다. 또한 하나님은 에스겔에게 예루살렘과 성전 파괴가 임박했다는 환상을 주신다. 왜냐하면 이스라엘 족속이 행하는 행위가 가증했기 때문이다. 이 선지자는 하나님과 언약을 맺은 이 백성의 역사를 돌아보면서, 그들이 하나님께 지속적으로 반역을 저질렀고, 하나님의 율법을 따르는 데 실패했다는 것을 강조한다. 이스라엘의 죄를 속속들이 목격한 에스겔은 하나님의 영광스러운 임재가 성전을 떠나는 환상을 본다. 이는 하나님이 실제로 자신의 집을 멸망하도록 내버려 두신다는 충격적인 사실을 확인해 주는 것이었다. 하나님의 영광이 떠나는 것은 이스라엘 역사에서 가장 비극적인 사건이었다. 하지만 에스겔 선지자는 또한 하나님의 백성이 포로기를 거쳐 회복될 것이고 하나님의 임재가 돌아올 것이라고 말한다. 에스겔서의 마지막 여덟 장은 영광스러운 미래의 모습으로 마무리되는데, "여호와 삼마(여호와가 거기 계실 것이다)"라는 마지막 선포가 울려 퍼지는 가운데 성전이 회복되면서 절정에 달한다. 하나님은 다시 한 번 자기 이름을 위하여 일하실 것이다. 하나님은 이스라엘을 그들의 죄에서 정결하게 하시고, 자기 백성에게 새 마음과 새 영을 주시며, 그들을 우상에서 깨끗하게 하시며, 다윗의 후손에서 의로운 왕을 세우시며, 자신의 영광스러운 임재로 그 회복된 성전을 가득 채우실 것이다!

에스겔이 주전 586년 예루살렘의 파괴를 전후로 바벨론에서 하나님의 말씀을 전하는 동안, 예레미야 선지자는 주전 586년에 바벨론이 공격을 한 이후로 수년 동안 계속해서 예루살렘에서 사역을 한다. 예레미야는 바벨론이 도시를 침공할 때도 예루살렘에 있었다. 그는 하나님의 분노가 예루살렘에 부어지는 것을 직접 보았고, 그 내용은 예레미야애가에 기록되어 있다. 또한 예레미야 선지자는 유다에 남은 자들, 즉 완고하고 반항하여 예레미야의 말을 듣기 거절하는 자들과 함께 애굽으로 이동한다. 선지자는 애굽 땅에 있는 유다의 남은 자들에게 임할 심판을 선포하고, 하나님이 바벨론과 주위 국가들도 심판하시리라고 선포한다. 오바댜 선지자는 에돔 사람도 하나님의 진노에서 면제되지 않을 것이라고 말한다. 왜냐하면 그들이 유다의 몰락을 기뻐했기 때문이다.

예레미야가 예루살렘(후에는 애굽)에 있었고 에스겔이 바벨론에 있었을 때, 하나님은 또한 다니엘 선지자를 부르셔서 느부갓네살 왕에게 말하도록 하셨다. 다니엘은 주전 605년 첫 번째 유배 때 바벨론으로 끌려가서 느부갓네살의 궁전에서 왕을 섬기도록 교육을 받았다. 하나님은 그에게 지혜와 통찰력을 주셔서 꿈을 해석하여 느부갓네살 왕으로 여호와가 세상의 모든 왕국을 다스리심을 알게 하셨다. 다니엘은 앞으로 임할 왕들과 왕국들에 대한 여러 가지 환상도 받았다. 그는 하나님이 앞으로 네 개의 왕국을 주시고 마침내 하나님의 왕국이 임할 것임을 보았다. 이 땅의 왕들은 네 짐승으로 나타나는 데 비해 하나님의 영원한 왕국을 통치하는 왕은 사람으로 묘사된다. 하나님은 다니엘에게 자신의 주권적인 의도를 드러내신다. 즉 이 땅의 왕국들이 부침을 겪은 후에 여호와가 인자를 자신의 보좌에 세우실 것이며, 그에게 영원한 통치와 영광을 주실 것이고, 모든 백성들과 나라들과 언어들이 인자를 섬기는 왕국을 세우실 것이다. 이 시대의 핵심 인물은 예레미야, 에스겔, 다니엘, 그의 세 친구 하나냐, 미사엘, 아사랴, 그리고 느부갓네살, 벨사살, 고레스가 있다.

선지자 에스겔

하나님은 남왕국 최후의 날에 에스겔 선지자를 부르신다. 에스겔은 주전 597년, 도시의 지도층 및 여호야긴 왕과 함께 바벨론에 잡혀간 무리 중 하나였다(왕하 24:10-17; 대하 36:10). 즉 에스겔은 시드기야 왕이 아직 예루살렘에서 통치하던 때에 이미 바벨론에 있었다는 것이다. 주전 593년, 여호야긴이 포로로 끌려간 지 5년째 되는 해에 하나님의 말씀이 처음으로 선지자에게 임한다(겔 1:2). 에스겔서의 중심 주제는 하나님의 임재다. 그래서인지 에스겔 선지자는 여호와의 영광을 보고 선지자의 소명을 시작한다. 에스겔에게 가장 큰 고통은 여호와가 떠나시는 것을 바라만 봐야 한다는 사실이었다. 그리고 그가 가장 바라는 것은 여호와가 돌아오시는 것이었다. 에스겔서에서 반복적으로 등장하는 주제는 여호와가 자신의 영광을 나타내시고, 자신의 영광을 지키시기 위해 항상 일하고 계신다는 것이다. "그때에 내가 여호와인 줄을 그들이 알리라"(겔 33:29)라는 구절이 에스겔의 계시에 되풀이해서 나타나는데, 이는 하나님이 자신의 영광을 알리시기 위해 일하신다는 사실을 강조한다.

에스겔은 주로 시드기야가 아직 왕위에 있을 때, 즉 아직 예루살렘이 멸망하기 전에 예언 사역을 행했다(겔 1-24장). 주전 592년, 하나님은 선지자에게 예루살렘이 가증한 행위를 저질러서 하나님이 성전을 버리시는 모습을 환상으로 보여 주신다(겔 8-10장). 에스겔이 유다에 대해서 내리는 경고는 주전 587년, 즉 예루살렘이 멸망하기 1년 전에 최고조에 달한다(겔 24:1). 그리고 이때 에스겔의 아내가 죽는다. 이 비극은 하나님이 자부심과 기쁨의 근원이 되는 성전을 예루살렘에서 제거하신다는 징조였다(겔 24:15-27). 에스겔은 하나님이 모든 민족에게 내리실 심판도 선포한다(겔 25-32장). 하지만 선지자는 주전 586년 예루살렘이 몰락하고 나서 한참 후에야 한 난민에게서 예루살렘이 함락되었다는 소식을 전해 듣는다(겔 33:21). 우리는 이미 **왕정 시대**에서 이 사건들에 대해서 살펴봤다. 세월이 흐른 후에 에스겔은 성전이 회복되고 하나님의 영광스러운 임재가 돌아오리라는 환상을 받는다(겔 40-48장). 주전 593년에 시작한 에스겔의 사역은 하나님이 계속 선지자에게 말씀을 하시면서 예루살렘이 몰락한 이후에도 수년 동안 지속된다. 이처럼 하나님은 에스겔을 불러서 남왕국의 마지막 때에 유다에게 말씀을 전하도록 하셨기 때문에, 에스겔은 바벨론에서 포로로 있었지만 남왕국의 선지자로 인정하는 것이다.

또한 에스겔의 메시지는 단지 유다에 대한 것이 아니라 이스라엘 온 족속에 대한 것임을 알아야 한다. 하나님은 에스겔을 부르시고 반역하는 이스라엘 족속에게 하나님의 심판을 선포하도록 하셨지만, 하나님이 심판 후에 자기 백성을 회복하실 것이기 때문에 그의 사역에 희망의 요소가 전혀 없는 것은 아니었다(겔 36:22-28, 37:1-23). 선지자는 포로로 잡혀갔다가 귀환하는 것을 죽은 자가 부활하는 것으로 묘사한다(겔 37장). 하나님은 다윗을 왕으로 세우실 것이다(겔 37:24-28). 또한 이스라엘의 적을 무찌르시고(겔 38-39장), 성전을 다시 세우시고(겔 40-48장), 하나님의 임재가 예루살렘에 돌아오도록 하실 것이다(겔 43:1-5).

에스겔서는 "서른째 해"를 언급하며 시작하는데(겔 1:1), 이는 에스겔의 나이로 보는 것이 가장 적절하다. 소개하는 글에서 이미 에스겔이 제사장 가문 출신이라고 밝혔다(겔 1:3). 물론 에스겔은 바벨론에 거주했기 때문에 예루살렘의 성전에서 제사장직을 수행하지는 않았지만, 하나님은 그에게 성전의 환상을 보여 주셨다. 또한 에스겔은 제사장의 유산을 물려받았기 때문에 그가 하는 예언의 내용과 계시에서 사용하는 언어에 그러한 영향이 남아 있다.

• 반역하는 백성에게 말씀을 전하는 사명을 받은 에스겔

사역 초기, 에스겔은 바퀴 위에 있는 하나님의 보좌에 하나님의 영광스러운 임재가 임하는 환상을 직접 받는다(겔 1:4-28). 에스겔은 "사람의 모양"을 한 분이 그 하늘 보좌에 앉으신 것을 보고 즉시 얼굴을 땅에 대고 엎드린다(겔 1:28, 3:23, 43:3, 44:4). 그렇지만 하나님이 에스겔에게 말씀하실 때에, 하나님의 영이 에스겔에게 임하여 에스겔을 일으켜 세우셨다(겔 2:1-2,

3:12, 14, 24 및 겔 8:3, 11:1, 24, 43:5 참고). 하나님의 영으로 능력을 받은 에스겔은 이제 여호와 하나님의 명령을 받고 순종할 준비가 되었다. 여호와 하나님의 영광스러운 임재가 바벨론의 포로들과 함께하시는 것이다(겔 1:4-28, 3:12, 23). 에스겔의 삶에 하나님의 영이 나타나셨다는 것은 이스라엘이 회복할 조짐을 나타낸 것이다. 왜냐하면 하나님은 언젠가 자신의 영을 이스라엘에게 두실 것이기 때문이다(겔 36:26-27, 37:1-14).

에스겔은 이스라엘 족속에 임박한 심판을 경고하도록 부름을 받았다. 하지만 하나님은 선지자에게 그 백성이 에스겔에게 귀 기울이지 않을 것이라고 말씀하신다. "인자야 내가 너를 이스라엘 자손 곧 패역한 백성, 나를 배반하는 자에게 보내노라 그들과 그 조상들이 내게 범죄하여 오늘까지 이르렀나니"(겔 2:3). 에스겔은 이스라엘이 들든지 듣지 않든지 이스라엘에게 하나님의 말씀을 전해야 했다(겔 2:5, 7, 3:11, 27 및 겔 12:2 참고). 에스겔은 애가와 애곡과 재앙의 말이 기록된 두루마리를 하나 받는다(겔 2:10). 그 두루마리는 하나님의 심판의 말씀을 담고 있었다. 하나님은 이스라엘 족속에 대해서 다음과 같이 말씀하신다.

> 인자야 이스라엘 족속에게 가서 내 말로 그들에게 고하라 너를 언어가 다르거나 말이 어려운 백성에게 보내는 것이 아니요 이스라엘 족속에게 보내는 것이라 너를 언어가 다르거나 말이 어려워 네가 그들의 말을 알아듣지 못할 나라들에게 보내는 것이 아니니라 내가 너를 그들에게 보냈다면 그들은 정녕 네 말을 들었으리라 그러나 이스라엘 족속은 이마가 굳고 마음이 굳어 네 말을 듣고자 아니하리니 이는 내 말을 듣고자 아니함이니라(겔 3:4-7)

하나님은 자기 백성을 이렇게 평가하셨다. 그들은 오래전에 애굽에서 종 노릇 하다가 하나님께 구원받은 자들이었다. 그들은 시내에서 하나님의 의롭고 거룩한 율법을 받은 자들이었다. 그들은 여호와 하나님과 언약을 맺은 자들이었다. 하지만 하나님이 자기 백성에 대해서 하시는 말씀을 보면 그들의 마음이 얼마나 완고하고 반항적이었는지를 알 수 있다. 우리는 하나님이 자기 백성의 마음을 깨끗하게 하시고, 그들에게 새 마음을 주시며, 자신의 영을 그들 안에 두실 그날을 고대한다. 이것이 바로 이스라엘에게 필요한 것이었고, 모든 사람의 마음에 필요한 것이다.

하나님은 에스겔을 불러 "파수꾼"(겔 3:16-21, 33:1-9 및 렘 6:17 참고)으로 삼으셨다. 따라서 에스겔은 망보는 곳에 서서 적군이 쳐들어오는 것을 살피고, 이스라엘이 공격받을 것 같으면 경고를 보내야 했다. 하나님은 에스겔에게 사명을 주실 때 오직 하나님의 말만 전하도록 하셨다(겔 3:26-27). 그는 악한 자들에게 회개하지 않으면 반드시 죽을 것이라고 말해야 했다. 왜냐하면 죄를 지은 사람은 반드시 죽기 때문이다. 하지만 하나님의 율법을 순종하는 자들은 순종했기 때문에 의롭다 함을 받아 반드시 살 것이다(겔 3:17-21, 18:1-28, 33:1-19). 그는 "내 율례를 따르며 내 규례를 지켜 진실하게 행할진대 그는 의인이니 반드시 살리라"(겔 18:9, 18:21-22 참고)라고 이스라엘을 일깨우면서 하나님의 말씀을 선포해야 했다. 이러한 경고의 말씀을 보면 하나님이 모세를 통해 이스라엘에게 주셨던 말씀이 생각난다(레 18:5 및 겔 20:11, 13, 21 참고). 에스겔은 모세 언약에 따라서 이스라엘이 악한 행위에서 돌아서지 않으면 심판이 닥칠 것을 경고하고, 이스라엘이 하나님의 율례를 따르면 살 것이라고 알려야 했다. 하지만 우리는 하나님이 주신 율법은 이스라엘을 저주와 죽음 아래에 몰아넣을 뿐이라는 사실을 깨닫는다. 왜냐하면 우리는 이제 죄가 이스라엘의 마음(그리고 사람의 마음) 깊은 곳에 자리 잡고 있다는 사실을 이해할 것이기 때문이다.

• 에스겔이 이스라엘의 죄를 폭로하다

에스겔은 에스겔서의 전반부에서 이스라엘의 죄를 공을 들여 생생하게 표현한다(겔 1-24장). 다른 선지자들처럼 에스겔도 여호와의 말씀을 선포하고, 자신이 전한 것을 분명히 보여 주기 위해 상징적인 행위를 해야 했다. 예를 들어, 하나님은 그에게 예루살렘의 그림을 그리고 그 성읍을 에워싸라고 하셨다. 또 이스라엘의 죄를 담당한다는 뜻으로 광장에 가서 스스로 몸을 묶은 뒤에 땅에 누워 지내라고 하신다. 그리고 심지어 이스라엘이 부정하게 되었다는 것을 보이기 위해 인분으로 떡을 구워 먹으라고 하신다(겔 4:1-15). 하나님은 또한 에스겔에게 임박한 심판의 징조로 머리와 턱수염을 잘라 태우라고 하신다. 선지자는 그렇게 행하여 예루살렘 거주민들이 불과 검과 흩어짐의 심판을 받을 것을 선포한다(겔 5:1-4). 하나님은 예루살렘을 열방의 중심에 두셨지만 예루살렘이 "내 규례를 거슬러서 이방인보다 악을 더 행하며 내 율례도 그리함이 그를 둘러 있는 나라들보다 더하니 이는 그들이 내 규례를 버리고 내 율례를 행하지 아니하였음이니라"(겔 5:6)라고 말씀하신다. 따라서 하나님은 열방이 보는 가운데 예루살렘에 심판을 내리실 것이다. 선지자는 더 나아가 하나님의 백성이 그 가증한 우상과 행위들로 하나님의 성소를 더럽혔기 때문에 하나님이 그들로부터 떠나가실 것이라고 선포한다(겔 5:11). 이 구절은 우리가 앞으로 에스겔서에서 자세하게 살펴볼 여러 가지 중요한 주제들을 강조하는 역할을 한다. 그리고 그러한 주제들을 알면 남왕국 최후의 날에 과연 어떤 일이 일어나고 있었는지를 이해하는 데 도움이 된다.

• 이스라엘의 우상 숭배

에스겔은 반복적으로 이스라엘 족속이 이방 신을 섬김으로 악하게 행했다는 점을 강조한다(겔 6장, 8:5-17, 14:3-5, 16:15-22, 20:8, 16, 24, 30-31, 22:3-4, 23:7, 30, 37, 39). 그들은 불순한 마음을 품어 하나님을 떠나 다른 신들과 음행을 저질렀고, 하나님은 이러한 모습에 근심하신다(겔 6:9). 이스라엘이 저지른 우상 숭배의 정도가 얼마나 심각했는지는 그들이 제사를 드리던 장소가 급증한다는 사실에서 여실히 드러난다. 그들은 "각 높은 고개 위에, 모든 산 꼭대기에, 모든 푸른 나무 아래에, 무성한 상수리나무 아래"(겔 6:13 및 겔 16:24-25, 31 참고)에서 이방 신을 섬겼다. 하나님은 그들을 비웃으시며 심판을 내리실 것이다. 그래서 이스라엘의 우상들을 깨뜨리시고 그들의 시체를 섬기던 신들 앞에 두실 것이다(겔 6:4-5, 13).

주전 592년, 예루살렘이 몰락하기 몇 해 전에 하나님은 에스겔에게 나타나신다. 그리고 그를 성령으로 이끌고 가셔서 이스라엘의 죄를 둘러보게 하신다. 하나님은 선지자에게 성전 안에서 우상을 숭배하는 모습을 보여 주신다(겔 8장). 그는 우선 일흔 명의 장로들이 우상 숭배에 참여하는 것을 본다. 그러고 나서 하나님은 그를 데리고 성전 안뜰로 가신다. 그리고 스물다섯 명이 성전을 등지고 "낯을 동쪽으로 향하여 동쪽 태양에게 예배"(겔 8:16)하는 모습을 보여 주신다. 하나님을 예배하는 바로 그곳에서 사람들이 태양에게 예배를 드린다니, 도무지 상상조차 할 수 없는 일이었다. 에스겔은 하나님의 집에서 일어나는 모든 가증한 일 때문에 예루살렘에게 하나님의 진노가 내릴 것이고, 그 진노가 틀림없이 곧 임할 것이라고 선포한다.

에스겔 선지자는 이스라엘의 죄에 대한 응답으로 하나님의 격노가 발하는 충격적인 장면을 목격한다. 천사와 같은 여섯 사람이 손에 무서운 무기를 들고 성읍에 가까이 온다. 에스겔은 또한 가는 베옷을 입고 먹 그릇을 찬 천사를 본다. 하나님은 그들에게 "예루살렘 성읍 중에 순행하여 그 가운데에서 행하는 모든 가증한 일로 말미암아 탄식하며 우는 자의 이마에 표를 그리라"(겔 9:4)라고 명하신다. 하나님은 슬퍼하지 않는 자들은 남녀노소 가릴 것 없이 검으로 다 죽이라고 명하신다(겔 9장). 그들은 하나님의 성전에서 일흔 명의 장로들을 죽이는 것을 시작으로 예루살렘의 길거리를 다니며 보이는 대로 모든 사람을 치며 도륙을 시작한다. 이는 임박한 심판을 나타내는 두려운 환상이었다. 에스겔은 자신이 본 것 때문에 겁에 질려 하나님께 울부짖는다. "아하 주 여호와여 예루살렘을 향하여 분노를 쏟으시오니 이스라엘의 남은 자를 모두 멸하려 하시나이까"(겔 9:8). 하나님은 에스겔에게 이스라엘과 유다 족속의 죄악이 심히, 심히 중하다고 말씀하신다. 따라서 하나님은 검으로 심판하시면서도 그들을 전혀 불쌍히 여기지 않으시며, 조금도 참지 않으신다. 백성들이 큰 소리로 울부짖어도 절대 듣지 않으실 것이다(겔 8:18, 9:10). 이 도륙의 환상 바로 뒤에 하나님의 영광이 성전에서 떠나는 환상이 나타난다(겔 10장).

◆ 에스겔이 하나님의 임재가 성전을 떠나가는 환상을 보다

에스겔은 이스라엘의 가증한 행위로 인해 성전이 더럽혀졌음을 깨닫는다(겔 5:11, 8-10장). 이는 에스겔 신학에서 중요한 주제다. 선지자는 이스라엘의 행위가 하나님의 임재에 어떤 영향을 미쳤는지 깨닫는다. 하나님은 자신의 영광을 우상들과 나누지 않으신다. 에스겔은 하나님의 임재가 지성소의 속죄소에서 떠올라 성전 문지방으로 이동하는 것을 본다. 이후 하나님의 영광이 성전 문지방을 떠나 그 성읍의 동문으로 향한다. 그리고 마지막으로 에스겔은 "여호와의 영광이 성읍 가운데에서부터 올라가 성읍 동쪽 산에 머무르는"(겔 11:23) 것을 본다. 이 에스겔의 환상은 이전 장에서 예루살렘에게 선포된 심판을 반영하는 동시에 확인하는 것이다(겔 9장). 그리고 비길 데 없는 하나님의 영광을 봤던 첫 환상을 떠올리게 한다(겔 1장). 예루살렘 성읍은 지금까지 보호를 받았다. 하지만 하나님이 그 성읍을 버리기로 작정하셨기 때문에 파멸이 정해진 것이다.

하나님은 노예 생활을 하던 이스라엘을 구원하시고 그들 가운데 거하시기로 하셨다(출 25:8). 모세가 오래전에 깨달았던 것처럼(출 33:15-16) 이스라엘이 하나님의 백성이었던 것은 하나님이 그들 가운데 임재하셨기 때문이었다. 하나님의 임재가 아니면 이 땅에서 하나님의 백성을 다른 백성들과 구분할 수 있는 특징은 아무것도 없다(출 33:16). 하나님의 영광스러운 임재는 성막(출 40장) 및 솔로몬이 지은 성전(왕상 6-8장)에 임하여 그 백성과 함께했다. 하지만 이스라엘은 이 지경까지 이르고 만 것이다. 에스겔은 부르심을 받았을 때 하나님이 영광스럽게 보좌에 앉아 계시는 모습을 봤다. 이를 보고 에스겔은 하나님의 임재가 포로로 잡혀간 자들에게 머무신다는 사실을 확신했다(겔 1:4-28). 하지만 이제 그는 하나님의 영광을 담았던 그 하늘의 바퀴가 성전을 떠나는 모습을 보고 있는 것이다(겔 10장, 11:22-23). 하나님의 백성이 거룩하신 하나님께 너무나 뻔뻔하게 고의적으로 반역을 저질렀기 때문에 더 이상 그들의 죄를 씻을 수가 없었던 것이다. 하나님의 임재가 떠나가는 이 순간은 구약을 통틀어 가장 비극적인 순간이다.

화살표가 있는 구름 그림이 이 중요한 사건을 대변한다. 이는 하나님의 임재가 자기 백성으로부터 떠나갔음을 나타낸다. 우리는 이제 하나님의 임재가 돌아온다는 소식을 듣기까지 거의 600년을 기다려야 한다. 메시아가 오셔야만 자기 백성들 가운데 "성전"이 되시고, 백성들은 그의 영광을 볼 것이기 때문이다(요 1:14).

• 사마리아보다 더한 예루살렘의 음행

에스겔서 16장과 23장도 우상 숭배로 성전이 더럽혀져서 하나님의 영광이 떠나가는 모습을 자세하게 그려 낸다. 이스라엘의 죄가 얼마나 심각했는지를 이해하지 못하면 하나님의 자비가 얼마나 깊은지도 이해할 수 없다. 이제 에스겔은 이스라엘 역사를 생생하고도 자세하게 살펴볼 수 있는 기회를 제공한다. 바로 이스라엘 백성을 간음하는 여인으로 비유하여 하나님이 자기 백성을 태어난 순간부터 어떻게 살피셨는지 보여 주는 것이다. 에스겔은 처음에 비루했던 그들이 지금의 명성을 얻을 수 있었던 것은 그들을 향한 하나님의 인애하심 때문이라고 이야기한다(겔 16:1-14). 하지만 그의 백성은 자신의 아름다움을 신뢰하여 다른 신들과 음행을 저지르기 시작한다(겔 16:15). 에스겔은 더 나아가 하나님보다 우상을 더 숭배하는 이스라엘의 모습을 폭로한다. 그들의 우상 숭배에는 참으로 제한이 없었다. 그들은 우상들에게 자신의 자녀들을 제물로 드린다(겔 16:20-21, 36, 20:31, 23:37). 또한 그 모든 땅을 산당으로 어지럽힌다(겔 16:25, 31). 그리고 애굽 사람, 앗수르 사람, 갈대아 사람들과 행음했으며, 여호와 하나님 대신 이방 권세를 의지한다(겔 16:26-29). 에스겔은 심지어 유다를 "방자한 음녀"라고 말한다. 그들은 연인에게 대가를 받는 것이 아니라, 오히려 그들에게 대가를 지불하고 음행을 저질렀기 때문이다(겔 16:30, 33-34). 선지자는 유다가 우상을 숭배하는 행위가 사마리아와 소돔의 행위보다 더하다고 결론 내린다(겔 16:44-59; 창 18:20-33 참고). 유다가 어찌나 가증하게 행했는지 오히려 자신의 두 자녀 사마리아와 소돔이 의롭게 보일 지경이었다(겔 16:51-52; 렘 3:11 참고). 에스겔은 유다에게 "사마리아는 네 죄의 절반도 범하지 아니하였느니라 네가 그들보다 가증한 일을 심히 행하였으므로 네 모든 가증한 행위로 네 형과 아우를 의롭게 하였느니라"(겔 16:51)라고 선언한다. 유다의 죄를 이보다 더 단호하게 고발할 수는 없을 것이다. 북왕국은 여로보암이 금송아지를 두 마리 만들면서 우상 숭배를 시작하여 200년도 넘게 계속해 왔다. 그런데 에스겔은 이제 그러한 사마리아보다 유다가 더욱 가증하게 행했다고 증언하는 것이다! 그렇다면 하나님이 자기 백성을 떠나신다고 해서 이상할 것이 있는가?

에스겔은 사마리아와 이스라엘에 대해서 이야기하면서 음행에 대한 비유를 발전시켜 나간다. 에스겔서 23장을 보면 한 어머니에게서 난 두 딸 이야기가 나온다. 언니인 오홀라는 사마리아를 상징하고, 아우인 오홀리바는 예루살렘을 상징한다(겔 23:1-4). 에스겔은 먼저 오홀라의 음행을 묘사한다(북왕국). 그는 앗수르 사람과 애굽 사람을 사모했고, 결국은 그 하체가 드러나고 자녀를 빼앗기며 칼로 죽임을 당한다(겔 23:5-10). 이는 시의 형식을 빌려 북왕국과 그 멸망을 묘사한 것이다. 하지만 에스겔은 오홀리바(남왕국)의 음행이 언니보다 더하다고 말한다(겔 23:11, 14, 19-21). 하나님은 예루살렘이 주위 민족들과 행음을 하고, 우상으로 스스로를 더럽혔기 때문에 그들을 심판하실 것이다(겔 23:30). 그들은 우상들에게 자녀를 제물로 드렸기 때문에 손에 피를 묻혔다. 그들은 심지어 손에 피를 묻힌 채로 성전에 들어가기까지 했다(겔 23:37-39)! 그들은 성전을 위해 예비한 기름과 향을 사용하면서까지 이방인들과 간음을 행한다. 하나님은 에스겔을 통해서 그들을 간통한 여자로 심판하실 것이라고 선포한다. 따라서 그들은 무리가 던진 돌에 맞아 죽을 것이다(겔 23:45-49, 겔 16:35-43 참고). 하나님은 우상을 숭배하는 바벨론 사람을 심판의 도구로 사용하실 것이다.

에스겔은 우상을 숭배하려는 성향이 피상적인 것이 아니라는 점을 잘 알고 있었다. 우상 숭배는 사람의 마음 깊이 뿌리내리고 있는 본질이기 때문이다. 그렇기 때문에 우리는 우상 숭배란, 마음의 내적인 상태가 외적으로 드러나는 것이라는 사실을 깨닫는다. 이스라엘 이야기에서 우상을 만드는 일은 빈번하게 나타나는 현상으로서, 사람의 마음이(우리의 마음도 포함하여) 근본적으로 통제권을 내어 주려고 하지 않으며 유일하신 참 하나님께 굴복하기를 거부한다는 사실을 드러낸다. 이는 그리스도의 속죄 사역과 성령의 부어 주심이 없이, 사람을 스스로 내버려 두었을 때 모든 마음에 나타나는 내적 상태인 것이다. 따라서 에스겔은 하나님 백성의 회복을 말하면서, 회복을 새로운 창조 행위로서 하나님이 이스라엘의 마음을 우상에서 정결하게 하시고 새 마음을 주시는 것으로 묘사한다. 하나님은 굳은 마음을 부드러운 마음으로 바꿔 주실 것이다(겔 36:26). 이는 이스라엘의 마음(국가적인 규모로 나타난 사람의 마음)에 대한 해결책은 마음을 변화시켜 주시는 살아 계신 하나님의 역사와 성령의 내주하심뿐이라는 준엄한 사실을 일깨워 준다. 우리는 또한 이 세상에서 대속받아야 할 죄가 얼마나 심각한 것인지를 더욱 절실히 느껴야 한다.

◆ 예루살렘의 가증한 행위들

하나님은 에스겔에게 예루살렘으로 그 가증한 일을 알게 하라고 여러 차례 명하신다(겔 16:2, 20:4, 22:2, 23:36). 구약은 성적인 비행(레 18:6-23), 흠 있는 동물을 제물로 드리는 것(신 17:1), 자녀를 우상에게 제물로 드리는 것(신 18:10), 점치는 것, 길흉을 말하는 것, 요술을 하는 것, 무당이 되는 것, 주문을 외우는 것, 죽은 사람의 혼을 불러오는 것(신 18:9-12) 및 우상 숭배(신 20:18 27:15, 32:16), 일월성신에게 절하는 것(신 17:2-5) 등 다양한 죄를 가증한 행위로 규정한다. 물론 이 목록이 전부인 것은 아니며, 하나님이 가증스럽게 여기시는 행위의 일부에 불과하다. 에스겔은 "가증한 행위"라는 단어를 자주 사용하는데, 이는 거룩하고 의로우신 하나님 앞에 이스라엘의 죄가 혐오스러웠다는 점을 강조하는 용어다. 그리고 그러한 행위는 확실히 율법과 하나님의 성품에 어긋나는 것이다(레 18:1-5, 30; 겔 5:6-9, 6:9-11, 8-9장).

특히 세 경우에 하나님은 에스겔에게 예루살렘으로 그 가증한 일을 알게 하라고 명하셨다. 에스겔서 16장에서 말하는 예루살렘의 가증한 행위는 우상 숭배를 지칭한다. 에스겔서 20장에서 선지자는 언약 백성인 이스라엘 역사를 살펴본다. 에스겔은 특별히 그들이 반복해서 저질렀던 네 가지 죄를 강조한다. 첫째, 그들은 하나님께 반역했다(겔 20:13, 16, 18, 21, 24, 겔 5:6-7 참고). 둘째, 그들은 규례를 준행하지 않았다(겔 20:7-8, 16, 18, 24, 28-32). 셋째, 그들의 마음이 지속적으로 우상을 따라갔다(겔 20:7-8, 16, 18, 24, 28-32). 넷째, 그들은 되풀이해서 하나님의 안식일을 더럽혔다(겔 20:13, 16, 21, 24; 출 20:8-11 참고). 에스겔서 22장에서 그는 예루살렘에서 자행되고 있는 죄의 목록을 광범위하고 자세하게 제시한다. 특히 이스라엘의 지도자들이 저지른 잘못에 집중한다. 그러한 죄로는 피 흘림, 우상 숭배, 부모를 업신여김, 나그네를 학대함, 고아와 과부를 해함, 안식일을 더럽힘, 이간질, 음행, 아버지의 하체를 드러냄, 월경하는 부정한 여인과 관계함, 성적인 비행(이웃의 아내, 며느리, 자매와), 뇌물을 받음, 이자를 받음, 이웃을 속여 빼앗음, 이익을 탐함(겔 22:12-12) 등이 있다. 그래서 에스겔 선지자는 이스라엘 모든 족속이 불로 녹여야 할 찌꺼기가 되었다고 결론 내린다(겔 22:17-22). 에스겔이 고발한 대상에는 예루살렘의 제사장들(겔 22:26), 고관들(겔 22:27), 선지자들(겔 22:28), 그 땅의 백성(겔 22:29) 모두가 포함된다. 거룩하고 의로우신 하나님 앞에서는 모든 사람이 죄가 있음을 선포한 것이다.

이미 살펴봤듯이 이스라엘이 저지른 죄의 문제는 단지 그 행위가 가증했다는 것을 넘어 사람의 마음에까지 해당되는 것이다. 사람의 마음은 하나님을 멀리하려고 하며, 하나님을 적대시한다. 따라서 율법은 생명을 가져오지 못한다. 오히려 이제 우리는 율법이 이스라엘을 하나님의 진노 아래 놓이게 했다는 냉엄한 현실에 맞닥뜨리게 된다. 에스겔은 하나님이 자신의 분노를 그들에게 쏟아 내실 것이라고 선포한다(겔 5:13, 6:12, 7:8, 8:18, 9:8, 13:13, 14:19, 20:33-34). 많은 세월이 지난 후 사도 바울도 율법은 진노를 이루게 한다고 결론 내린다(롬 4:15). 왜냐하면 율법 아래 있는 자는 결단코 율법을 지킬 수 없기 때문이다(롬 3:19-20, 8:5-8; 갈 3:10-11). 하나님이 주신 율법은 본래 선하고, 거룩하고, 의로우며, 생명을 낳기 위한 것이었다("사람이 준행하면 그로 말미암아 삶을 얻을 내 율례"라는 말씀대로. 겔 20:11, 13, 21). 하지만 결국 율법은 이스라엘에게 사망과 저주를 초래하고 만다(롬 7장; 고후 3장 참고). 에스겔 선지자도 이스라엘 족속이 율법으로 정죄함을 받아 결국 사망 선고를 받았다는 사실을 이해하고 있었다. 하나님은 심판이 임박한 것을 아시기에 다음과 같이 이스라엘에게 말씀하신다. "이스라엘 족속아 너희가 어찌하여 죽고자 하느냐 주 여호와의 말씀이니라 죽을 자가 죽는 것도 내가 기뻐하지 아니하노니 너희는 스스로 돌이키고 살지니라"(겔 18:31-32). 하지만 하나님의 백성은 회개하지 않았고, 생명이 아닌 사망을 택하고 만다.

하지만 하나님이 자기 백성과 새로운 언약을 세우실 날이 다가오고 있다. 하나님은 언젠가 백성들의 죄를 용서하시고 자신의 율법을 그들의 마음판에 새기실 것이다. 하나님의 율법은 더 이상 돌판에 새긴 글자가 아니다. 또한 절대로 무시와 경멸을 받지도 않을 것이다. 하나님의 율법은 새롭게 된 사람의 마음에 새겨질 것이다. 그리고 새롭게 된 그 마음은 하나님의 영으로 말미암아 하나님의 율법을 순종할 능력을 입을 것이다(겔 36:26-27).

◆ 모세 언약에 따른 저주

우리는 하나님의 백성이 되풀이하여 하나님의 율법을 어겼다는 사실을 목격했다(겔 20:13, 16, 21, 24, 30-32). 따라서 그 백성과 왕들 모두 언약을 파기하고 말았다(겔 16:59, 17:19). 이렇게 해서 이스라엘의 가증한 행위가 온전히 드러나게 되었다. 따라서 에스겔이 주전 586년에 있을 심판을 묘사하면서 모세 언약에 나타나는 저주의 언어를 사용하는 것도 놀라운 일은 아니다. 에스겔은 검, 기근, 전염병, 들짐승과 같이 하나님의 심판의 도구들을 여러 차례 인용한다(겔 5:9-17, 6:11, 7:15, 12:16, 14:12-23; 레 26:14-39; 신 28:15-68 참고). 하나님이 언약에 따른 저주를 쏟아부으실 때, 시신들이 거리를 채울 것이며, 사람들이 검에 죽을 것이며, 들짐승들이 이스라엘의 자녀들을 앗아갈 것이다. 에스겔은 심지어 굶주림 때문에 아비가 자녀를 먹을 것이라고 말한다(겔 5:10; 레 26:29; 렘 19:9; 애 4:10 참고). 모세는 이미 이스라엘 자손에게 하나님의 율법을 순종하지 않으면, 그 모든 저주가 임할 것이라고 경고했다(레 26:14-39). 우리는 구속사의 초기 시대에 모세가 했던 말이 이때 성취되는 것을 본다.

• 에스겔의 마른 뼈 환상

에스겔이 받은 환상 중 정점은 마른 뼈 환상이다. 여호와는 에스겔을 말라 버린 사람 뼈로 가득한 한 계곡으로 불러 세우신다. 그 뼈들은 이스라엘 모든 족속의 뼈로서, 그 안에는 생명이라고는 조금도 남아 있지 않았다(겔 37:1-14). 제사장들이 가장 부정하게 여기는 것이 바로 사람의 사체라는 점을 기억해야 한다. 그런데 여기 제사장인 에스겔이 시체로 가득한 계곡에 서 있는 것이다. 에스겔의 환상은 하나님의 진노 아래에 놓인 하나님의 백성을 나타낸다. 그들은 생명을 주신 하나님을 버렸다. 그리고 그들이 다 죽어 있다는 것은 그들에게 의로움이 전혀 존재하지 않았음을 보여 주는 증거다. 왜냐하면 선지자는 이미 사람이 "내 율례를 따르며 내 규례를 지켜 진실하게 행할진대 그는 의인이니 반드시 살리라"(겔 18:9, 18:21-22)라고 말했기 때문이다. 그리고 하나님도 이미 이스라엘 족속에게 회개하고, "돌이키고, 살지니라"(겔 18:32)라고 경고하셨다. 하지만 그들은 반역하는 족속이기 때문에 하나님의 말씀을 듣지 않았다. 따라서 이 환상에서는 그들이 범죄함 때문에 죽은 것으로 묘사된다.

이 환상이 계속될수록 오직 하나님만이 죽은 자에게 생명을 주실 수 있다는 사실을 깨닫는다. 오직 생기를 주시는 하나님의 능력으로만 그들을 살릴 수 있다. 에스겔은 자신의 눈앞에서 하나님이 자신의 영으로 이스라엘의 뼈에 생기를 불어넣으셔서 죽은 자들이 살아나는 것을 목격한다. 이는 하나님의 백성이 포로로 잡혀간 이후에 다시 회복될 것을 보여 주는 환상이다. 여호와는 에스겔에게 이 환상의 의미를 있는 그대로 말씀해 주신다.

> 또 내게 이르시되 인자야 이 뼈들은 이스라엘 온 족속이라 그들이 이르기를 우리의 뼈들이 말랐고 우리의 소망이 없어졌으니 우리는 다 멸절되었다 하느니라 그러므로 너는 대언하여 그들에게 이르기를 주 여호와께서 이같이 말씀하시기를 내 백성들아 내가 너희 무덤을 열고 너희로 거기에서 나오게 하고 이스라엘 땅으로 들어가게 하리라 내 백성들아 내가 너희 무덤을 열고 너희로 거기에서 나오게 한즉 너희는 내가 여호와인 줄을 알리라 내가 또 내 영을 너희 속에 두어 너희가 살아나게 하고 내가 또 너희를 너희 고국 땅에 두리니 나 여호와가 이 일을 말하고 이룬 줄을 너희가 알리라 여호와의 말씀이니라(겔 37:11-14)

에스겔서 37장은 역사를 통한 하나님의 구속 계획이 **포로 시대**로 끝나는 것이 아니며, 하나님의 영이 그들을 살리셔서 생명이 회복될 것을 가르친다. 언약의 저주로 이스라엘은 죽게 되었다. 하지만 그 죽은 자들을 다시 살리시는 회복이 반드시 있을 것이다.

또한 우리는 여호와 하나님이 마른 뼈에 생기를 불어넣으시는 분임을 본다. 창세기 처음 몇 장은 여호와 하나님이 창조주 하나님이시라는 사실을 일깨워 준다. 아담에게 생기를 불어넣으셔서 생령이 되게 하신 분이 바로 여호와 하나님이시다. 아브라함과 사라에게 죽은 태에서 생명을 낳게 하겠다고 약속하신 분도 바로 여호와 하나님이시다. 다윗의 후손을 "일으키시겠다"라고 약속하시고, 예수 그리스도를 죽은 자 가운데서 살리실 분도 똑같은 하나님이시다. 바로 그 하나님이 에스겔에게 자기 백성을 회복시키기 위해서는 반드시 죽은 자를 살려야 한다는 사실을 드러내신 것이다. 하지만 우리는 여호와가 창조주 하나님이시라는 점을 알기 때문에 이 사실이 놀랍지 않다. 그리고 하나님 백성의 특징이 부활 신앙이기 때문에, 그들은 하나님이 죽은 자 가운데서 사람을 살리실 수 있다는 것을 확실히 신뢰한다.

이스라엘이 부활하리라는 기대감은 **대망의 시대**에 중요한 주제로 부상한다. 그리고 이 연구를 계속하다 보면 에스겔서에서 제시된 희망, 즉 온 이스라엘이 부활하리라는 그 희망이 이스라엘을 대표하시는 분인 메시아가 죽은 자 가운데서 살아나시면서 **일차적으로** 실현된다는 사실을 깨달을 것이다. **빈 무덤**(CASKET EMPTY)이라는 표제가 의미하는 것처럼 예수의 부활은 성경 줄거리에서 가장 중요한 내용이다. 네 복음서의 정점이 모두 비어 있는 무덤이라는 사실은 우연의 일치가 아니다(마 28장; 막 16장; 눅 24장; 요 20장; 고전 15장 참고). 사도 바울은 부활이 없으면 우리가 여전히 죄 가운데 있는 것이라고 말한다(고전 15:12-19). 따라서 아담을 통해 죽음이 들어왔지만, 마지막 아담을 통해서는 부활이 임했다는 사실을 깨닫는다. 오랜 세월이 흐른 후, 사도 바울은 "아담 안에서 모든 사람이 죽은 것같이 그리스도 안에서 모든 사람이 삶을 얻으리라"(고전 15:22)라고 기록한다. 또한 "기록된 바 첫 사람 아담은 생령이 되었다 함과 같이 마지막 아담은 살려 주는 영이 되었나니"(고전 15:45)라고 쓴다. 이것이 바로 에스겔 선지자가 제시한 희망으로서, 에스겔은 놀랍게도 이 희망을 그 멀리서도 예견했던 것이다. 그는 죄와 사망으로 모든 것이 끝나는 것이 아니며, 하나님이 자기 백성을 일으키사 새 생명을 주실 것이라는 사실을 깨닫는다. 예수는 참으로 "죽은 자 가운데서 다시 살아나사 잠자는 자들의 첫 열매"(고전 15:20)가 되실 것이다. 그리고 우리 역시 부활하여 영원한 생명에 이를 것을 기다린다.

하지만 에스겔 선지자 자신은 마른 뼈 환상을 통해 생생하게 봤던 것처럼 하나님의 저주가 그 백성에게 맹렬하게 임하는 것만을 직접 목격할 수밖에 없었다. 예레미야가 주전 586년의 심판을 묘사하면서 저주의 용어를 사용했던 사실을 기억할 것이다. 그는 하나님이 사용하시는 분노의 도구로서 죽이는 칼, 찢는 개, 삼켜 멸하는 공중의 새와 땅의 짐승 네 가지가 있으리라고 선포했다(렘 15:3). 하나님의 백성은 치명적인 병으로 죽어 갈 것이다. 그들을 애도하는 자가 없을 것이며, 그들을 장사하는 자가 없어 지면의 분토와 같을 것이다. 그들은 검과 기근으로 멸망할 것이며, 그들의 시체는 공중의 새와 땅의 짐승의 먹이가 될 것이다(렘 16:4). 마찬가지로 에스겔은 이스라엘이 전염병, 기근, 사나운 짐승, 칼, 흩어짐의 징벌을 당할 것이라고 선언한다(겔 5:10-17, 6:3-14, 14:12-21). 그래서 이스라엘은 이방인들에게 수치와 조롱거리가 되고 두려움과 경고가 될 것이다(겔 5:15; 렘 19:7-8 참고). 이것이 바로 마른 뼈가 쌓인 골짜기에서 에스겔 선지자 앞에 주어진 파멸의 환상이었다. 성경의 하나님은 감히 범접할 수 없는 거룩하신 분이다. 따라서 하나님은 자신에게 죄를 저지른 자들을 마땅히 판결하실 것이다. 우리는 이스라엘에게 부어질 하나님의 진노를 생각할 때, 그러한 진노가 죄에 대한 정당한 보응이라는 점을 알아야 한다. 그리고 우리의 죄에 대해서도 마찬가지다.

▶▶▶ 구약 연대표

모세 언약에 따른 이러한 끔찍한 저주는 독수리 그림으로 나타난다. **포로 시대**에도 똑같은 그림이 있다. 이 그림은 하나님의 백성이 죄를 저지르고 반역을 행할 때 언약을 따라 받을 저주를 의미하기 때문이다. 연대표 뒤편에서 이 그림의 신학적인 의미를 볼 수 있다.

• 예루살렘이 파괴되고 유다가 바벨론으로 잡혀가다

왕정 시대에서 이미 봤듯이 하나님은 마침내 그 진노를 이스라엘에게 쏟아부으신다. 그래서 바벨론 군대를 심판의 도구로 삼아 예루살렘에 보내신다. 느부갓네살과 그의 군사가 예루살렘 성읍에 전쟁을 일으키고, 그 벽을 허물며, 성전과 예루살렘의 모든 집을 태워 버린다(왕하 25:9-10; 렘 52:1-30 참고). 칼에 죽지 않은 자들은 바벨론에 포로로 잡혀가고, 가장 빈곤한 자들만이 그 땅에 남는다(왕하 25:11-12). 예배를 드릴 때 사용했던 집기들 및 성전에서 사용하던 가구들과 여타 물품들도 바벨론으로 이송된다(왕하 25:13-17). 이러한 집기들은 몇 년 후 다니엘서에 다시 등장한다. 느부갓네살의 시위 대장 느부사라단은 제사장이나 고관들과 같은 지도층, 그리고

포로 시대

예루살렘 도성에서 발견한 60명을 립바로 끌고 가서 그곳에서 쳐 죽인다(왕하 25:18-21).

역대하는 유다의 마지막 몇몇 왕의 기록으로 마무리되는데, 예루살렘의 파괴를 묘사한 내용과 하나님이 심판을 내리시는 이유에 대한 설명, 고레스 왕이 내린 조서 등이 포함되어 있다(대하 36:1-23; 왕하 24-25장 참고). 역대하는 시드기야가 반역을 벌이고 마음을 강퍅하게 했던 일을 회상한 이후(대하 36:11-13), 예루살렘과 성전이 파괴된 이유를 다음과 같이 설명한다.

> 모든 제사장들의 우두머리들과 백성도 크게 범죄하여 이방 모든 가증한 일을 따라서 여호와께서 예루살렘에 거룩하게 두신 그의 전을 더럽게 하였으며 그 조상들의 하나님 여호와께서 그의 백성과 그 거하시는 곳을 아끼사 부지런히 그의 사신들을 그 백성에게 보내어 이르셨으나 그의 백성이 하나님의 사신들을 비웃고 그의 말씀을 멸시하며 그의 선지자를 욕하여 여호와의 진노를 그의 백성에게 미치게 하여 회복할 수 없게 하였으므로 하나님이 갈대아 왕의 손에 그들을 다 넘기시매 그가 와서 그들의 성전에서 칼로 청년들을 죽이며 청년 남녀와 노인과 병약한 사람을 긍휼히 여기지 아니하였으며(대하 36:14-17).

여호와 하나님은 참으로 노하기를 더디하시며 긍휼이 많으신 분이시다. 하나님이 이스라엘을 대하시는 모습에서 그 은혜로우신 성품은 분명하게 드러난다. 하지만 그 백성이 하나님의 말씀을 청종하지 않았기 때문에 끝내 하나님의 심판이 임하고 만 것이다. 그리고 에스겔 선지자도 예루살렘이 함락되었다는 충격적인 소식을 전해 듣는다(겔 33:21). 이때는 하나님이 자기 백성에게 분노를 쏟아 내셨던 참으로 어두운 나날이었다.

• 예레미야가 예루살렘의 파멸을 슬퍼하다

예레미야애가는 예루살렘의 파멸을 생생하게 그린다. 저자가 누구인지는 확인할 수 없지만 전승에 따라 예레미야를 그 저자로 본다. 저자는 아마도 예루살렘이 주전 586년에 함락된 직후에 예레미야애가를 썼을 것이다. 예레미야는 예루살렘의 파멸을 슬퍼한다. 예레미야는 하나님의 진노로 인해 그 성읍과 거주민에게 임한 끔찍한 파멸을 직접 목격했기 때문이다. 이때는 완전한 절망과 극심한 고통의 때였다. 바벨론 사람들은 하나님의 성소에 들어가 칼로 제사장들과 선지자들을 죽였고, 칼을 맞아 쓰러진 남녀의 시체들이 길거리를 메웠다(애 2:21). 모세는 하나님이 언약을 파기한 자들에게 칼로서 진노를 내리실 것이라고 선포했는데(레 26:25, 33; 겔 9장 참고), 이제 하나님이 직접 그 칼로 예루살렘을 치시는 것이다. 이날은 빛이 아닌 어둠의 날이었다.

칼로 죽지 않은 자의 상황은 오히려 더욱 비참했다. 여인들은 기근 때문에 자신의 자녀를 먹었다(애 2:20). 예레미야는 "딸 내 백성이 멸망할 때에 자비로운 부녀들이 자기들의 손으로 자기들의 자녀들을 삶아 먹었도다"(애 4:10)라며 애곡한다. 모세는 이미 하나님의 백성이 그분의 율법을 순종하지 않으면 이런 일이 있을 것이라고 이스라엘 자손에게 경고했다. "네가 적군에게 에워싸이고 맹렬한 공격을 받아 곤란을 당하므로 네 하나님 여호와께서 네게 주신 자녀 곧 네 몸의 소생의 살을 먹을 것이라"(신 28:53 및 레 26:29; 신 28:54-55 참고). 예레미야가 "칼에 죽은 자들이 주려 죽은 자들보다 나음은"(애 4:9)이라고 말할 만도 하다. 여인들은 겁탈을 당한다(애 5:11). 지도자들은 손이 묶여 매달린다(애 5:12). 모든 즐거움은 사라졌다. 예루살렘을 위로할 자도 하나 없는 엄청난 애곡의 때였다(애 1:2, 17). 시편 저자는 이때에 대해서 다음과 같이 기록한다.

> 하나님이여 이방 나라들이 주의 기업의 땅에 들어와서 주의 성전을 더럽히고 예루살렘이 돌무더기가 되게 하였나이다 그들이 주의 종들의 시체를 공중의 새에게 밥으로, 주의 성도들의 육체를 땅의 짐승에게 주며 그들의 피를 예루살렘 사방에 물같이 흘렸으나 그들을 매장하는 자가 없었나이다(시 79:1-3)

시편 저자는 "여호와여 언제까지나이까"(시 89:46)라고 울부짖는다. 이는 참으로 하나님의 진노가 임한 날이었다. 선지자들은 계속해서 하나님의 백성에게 심판이 임박했음을 경고했었다. 하지만 그들은 듣지 않았다. 따라서 하나님이 언약을 신실하게 지키신다면 율법을 어긴 그들에게는 저주가 임할 수밖에 없었다. 그렇기 때문에 이스라엘은 자신의 범죄함으로 말미암아 하나님의 분노를 직접 경험한 것이다.

모든 것이 완전히 파멸해 버린 상황에서 예레미야는 하나님의 백성이 심각하게 죄를 저질렀음을 인정한다. 그리고 질문을 던진다. "살아 있는 사람은 자기 죄들 때문에 벌을 받나니 어찌 원망하랴"(애 3:39). 예레미야는 계속해서 그 백성의 죄를 강조한다. "우리의 마음과 손을 아울러 하늘에 계신 하나님께 들자 우리의 범죄함과 우리의 반역함을 주께서 사하지 아니하시고 진노로 자신을 가리시고 우리를 추격하시며 죽이시고 긍휼을 베풀지 아니하셨나이다"(애 3:41-43).

예레미야는 예루살렘이 포위된 상황을 묘사하면서(애 3-4장), "전에 소돔이 사람의 손을 대지 아니하였는데도 순식간에 무너지더니 이제는 딸 내 백성의 죄가 소돔의 죄악보다 무겁도다"(애 4:6; 겔 16:44-58 참고)라고 인정한다. 이스라엘의 죄 때문에 하나님이 분노와 화를 쏟아 내신 것이다(애 4:11-13). 예레미야는 애통함과 절망감에 사로잡혀 아무런 희망도 남아 있지 않다고 느낀다. 하지만 그때 예레미야는 하나님께 시선을 돌린다.

> 이것을 내가 내 마음에 담아 두었더니 그것이 오히려 나의 소망이 되었사옴은 여호와의 인자와 긍휼이 무궁하시므로 우리가 진멸되지 아니함이니이다 이것들이 아침마다 새로우니 주의 성실하심이 크시도소이다 내 심령에 이르기를 여호와는 나의 기업이시니 그러므로 내가 그를 바라리라 하도다 기다리는 자들에게나 구하는 영혼들에게 여호와는 선하시도다(애 3:21-25)

예레미야는 모든 것이 완전히 파괴된 상황에서도, 긍휼하심이 아침마다 새로운 하나님의 변함없으신 성품에 희망을 둔다. 선지자는 하나님의 진노로 나타난 그 파멸이 얼마나 끔찍했는지를 생각한다(애 4장). 그러고 나서 이러한 비극적인 상황에서도 하나님께 자비를 구하며 기도한다(애 5:1-18). 그는 하나님이 보좌에서 다스리시는 것을 알고 하나님께 호소한다. "여호와여 우리를 주께로 돌이키소서 그리하시면 우리가 주께로 돌아가겠사오니 우리의 날들을 다시 새롭게 하사 옛적 같게 하옵소서 주께서 우리를 아주 버리셨사오며 우리에게 진노하심이 참으로 크시니이다"(애 5:21-22). 좋은 소식은 하나님이 자기 백성을 완전히 거부하지는 않으셨다는 점이다. 선지자들이 계속해서 선포했던 것처럼, 회복의 때가 임할 것이다.

예레미야애가를 아직 읽어 보지 않았다면 꼭 읽어 보기를 권한다. 이 책은 예루살렘의 멸망을 가장 종합적으로, 또한 가장 직접적으로 묘사했다는 점에서 중요하다. 예레미야애가를 읽으면서 하나님이 자기 백성에게 어느 정도로 심판을 내리셨는지 깊이 생각해 보라. 예루살렘의 멸망은 죄의 대가가 얼마나 심각한 것인지를 깨닫는 엄중한 사례이기 때문이다.

• 그달리야가 예루살렘의 총독으로 임명되다

예루살렘은 완전히 파괴되었고, 하나님의 성전은 폐허가 되었다. 그리고 그 살벌했던 포위 공격을 당하고도 살아남은 자들은 포로로 끌려간다. 그 무리 중에는 온몸이 사슬로 묶인 시드기야 왕도 있었다. 느부갓네살은 시드기야가 보는 앞에서 아들들을 다 죽였고 그의 두 눈도 뽑았다(왕하 25:7; 렘 52:10-11). 그렇게 해서 그 땅에는 빈곤한 자들만이 남았다. 그리고 예레미야 선지자도 그들 가운데 있었다. 느부갓네살은 그달리야를 총독으로 임명하여 그 성읍에 남은 자들을 통치하게 한다. 하지만 반란이 일어나 사람들이 이스마엘을 따라 그달리야를 죽이고 만다(왕하 25:22-25; 렘 41:1-8). 예레미야는 이 끔찍한 사건들도 목격한다(렘 39-42장, 52장). 그런데 남은 자들은 일어난 사건들 때문에 근심하기 시작했다. 그들은 예레미야에게 와서 하나님이 말씀하시는 대로 다 할 테니 하나님께 기도를 해 달라고 부탁한다. 예레미야는 그들에게 바벨론 사람들을 두려워하지 말며, 애굽에 가지도 말라고 말한다(렘 42장). 그런데 예레미야가 말을 마치기 무섭게 사람들은 말한다. "네가 거짓을 말하는도다"(렘 43:2). 그들은 선지자를 통해서 주신 하나님의 말씀을 듣지 않았고, "유다 땅에 살라 하시는 여호와의 목소리를 순종하지"(렘 43:4) 않았다. 남은 자들도 하나님의 목소리에 순종하지 않았기 때문에 열방에 축복이 되지는 못하고 오히려 저주가 되었다(렘 44:7-8, 12). 그런데 애굽에 있는 사람들은 예레미야가 심판을 전하는 말씀에 이렇게 답한다.

> 네가 여호와의 이름으로 우리에게 하는 말을 우리가 듣지 아니하고 우리 입에서 낸 모든 말을 반드시 실행하여 우리가 본래 하던 것 곧 우리와 우리 선조와 우리 왕들과 우리 고관들이 유다 성읍들과 예루살렘 거리에서 하던 대로 하늘의 여왕에게 분향하고 그 앞에 전제를 드리리라 그때에는 우리가 먹을 것이 풍부하며 복을 받고 재난을 당하지 아니하였더니(렘 44:16-17)

이 모든 일이 일어난 후에도 유다의 남은 자들은 계속해서 우상 숭배를 하고 있었던 것이다! 예레미야는 그 백성들에게 그들이 하나님의 목소리를 듣지 않았기 때문에 재앙이 임한 것이라고 일깨운다. 예레미야는 그들에게 다음과 같이 말한다.

> 여호와께서 너희 악행과 가증한 행위를 더 참을 수 없으셨으므로 너희 땅이 오늘과 같이 황폐하며 놀램과 저줏거리가 되어 주민이 없게 되었나니 너희가 분향하여 여호와께 범죄하였으며 여호와의 목소리를 순종하지 아니하고 여호와의 율법과 법규와 여러 증거대로 행하지 아니하였으므로 이 재난이 오늘과 같이 너희에게 일어났느니라(렘 44:22-23)

이렇게 해서 예레미야는 유다의 남은 자들과 그들이 새롭게 정착한 애굽에 대해서도 심판을 선포한다(렘 44:26-30).

선지자 오바댜

하나님은 오바댜 선지자를 부르시고 이스라엘의 주변국인 에돔에게 심판을 선포하게 하신다. 그들은 하나님의 백성이 패망하는 것을 즐거워했기 때문이다. 오바댜서는 바벨론의 공격을 다루고 있기 때문에 아마도 예루살렘의 몰락 이후에 기록되었을 것이다. 시편 137편은 에돔 사람들이 예루살렘의 멸망을 즐거워했다는 것을 암시한다. 시편 137편은 바벨론에 잡혀간 이스라엘 백성이 예루살렘을 기억하며 우는 모습을 기록한다. "여호와여 예루살렘이 멸망하던 날을 기억하시고 에돔 자손을 치소서 그들의 말이 헐어 버리라 헐어 버리라 그 기초까지 헐어 버리라 하였나이다"(시 137:7; 애 4:21-22; 겔 25:12-14, 36:5 참고). 야곱과 에서가 형제였다는 사실을 기억할 것이다(창 25:19-34, 27-28장, 32-33장). 이후 야곱의 이름은 이스라엘로 바뀌어 이스라엘 자손의 조상이 되었고, 에서는 에돔 자손의 조상이 되었다(창 36:1-43). 야곱과 에서는 오랜 세월 동안 형제이자 경쟁자로서 여러 차례 갈등을 빚었다(창 27-28장, 32-33장). 그리고 오바댜 선지자는 이러한 다툼을 언급하면서, 그러한 관계가 에돔이 야곱의 패망을 기뻐하는 모습으로 나타난 것이라고 말한다(옵 1:10-12). 선지자는 에돔에 대한 하나님의 심판을 선포하면서, 에서의 집이 "지푸라기"가 될 것이며, "그들이 그들 위에 붙어서 그들을 불사를 것인즉 에서 족속에 남은 자가 없으리니"(옵 1:18)라고 전한다. 그리고 에돔 왕국은 후에 바벨론 왕 나보니도스(Nabonidus)의 통치 시절 큰 괴로움을 당한다. 오바댜 선지자는 다른 선지자들과 마찬가지로 하나님이 열방에게 각자의 행위에 대한 책임을 물으실 것을 강조한다. 이스라엘 이야기를 계속 이어가기 전에 이 짤막한 책인 오바댜서를 다 읽어 보기를 권한다.

• 선지자들이 포로로 끌려간 이후에 회복이 있을 것을 선포한다

주전 586년의 심판은 완전한 파멸을 초래했지만, 하나님의 백성이 다 죽은 것은 아니었다. 하나님이 남은 자를 보전해 주셨기 때문이다. 하나님은 이미 거의 1,000년 전, 이스라엘이 자신에게서 돌아서서 다른 신을 섬길 것이라고 모세에게 말씀하셨다(신 31:16-21). 하지만 심판 너머 희망이 존재한다. 하나님은 모세에게 자기 백성이 돌아오기만 하면 그들을 포로에서 돌아오게 하실 것이며, 흩어진 모든 백성을 모으시리라고 말씀하셨기 때문이다(신 30:1-5). 선지자들은 모두 하나님이 심판을 내리신 후에 자기 백성을 회복하실 것이라는 희망을 공유했다.

▶▶▶ 구약 연대표

연대표의 **포로 시대** 부분에는 다섯 가지 그림이 있다. 이 그림들은 각각 회복의 약속에 따른 다양한 국면을 나타낸다. 이 그림들 하나하나가 거대한 모자이크를 이루는 조각들이라고 생각하면 된다. 구약 성경 이야기는 우리로 하여금 구원의 날을 고대하게 만든다. **대망의 시대**에서 회복의 다양한 측면들을 자세하게 살펴보겠지만, 여기에서 그 내용을 간단하게 생각해 보자.

• 하나님이 이스라엘을 그 땅으로 다시 부르시고 번성하게 하실 것이다

포로 시대는 70년간 지속될 것이다(렘 25:11-12, 29:10). 하나님은 예레미야에게 그 땅에 다시 돌아올 것을 기대하며 토지를 사라고 하셨다(렘 32:6-44). 하나님은 예레미야 선지자와 에스겔 선지자를 통해서 흩어진 모든 백성을 모아서 그 땅으로 돌아오게 하실 것이라고 약속하신다(렘 23:1-8, 29:14, 30:3, 31:8, 32:37, 50:19; 겔 11:17, 20:34, 34:13). 목자가 자신의 양 떼를 돌보듯이 하나님은 흩어진 자기 양 떼를 모으실 것이다(렘 23:1-4; 겔 34:11-24). 그래서 황폐했던 그 땅은 다시 하나님의 양 떼로 가득할 것이며, 에덴동산처럼 비옥한 곳이 될 것이다(겔 36:8-12, 34-38). 하나님은 아브라함에게 그의 자손을 해변의 모래와 같이 많게 하실 것이라고 약속하셨다. 하

지만 주전 586년 심판으로 말미암아 이스라엘의 수효는 줄어들었다(신 28:62-63). 하나님이 그의 백성을 그 땅에 회복하실 때, 예전처럼 그들을 번성하게 하실 것이다(렘 3:16, 23:3; 겔 36:10-11, 37-38). 이 약속은 전 세계에 있는 하나님의 백성들이 아브라함의 하나님을 예배하게 되리라고 예견한 것이다(사 2:1-4, 49:6; 시 2:8, 22:27, 86:9; 렘 3:17; 말 3:12).

• 하나님이 새 언약을 맺으실 것이다

예레미야 선지자는 하나님이 "이스라엘 집과 유다 집에 새 언약을 맺으리라 이 언약은 내가 그들의 조상들의 손을 잡고 애굽 땅에서 인도하여 내던 날에 맺은 것과 같지 아니할 것은 내가 그들의 남편이 되었어도 그들이 내 언약을 깨뜨렸음이라"(렘 31:31-32)라고 하실 날이 올 것이라고 선포한다. 이 새 언약은 하나님의 백성이 파기했던 모세 언약과 같지 않을 것이다(레 26:14-15; 신 31:16, 20; 렘 11:1-17; 겔 16:59).

새 언약은 단순히 모세 언약을 갱신한 것이 아니라는 점을 기억하라. 이스라엘 이야기는 아무리 모세 언약을 새롭게 해도 백성들에게 지속적인 영향을 미칠 수 없다는 사실을 일깨워 준다. 예레미야는 하나님의 백성이 옛 언약을 지키지 못한 것을 눈앞에서 목격한 인물로서, 이스라엘이 하나님과 다시 관계를 맺기 위해서는 모세 언약이 아닌 다른 것이 필요하다는 사실을 알고 있었다. 따라서 예레미야는, 새 언약은 이스라엘이 깨뜨린 언약과 같지 않을 것이라고 명시한다. 많은 세월이 흐른 후, 히브리서 기자는 모세 언약을 **첫** 언약이라고 언급하며(히 8:7-13, 9:15, 18), 예레미야서에서 이 구절을 인용한다. 히브리서 저자는 새 언약과 옛 언약을 대조하면서 새 언약이 더 좋은 약속으로 세우신 더 **좋은** 언약이며, 영원히 있을 것이라고 말한다(히 7:22, 8:6). 연구를 계속 하면 메시아가 자신의 피를 흘림으로써 새 언약을 개시하셨다는 사실을 배울 것이다. 그렇기 때문에 예수께서 죽으시기 전날 "이 잔은 내 피로 세우는 새 언약이니 곧 너희를 위하여 붓는 것이라"(눅 22:20; 마 26:26-29; 막 14:22-25; 눅 22:14-20; 고전 11:25; 히 9:15-17 참고)라고 말씀하셨던 것이다. 새 언약은 옛 언약이 할 수 없는 것들을 이룰 것이다. 왜냐하면 새 언약은 이스라엘의 반역하는 마음을 해결할 것이기 때문이다.

• 하나님이 자기 백성의 마음에 하나님의 율법을 두실 것이다

새 언약 아래에서 하나님은 자기 백성들의 가슴속에 율법을 두시며, 그들의 마음판에 율법을 새겨 기록하실 것이다(렘 31:33; 히 10:16 참고). 십계명은 두 돌판에 기록되었기 때문에(출 24:12, 31:18, 32:15-16; 고후 3:1-7) 얼마든지 깨질 수 있었다(출 32:19; 신 9:17). 하지만 새 언약 아래에서는, 하나님이 자신의 영으로 그 율법을 자기 백성의 마음에 두실 것이다(고후 3:1-11; 히 10:16). 그래서 새 언약은 마음의 내적인 변화를 초래한다. 에스겔 선지자도 하나님이 자기 백성에게 "한 마음"과 "새 영"(겔 11:19, 36:26; 렘 24:7, 32:39 참고)을 주실 것이라고 말한다. 하나님의 영이 가슴속에 거하시기 때문에 하나님의 백성은 하나님의 길을 따르고 하나님의 율례를 지킬 수 있다(겔 36:27). 이렇게 하나님이 자신의 영을 통해서 내적으로 역사하시면 여호와는 이스라엘의 하나님이 되시고 그들은 하나님의 백성이 될 것이다(렘 24:7, 31:33, 32:38). 하나님의 백성이 회복되기 위해서는 반드시 하나님의 영이 임해야 한다. 그래서 요엘 선지자는 하나님이 모든 육체에 하나님의 영을 부어 주실 날을 고대한 것이다(욜 2:28-32; 행 1:4-8, 2:1-36).

• 하나님이 자기 백성의 죄를 용서하실 것이다

예레미야와 에스겔 모두 하나님이 자기 백성을 죄에서 정결하게 하시고 모든 죄악을 용서하실 미래를 이야기한다(렘 33:8, 50:20; 겔 36:25-27, 37:23). 하나님은 죄를 용서하심으로 하나님의 백성이 참으로 회복되었음을 입증하실 것이다. 따라서 새 언약의 약속 중 하나는 하나님이 이스라엘의 악행을 사하시고 그 죄를 기억하지 아니하신다는 것이다(렘 31:34, 33:8). 이렇게 용서를 베푸시겠다는 약속은 새 언약의 더 나은 약속 중에서도 핵심이며, 예수 그리스도가 직접 죽으심으로 이 약속은 시작된다(히 8:6-13, 9:11-22, 26-28, 10:11-18). 하나님이 자신의 아들을 주셔서 대신 죽게 하심으로써, 새 언약 아래에서 죄를 사해 주시겠다는 약속이 실현된 것이다. 메시아이신 예수 그리스도가 자신의 피를 흘려 세상의 죄를 대속하실 것이다. 예수는 단번에 죄를 위하여 죽으셨기 때문에 다시는 죄 때문에 제사를 드릴 필요가 사라질 것이다(히 7:26-28, 9:12, 28, 10:10). 히브리서 기자가 말한 것처럼 옛 언약 아래에서는 동물의 피로 육체를 정결하게 했지만, 절대로 죄를 제거할 수는 없었다. "황소와 염소의 피가 능히 죄를 없이 하지 못"(히 10:4)하기 때문이다. 하지만 예수의 죽음은 완벽한 대속 제물이기 때문에 그 흘린 피로 우리 죄가 사함을 받는 것이다. 예수는 최후의 만찬 자리에서 자신의 죽음에 대해서 이야기하신다. 그리고 제자들에게 포도주를 건네면서 "이 잔은 내 피로 세우는 새 언약이니 곧 너희를 위하여 붓는 것이라"(눅 22:20), "이것은 죄 사함을 얻게 하려고 많은 사람을 위하여 흘리는 바 나의 피 곧 언약의 피니라"(마 26:28)라고 말씀하신다. 이것이 바로 우리가 맺은 새 언약이다. 하지만 지금 이야기가 진행되고 있는 시점에서 보자면, 예레미야와 에스겔은 그날이 **임할** 것이라고 선포하는 것이다. 예수 안에서 말세가 도래한다.

• 하나님이 다윗의 후손으로 의로운 왕을 세우실 것이다

예레미야와 에스겔 모두 회복의 때가 되면 다윗의 후손이 참된 왕으로 등극하여 회복된 하나님의 백성을 돌보시리라고 선포한다(렘 23:5-6, 33:14-26; 겔 34:23-24, 37:24-25). 주전 586년 이후 더 이상 다윗의 후손으로 온 왕이 예루살렘에서 통치하지는 않지만, 예레미야는 "보라 때가 이르리니 내가 다윗에게 한 의로운 가지를 일으킬 것이라 그가 왕이 되어 지혜롭게 다스리며 세상에서 정의와 공의를 행할 것이며"(렘 23:5)라고 희망의 말씀을 선언한다. 예레미야는 그 왕의 이름을 "여호와 우리의 공의라"(렘 23:6)라고 밝힌다. 이미 살펴봤듯이, 다윗의 후손에서 의로운 왕이 나실 것이라는 희망은 하나님이 오래전 다윗에게 주신 약속, "여호와께서 이와 같이 말씀하시니라 이스라엘 집의 왕위에 앉을 사람이 다윗에게 영원히 끊어지지 아니할 것이며"(렘 33:17; 삼하 7:16; 행 2:30-31 참고)에 의거한 것이다. 따라서 예레미야는 비록 예루살렘이 멸망했지만 다윗의 후손에서 난 왕이 그 왕위에서 다스리게 되리라고 온전히 확신했다. 그 왕이 통치할 때 이스라엘과 유다는 하나가 될 것이고, 더 이상 두 왕국이 공존하지도 않을 것이다(겔 37:22, 24). 단지 하나 된 하나님의 백성만 존재할 것이다. 선지자들은 다윗의 후손에서 의로운 왕이 오실 것이라고 선포했다. 하지만 아직 그날은 임하지 않았다.

• 예루살렘과 성전이 재건될 것이다

주전 586년 성전이 바벨론 사람들에 의해 파괴된다. 하지만 에스겔 선지자는 회복된 성전, 이상화된 성전에 대한 상세한 환상을 본다(겔 40-48장). 그런데 에스겔이 본 환상에 따르면 그 성소는 한 성읍의 크기에 비할 정도로 대규모였다. 그리고 하나님이 거하시는 장소에서 흘러나오는 강물이 모든 땅과 그 거주민들을 새롭게 한다. 그곳에는 오직 의인만이 남을 것이며 더 이상 악은 존재하지 않는다. 성막과 예루살렘 성전은 모두 하늘에 있는 성전의 모양을 따라 만들어진 것이라는 점을 기억해야 한다(출 25:40). 하나님의 궁극적인 목적은 구속받은 백성들을 다스리는 보좌에 앉으시는 것이었다. 그리고 백성들은 영원히 하나님의 무한하신 가치와 영광을 바라보며 기릴 것이다(계 5-7장). 성전을 재건한 사건은 **성전 시대**에 가장 중요한 일이었다. 하나님의 백성이 포로로 잡혀갔다가 그 땅에 돌아와서 성전을 재건하기 시작하기 때문이다. 그렇지만 포로 시대 이후, 성전을 새롭게 하리라는 영광스러운 희망은 부분적으로만 성취되었을 뿐이다. 실제로 주전 516년 스룹바벨과 여호수아의 지휘 아래 성전이 재건되기도 했다. 하지만 하나님의 영광스러운 임재를 바랐던 예언자들의 희망은 현실과는 괴리가 있었다. 그럼에도 불구하고 하나님이 언젠가 그의 백성들 사이에 거하시리라는 희망은 여전히 남아 있었다(슥 2:1-12).

우리는 연구를 계속하면서 자기 백성과 함께 거하시려는 하나님의 열망은 궁극적으로 사람의 손으로 지은 성전의 네 벽 안에서가 아니라(행 7:48-50), 성령의 내주하심을 통해 영적인 집으로 세워져 나가는 사람들 안에서 이루어진다는 사실을 배울 것이다. 그런 이유로 예수도 자신이 스스로 성전을 지으실 것이라고 하신 것이다(마 26:61, 27:40; 막 14:58, 15:29; 요 2:19-22). 이렇게 보자면 성도들은 모두 하나님이 거주하시는 성전이 되는 것이다(고전 3:16-17, 6:19; 엡 2:20-22; 벧전 2:4-8). 요한은 성령께 이끌려 새 예루살렘을 환상으로 본다(계 21-22장). 요한은 하나님의 장막이 사람들과 함께 있는 것은 봤지만, 성전의 형상은 볼 수 없었다. 그 이유는 "주 하나님 곧 전능하신 이와 및 어린양이 그 성전이"(계 21:22) 되시기 때문이다. 이 환상은 에스겔 선지자가 본 성읍의 환상과 일치한다. 그리고 그 이름은 "여호와 삼마(여호와가 거기에 계시다)"(겔 48:35)라 할 것이다.

이 영광스러운 회복의 약속을 마음에 품고서 예레미야서와 에스겔서 연구를 마무리하려고 한다. 이 선지서들을 아직 읽어 보지 않았다면 꼭 읽어 보기를 권한다. 남왕국의 마지막 시기에 대한 중요한 정보들과 그 사건의 신학적인 의미를 파악할 수 있을 것이다.

▶▶▶ 구약 연대표

바벨론 제국은 **포로 시대**에 특히 중요한 역할을 한다. 그렇기 때문에 연대표 뒤편에 이 제국에 대해 요약해 둔 내용을 읽어 보라. 다니엘의 환상에 따라 바벨론 제국은 사자 그림으로 표시했다.

◆ 선지자 다니엘이 느부갓네살의 왕궁에서 섬기다

주전 586년 예루살렘은 최종적으로 멸망하고 말지만, 시간을 조금 거슬러 올라가 다니엘 이야기를 살펴보도록 하자. 느부갓네살은 주전 605년에 이 성읍을 일차적으로 침략한다. 그리고 왕족, 귀족, 현인을 포함하여 많은 지도자들을 바벨론으로 끌고 갔다. 느부갓네살은 또한 예루살렘 성전의 집기들을 가져다가 자신의 신전에 둔다(왕하 24:13; 대하 36:7; 단 1:1-2). 이제 이 사건을 통해서 우리는 다니엘서로 향하게 된다. 주전 605년 바벨론으로 끌려간 사람들 가운데 다니엘이 있었기 때문이다. 다니엘은 세 친구 하나냐, 미사엘, 아사랴와 함께 바벨론으로 이동한다. 그리고 그들은 왕을 섬기는 일을 하기 위해 바벨론의 지식과 학문에 능숙해지기까지 3년 동안 교육을 받아야 했다(단 1:3-6). 그리고 그들은 새 이름을 받았다. 그래서 다니엘은 벨드사살이라 했고, 하나냐, 미사엘, 아사랴는 각각 사드락, 메삭, 아벳느고라고 했다(단 1:7). 다니엘과 친구들은 이방 나라에 거주한 첫 하나님의 백성들이었다. 그들은 새로운 환경에서 그 문화와 언어를 습득하기로 마음먹었지만 여호와께만 헌신하기로 결단을 내리고 여호와 하나님이 아닌 아무것에도, 누구에게도 절하거나 숭배하지 않기로 마음을 정한다. 하나님은 포로가 되어 버린 이 젊은이들을 버리지 않으셨고, 그들에게 큰 지혜와 식견을 베푸셨다. 그들은 느부갓네살을 섬기는 일을 했는데, 왕은 곧 그들의 지혜가 그의 왕국에 있는 모든 주술사나 마술사보다 뛰어나다는 것을 알아차렸다(단 1:17-20). 다니엘은 주전 605년(단 1:1)부터 바벨론 왕궁에서 일하기 시작했는데, 하나님은 이 다니엘 선지자를 통해서 느부갓네살에게 하나님의 말씀을 전하시려는 계획을 세우신다. 하나님은 주전 539년 바사 왕 고레스가 등장하기까지(단 1:21) 다니엘을 들어 예언하게 하신다.

다니엘서를 읽을 때, 각 장이 시간에 따라 배치되어 있지 않다는 점을 명심해야 한다. 다니엘이 전하는 모든 사건들과, 하나님이 그에게 보여 주신 환상들은 세 왕이 통치하던 기간에 있던 일이다. 그 세 왕은 바벨론 왕 느부갓네살(단 1-4장), 바벨론 왕 벨사살(단 5, 7, 8장), 메대 사람 다리오로도 알려진 바사 왕 고레스(단 6장, 9-12장)다. 우리는 다니엘의 환상들이 단지 이 세상 나라들에 대한 이야기가 아니며, 영원한 왕국을 통치하실 하늘의 왕이 도래하실 것을 전한다는 사실을 분명히 인식해야 한다.

• 느부갓네살 왕의 신상

다니엘과 그의 세 친구 하나냐, 미사엘, 아사랴는 모두 느부갓네살의 궁정에서 섬기게 되었다. 주전 603년 느부갓네살 통치 2년째(단 2:1) 되는 해에 왕은 꿈을 꾼다. 그런데 그 꿈이 굉장히 거슬렸다. 왕은 궁정에서 일하는 박수와 술객과 점쟁이를 불러 꿈의 내용과 그 해석을 설명하라고 한다. 하지만 아무도 그렇게 하지 못했다(단 2:1-11). 느부갓네살은 그들에게 진노하여, 다니엘과 그 세 친구를 포함한 모든 지혜자를 죽이라고 명령한다(단 2:12-13). 이 명령을 들은 다니엘은 왕에게 가서 시간을 주시면 꿈을 해석해 드리겠다고 한다. 다니엘은 집에 돌아와 자신이 처한 상황을 친구들에게 알린다(단 2:14-18). 그들은 함께 기도하며 하나님께 자신들을 불쌍히 여겨 주시며 그 꿈과 뜻을 가르쳐 주셔서 죽지 않게 해 달라고 구한다. 다니엘과 세 친구는 지혜를 추구하는 자들이 취해야 할 자세의 본보기가 된다. 그들은 지혜가 오직 하나님께만 속한 것이며, 하나님은 기도하며 자신을 찾는 자들에게 지혜를 주신다는 사실을 알았기 때문이다. 다니엘과 세 친구는 하늘의 하나님께 탄원한다. 하나님은 밤에 환상으로 다니엘에게 그 꿈을 드러내신다(단 2:19). 다니엘은 지혜가 하나님께만 있다는 사실을 알았고, 그 기도에 대한 응답으로 숨겨진 것들을 본다(단 2:20-23). 위기를 당할 때마다 우상을 의지했던 이스라엘의 왕들과 달리 다니엘과 친구들은 기도하며 하나님께 매달렸다. 하나님은 다니엘에게 꿈을 해석해 주셨고, 다니엘은 느부갓네살 앞에 선다. 하지만 다니엘은 해몽을 하기 전에 지혜는 자신에게 있는 것이 아니라 오직 하나님께만 있음을 분명히 말한다(단 2:26-30). 다니엘의 하나님이 그에게 앞으로 있을 일을 드러내신 것이다.

다니엘은 느부갓네살에게 그 꿈을 해석해 나간다(단 2:31-45). 느부갓네살이 본 신상(또는 형상)은 네 왕국을 상징하는데, 그중에 금으로 된 머리 부분은 바벨론 제국을 상징한다(단 2:32, 36-38). 하나님은 느부갓네살에게 권세와 능력과 영광을 주셨다(단 2:37). 하지만 그를 이어 다른 왕국이 일어난다. 이 왕국은 은으로 된 가슴과 두 팔(단 2:32, 39)로서, 바로 메대 바사 제국을 의미한다. 이 예언은 주전 539년 바사 왕 고레스가 바벨론을 무너뜨리면서 성취된다. 그리고 바사 제국도 놋으로 된 넓적다리로 나타나는 다른 왕국으로 대체될 것이다(단 2:32, 39). 이 세 번째 나라는 그리스 제국으로서 주전 336년 왕이 된 알렉산더 대왕의 영도 아래 세력을 잡을 것이다. 그는 고대 세계에 유명한 무인으로서 주전 333년 바사 군대를 무찔렀고, 다리우스 3세는 그가 보낸 부대에 암살당한다. 알렉산더는 주전 330년 바사 제국의 계승자로 선포된다. 그때 쇠 종아리 및 쇠와 진흙이 섞인 발이 상징하는 네 번째 나라가 일어날 것이다(단 2:33, 40-43). 네 번째 나라는 로마 제국으로서 주전 146년에 그리스를 정복했고, 주전 63년 폼페이 장군이 예루살렘을 무너뜨리면서 마침내 유다 땅도 장악한다.

다니엘은 네 번째 왕국의 때에 하나님이 영원한 나라를 세우실 것이라고 말한다. 그리고 그 나라를 상징하는 돌(손대지 아니한 돌)이 이전 왕국을 부수어 끝낼 것이라고 예언한다(단 2:34-35, 44-45). 그리고 이 돌은 태산을 이루어 온 세계에 가득하게 된다(단 2:35). 이러한 형상은 하나님의 나라가 전 세계로 확장될 것을 나타낸다. 느부갓네살의 꿈은 여러 왕국이 등장했다가 사라졌다가를 반복한 후에 하나님이 영원한 자신의 왕국을 세우실 것이며, 그 영역이 전 세계에 달할 것을 예견한 것이다. 이 환상에서 역설적인 점은 찬란하고 모양이 심히 두려웠던 그 거대한 신상이(단 2:31) 결국 돌에 맞아 부서져 겨같이 흩어지고 만다는 것이다. 이렇듯 네 왕국은 모두 덧없이 사라지고 만다. 이에 비해서 돌로 시작했던 하나님의 영원한 왕국은 온 세계를 가득 채우는 태산이 된다는 점에서 극명한 대조를 이룬다. 느부갓네살은 그 해석을 듣고 다니엘에게 경의를 표하고 그의 하나님을 찬양한다. 그리고 "너희 하나님은 참으로 모든 신들의 신이시요 모든 왕의 주재시로다 네가 능히 이 은밀한 것을 나타내었으니 네 하나님은 또 은밀한 것을 나타내시는 이시로다"(단 2:47)라고 말한다. 느부갓네살의 꿈에 등장한 네 왕국은 몇 년 후 다니엘에게 주실 환상(단 7장)의 핵심 주제가 될 것이다. 하지만 그 환상에 대해서 배우기 전에 먼저 느부갓네살의 통치 기간에 있었던 몇 가지 사건을 살펴보도록 하자.

• 느부갓네살 신상에 절하다

다니엘서 3장을 보면 느부갓네살 왕은 거대한 금 신상을 만들고 봉헌식에 모든 관원을 모은다(단 3:1-3). 그리고 모든 백성과 각 언어를 말하는 자들에게 악기 소리가 나면 엎드리어 그 신상에게 절하라고 명한다. 느부갓네살이 신상을 만든 것을 보면, 사람의 마음은 스스로를 높이려는 경향이 있어 결국 어떤 형태로든 우상을 숭배한다는 사실을 깨닫게 된다. 왕은 또한 엎드리어 절하기를 거부하는 자는 풀무에 던질 것이라고 명한다. 음악이 울리자, 모든 사람은 엎드려 신상에 절했다. 하지만 사드락, 메삭, 아벳느고는 절하지 않았다. 느부갓네살은 그들이 자신이 섬기는 신들을 섬기지도 않고, 자신이 세운 신상에도 절하지 않았다는 소식을 듣는다. 느부갓네살은 분노했지만 그들에게 돌이킬 기회를 준다(단 3:12-15). 하지만 그들은 이를 거절했고, 왕에게 자신들이 섬기는 하나님은 그들을 맹렬히 타는 풀무에서도 구하실 수 있는 분이며, 설사 하나님이 그렇게 하지 않으신다고 하더라도 "우리가 왕의 신들을 섬기지도 아니하고 왕이 세우신 금 신상에게 절하지도 아니할 줄을 아옵소서"라고 말한다(단 3:16-18).

다니엘의 세 친구는 온몸이 묶인 채로 맹렬한 풀무불에 던져진다. 그런데 왕이 그 풀무를 보니 불 속에 사람이 네 명 있는 것으로 보였고, 특히 그 네 번째는 "신들의 아들과 같"(단 3:19-25)았다. 사드락, 메삭, 아벳느고는 아무런 해를 입지 않은 채로 불에서 나왔고 느부갓네살과 그의 모든 신하들이 이 기적을 목격했다. 그러자 왕은 그들이 섬기는 지극히 높으신 하나님을 찬양하고 그들의 하나님이 자신을 의뢰하는 자를 구원하셨다고 인정한다(단 3:26-28). 그리고 느부갓네살은 사드락, 메삭, 아벳느고의 하나님께 대적하는 말을 금하는 조서를 내린다. 왜냐하면 "이같이 사람을 구원할 다른 신이 없음"(단 3:29)을 목격했기 때문이다. 하지만 왕은 신속하게 이스라엘의 하나님을 잊고 다시 한 번 자고(自高)한다.

• 느부갓네살이 낮아지다

느부갓네살이 태평성대를 누리던 와중에, 또 다른 꿈이 그를 성가시게 한다(단 4장). 그래서 왕은 바벨론의 지혜자들을 불러 꿈을 해석하도록 했지만, 이번에도 그들은 꿈을 해석하지 못했다(단 4:4-7). 마침내 다니엘이 왕의 앞으로 나아갔다. 느부갓네살도 하나님의 지혜가 다니엘에게 머무르는 것을 인정했을 정도이기 때문에 모든 사람이 다니엘을 매우 존경하고 있었다. 왕은 다니엘에게 그 꿈에 대해서 묻는다. 왕은 꿈에서 하늘에 닿을 정도로 커서 땅끝에서도 보일 만한 나무를 봤다고 말한다. 하늘의 새들이 그 가지에서 살았고, 그 풍성한 열매로 만민이 먹을 수 있었다(단 4:10-12). 그런데 하늘에서 천사와 같은 이가 내려와 그 나무를 잘라 그루터기만 남겼다. 그 그루터기는 사람을 나타내는 것으로 보이는데, "지극히 높으신 이가 사람의 나라를 다스리시며 자기의 뜻대로 그것을 누구에게든지 주시며 또 지극히 천한 자를 그 위에 세우시는 줄을"(단 4:17) 인정할 때까지 일정 기간 들짐승처럼 되었다고 말한다. 그러자 다니엘은 느부갓네살에게 그 나무가 왕과 왕국을 의미한다고 말한다(단 4:20-22). 그리고 왕은 이제 낮아져서 하나님의 주권을 인정할 때까지 한동안 들짐승과 같이 될 것이라고 전한다(단 4:23-27). 에스겔 선지자도 이와 비슷하게 매우 자고해진 통치자들을 두고 장대한 나무라고 말한 적이 있다. 그리고 그들 역시 교만함 때문에 하나님께 잘려 심판을 받는다(겔 31:3-14).

이제 이러한 비유가 느부갓네살에게 적용된다. 열두 달 후 느부갓네살은 바벨론과 자신의 업적을 보며 마음이 교만하여졌는데, 미처 말을 끝내기도 전에 꿈이 실현된다(단 4:30-31). 순간 이 대왕은 비천한 존재가 되어 인간 사회에서 격리되고 만다. 그는 동물처럼 행동했고, 바깥에서 잠을 잤으며 머리털과 손톱은 새처럼 자랐다(단 4:28-33). 하지만 일정 기간이 지나자 왕은 제정신으로 돌아왔다. 그는 하나님을 송축하고 지극히 높으신 자의 "영원한 권세요 그 나라는 대대에 이르리로다"(단 4:34)라고 인정한다. 이렇게 그가 고백하자 느부갓네살의 주권이 바로 회복된다. 그는 하늘의 왕을 찬양한다. "그의 일이 다 진실하고 그의 행하심이 의로우시므로 교만하게 행하는 자를 그가 능히 낮추"(단 4:37)시기 때문이다. 왕들이 교만해져서 스스로를 높이는 일이 반복적으로 일어나는 것에 비추어 볼 때,

하나님이 기름 부으신 왕, 만왕의 왕이자 만군의 주이신 예수 그리스도가 "겸손하여서 나귀를 타시고"(슥 9:9; 마 21:5; 계 17:14, 19:16 참고) 예루살렘에 들어가신 것은 매우 충격적인 일이다. 따라서 그의 왕권은 다른 어떤 이가 세운 왕권과도 구별된다. 왜냐하면 이 왕은 하나님의 종으로서 십자가에서 죽을 때까지 스스로를 낮추셨기 때문이다. 이야말로 종으로 오신 왕으로서, 하나님의 영원한 나라를 세우실 분이다.

• 다니엘이 네 나라의 환상을 보다

다니엘은 느부갓네살 왕의 통치 기간(주전 605-552)뿐 아니라 그의 아들인 아멜 마둑(Amel-Maduk, 성경에서는 "에윌므로닥"이라고 함. 왕하 25:27-30; 렘 52:31 참고)의 통치 기간에도 신하로 섬긴다. 두 왕이 더 즉위한 이후 나보니두스가 바벨론의 마지막 왕이 된다(주전 556-539). 하지만 나보니두스는 통치 기간 마지막에 아라비아로 출정을 떠났기 때문에 바벨론을 비우고 있었다. 따라서 그는 자신의 왕권을 큰 아들인 벨사살에게 맡겨 왕세자로 바벨론을 통치하도록 했다.

벨사살이 통치하던 이 바벨론 제국의 마지막 때에 다니엘은 꿈을 꾼다(단 7장). 선지자는 거품이 이는 바다에서 네 마리의 괴이하고 두렵게 생긴 짐승들이 나오는 환상을 본다. 날개 달린 사자와 같은데 사람의 마음을 받고 두 발로 걷는 짐승, 게걸스러운 곰과 같은데 갈빗대를 세 개 물고 몸을 한쪽으로 들고 있는 짐승, 표범과 같은데 날개와 머리가 네 개씩 달린 짐승, 그리고 열 뿔이 달리고 이가 쇠로 되어 있는, 극도로 두렵고 뽐내는 생물이었다(단 7:4-8). 이 혼란스러운 형상들에 이어서 다니엘은 옛적부터 항상 계신 분이 심판 자리에 앉아 계시는 환상을 본다. 그분은 천만 천사와 셀 수 없이 많은 구원받은 자들로 둘러싸여 있었다. 다니엘이 하늘 왕궁의 영광을 보고 있을 때, 사람 같은 분이 그 우주의 왕에게 나아간다. 그분은 영원한 나라를 받았고, 땅의 모든 사람은 그분을 섬길 것이다(단 7:9-14). 다니엘 스스로도 "내 머리 속의 환상이 나를 번민하게 한지라"(단 7:15)라고 말한다. 그렇게 많은 꿈을 해석했던 다니엘도 하나님이 이 꿈을 해석해 주시기를 바랐다.

느부갓네살의 꿈과 마찬가지로 다니엘은 그 짐승들이 이어지는 네 왕국인 바벨론, 바사, 그리스, 로마 제국을 상징한다는 사실을 알았다. 그런데 다니엘은 네 번째 왕국에 특별히 관심을 기울인다. 그 왕국이 가장 강력할 뿐 아니라, 특히 하나님의 백성에게 전쟁을 일으키기 때문이다(단 7:11, 19-26). 이전 꿈(단 2장)과 마찬가지로 그 환상은 다섯 번째 왕국, 즉 하나님의 영원한 나라가 도래하면서 절정에 달한다. 이 환상에서 다니엘은 하나님이 하늘의 보좌에 앉아서 자신의 모든 적에 대하여 최후의 승리를 거두시는 모습을 본다(단 7:9-14, 26-27). 이 장면에서 "인자 같은 이"는 영원한 주권과 영원한 나라를 받고, 모든 사람이 그분을 섬기고 따를 것이다(단 7:14). 그리고 이후 고레스 왕의 통치 시절에 하나님은 다니엘에게 왕들이 스스로를 높이기 위해 전쟁을 벌일 격변의 시대가 올 것을 보여 주신다(단 10-11장). 하지만 승리하시는 하나님의 통치에는 흔들림이 없다. 왜냐하면 하나님은 반드시 악한 자들을 심판하시고 자신의 책에 이름이 기록된 자들을 살리실 것이기 때문이다(단 12:1-13).

다니엘이 본 하나님이 다스리시는 영원한 나라의 환상이 지니는 의의를 잘 생각해 보면 예수의 말씀에서 똑같은 구절을 본다는 점을 깨닫는다. 이로부터 500년도 후에 예수는 "때가 찼고 하나님의 나라가 가까이 왔으니 회개하고 복음을 믿으라"(막 1:15)라고 장엄하게 선포하시며 사역을 시작하신다. 하나님 나라가 도래했다는 것은 예수의 모든 가르침 중에서도 가장 두드러지는 주제다. 하나님 나라의 도래는 예수께서 하신 비유의 주된 내용이며, 예수께서 하시는 모든 상징적 행위의 참된 의미기도 하다. 예수 그리스도가 사람들 앞에서 기적을 베푸신 목적 역시 하나님 나라가 도래했음을 보여 주기 위함이었다. 그렇기 때문에 예수는 다음과 같이 말씀하신 것이다. "내가 하나님의 성령을 힘입어 귀신을 쫓아내는 것이면 하나님의 나라가 이미 너희에게 임하였느니라"(마 12:28). 또한 예수는 종종 비유를 들어 하나님 나라의 본질에 대해서 말씀하시며(마 13:24, 31, 33, 44,47, 18:23, 20:1, 22:2), 사람이 그 나라에 들어가기 위한 조건에 대해서도 설명하신다(마 18:3-4, 19:23-24). 공생애 마지막 순간에 예수는 재판 받는 자리에 끌려가신다. 이때 대제사장은 예수께 굉장히 중요한 질문을 던진다. "내가 너로 살아 계신 하나님께 맹세하게 하노니 네가 하나님의 아들 그리스도인지 우리에게 말하라"(마 26:63). 이 땅에서의 생명이 위태로운 상황에서 예수는 다니엘서 7장 13절의 환상으로 그에게 답하신다. "네가 말하였느니라 그러나 내가 너희에게 이르노니 이후에 인자가 권능의 우편에 앉아 있는 것과 하늘 구름을 타고 오는 것을 너희가 보리라"(마 26:64).

빈 무덤(CASKET EMPTY) 연구를 계속하다 보면, 신약 성경은 하나님 나라가 이미 메시아이신 예수 안에서 도래했음을 증언하고 있다는 사실을 발견할 것이다. 예수의 주권이 미치는 범위는 날마다 커져 간다. 왜냐하면 전 세계 모든 민족이 예수를 주님과 왕으로 믿고 예배하기 때문이다. 언젠가 왕이 돌아오시고, 모든 민족이 하나님의 보좌 앞에서 예배할 그날이 올 것이다(단 7:13-14, 계 5:9-10). 그리고 다니엘 선지자는 이미 주전 6세기에 하나님의 영광스럽고도 영원한 왕국을 환상으로 봤던 것이다.

▶▶▶ 구약 연대표

구약 연대표를 보면 네 짐승으로 대변되는 네 왕국이 보일 것이다. **포로 시대** 부분에 네 짐승의 삽화를 넣었다. 즉 사자(바벨론), 곰(바사), 표범(그리스), 열 뿔이 달린 짐승(로마)이다. 이 네 짐승 그림은 다니엘의 예언 활동 및 이후 500년 동안 융성과 쇠퇴를 반복할 중요한 제국들을 기억하는 데 도움이 될 것이다. 이 짐승 그림과는 대조적으로 하나님의 영원한 나라는 다윗 자손의 왕관으로 나타난다. 왜냐하면 하나님이 다윗에게 하신 약속이 성취되면서 인자가 그 나라를 다스릴 것이기 때문이다. 이 파란 왕관은 짐승들이 다스리는 네 왕국 이후에 있는데, 역사는 인자가 통치하는 하나님의 영원한 나라의 건국을 향해 나아간다는 사실을 일깨워 준다. 구약 성경에서 하나님의 구속 계획은 결국 이 목적으로 우리를 인도한다.

◆ 바벨론 왕국의 종말

바벨론의 황태자인 벨사살이 귀족 1,000명을 불러 큰 잔치를 베풀 때 또 하나의 큰 사건이 발생한다(단 5장). 잔치 자리에 있던 사람들이 예전에 느부갓네살이 예루살렘 성전에서 탈취한 금, 은 그릇을 가져다가 술을 따라 마신 것이다(단 5:2-3; 왕하 24:13; 대하 36:7; 단 1:2 참고). 그들은 이 그릇으로 술만 마신 것이 아니라 그 그릇들을 가지고 금, 은, 구리, 쇠, 나무, 돌로 만든 신들을 찬양하기 시작했다(단 5:4)! 그러자 갑자기 사람의 손이 나타나 벽에 글을 쓰기 시작했다. 벨사살은 그저 그 손등만 봤을 뿐인데도 얼굴이 창백해지고, 무릎이 서로 부딪칠 정도로 떨었다. 그리고 술객과 점쟁이를 불러와 그 글을 해석하게 했다. 그 글을 해석할 수 있는 사람에게는 그 나라에서 특별한 영광을 주겠다고도 약속했지만 아무도 그렇게 할 수 없었다(단 5:5-9). 그때 왕에게 명철과 지혜가 신들의 지혜와 같은 한 사람이 소개된다(단 5:10-12). 바로 다니엘이었다. 다니엘은 곧 왕 앞에 불려 나온다. 그는 벨사살에게 벽에 쓰인 글의 의미를 알려 줄 수 있는 사람이었다(단 5:13-28).

다니엘은 벽에 글을 쓴 손이 하나님의 손임을 밝힌다. 그리고 그 글자는 "**메네, 메네, 데겔, 우바르신**"(단 5:25)이라고 밝혔다. 다니엘은 각 단어를 왕에게 설명한다. **메네**는 "세다"라는 뜻의 동사에서 나온 단어다. 다니엘은 하나님이 벨사살의 날을 세어서 그것을 끝나게 했다는 뜻이라고 말한다. **데겔**은 "저울에 달다"는 동사에서 나온 단어로서 하나님이 왕을 저울에 달아보니 가볍거나 부족했다는 뜻이다. **우바르신**은 "나누다"라는 단어에서 온 것으로 하나님이 벨사살의 왕국을 나누실 것을 의미한다(그리고 왕국은 결국 메대와 바사로 분리된다). 다니엘은 왕이 하늘의 하나님에 맞서 스스로 높아졌고, "보지도 듣지도 알지도 못하는 금, 은, 구리, 쇠와 나무, 돌로 만든 신상들을 찬양하고 도리어 왕의 호흡을 주장하시고 왕의 모든 길을 작정하시는 하나님께는 영광을 돌리지 아니"(단 5:23)했기 때문에 왕국을 빼앗길 것이라고 담대하게 말한다. 하나님은 그러한 행위를 절대로 가볍게 여기지 않으신다. 따라서 벨사살은 우상을 숭배한 행위로 심판을 받을 것이다! 그리고 바로 그날 벨사살은 살해당하고 만다(단 5:30). 이후 메대 사람 다리오가 왕국을 차지한다(단 5:31). 이 사건으로 주전 539년부터 바사 제국 시대가 열린다.

▶▶▶ 구약 연대표

이제 바사 제국 시대로 넘어왔다. 연대표 뒤편에서 곰으로 나타난 바사 왕국에 대해서 요약된 내용을 살펴보기 바란다. 이 시대 유명한 바사 왕으로는 고레스 2세(주전 559-539), 캄비세스 2세(주전 530-522), 다리오 1세(히스타스피스, 주전 522-486), 크세르크세스 1세(아하수에로, 주전 486-465), 아닥사스다 1세(주전 465-424) 등이 있다.

• 다니엘이 사자 굴에 던져지지만 해를 입지 않다

벨사살 왕이 죽임을 당한 후에도 다니엘은 나라에서 높은 지위를 받는다(단 6장). 메대 사람 다리오라는 호칭은 아마도 고레스 왕의 다른 이름일 것이다. 다리오는 차츰 통치 기반을 강화해 나간다(단 6:1-3). 그리고 다니엘이 다른 사람들에 비해 뛰어났기 때문에 다리오 왕은 그를 세워 전국을 다스리게 하려고 한다(단 6:3). 그러자 왕의 고관들은 다니엘을 질투하여 그에게서 흠을 찾는다. 하지만 다니엘은 신실한 사람이었기 때문에 고소할 거리를 전혀 찾을 수 없었다. 그러자 그들은 기도하는 문제로 다니엘을 공격하려고 한다(단 6:4-5). 그들은 다리오 왕에게 30일 동안 누구든지 왕 외의 어떤 신에게나 혹은 사람에게 무엇을 구하면 사자 굴에 던져 넣는 금령을 세우자고 설득한다. 다니엘은 왕이 그 금령에 도장을 찍었다는 소식을 듣고도 집에 가서 평소처럼 기도한다. 성경은 다니엘이 "자기 집에 돌아가서는 윗방에 올라가 예루살렘으로 향한 창문을 열고 전에 하던 대로 하루 세 번씩 무릎을 꿇고 기도하며 그의 하나님께 감사하였더라"(단 6:10)

라고 전한다. 새로운 법에 따르면 다니엘의 행동은 죽음에 해당하는 것이었다. 하지만 다니엘은 기도하는 일을 멈추지 않았다. 다니엘은 여호와 하나님을 섬기는 참된 예배자로서 하나님이 자신을 도우시는 유일하신 분이라는 사실을 알았다. 따라서 목숨이 위험한 상황에서도 다니엘은 자신의 하나님께 기도했다. 이야말로 참되시고 유일하신 하나님이 살아 계시다는 사실을 아는 겸손한 하나님의 종이 취해야 할 자세다. 다리오 왕의 대신들은 다니엘이 기도하는 것을 보고 이를 다리오 왕에게 알린다. 그 결과 다니엘은 사자 굴에 던져진다(단 6:16-18). 그렇지만 하나님은 천사들을 보내셔서 다니엘을 보호해 주셨고, 다니엘은 아무 해도 입지 않은 채 기적적으로 풀려난다. 사람들은 이스라엘의 하나님께 영광을 돌렸고, 다리오 왕도 다니엘의 하나님이 살아 계신 하나님이심을 선포한다(단 6:26-27).

• 다니엘의 자복 기도

다리오 왕의 통치 첫해인 주전 539년, 다니엘은 예레미야 선지자의 글을 읽고 그 예언으로부터 포로 기간이 70년간 지속될 것을 깨닫는다(단 9:2; 렘 25:11-12, 29:10 참고). 따라서 황폐했던 시간은 곧 끝이 날 것이다. 다니엘은 기도하기 시작한다. 다니엘이 기도한 이유는 오래전에 하나님이 약속하셨기 때문이다. 모세의 때에 하나님이 이스라엘 자손에게 율법을 지키지 않으면 언약에 따라 저주가 그들에게 임할 것이라고 말씀하셨던 사실을 기억할 것이다(레 26:14-39). 하나님은 이스라엘 자손을 그 땅에서 제하실 것이고, 땅은 안식할 것이라고 하신다(레 26:34-35, 43). 그렇지만 하나님은 자기 백성이 포로로 있을 때, 그들이 자기 죄를 자복하면 그들을 회복해 주실 것이라고도 약속하셨다. 하나님은 다음과 같이 모세에게 말씀하셨다.

> 그들이 나를 거스른 잘못으로 자기의 죄악과 그들의 조상의 죄악을 자복하고 또 그들이 내게 대항하므로 나도 그들에게 대항하여 내가 그들을 그들의 원수들의 땅으로 끌어 갔음을 깨닫고 그 할례 받지 아니한 그들의

마음이 낮아져서 그들의 죄악의 형벌을 기쁘게 받으면 내가 야곱과 맺은 내 언약과 이삭과 맺은 내 언약을 기억하며 아브라함과 맺은 내 언약을 기억하고 그 땅을 기억하리라 그들이 내 법도를 싫어하며 내 규례를 멸시하였으므로 그 땅을 떠나서 사람이 없을 때에 그 땅은 황폐하여 안식을 누릴 것이요 그들은 자기 죄악의 형벌을 기쁘게 받으리라(레 26:40-43)

다니엘은 예레미야서를 읽으면서 포로 기간이 곧 끝이 나리라는 사실을 깨달았다. 따라서 그는 기도하며 자기 백성의 죄를 자복하기 시작한다. 다니엘의 기도를 보면 하나님이 그 역사를 통하여 자기 백성을 어떻게 만지셨는지 개괄적으로 이해할 수 있으며, 그들이 왜 현재 포로가 되었는지 그 이유도 파악할 수 있다. 시간을 내서 이 기도문을 꼭 읽어 보기 바란다(단 9:4-19). 그러면 구약 성경의 줄거리를 살펴보는 데도 도움이 되고 하나님의 은혜로우신 성품을 다시 한 번 깨달을 것이다. 그 일부를 옮겨 보도록 한다.

내 하나님 여호와께 기도하며 자복하여 이르기를 크시고 두려워할 주 하나님, 주를 사랑하고 주의 계명을 지키는 자를 위하여 언약을 지키시고 그에게 인자를 베푸시는 이시여 우리는 이미 범죄하여 패역하며 행악하며 반역하여 주의 법도와 규례를 떠났사오며 …… 주 우리 하나님께는 긍휼과 용서하심이 있사오니 이는 우리가 주께 패역하였음이오며 우리 하나님 여호와의 목소리를 듣지 아니하며 여호와께서 그의 종 선지자들에게 부탁하여 우리 앞에 세우신 율법을 행하지 아니하였음이니이다 온 이스라엘이 주의 율법을 범하고 치우쳐 가서 주의 목소리를 듣지 아니하였으므로 이 저주가 우리에게 내렸으되 곧 하나님의 종 모세의 율법에 기록된 맹세대로 되었사오니 이는 우리가 주께 범죄하였음이니이다(단 9:4-5, 9-11)

다니엘은 하나님이 행하시는 모든 일이 참으로 공의로우신(단 9:14, 16)

반면, 그 백성들은 죄를 범하고 악하게 행했다(단 9:14-15)는 사실을 인정한다. 심지어 남은 자들도 공의로움이 결여되어 있었다. 다니엘은 자신이 살아 계신 하나님께 기도한다는 것을 알고 있었다. 따라서 그는 기도 드리며 하나님께 귀를 기울여 들어 주시고 눈을 떠서 봐 달라고 간청한다(단 9:18). 다니엘은 하나님의 백성이 저지른 죄악을 잘 알고 있었다. 따라서 다니엘은 이 백성이 의롭기 때문이 아니라, 하나님의 큰 긍휼을 의지하여 간구하는 것이라고 한다(단 9:18). 우리는 지금까지 구약을 연구하면서, 금송아지 이야기로부터 시작하여 이스라엘이 유지될 수 있었던 것은 하나님의 긍휼과 자비하심 때문이라는 사실에 주목했다. 마찬가지로 다니엘도 하나님의 긍휼하심에 호소한다. 그리고 하나님의 이름을 위하여 하나님의 백성을 용서해 달라고 간구한다.

다니엘이 기도하며 이스라엘의 죄를 자복하는 동안 가브리엘 천사는 기도 응답을 가지고 그에게 온다. 하나님은 다니엘에게 지혜와 총명을 주어 깨닫게 하시려고 가브리엘을 보내신다. 천사는 다니엘에게 기도를 시작했을 때부터 이미 명령이 내렸다고 말한다. 그리고 천사는 다니엘에게 앞으로 있을 일들을 보여 준다. 즉 명령을 내리신 그때부터 "네 백성과 네 거룩한 성을 위하여 일흔 이레를 기한으로 정하였나니 허물이 그치며 죄가 끝나며 죄악이 용서되며 영원한 의가 드러나며 환상과 예언이 응하며 또 지극히 거룩한 이가 기름 부음을 받으리라"(단 9:24)라는 말씀이었다. 이는 기름 부음 받은 자, 즉 메시아가 오시기 전까지의 시간을 말하는 것이었다(단 9:25). 이 말씀은 참으로 충격적인 선언이었다. 이제 앞으로 이스라엘의 죄가 극에 달하게 되는데도 하나님은 죄를 용서하시며, 영원한 의를 드러내실 것이라고 말씀하시기 때문이다. 선지자들의 환상이 성취될 것이고 지극히 높은 자가 기름 부음을 받을 것이다. 우리는 이러한 선포의 말씀을 보면서 정해진 때에 여호와가 자기 아들을 세상에 보내셔서 이루어 주실 모든 것을 기대한다.

이렇게 하나님은 다니엘에게 하나님이 죄의 문제를 해결해 주실 것이라고 보여 주신다. 하지만 즉시 그렇게 되는 것은 아니다. **포로 시대**는 다니엘이 처음 예상했던 것보다는 오래 지속될 것이다. 가브리엘은 그 "일흔 이레"가 끝나면, 기름 부음 받은 자가 고난을 받고 끊어져 없어질 것이라고 말한다(단 9:26). 그리고 그는 많은 사람과 언약을 맺고 제사를 금할 것이다(단 9:27). 이 구절들은 성경에서도 가장 어려운 구절이다(따라서 다양한 해석이 존재한다). 하지만 중요한 사실은 가브리엘이 다니엘에게 미래에 있을 일을 깨닫게 했고, 일정한 기간이 흐른 뒤에 메시아로 오실 왕을 통해 죄가 해결되고 영원한 의로움이 세워지리라는 것이다. 이제 하나님의 백성 중 일부가 곧 돌아온다. 하지만 이때에는 선지자들이 고대한 완전한 회복이 실현되지는 않을 것이다. 우리는 메시아가 오실 것을 기다려야 할 것이다. 왜냐하면 메시아의 죽음만이 죄의 문제를 해결하고 영원한 공의를 세우실 것이기 때문이다. 하지만 그러한 와중에서도 하나님의 백성 일부는 곧 예루살렘에 돌아와서 성전을 재건할 것이다.

다음 장으로 넘어가기 전에 다니엘서를 꼭 읽어 보기 바란다. 다니엘이 주전 539년 기도한 후에 일어났던 일들은 **성전 시대**로 이어진다. 왜냐하면 다니엘의 자복 기도는 구약에 나타나는 하나님의 구속 계획의 마지막 단계를 열기 때문이다. 이제 에스라, 느헤미야, 에스더 및 학개, 스가랴, 말라기 선지자로 넘어가서 구약 이야기의 마지막 국면에 어떤 일이 일어나는지 알아보도록 하자.

9장 성전 시대

Temple

구약의 이 마지막 시대를 공부할 때 반드시 연대표를 참고하기 바란다. 연대표를 보면 역사서(에스라서, 느헤미야서, 에스더서)와 예언서(학개서, 스가랴서, 말라기서)가 포함된 구약 성경의 마지막 책들을 읽는 데 도움이 될 것이다. 이 마지막 시대에 통치한 바사 왕들은 여럿이 있다. 왕들이 다른 이름을 쓰는 경우가 있기 때문에 혼란스러울 수 있다. 그렇지만 연대표 뒤편에 왕들의 이름과 연도가 기록되어 있으니 참고하면 된다. 또한 이 시대를 상징하는 그림의 의미도 제대로 파악해야 한다. **시내 시대**와 **왕정 시대**에 나온 성전 그림을 보면 하나님의 임재를 상징하는 구름이 성전 위에 머물러 있다. 하지만 이와 대조적으로 이 시대의 성전 그림에는 구름이 없다. 구름이 없다는 것은 이때에는 아직 하나님의 임재가 회복되리라는 약속이 온전히 이루어지지 않았음을 의미한다. 이는 하나님의 백성이 하나님이 약속하신 것을 이루어 주시기를 기대하고 있다는 점을 상기시킨다. 이 시대의 핵심 인물은 스룹바벨, 여호수아, 학개, 스가랴, 에스라, 느헤미야, 말라기가 있다. 그리고 가장 중요한 바사 왕들로는 고레스, 다리오, 아닥사스다가 있다.

미리 보는 성전 시대

구약 성경의 마지막 시대는 **성전**이라고 명명했다. 그 이유는 이 시기에 하나님의 백성이 포로로 잡혀갔다가 돌아와 예루살렘에 성전을 재건하기 때문이다. 하나님은 자신이 기름 부어 이스라엘의 목자로 삼으신 바사 왕 고레스를 일으키셔서 회복 계획을 성취하게 하신다. 주전 539년에 고레스 왕은 바벨론을 무너뜨린다. 그러고 나서 유대인들이 예루살렘에 돌아가도 좋다는 칙령을 공포한다. 주전 538년에 유다 총독 세스바살과 함께 유대인 무리가 처음으로 귀환한다. 여호야긴 왕의 손자인 스룹바벨과 대제사장인 여호수아의 지도 아래 성전 건축이 시작되었는데, 반대하는 세력이 있어 재건축이 잠시 중지되었다. 바사 왕 다리오의 통치 두 번째 해인 주전 520년에 하나님은 학개와 스가랴 두 선지자를 부르셔서 하나님의 백성을 격려하여 성전 건축을 마무리하도록 하신다. 백성들은 적대적인 환경 때문에 낙심한다. 하지만 선지자들은 하나님의 영광스러운 임재가 다시 한 번 하나님의 집을 채우실 것이고, 예루살렘이 모든 민족에게 축복의 장소가 되리라고 선포한다. 하나님이 기름 부으신 다윗 자손의 왕이 겸손하게 나귀를 타고 예루살렘에 오실 때, 큰 기쁨이 있을 것이다. 어려운 때도 있겠지만 하나님의 통치는 승리하실 것이다. 예루살렘 성전은 스룹바벨과 여호수아의 지도 아래 주전 516년 완공된다. 이렇게 다윗의 후손과 제사장이 조화를 이루어 협력한다. 하지만 하나님의 임재가 돌아오실 것이라는 징조는 없다. 그리고 선지자들이 약속한 회복은 현실과 동떨어진 것이었다.

포로로 잡혀 온 수많은 유다인들이 바벨론과 바사의 다른 도시들에서 살아간다. 바사 왕 아하수에로(크세르크세스, 주전 486-465)가 통치하던 시절 에스더라는 젊은 이스라엘 여인이 왕비가 된다. 하만이라는 고위 관리는 에스더의 친척 모르드개가 자신에게 경의를 표하지 않았다는 이유로 수산에 있는 하나님의 백성을 모조리 죽이려는 계획을 세운다. 하지만 하나님은 섭리로 자기 백성을 지키시고 보전하신다. 부림절은 그들이 구원받은 것을 경축하는 절기다.

주전 458년 제사장이자 서기관인 에스라의 지도 아래 2차로 포로들이 귀환한다. 주전 465-424년에 재위한 바사 왕 아닥사스다는 에스라를 후원하여 다른 포로들과 함께 안전하게 예루살렘으로 귀환하도록 조치를 취한다. 에스라는 하나님의 말씀을 연구하고 가르치는 일에 헌신한 사람으로서, 언약 공동체가 신실하게 행하지 않음을 보고서 하나님의 백성에게 하나님께 돌아가 하나님의 율법에 순종할 것을 요구한다. 예루살렘에서 이러한 일이 벌어지는 동안에 느헤미야라는 사람이 수산에 살고 있었다. 그는 아닥사스다 왕의 술을 맡은 관원이었다. 느헤미야는 예루살렘의 성벽이 황폐해졌다는 소식을 듣고 크게 괴로워한다. 그는 기도 중에 하나님께 의지하면서 아닥사스다 왕에게 자신이 예루살렘으로 돌아가는 것을 허락해 달라고 요청한다. 하나님이 그와 함께하셨기 때문에 왕은 그의 요청을 호의적으로 받아들였고, 주전 445년에는 느헤미야도 예루살렘으로 돌아온다. 그리고 하나님의 도우심으로 수리 작업을 마무리한 뒤에 성벽을 봉헌한다. 그때는 큰 기쁨과 감사가 있었다. 에스라는 느헤미야와 합세하여 하나님의 백성으로 하여금 언약을 새롭게 맺도록 한다. 그래서 백성들은 죄를 자복하고 하나님의 율법을 따르겠다고 헌신한다. 느헤미야는 예루살렘에 12년 동안 머물다가 주전 433년에 수산으로 돌아간다. 하지만 그가 나중에 예루살렘에 돌아왔을 때, 하나님의 백성들은 다시 율법을 따르지 않고 있었다. 이렇게 에스라 아래에서 일어난 종교 개혁은 오래 지속되지 못했다.

이 시대의 마지막 선지자는 말라기다. 그는 구약 성경의 마지막 시기에 사역한 인물이었다. 선지자들이 약속한 영광스러운 회복이 아직 이뤄지지 않았다는 것은 엄연한 사실이었다. 비는 내리지 않았고, 곡식은 떨어졌으며, 땅은 충분한 소산을 내지 못했다. 악한 자들이 번성하는 것처럼 보였으며, 하나님의 백성은 이스라엘 땅에 살고는 있지만 여전히 바사 왕국의 통치 아래 노예 상태로 있었다. 이 실망스럽고 부정적인 상황 때문에 이스라엘은 하나님의 사랑과 정의를 의심한다. 어떤 이들은 여호와를 섬기는 것이 헛되다고 결론 내린다. 말라기는 하나님의 백성에게 하나님의 신실하심과 변함없는 사랑을 증명하는 것으로 이에 답한다. 말라기는 하나님의 정의에 문제가 있는 것이 아니라 이스라엘이 신실하지 못한 것이 문제라고 주장한다. 말라기는 그 언약 공동체에게 그들이 지은 죄를 알게 했다. 특별히 하나님의 율법을 따르지 않는 제사장들의 타락을 폭로했다. 말라기는 하나님이 오시면 이스라엘의 죄를 보시고 심판하실 수밖에 없기 때문에 늦게 오시는 것이라고 말한다. 말라기는 하나님이 반드시 돌아오실 것이지만, 축복이 아닌 정결하게 하는 심판과 함께 오실 것이라고 선포한다. 하지만 하나님은 돌아오시기 전에 선지자 엘리야를 보내셔서 주님의 길을 예비하게 하실 것이다.

구약은 하나님의 백성이 하나님이 옛적에 약속하신 것들을 성취하시며 돌아오시기를 고대하는 모습으로 마무리된다. 그들은 하나님이 언약 백성을 회복하시고, 자신들의 죄를 용서받을 수 있는 결정적인 방법을 주시고, 다윗 자손의 왕을 예루살렘 왕위에 세우시며, 이스라엘의 대적들에게 심판을 내리시며, 땅끝까지 구원을 허락해 주시기를 기다렸다. 구약 성경에서 하나님이 자기 백성에게 마지막으로 주신 말씀은 반드시 오신다는 것이었다. 그들은 엘리야의 영과 능력으로 회개를 촉구하는 자의 소리를 들으면 하나님이 곧 임하신다는 것을 알 것이다. 엘리야와 같은 예언자가 먼저 온 후에 여호와가 직접 자기 백성에게 돌아오셔서 모든 것을 회복하실 것이다. 400년 후 광야에 외치는 소리가 있어 "주의 길을 예비하라"라고 했다. 이는 여호와가 자기 백성에게 돌아오셔서 모든 것을 회복시키겠다는 신호였다.

◆ 주전 539년 고레스(바사 제국) 왕이 바벨론을 무너뜨리다

바벨론 왕국이 멸망하리라는 다니엘의 예언을 기억할 것이다(단 2:7). 예언대로 바벨론의 성읍은 바사 군대에 함락당하고 벨사살이 죽임을 당한다. 즉, 다니엘이 아직 바벨론의 궁전에서 섬기던 와중에 바벨론은 멸망당하고 만 것이다(단 5장; 렘 50-51장 참고). 이 사건은 다니엘의 환상에서 날개 달린 사자에 해당하던 바벨론 왕국의 멸망(단 7:4)과 환상에서 곰으로 나타난 바사 왕조의 출현(단 7:5)을 동시에 나타낸다. 바사 왕 고레스의 등장은 오래전에 이사야 선지자가 이미 예견했다는 사실을 알아야 한다. 이사야는 고레스 왕이 하나님의 기름 부음을 받은 목자로서, 예루살렘을 회복시키고 성전을 재건하도록 정해진 자라고 선포한다. 이사야는 유다에게 예루살렘에 대한 하나님의 계획을 말해 주면서 유다를 회복하시겠다는 하나님의 계획을 선포한다.

> 그의 종의 말을 세워 주며 그의 사자들의 계획을 성취하게 하며 예루살렘에 대하여는 이르기를 거기에 사람이 살리라 하며 유다 성읍들에 대하여는 중건될 것이라 내가 그 황폐한 곳들을 복구시키리라 하며 깊음에 대하여는 이르기를 마르라 내가 네 강물들을 마르게 하리라 하며 고레스에 대하여는 이르기를 내 목자라 그가 나의 모든 기쁨을 성취하리라 하며 예루살렘에 대하여는 이르기를 중건되리라 하며 성전에 대하여는 네 기초가 놓여지리라 하는 자니라(사 44:26-28)

이사야는 하나님이 고레스를 일으켜 하나님의 목적을 이루실 것을 오래전에 예언했다(사 45:1-8). 그리고 하나님이 고레스의 길을 예비하시기 때문에 고레스가 열방을 정복하고, 모든 백성은 여호와가 하나님이심을 알 것이라고 한다. 성경은 하나님이 세상의 왕으로서 하늘에 좌정하신다고 단언한다(시 29:10, 93:1, 99:1; 사 40:22). 하나님은 자신의 입을 통해서 말씀하신 대로, 뜻하신 모든 것을 하늘에서 강력하게 이루실 것이다(사 55:10-

11). 따라서 우리는 고레스 왕의 통치를 보면서 비록 이 땅의 왕이 여호와를 모른다고 하더라도 하나님은 이 땅의 왕들을 사용하셔서 자신의 위대한 목적을 이루신다는 사실을 깨닫는다(출 5:2; 사 45:5).

◆ 고레스가 이스라엘 자손이 예루살렘에 귀환하는 것을 허락하다

고레스는 하나님이 정하신 새로운 바사의 통치자였다. 성경은 지명을 받은 자, 위임을 받은 자, 기름 부음을 받은 왕이라는 일반적인 의미로서 "메시아"라는 용어를 고레스에게 사용한다(사 45:1). 고레스가 집권하자, 하나님은 그의 마음을 움직이셔서 자기 백성들이 예루살렘으로 귀환하도록 하는 왕명을 내리게 하신다. 이렇게 해서 포로 생활이 70년간 지속될 것이며, 그 이후에는 하나님의 백성이 예루살렘에 돌아오리라는 예레미야의 예언이 성취된다(렘 25:11-12, 29:10; 대하 36:20-21 참고). 성경은 이 사건을 다음과 같이 전한다.

> 바사의 고레스 왕 원년에 여호와께서 예레미야의 입으로 하신 말씀을 이루시려고 여호와께서 바사의 고레스 왕의 마음을 감동시키시매 그가 온 나라에 공포도 하고 조서도 내려 이르되 바사 왕 고레스가 이같이 말하노니 하늘의 신 여호와께서 세상 만국을 내게 주셨고 나에게 명령하여 유다 예루살렘에 성전을 건축하라 하셨나니 너희 중에 그의 백성 된 자는 다 올라갈지어다 너희 하나님 여호와께서 함께하시기를 원하노라 하였더라(대하 36:22-23)

하나님의 백성이 포로에서 귀환한 것은 고대 세계에서 보기 드문 일이었다. 이는 오래전에 나타내신 하나님의 계획에 따라 그분의 손으로 하신 일이었다. 에스라서는 고레스의 칙령으로 시작된다(스 1:1-4). 이 칙령은 후에 다리오 왕이 발견하는 바로 그 조서다(스 6:1-5). 이로 인해 그들은 귀환하여 성전을 재건했으며, 느부갓네살이 주전 586년에 약탈했던 거룩한 집기들을 안전하게 가져올 수 있었다(스 6:3-5). 구약 연대표에서 두루마리 그림에 반드시 주목해야 한다. 이 그림의 의미는 연대표 뒤편에 설명되어 있다.

◆ 주전 538년 세스바살의 인도 아래 예루살렘으로 1차 귀환하다

에스라서의 서문은 역대하 36장의 마지막 부분과 거의 일치한다. 이는 **왕정 시대** 이후의 역사가 그대로 에스라서로 이어졌다는 사실을 나타낸다. 1차 귀환은 유다 총독인 세스바살의 인도 아래 주전 538년에 있었다. 이후 주전 458년에 에스라와 다른 사람들이 예루살렘으로 두 번째 귀환하기 때문에 이를 1차 귀환이라고 한다. 1차 귀환 및 그 바로 뒤에 있던 사건들은 에스라서 1-6장에 기록되어 있다(비록 에스라는 1차 귀환자가 아니었지만 말이다). 유다 총독인 세스바살은 주전 538년 예루살렘에 귀환할 때, 느부갓네살이 약탈했던 금과 은으로 된 모든 물품을 가지고 돌아왔다(스 1:5-11). 스룹바벨과 여호수아와 동행했던 귀환자들의 목록은 에스라서 2장에 나온다(그리고 느 7:5-73). 연대표에 스룹바벨의 이름은 파란 색으로 되어 있는데 그 이유는 그가 여호야긴 왕(또는 여고냐, 대상 3:17-19 참고)의 손자로서 유다 계보에서 태어난 자이기 때문이다. 여호수아는 대제사장으로서 요사닥의 아들이었다(스 3:2, 8). 따라서 다윗의 후손들과 제사장의 후손들이 지도자의 위치에 선 것이다. 스룹바벨과 여호수아가 함께 일했다는 것은, 스가랴의 환상처럼 이 두 직무가 제사장 같은 왕에게서 하나로 합쳐질 것을 예견한 것이다(슥 6:11-15; 히 7장 참고).

◆ 스룹바벨과 대제사장 여호수아 지도 아래 성전 건축이 시작되다

스룹바벨과 여호수아의 지도 아래, 예루살렘의 제단이 재건되었고 제사가 회복된다(스 3:1-7). 우리는 백성들을 재건하기 위하여 가장 첫 번째로 필요한 행동이 죄 용서를 구하는 제사를 드리는 것이었다는 사실에 주목해야 한다. 성전의 기초를 놓은 후에 하나님께 감사와 찬양을 드리는데, 옛 성전을 목격했던 나이 많은 제사장들과 레위인들 및 가문의 여러 지도자는 대성통곡을 한다(스 3:8-13). 그렇게 오랜 포로 생활 후에 예루살렘에 제단을 재건하면서 하나님 백성들의 마음에 깊은 감회가 일어났다. 특히 솔로몬이 지은 성전을 기억하는 사람들은 더욱 그러했다.

우여곡절 끝에 성전 재건이 시작되지만 북부 이스라엘로 이주해 온 사람들의 반대에 부딪혀 잠시 중단된다. 이 사람들은 스룹바벨과 여호수아에게 와서는 재건하는 일을 돕겠다고 제안한다(스 4:1-5). 이에 스룹바벨과 여호수아는 "우리 하나님의 성전을 건축하는 데 너희는 우리와 상관이 없느니라 바사 왕 고레스가 우리에게 명령하신 대로 우리가 이스라엘의 하나님 여호와를 위하여 홀로 건축하리라"(스 4:3)라고 말한다. 이 사람들은 성전에서 일하는 사람들을 위협하고 재건 계획을 무산시키기 위해 부단히도 애쓴다. 그 결과 성전 건축은 다리오 왕의 통치 2년 주전 520년까지 잠시 멈춘다(스 4:5, 24). 다리오 왕(히스타스페스)은 고레스 왕의 뒤를 이어 주전 522년부터 주전 486년까지 통치한다(다니엘서에 나오는 메대 사람 다리오와 혼동하시 말 것). 성전 건축은 주전 520년 학개와 스가랴의 예언 사역을 통해서 재개된다.

선지자 학개

하나님은 주전 520년, 다리오 왕 제2년에 학개 선지자를 일으키신다(학 1:1; 스 5:1). 학개는 그해 4개월 동안 예언을 받는다(학 1:1, 15, 2:10, 20). 학개는 포로로 끌려간 이후에 예언을 했기 때문에 포로 후기 선지자로 여겨진다. 하나님의 백성은 불리하게 돌아가는 상황에만 집착하고 있었다. 그들은 성전을 재건하기에 적당한 시기가 아니라고 말했다. 하지만 학개는 다르게 말한다! 학개는 하나님의 집은 황폐하게 남아 있는데, 그들이 자신의 집은 아름답고 번듯하게 지어 놓는다고 꾸짖는다. 학개는 그들에게 먹을 것, 마실 것, 입을 것, 버는 것 모두 넉넉하지 않다는 점을 인정한다. 하지만 그러한 고통을 당하는 이유는 하나님의 집이 폐허 가운데 있기 때문이라고 한다. 하나님은 선지자들이 봤던 영광스러운 미래가 임하지 않는 이유를 직접 설명하시며 다음과 같이 말씀하신다. "너희가 많은 것을 바랐으나 도리어 적었고 너희가 그것을 집으로 가져갔으나 내가 불어 버렸느니라 나 만군의 여호와가 말하노라 이것이 무슨 까닭이냐 내 집은 황폐하였으되 너희는 각각 자기의 집을 짓기 위하여 빨랐음이라"(학 1:9). 학개는 하나님이 하늘로 하여금 이슬을 그치게 하시고, 땅으로 하여금 산물을 그치게 하신 이유는 그 백성들 때문이라고 말한다(학 1:10-11, 2:15-19). 학개는 그들의 소유가 풍족하지 못한 이유는 하나님이 그들의 손으로 하는 일에 축복하지 않으셨기 때문이며, 따라서 그들은 반드시 성전을 재건해야 한다고 설명한다.

◆ 성전 건축을 재개하다

스룹바벨과 여호수아는 하나님의 말씀에 순종하여 백성 중 남은 자들과 함께 성전 건축을 재개한다(학 1:13-14). 하나님은 자기 백성에게 "내가 너희와 함께하노라", 그러니 "스스로 굳세게 하라"라고 말씀하신다(학 1:13, 2:4-5). 학개는 하나님이 모든 약속을 이루어 주시는 날이 올 것이라고 선포한다. 그들은 시작이 보잘것없다고 멸시할 것이 아니라, 창조주 하나님께서 다시 한 번 천지를 진동하실 그날을 바라봐야 했다. 그때에는 모든 나라가 하나님을 예배하러 몰려들어 경배할 것이다. 하나님은 자신의 집을 영광으로 채우실 것이다(학 2:7; 사 2:1-4; 미 4:1-4 참고). 이 새 성전은 이전 성전보다 훨씬 더 영광스러울 것이다. 그렇기 때문에 하나님도 "이 성전의 나중 영광이 이전 영광보다 크리라"(학 2:9)라고 말씀하신 것이다. 이는 매우 고무적이다.

하지만 문제가 있다. 그리고 그 문제는 백성들에게 있었다. 학개는 그 백성들이 부정하다고 선언한다. 학개는 사체를 만진 사람을 부정하다고 하듯이(학 2:13), "내 앞에서 이 백성이 그러하고 이 나라가 그러하고 그들의 손의 모든 일도 그러하고 그들이 거기에서 드리는 것도 부정하니라"(학

2:14)라고 말한다. 이스라엘 족속에게 그들이 부정하기 때문에 하나님의 임재가 성전을 떠나간 것이라고 한 에스겔 선지자의 말을 기억할 것이다(겔 9:20-22, 8:17-18, 10:1-22, 11:22-23). 하지만 에스겔은 회복의 때에 하나님이 자기 백성을 모든 부정함으로부터 정결하게 하셔서 깨끗하게 하실 것이라고 말했다(겔 36:25). 하지만 학개가 여전히 하나님의 백성이 부정하다고 말하는 것을 보면, 아직 그러한 일은 일어나지 않은 것이 분명하다. 하지만 학개는 성전의 기초가 놓이는 때부터, 하나님이 다시 자기 백성을 축복하실 것이라고 선언한다(학 2:19). 하나님의 영이 그들 가운데 머물러 계셨기 때문에 스룹바벨과 여호수아를 비롯한 모든 사람은 힘을 얻어 성전을 재건했다(학 2:4-5). 이러한 희망이 있었기 때문에 그들은 성전 건축에 힘을 낼 수 있었던 것이다. 스가랴 선지자는 하나님의 백성을 더욱 격려한다. 그는 하나님의 영광스러운 임재가 예루살렘에 거하시는 환상을 보았기 때문이었다. 스가랴에 대해서 배우기 전에 학개서를 읽어 보도록 권한다.

선지자 스가랴

하나님은 학개와 동시대 인물인 스가랴 선지자를 부르셔서 자기 백성에게 말씀하신다. 스가랴의 예언 활동은 학개와 마찬가지로 주전 520년, 다리오 왕의 재위 2년부터 시작한다(슥 1:1, 7, 스 5:1). 그렇지만 스가랴는 학개보다 몇 년간 더 예언 사역을 한다(슥 7:1). 스가랴 역시 포로 후기 선지자로 여겨진다. 또한 학개와 같이 스가랴가 받은 계시도 성전 재건이라는 주제에 집중되어 있다. 하지만 스가랴의 환상에는 하늘의 관점이 나타나기 때문에 하나님의 구속 계획의 범위가 어디까지 미치는지를 확인할 수 있다. 선지자가 받은 특별한 환상을 보면, 예루살렘 가운데 하나님의 임재가 거하시면서 예루살렘이 영광을 온전하게 회복할 것에 집중한다. 그러면 예루살렘은 열방에게 복의 근원이 될 것이며, 하나님이 자기 백성에게 뜻하신 역할을 성취할 것이다(슥 1:7-8:23). 하지만 여러 가지 갈등이 있은 후에야 이 영광스러운 회복이 이루어질 것이다. 예루살렘은 공격을 받을 것이고, 한 목자(스가랴가 말한)는 거절을 당하고 죽임을 당할 것이다. 또한 다윗의 집과 예루살렘에는 슬픔이 있을 것이다. 하지만 마침내 하나님은 열방과 싸우셔서 승리를 거두시고 온 땅을 다스리는 왕으로서 통치하실 것이다(슥 9-14장).

• 한 싹이 하나님의 성전을 건축할 것이다

하나님은 스가랴 선지자에게 성전이 재건될 것이라고 밝히신다. 스가랴는 환상 중에 한 천사가 하나님께 묻는 것을 본다. "만군의 여호와여 여호와께서 언제까지 예루살렘과 유다 성읍들을 불쌍히 여기지 아니하시려 하나이까 이를 노하신 지 칠십 년이 되었나이다"(슥 1:12). 이 질문은 70년간 포로 생활을 하고 난 뒤에도 회복이 온전히 실현되지는 않았다는 사실을 나타낸다. 하나님은 천사에게 자신이 예루살렘과 시온을 몹시 질투하시며(슥 1:14), 자기 백성이 망하는 것을 즐거워한 나라들에게 진노하신다고(슥 1:15, 2:8-9) 말씀하신다. 그렇기 때문에 하나님은 "내가 불쌍히 여기므로 예루살렘에 돌아왔은즉 내 집이 그 가운데에 건축되리니"(슥 1:16)라고 말씀하신다. 예루살렘은 그 안에 사람이 많이 거주하므로 성곽이 없는 성읍이 될 것이다. 그리고 하나님의 백성은 하나님이 그들 가운데 거하심으로 노래하고 기뻐할 것이다.

스가랴의 예언은 "기름 부음을 받은" 두 인물, 즉 여호수아와 스룹바벨에 초점을 맞춘다. 이 둘은 성전과 관련하여 핵심적인 지위에 있던 자들이다(슥 3-4장, 6:11-15). 이때 하나님은 스가랴에게 기름이 담긴 등잔대 좌우에 두 감람나무가 있는 환상을 보여 주신다(슥 4:1-3). 기름은 왕과 제사장을 세울 때 사용하는 물품이었고, 당시에 하나님의 영은 지도자에게 임한다고 알려져 있었다(삼상 16:13). 따라서 이를 고려할 때, 감람나무는 두 명의 "기름 부음을 받은" 지도자를 상징한다고 보는 것이 타당하다(슥 4:14). 스가랴가 사역한 시대에는 여호수아와 스룹바벨 두 사람이 총괄하여 성전을 재건하고 있었기 때문에 그 둘은 매우 중요한 역할을 담당하고 있었다(학 1:1, 12-15, 2:1-9, 20-23; 스 3:1-2, 8-11, 스 5:1-5 참고). 여호수아는 여호사닥의 아들로서 대제사장이었다(슥 3:1-10, 6:11-15). 그리고 스룹바벨은 스알디엘의 아들(학 1:1, 14; 스 3:2)로서 여호야긴 왕의 손자였다. 따라서 그는 다윗 왕의 계보를 잇는 자였다(대상 3:16-19; 마 1:12-13). 하지만 이 두 인물에 대한 스가랴의 예언은 성전을 재건하고 있는 이 시대를 넘어서는 것이다. 왜냐하면 스가랴는 하나님의 보좌에서 다스릴 **제사장-왕**의 환상을 봤기 때문이다. 그리고 그렇게 해서 두 직무 간에 평화의 의논이 있을 것이다(슥 6:13).

하나님은 여호수아에게 면류관을 씌우신다. 따라서 대제사장 여호수아라는 인물은 **제사장-왕**이 다스릴 것을 상징적으로 나타낸다고 볼 수 있다(슥 6:11-13). 또한 "싹"이라 하는 인물이 스가랴의 예언에서 나타나는데(슥 3:8, 6:11-13), 이는 바로 성전을 건축할 자다. 싹이라는 이름은 한 "싹"이 이새의 줄기에서 나오리라는(사 11:1-5, 10; 렘 23:5-6, 33:15-16 참고) 이사야의 예언을 연상시킨다. 이렇게 해서 다윗 자손의 왕권이 시야에 등장한다.

아마도 처음에는 다윗의 후손으로 난 왕이 회복되리라는 희망이 스룹바벨과 연관이 있다고 생각했을 것이다(학 2:23). 특히 그가 성전을 재건하는 일에 관여하면서 더욱 그러했을 것이다. 하지만 **제사장-왕**이 보좌에서 다스리는 환상은 오실 메시아("기름 부음 받은 자"라는 의미)에 대한 것이다. 스가랴가 예언한 지 수백 년이 흐르고 나서 히브리서 기자는 예수 그리스도야말로 참으로 다윗의 자손으로 오시는 왕으로서 유다 계보에서 태어난 분이신(히 7:14) **동시에** 완전한 대제사장이라고 말한다(히 3:1-6, 4:14-16). 예수에게서 이 두 직무는 하나로 합쳐진다. 예수는 유다 계보에서 난 다윗의 후손으로서 하나님 나라를 통치하시는 왕이 되실 뿐 아니라, 위대한 대제사장으로서 하나님의 백성에게 하나님의 임재로 직접 나아갈 수 있는 방법을 제시하셨기 때문이다. 스가랴 선지자는 이렇게 앞으로 메시아가 오셔서 하나님의 영원한 왕국을 세우실 때 일어날 일들을 미리 본 것이다.

• 하나님이 자기 백성 가운데 거하실 것이다

스가랴의 환상은 단지 성전 재건에 관한 것만이 아니었다. 그의 환상은 시온이 예전의 영광을 온전하게 회복할 것도 말한다. 예루살렘은 그 안에 많은 사람이 거하기 때문에 성곽이 없는 성읍이 될 것이다. 하나님의 영광이 그 가운데 있기 때문에 하나님이 직접 불로 둘러싼 그 성곽이 되실 것이다. 스가랴는 백성에게 말한다. "시온의 딸아 노래하고 기뻐하라 이는 내가 와서 네 가운데에 머물 것임이라 그날에 많은 나라가 여호와께 속하여 내 백성이 될 것이요 나는 네 가운데에 머물리라 네가 만군의 여호와께서 나를 네게 보내신 줄 알리라"(슥 2:10-11, 8:1-3 참고). 이는 하나님이 예전에 성막(출 25:8)과 성전(왕상 6:13)에서 자기 백성과 함께 거하셨던 것을 생각나게 할 뿐 아니라, 에스겔이 환상으로 봤던 새롭게 건설된 성전에 하나님의 영광이 돌아오리라는 사실을 떠올리게 한다. 이곳이 바로 하나님이 보좌에 앉으실 곳으로서, 자기 백성 가운데 영원히 머무실 곳이다(겔 43:7). 하나님의 임재가 시온에 임한다는 것은 새로운 시대의 시작을 알리는 것으로서, 그때에 예루살렘은 신실한 도시라 일컬음을 받을 것이다. 공의가 그곳을 통치하기 때문에 예루살렘이 신실하다 일컬음을 받는 것이다. 그때에는 세계의 모든 나라와 민족들이 예루살렘에 줄을 지어 와서 여호와 하나님을 찬양할 것이다. 그들도 "하나님이 너희와 함께하심"을 들었기 때문이다(슥 8:20-23).

성전은 주전 516년에 완공된다. 그렇지만, 스가랴가 환상으로 보았던 회복은 완전하게 이루어지지 않는다. 성전을 봉헌할 때도 하나님의 영광스러운 임재가 그곳에 돌아왔다는 징조는 나타나지 않는다(스 6:13-18). 솔로몬 성전에 있던 집기들 중 일부는 돌아왔지만 아직 언약궤는 그들에게 없었다. 궤는 하나님의 보좌 및 여호와가 자기 백성 가운데 거하시는 장소를 상징한다. 스가랴는 하나님이 자기 백성과 함께 거하실 것이라고 선포했다. 하지만 임마누엘, 즉 "하나님이 우리와 함께하신다"라는 이름으로 불릴 그분에 대한 이야기를 들으려면 아직 수백 년이 더 지나야 한다. 이렇게 구약은 왕의 귀환을 기다리는 것으로 마무리된다.

◆ 구원을 베푸실 왕이 나귀를 타고 오실 것이다

스가랴가 하나님의 보좌에서 다스리실 **제사장-왕**의 통치에 대해서만 이야기한 것은 아니다(슥 6:11-15). 스가랴는 백성들에게 하나님이 이스라엘의 원수들과 싸우실 때, 그들의 왕이 예루살렘으로 입성하실 것이라는 말씀도 전한다(슥 9장). 남왕국의 왕은 주전 586년을 마지막으로 사라졌기 때문에 주전 586년 이후로는 다윗의 후손으로 난 왕이 없었다는 사실을 명심해야 한다. 메시아가 오시기 전 **대망의 시대** 동안에, 이스라엘은 전쟁터가 될 것이다. 이 땅의 왕들이 하나님의 백성을 장기판의 졸처럼 이리저리 아무렇게 취급할 것이다. 하지만 스가랴는 여호와가 일어나셔서 자기 백성을 지키실 날이 올 것이라고 선포한다. 다윗의 자손으로 오실 그 의로운 왕이 등장하여 구원과 평화를 베푸실 때, 사람들은 하나님이 도래하셨음을 볼 것이다. 그의 주권은 땅끝까지 미칠 것이다. 스가랴는 왕이 임하실 그때를 비길 데 없이 즐거운 순간으로 묘사한다.

> 시온의 딸아 크게 기뻐할지어다 예루살렘의 딸아 즐거이 부를지어다 보라 네 왕이 네게 임하시나니 그는 공의로우시며 구원을 베푸시며 겸손하여서 나귀를 타시나니 나귀의 작은 것 곧 나귀 새끼니라 내가 에브라임의 병거와 예루살렘의 말을 끊겠고 전쟁하는 활도 끊으리니 그가 이방 사람에게 화평을 전할 것이요 그의 통치는 바다에서 바다까지 이르고 유브라데 강에서 땅끝까지 이르리라 …… 이날에 그들의 하나님 여호와께서 그들을 자기 백성의 양 떼같이 구원하시리니 그들이 왕관의 보석같이 여호와의 땅에 빛나리로다(슥 9:9-10, 16)

하나님이 기름 부으신 자가 구원을 이루시면서 시온의 기쁨이 실현될 것이다. 스가랴는 그분이 참으로 다윗의 자손으로 오실 왕으로서 나귀를 타고 한때 버림받았던 성읍으로 돌아오신다고 묘사한다. 나귀를 타고 오실 그 왕은 다윗의 자손으로 오신 적통 왕으로서 자신의 왕위를 되찾으실 것이다. 그는 하나님의 적들을 섬멸하고 열방에 평화를 전할 것이다. 그의 주권은 이 세상 끝까지 미칠 것이다. 그날에 여호와는 자기 백성을 구하실 것이고, 그들은 여호와의 양 떼가 될 것이다.

스가랴가 예언한 지 500년 후, 다윗의 자손이신 예수는 예루살렘으로 입성하실 때 두 제자에게 명하여 가서 나귀를 가져오라고 하신다. 예수는 나귀를 타고 예루살렘에 입성하시면서 의도적으로 스가랴서 9장의 심상을 불러일으키신 것이다. 사복음서 저자들이 모두 이 사건을 포함시켰다는 점에서 이 장면의 중요성이 잘 드러난다. 예를 들어, 마태는 "시온 딸에게 이르기를 네 왕이 네게 임하나니 그는 겸손하여 나귀, 곧 멍에 메는 짐승의 새끼를 탔도다 하라 하였느니라"(마 21:5)라고 한다. 그렇게 해서 마태는 이 일이 선지자의 예언을 이루기 위하여 일어났다는 점에 주목하면서, 이 사건에 중요한 의미가 있음을 확언한다. 스가랴 선지자는 그 멀리서 바로 이 장면을 목격했던 것이다. 하지만 **성전 시대**와 **대망의 시대**에 하나님 백성은 하나님이 약속하신 것을 이루어 주시기까지 기다려야만 했다.

• 예루살렘이 모든 나라에게 복이 될 것이다

스가랴는 하나님이 예루살렘에 돌아오실 때 많은 나라가 그의 백성이 될 것이라고 선포한다(슥 2:10-11, 8:13-15, 20-23). 이는 스가랴서의 핵심 주제다. 왜냐하면 하나님이 천하를 다스리시는 왕이 되실 것이기 때문이다(슥 14:9-21). 이제 우리는 아브라함의 씨를 통해서 모든 민족이 복을 받게 하시려고 하나님이 아브라함에게 복을 주셨다는 사실을 잘 알고 있다(창 12:3, 18:18, 22:18, 26:4, 28:14). 하나님은 예루살렘을 모든 나라의 가운데에 두셔서(겔 5:5) 그들이 예루살렘을 보고 하나님께 영광을 돌리게 되기를 바라셨다(신 4:6-8; 겔 16:14). 우리는 또한 하나님의 종으로서 이스라엘이 해야 할 가장 중요한 역할은 야곱을 회복하고 이방인들에게 빛이 되어, 이방인들도 하나님의 백성이 되게 하는 것이라는 사실도 알고 있다. 하지만 주전 586년에 하나님이 이스라엘에 저주를 내리시면서 하나님의 백성은 민족들에게 복이 되기는커녕 두려움과 조롱의 대상이 되었다. 주위 나라들은 하나님의 분노를 보고서 절대로 하나님의 백성이 되지 말아야겠다고 생각했다. 이렇게 해서 하나님의 옛 약속은 실현되지 않는 것처럼 보인다.

하지만 하나님은 언젠가 자기 백성을 구원하셔서 하나님의 백성이 모든 나라에게 저주가 되는 것이 아니라 복이 되게 하실 것이라고 스가랴에게 말씀하신다(슥 8:12-13, 14:11). 예루살렘은 나라들이 "유다 사람 하나의 옷자락을 잡을 것이라 곧 잡고 말하기를 하나님이 너희와 함께하심을 들었나니 우리가 너희와 함께 가려 하노라 하리라"(슥 8:23)라고 할 정도로 복을 받을 것이다. 그날에는 스가랴가 예전에 받은 환상에서 "그날에 많은 나라가 여호와께 속하여 내 백성이 될 것이요 나는 네 가운데에 머물리라 네가 만군의 여호와께서 나를 네게 보내신 줄 알리라"(슥 2:11; 사 2:2-4; 미 4:1-5; 겔 37:27-28)라고 말했던 것처럼, 많은 나라가 여호와를 찾으러 올 것이다. 다른 예언서와 마찬가지로 스가랴서는 메시아가 오시면서 일어날 미래의 사건들을 묘사한다. 이스라엘을 대표하시는 분인 메시아가 아브라함의 복이 이방인들에게까지 미치게 하기 위하여(갈 3:13-14) 모세 언약의 십자가를 스스로 지실 때, 역사를 통한 하나님의 구속 계획이 실현된다. 따라서 바로 예수를 통해 하나님의 구원 활동이 완수될 것이다. 왜냐하면 결국 예수가 "아브라함의 자손"(갈 3:16, 19)이시며 "약속하신 자손"(갈 3:19)이기 때문이다. 모든 사람은 모든 민족을 구원하셔서 하나님을 경배하고 찬양하게 하시려는 하나님의 계획을 볼 것이다(사 2:2-4, 66:18-21; 단 7:9-14; 계 5:6-13, 15:3-4). 그때 스가랴 선지자도 하나님이 모든 나라를 통치하신다는 사실을 증명하는 구름같이 허다한 증인들 무리에 합류할 것이다.

• 마지막 날

스가랴에 대한 연구를 마치기 전에 스가랴서의 마지막 장들은 전쟁이 수반되는 격동하는 시대를 묘사하고 있다는 점을 알아야 한다. 그 전쟁은 단지 하나님이 이방 민족을 심판하여 자기 백성을 구하시는 내용(슥 9-10장)뿐 아니라, 예루살렘이 공격받는 내용도 담고 있다. 스가랴의 예언은 하나님이 일으키시는 한 목자에 초점을 두고 있는데, 그가 거절당하고 죽임을 당할 때 다윗의 족속은 마치 외아들을 잃은 것처럼 그를 애도할 것이다(슥 11-13장). 이러한 예언들은 하나님의 목자가 자신의 양을 위해 목숨을 내놓지만 거절당하고 죽임을 당할 것을 미리 보여 주신 것이다. 하지만 이 격동하는 시대에도 하나님은 나라들에게 승리를 거두실 것이고, 결국 왕이 되셔서 온 땅을 다스리실 것이다(슥 14장). 하나님은 스가랴에게 십자가도 보여 주셨으며, 마지막 회복이 일어나 하나님의 통치가 온 땅에 미칠 것도 보여 주셨다. 메시아가 오시면서 이러한 회복이 시작되기는 하지만, 메시아가 다시 오시기 전까지는 회복이 온전하게 이루어지지 않는다. 스가랴는 하나님이 천하의 왕이 되셔서 통치하시는 목적을 향해 역사가 나아가고 있음을 깨닫는다(슥 14:9).

▶▶▶ 구약 연대표

연대표를 보면 스가랴의 이름 옆에 나귀를 탄 한 남자의 그림이 보인다. 이는 스가랴가 예언한 다윗 자손의 왕이 오실 모습을 나타낸다. 연대표 뒤편에 이 그림에 대한 설명이 있다. 에스라서로 돌아가기 전에 스가랴서를 읽어 보기를 권한다.

◆ 주전 516년에 성전이 재건되다

학개와 스가랴의 사역을 통해 성전을 재건하려는 움직임이 다시 힘을 얻는다(스 5:1-3). 하지만 이번에도 반대 세력이 등장한다. 바사의 총독인 닷드내는 다른 관료들과 함께 예루살렘에 와서 누가 성전을 재건해도 좋다는 재가를 내렸는지 확인한다. 백성들은 고레스 왕이 성전을 재건하도록 허락하는 조서를 내렸다고 말한다. 닷드내는 다리오 왕에게 편지를 보내(스 5:7-17) 그들이 한 말을 전한다. 그러자 다리오 왕은 고레스 왕이 내렸던 조서를 찾아낸 뒤에 닷드내와 관리들에게 편지를 보내 조서를 발견했으니 재건하는 일을 방해하지 말라고 알린다. 그리고 다리오 왕은 직접 조서를 내려(스 6:8-12) 닷드내와 관료들에게 성전 재건에 필요한 재원을 왕의 세금으로 충당할 것과, 이 명령을 어기는 자는 그 집의 들보를 뽑아서 그 위에 매달아 죽이라고 엄명을 내린다! 이렇게 해서 1차 귀환은 주전 516년에 성전이 완공되는 것으로 마무리되었다. 이는 학개와 스가랴의 권면을 따랐기에 가능한 일이었다(스 6:14-15).

성전을 완성한 다음 달, 포로로 잡혀갔다가 돌아온 자들은 매우 기뻐하며 유월절을 지켰다. 비록 이스라엘의 일부가 귀환했을 뿐이지만, 그 사실만으로도 주위 민족들에게는 하나님의 능력이 나타난 증거가 되었다. 이스라엘이 처음으로 애굽에서 탈출할 때에 "수많은 잡족"(출 12:38)이 그 무리에 합류했던 것처럼, 포로 귀환 후 첫 유월절 때에도 "사로잡혔다가 돌아온 이스라엘 자손과 자기 땅에 사는 이방 사람의 더러운 것으로부터 스스로를 구별한 모든 이스라엘 사람들에게 속하여 이스라엘의 하나님 여호와를 찾는 자들"(스 6:21)이 함께 참여했다. 재건된 성전은 제2 성전으로 알려져 있다. 제1 성전은 솔로몬이 지은 것으로서 주전 586년에 파괴되었기 때문이다. 제2 성전은 이후 몇백 년 동안 예루살렘에 존속하다가 70년에 로마에 의해 파괴된다.

학개와 스가랴는 하나님의 영광이 성전을 가득 채울 것이라고 예언했다(학 2:1-9; 슥 2:1-13). 그들이 하나님의 영광스러운 임재를 묘사한 것을 보면 하나님의 영광이 성막(출 40:34-35)과 솔로몬 성전(왕상 8:10-11)을 덮었던 모습이 떠오른다. 하지만 스룹바벨과 여호수아의 인도 아래 성전 봉헌식이 거행되었지만(스 6:13-18), 하나님의 영광이 성전을 채우셨다는 사실을 보여 주는 어떠한 징조도 나타나지 않는다. 하나님의 회복 계획에서 가장 중요한 것이 바로 하나님의 영광스러운 임재라는 점을 고려할 때, 우리는 이 사실을 특별히 자세하게 살펴봐야 할 것이다. 이 난처한 질문에 대해서는 앞으로 말라기 선지자가 해답을 제시할 것이다. 하지만 지금으로서는 하나님의 영광스러운 임재가 재건된 성전에 다시 임했다는 조짐이 전혀 나타나지 않았다는 사실만 기억하면 된다. 주전 516년에 성전을 완공하고 몇 년이 흐른 후, 바사 왕 아하수에로가 통치할 때에 수산에서 중요한 사건이 발생한다. 이 사건은 에스더서에 기록되어 있다.

◆ 에스더가 수산에서 왕비가 되다

아하수에로 왕(크세르크세스로도 알려짐)은 다리오 왕의 아들로서 주전 486년부터 465년까지 통치한 인물이다. 통치 3년째 되는 해에 아하수에로는 180일 동안이나 화려한 잔치를 열어 자신의 부유함을 과시한다. 술이 한이 없어서 "각 사람이 마음대로"(에 1:8) 마셨을 정도였다. 잔치 일곱째 되는 날에 왕은 "주흥이 일어나" 시중드는 내시 일곱 명을 불러 왕후 와스디를 데려오라고 명한다. 그런데 왕후가 왕명을 듣지 않고 왕에게 나아오기를 거절한 것이다. 이에 몹시 분노한 왕은 와스디가 다시는 자신 앞에 나타나지 못하게 하고 왕후의 자리를 다른 사람에게 주기로 결심한다(에 1:20). 그렇게 해서 아하수에로 왕이 전국의 여인 중에서 가장 아름다운 여인을 선택하여 왕후로 삼겠다는 조서가 전국에 반포된다. 그 결과 수산 성에 살던 하나님의 백성인 하닷사라는 처녀(에 2:7)가 왕후로 간택되어 에스더 왕후가 된다(에 2장). 하지만 에스더가 유대인이라는 사실은 아직 알려지지 않은 상황이었다.

그런데 하만이라는 한 신하가 높은 지위에 오르면서 문제가 생긴다. 왕국의 모든 사람이 그에게 꿇어 절하는데 에스더를 기른 모르드개는 그 앞에 절하지 않은 것이다. 하만은 분이 나서 모르드개만 아니라 모르드개의 민족 전부를 죽이기로 계획을 꾸민다. 이는 오래전에 사울과 아말렉 사람 사이에 있던 갈등(삼상 15장; 출 17:8-16 참고)을 떠올리게 한다. 모르드개는 베냐민 지파 출신이고(에 2:5), 하만은 아각 사람(에 3:1; 삼상 15:29 참고)이기 때문이다. 갈등이 고조되어 가다가 결국 유월절 전날 하나님의 백성이 왕의 법을 지키지 않았기 때문에 그들을 다 죽이라는 조서가 내려진다(에 3장). 에스더는 이 조서에 대해서 듣고 크게 괴로워한다. 모르드개는 에스더에게 왕후가 되었다고 해서 이를 피할 수 있다고 생각하지 말라고 경고한다. 모르드개는 에스더에게 상황을 신중하게 파악하라고 하면서 말한다. "이 때에 네가 만일 잠잠하여 말이 없으면 유다인은 다른 데로 말미암아 놓임과 구원을 얻으려니와 너와 네 아버지 집은 멸망하리라 네가 왕후의 자리를 얻은 것이 이때를 위함이 아닌지 누가 알겠느냐 하니"(에 4:14).

에스더는 3일 동안 금식한 후에 대단히 큰 위험을 감수하고 왕궁에 나아가 왕에게 부탁을 드린다. 아하수에로 왕은 에스더에게 호의를 베풀었다. 그리고 예상 밖의 사건들이 계속 일어나 모르드개는 권세 있는 자리에 올랐고, 하만과 그의 아들들은 나무에 매달려 죽는다(에 7장). 왕은 또 다른 조서를 내려 하나님의 백성들이 그들을 죽이려고 했던 자들을 죽여도 좋다고 재가한다(에 8장). 이 일은 하나님의 백성에게 큰 기쁨이 되었으며 그들이 구원받은 이 사건은 부림일이라는 명절로 기념된다(에 9장). 에스더서에는 하나님의 이름이 전혀 언급되지 않는다. 하지만 상황이 예상하지 못하게 변화되는 것을 볼 때, 하나님이 자기 백성을 지키시고 보전하시기 위해 주권적으로 일하고 계심이 잘 나타난다. 에스더는 참으로 "이때를 위해"(에 4:14) 왕후의 자리에 올랐던 것이다. 에스더서를 읽고 그 핵심 이야기와 핵심 인물을 잘 숙지하기 바란다.

▶▶▶ 구약 연대표

잠시 연대표에서 **성전 시대**에 해당하는 사건들을 살펴보기 바란다. 우리는 고레스 왕의 통치 시절에 있었던 1차 귀환, 다리오 왕의 통치 시절 학개 선지자와 스가랴 선지자의 사역을 통한 성전 재건, 아하수에로 왕의 통치 기간에 수산에서 있었던 사건을 다루었다. 우리는 이제 주전 458년 바사 왕 아닥사스다의 통치 시절에 에스라가 주도한 2차 귀환을 살펴보려고 한다.

• 주전 458년 에스라가 지휘한 2차 귀환

아닥사스다의 통치 시절(주전 465-424), 에스라(제사장 가문 출신)라는 사람이 바벨론에 살고 있었다. 그는 모세 율법에 익숙한 학자였다(스 7:6, 9, 11). 에스라는 "여호와의 율법을 연구하여 준행하며 율례와 규례를 이스라엘에게 가르치기로 결심하였었더라"(스 7:10; 대상 6:1-15 참고)라고 알려져 있다. 에스라는 제사장으로서 그의 계보는 아론에까지 이른다(스 7:1-2). 아닥사스다 통치 7년, 주전 458년에 제사장, 레위인, 노래하는 자, 문지기, 성전 일꾼을 포함하여 포로로 잡혀 왔던 수많은 사람이 에스라와 함께 예루살렘으로 돌아온다(스 7-8장). 이 사건이 바로 주전 458년에 발생한 2차 포로 귀환이다. 2차 귀환과 그에 따른 사건들은 에스라서 7-10장에 기록되어 있다.

에스라는 바벨론에서 출발하기 전 아닥사스다 왕에게 도움을 청한다. 하나님의 손이 에스라 위에 있었기 때문에 왕은 에스라의 요청에 호의적으로 반응한다(스 7:6). 아닥사스다는 에스라에게 조서의 초본을 주었는데, 그 내용은 에스라가 하나님의 집을 짓기 위해 필요한 것은 무엇이든지 국고에서 내어 주라는 것이었다(스 7:12-26). 왕은 하나님께 드릴 은과 금도 에스라에게 주었으며, 국고 관리자들에게는 성전을 건설하는 일에 참여하는 자들에게 일체의 세금을 부과하지 말라고 명령한다. 아닥사스다는 하나님의 진노가 자신과 자신의 나라에 임하지 않게 하기 위하여 에스라를 돕기 위해 애썼다(스 7:23). 그래서 에스라로 하여금 하나님의 율법을 알고 가르칠 수 있는 자들로 법관과 재판관을 임명하도록 했다(스 7:25). 이렇게 해서 에스라는 주전 458년에 한 무리의 포로들을 이끌고 예루살렘으로 돌아간다(스 7-8장). 그는 하나님의 율법에 순종하는 것을 가장 우선순위로 삼은 사람이었다(스 7:10, 26). 그들은 은과 금을 지니고 예루살렘으로 돌아가야 했기 때문에, 하나님께 그 여정에서 안전하게 지켜 주실 것을 기도한다(스 8:21-23).

◆ 율법을 읽고 언약을 갱신하다

이 귀환자들은 예루살렘에 당도하자마자 성전에서 제사를 드린다(스 8:33-35). 그런데 에스라는 곧 이스라엘 사람들이 이방인들과 결혼을 한다는 소식을 듣고 기막혀한다(스 9장). 에스라는 백성들이 하나님의 명령을 저버렸다는 사실에 대단히 충격을 받았다(스 9:10-14; 신 7:1-4; 수 23:12 참고). 기억하다시피 이방 여인을 아내로 들이는 것은 이스라엘의 고질적인 문제였다. 그들이 바로 하나님의 백성을 우상 숭배로 이끈 장본인이었다(왕상 11:18). 에스라는 "사로잡혔던 이 사람들의 죄 때문에"(스 9:4) 속옷과 겉옷을 찢고 머리털과 수염을 뜯으며 넋을 잃은 채로 앉아 있었다. 그러자 이스라엘의 하나님의 말씀을 두려워하는 자들이 모두 에스라 주위에 모였다. 그날 저녁 에스라는 무릎을 꿇고 여호와께 손을 들어 기도하면서 백성의 죄악을 자복한다(스 9:5-15). 다음은 에스라의 기도문 중 일부다.

> 나의 하나님이여 내가 부끄럽고 낯이 뜨거워서 감히 나의 하나님을 향하여 얼굴을 들지 못하오니 이는 우리 죄악이 많아 정수리에 넘치고 우리 허물이 커서 하늘에 미침이니이다 우리 조상들의 때로부터 오늘까지 우리의 죄가 심하매 우리의 죄악으로 말미암아 우리와 우리 왕들과 우리 제사장들을 여러 나라 왕들의 손에 넘기사 칼에 죽으며 사로잡히며 노략을 당하며 얼굴을 부끄럽게 하심이 오늘날과 같으니이다 이제 우리 하나님 여호와께서 우리에게 잠시 동안 은혜를 베푸사 얼마를 남겨 두어 피하게 하신 우리를 그 거룩한 처소에 박힌 못과 같게 하시고 우리 하나님이 우리 눈을 밝히사 우리가 종 노릇 하는 중에서 조금 소생하게 하셨나이다 우리가 비록 노예가 되었사오나 우리 하나님이 우리를 그 종살이하는 중에 버려 두지 아니하시고 바사 왕들 앞에서 우리가 불쌍히 여김을 입고 소생하여 우리 하나님의 성전을 세우게 하시며 그 무너진 것을 수리하게 하시며 유다와 예루살렘에서 우리에게 울타리를 주셨나이다(스 9:6-9)

에스라는 남은 자들의 죄를 인정한다. 그렇지만 하나님은 긍휼하셔서 그들이 당해야 마땅한 벌보다 훨씬 덜한 벌을 내리신다. 에스라는 하나님이 참으로 공의로우시다는 사실을 다시 한 번 확인한다. 에스라가 땅에 엎드려 울면서 기도할 때, 그를 둘러싼 사람들도 서럽게 통곡하기 시작한다. 그들은 자신들이 외국 여인들과 결혼하여 하나님께 죄를 저질렀다는 사실을 인정하고 하나님과 언약을 세워 그들의 아내들을 다 내보내기로 한다(스 10장). 이방 여인을 아내로 맞이한 자들의 명단이 책 마지막에 기록되어 있다(스 10:18-44). 하지만 우리는 곧 이러한 종교 개혁이 지속적인 효과를 낳지는 못했다는 사실을 알게 될 것이다.

• 느헤미야가 예루살렘 성벽을 재건하다

이때 느헤미야라 하는 사람이 바사 제국 수산 궁에 있는 아닥사스다 왕궁에서 왕을 섬기는 일을 하고 있었다. 느헤미야는 왕을 지근거리에서 섬기는 술 관원으로서 영향력 있는 위치에 있었다(느 1:11, 2:1). 주전 445년 아닥사스다 통치 20년 되는 해(느 1:1, 2:1), 예루살렘에서 온 하나님의 백성 중 일부가 수산 궁에 도착한다. 그들은 느헤미야에게 예루살렘 성벽이 허물어졌다고 전한다. 이 이야기를 들은 느헤미야는 마음이 크게 괴로워(느 1:1-3) 며칠 동안 눈물을 흘리며 애통해한다. 자기 민족이 당하는 고초에 마음이 상한 느헤미야는 금식하고 기도하며 하나님께 구한다. 느헤미야의 기도는 다음과 같이 시작한다.

> 이르되 하늘의 하나님 여호와 크고 두려우신 하나님이여 주를 사랑하고 주의 계명을 지키는 자에게 언약을 지키시며 긍휼을 베푸시는 주여 간구하나이다 이제 종이 주의 종들인 이스라엘 자손을 위하여 주야로 기도하오며 우리 이스라엘 자손이 주께 범죄한 죄들을 자복하오니 주는 귀를 기울이시며 눈을 여시사 종의 기도를 들으시옵소서 나와 내 아버지의 집이 범죄하여 주를 향하여 크게 악을 행하여 주께서 주의 종 모세에게 명령하신 계명과 율례와 규례를 지키지 아니하였나이다(느 1:5-7)

기억하다시피 하나님은 자신에게 신실하지 못한 자들을 흩어 버리시겠다고 약속하셨다. 하지만 하나님은 또한 그들이 자신에게 돌아와서 하나님의 명령을 지키기만 하면, 그들을 불러 모아 예루살렘에 돌려보내실 것을 약속하셨다(레 26:40-46; 신 30:1-6). 느헤미야는 하나님께 그 옛 약속을 기억해 주시고 자신의 기도를 들어주셔서 왕 앞에서 자신이 은혜를 입게 해 달라고 간구한다.

4개월 후, 느헤미야는 아닥사스다 왕에게 포도주를 드리면서도 하나님의 백성에 대한 무거운 부담감을 느끼고 있었다. 그러자 왕은 무슨 일이 있느냐고 묻는다. 느헤미야는 왕에게 답하기 전에 하나님께 기도했다. 그리고 왕에게 예루살렘에서 벌어지는 일 때문에 마음이 무겁다고 이야기한 뒤에 자신이 잠시 일을 떠날 수 있을지 묻는다. 느헤미야는 왕에게 자신에게 조서를 내려 자신이 예루살렘까지 아무런 문제 없이 이를 수 있게 해 달라고 요청한다. 그는 심지어 왕의 삼림에서 목재를 사용할 수 있는 권리까지 요구한다! 놀랍게도 왕은 느헤미야의 요청을 들어준다. "하나님의 선한 손"이 그에게 임했기 때문이었다(느 2:8; 느 1:11 참고).

느헤미야는 주전 445년 예루살렘을 향하여 떠난다(느 2:1-10). 느헤미야는 성읍에 도착하자마자 그 성벽을 살핀다. 그런데 느헤미야는 밤에 성벽을 살폈다. 그 이유는 느헤미야가 아직 "하나님께서 예루살렘을 위해 무엇을 할 것인지 내 마음에 주신 것을"(느 2:12) 아무에게도 말하지 않았기 때문이었다. 느헤미야는 성벽을 살펴본 후에 예루살렘의 지도자들에게 하나님이 자신에게 은혜를 베푸셨다고 말한다. 느헤미야는 그들을 격려하여 성벽을 재건하자고 권하면서 하나님이 성공하게 하실 것이라고 단언한다. 그러자 대제사장인 엘리아십과 다른 제사장들이 한 문을 맡아 작업을 시작하기로 한다. 그리고 다른 사람들도 성벽의 일부를 맡아 일하기 시작한다(느 3장). 그때 산발랏이라는 한 관리가 다른 사람들과 함께 와서 작업을 조롱하기 시작한다. 하지만 백성들은 하나님이 지켜 주실 것을 믿었기 때문에 하나님께 기도하고 힘을 내서 일한다(느 4장). "건축하는 자는 각각 허리에 칼을 차고 건축"(느 4:18)할 정도로 그들은 열심을 냈다. 집요한 방해 가운데서도 하나님의 도우심으로 52일이라는 놀라울 정도로 짧은 기간에 예루살렘 성벽이 완공되었다(느 6:15-19).

• 기도와 언약 갱신

이때 백성들은 모여 함께 하나님의 말씀을 읽고 기도를 드리며 언약을 갱신한다. 에스라도 느헤미야에게 합류하여, 모든 백성은 수문 앞 광장에 모여서 제사장 에스라가 "여호와께서 이스라엘에게 명령하신 모세의 율법책"(느 8:1) 읽는 것을 듣는다. 에스라가 율법을 읽어 나갈 때, 그곳에 모인 다른 레위인들은 하나님의 말씀을 백성들에게 설명해 주어서 모두가 그 뜻을 이해할 수 있었다. 사람들은 율법의 말씀을 듣고 울기 시작한다. 하지만 에스라는 오늘은 여호와의 성일이니 즐거워하라고 말한다. 그들은 초막절을 지켰는데, 여호수아의 때로부터 이렇게 기쁘게 그 절기를 지킨 일이 없을 정도였다(느 8:13-18). 백성들은 스스로 모든 이방인과 절교했고, 에스라와 레위인들의 지도에 따라 죄를 고백하고 하나님께 예배했다.

이렇게 기도하는 동안 백성들은 하나님이 그들의 역사 내내 신실하게 행하셨음을 인정한다. 또한 자신들이 완고하고 반역했다는 사실을 자백한다. 그들은 하나님의 명령을 듣지 않고 그의 율법을 어겨 죄를 저질렀던 것이다. 심금을 울리는 이 자복 기도를 반드시 다 읽어 보기 바란다(느 9:5-38). 이 기도문을 보면 창조로부터 시작하여 하나님의 백성이 겪었던 모든 이야기가 잘 정리되어 있다.

> 오직 주는 여호와시라 하늘과 하늘들의 하늘과 일월성신과 땅과 땅 위의 만물과 바다와 그 가운데 모든 것을 지으시고 다 보존하시오니 모든 천군이 주께 경배하나이다(느 9:6)

여호와를 창조주로 인정한 후에 바로 **아브라함 시대**가 나온다. 하나님은 그 족장을 부르신다.

> 주는 하나님 여호와시라 옛적에 아브람을 택하시고 갈대아 우르에서 인도하여 내시고 아브라함이라는 이름을 주시고 그의 마음이 주 앞에서 충성됨을 보시고 그와 더불어 언약을 세우사 가나안 족속과 헷 족속과 아모리 족속과 브리스 족속과 여부스 족속과 기르가스 족속의 땅을 그의 씨에게 주리라 하시더니 그 말씀대로 이루셨사오매 주는 의로우심이로소이다(느 9:7-8)

이제 느헤미야의 기도는 **시내 시대**에 하나님이 자기 백성을 어떻게 구속해 내셨는지를 상기시킨다. 하나님은 애굽에서 기적과 이사를 행하셨고(느 9:9-10), 바다를 가르셔서 자기 백성으로 그 사이를 지나게 하셨다(느 9:11). 또한 하나님은 자기 백성을 구름기둥과 불기둥으로 인도해 내셨으며(느 9:12), 시내 산에서는 이스라엘 자손들에게 자신의 율법과 규례를 주셨다(느 9:13-14). 그리고 하늘에서 만나를 주시고 바위에서 물을 내셨다(느 9:15). 하나님은 자기 백성에게 이 모든 것을 해 주셨는데도 그들은 오히려 다음과 같이 반응했다.

> 그들과 우리 조상들이 교만하고 목을 굳게 하여 주의 명령을 듣지 아니하고 거역하며 주께서 그들 가운데에서 행하신 기사를 기억하지 아니하고 목을 굳게 하며 패역하여 스스로 한 우두머리를 세우고 종 되었던 땅으로 돌아가고자 하였나이다(느 9:16-17)

자기 백성들이 반역을 저지르는데도 하나님은 은혜와 긍휼로 그들을 대하셨다. "그러나 주께서는 용서하시는 하나님이시라 은혜로우시며 긍휼히 여기시며 더디 노하시며 인자가 풍부하시므로 그들을 버리지 아니하셨나이다"(느 9:17). 이스라엘 자손이 금송아지를 만들고 그것에 예배했지만(느 9:18; 출 32-34장 참고), 하나님은 크신 긍휼로서 그들을 버리지 않으셨다! 하나님은 자기 백성을 약속의 땅으로 인도해 내시지만, "그들은 순종하지 아니하고 주를 거역하며 주의 율법을 등지고 주께로 돌아오기를 권면하는 선지자들을 죽여 주를 심히 모독하였나이다"(느 9:26). 하나님은 그들을 원수의 손에 넘기셨지만, 그들이 고통 가운데 하나님께 부르짖자 그들의 기도를 들으시고 구원하신다.

> 여러 번 주의 긍휼로 건져 내시고 다시 주의 율법을 복종하게 하시려고 그들에게 경계하셨으나 그들이 교만하여 사람이 준행하면 그 가운데에서 삶을 얻는 주의 계명을 듣지 아니하며 주의 규례를 범하여 고집하는 어깨를 내밀며 목을 굳게 하여 듣지 아니하였나이다(느 9:28-29)

이스라엘 이야기는 **왕정 시대**까지 이어진다. 하나님은 선지자를 통해 자기 백성을 책망하시지만 그들은 듣지 않는다. 하지만 하나님은 크신 긍휼로 그들을 멸하지 아니하시며 버리지도 않으신다. 왜냐하면 하나님은 "은혜로우시고 불쌍히 여기시는 하나님"(느 9:31, 느 9:17-19, 28, 30 참고)이시기 때문이다. 이 기도 전반에 흐르는 주제는 하나님은 은혜로우시고 백성을 불쌍히 여기시는 데 비해, 그 백성은 계속해서 하나님의 목소리를 듣지 않는다는 것이다.

그리고 하나님은 참으로 의로우시지만 그의 백성은 하나님의 율법을 따르지 못했다고 고백하는 내용으로 기도는 마무리된다. "우리가 당한 모든 일에 주는 공의로우시니 우리는 악을 행하였사오나 주께서는 진실하게 행하셨음이니이다 우리 왕들과 방백들과 제사장들과 조상들이 주의 율법을 지키지 아니하며 주의 명령과 주께서 그들에게 경계하신 말씀을 순종하지 아니하고"(느 9:33-34; 겔 22:26-29 참고). 이렇게 이스라엘의 왕들과, 지도자들과, 제사장들과 선조들을 포함한 모든 백성이 하나님 앞에 유죄를 선고 받는다. 그렇게 해서 우리는 하나님은 공의로우시지만, 그 백성은 공의롭지 못했다는 엄중한 사실에 직면한다. 구약 이야기는 결국 우리를 이곳으로 인도한다. 이스라엘의 미래는 공의로우시고 거룩하신 하나님 손에 놓여 있다. 하지만 우리는 이 기도에서 여호와 하나님이 은혜로우시고 긍휼이 많으신 분임을 알게 된다.

우리는 구약을 연구하면서 하나님이 강퍅한 그 백성에게 끊임없이 은혜와 자비를 보여 주시는 모습을 봤다. 그렇지만 하나님의 백성들은 계속해서 하나님의 말씀을 듣지 않았다. 이렇게 해서 결국 그들은 자신들이 하나님의 음성을 듣지 않았던 동산의 아담과 똑같다는 사실을 입증하고 만 것이다. 하지만 반역한 아담을 찾으셨던 그 하나님이 바로 여호와 하나님, 이스라엘의 하나님이시다. 우리는 창조 이야기가 시작되는 순간부터 여호와 하나님은 자신에게 반역한 사람까지도 찾으시는 분이라는 사실에 주목해 왔다. 하나님은 이스라엘이 금송아지를 만들고 섬겼을 때에도 이러한 자신의 성품을 모세에게 드러내셨다. 하나님은 "여호와라 여호와라 자비롭고 은혜롭고 노하기를 더디하고 인자와 진실이 많은 하나님이라 인자를 천 대까지 베풀며 악과 과실과 죄를 용서하리라 그러나 벌을 면제하지는 아니하고"(출 34:6-7)라고 하시며 자신의 이름을 드러내신다.

하나님의 백성은, 하나님이 긍휼하시고 언약을 신실하게 지키셨기 때문에 이스라엘이 생존할 수 있었음을(느 9:32, 느 1:5 참고) 깊이 깨닫는다. 그렇게 해서 하나님의 백성은 느헤미야의 지도 아래 언약을 갱신한다(느 10장). 이 언약 의식에는 엄숙한 선서가 따랐는데, 그 백성들은 "우리 주 여호와의 모든 계명과 규례와 율례를 지켜 행하"(느 10:29)기로 동의한다. 그들은 이방 여인들과 결혼하지 않고(느 10:30), 안식일과 안식년을 지키며(느 10:31), 해마다 일정 금액을 바쳐 하나님의 전을 위하여 쓰게 하고(느 10:32-33), 제사에 쓸 나무를 공급하며(느 10:34), 첫 열매와 처음 난 것을 드리고(느 10:35-37), 십일조를 드리기로(느 10:37-38) 동의한다. 하나님의 율법을 지키겠다고 확약한 후에(느 10장), 지도자들은 백성들을 그 땅에 정착하게 했다. 어떤 이는 예루살렘에 거했고 다른 이들은 유다의 여러 성읍에 정착했다(느 11장). 백성들은 또한 암몬 사람과 모압 사람은 영원히 하나님의 총회에 들어오지 못하리라는 하나님의 명령을 기억하여 스스로 이방인을 분리해 냈다(느 13:1-3; 신 23:3 참고). 느헤미야는 이러한 종교 개혁을 진행하면서 12년간 예루살렘에 머물렀다. 이후 느헤미야는 주전 433년에 그 성읍을 떠나 아닥사스다 왕에게 돌아간다(느 13:6).

◆ 느헤미야가 예루살렘으로 돌아오지만 백성들은 여전히 죄를 짓는다

느헤미야는 한동안 예루살렘을 떠나 있다가 다시 돌아온다. 그런데 돌아와서 보니 백성들은 몇 해 전에 맹세했던 것처럼 하나님의 율법을 따라 살고 있지 않았다(느 13장). 느헤미야가 자리를 비웠을 때, 제사장 엘리아십은 도비야에게 원래 성전 용품을 저장하는 곳으로 사용하던 성전의 큰 방을 쓰도록 허락했다(4-9절). 또한 안식일을 지키지 않았으며(15-22절), 아스돗과 암몬과 모압 여인 같은 이방인들과 결혼을 했고(23-27절), 제사장들도 이방 여인들과 결혼하여 제사장의 직분을 더럽혔다(28-29절).

우리는 이 상황이 얼마나 위중한 것인지 반드시 생각해 보아야 한다. 하나님의 백성은 불과 몇 년 전에 멸절당하기 직전의 상태에서 회복되어 하나님의 명령을 순종하기로 결심하고 맹세하기까지 했다(느 9-10장). 예를 들면, 백성들은 십계명의 한 명령대로(출 20:8-11; 느 9:13-14 참고) 안식일을 지키기로 했다(느 10:31). 그들은 안식일에는 아무것도 사지 않기로 동의했다. 하지만 느헤미야가 돌아와 보니 백성들은 수도 없이 율법을 어기고 있었다. 사람들은 안식일에 술틀을 밟고, 여러 가지 짐을 나귀에 실어 예루살렘에 들여오고, 이방인과 물건을 사고팔았다. 이를 보고 느헤미야는 말한다. "내가 유다의 모든 귀인들을 꾸짖어 그들에게 이르기를 너희가 어찌 이 악을 행하여 안식일을 범하느냐 너희 조상들이 이같이 행하지 아니하였느냐 그래서 우리 하나님이 이 모든 재앙을 우리와 이 성읍에 내리신 것이 아니냐 그럼에도 불구하고 너희가 안식일을 범하여 진노가 이스라엘에게 더욱 심하게 임하도록 하는도다"(느 13:17-18). 하나님은 이미 시내 산에서 이스라엘 자손에게 안식일은 쉼을 위해 구분된 날이기 때문에 그날에는 일하지 말라고 명령하셨다(출 20:8-18; 느 9:13-14 참고).

안식일을 더럽히는 죄는 죽음에 해당한다는 사실을 명심해야 한다(출 31:14-15; 민 15:32-36). 그렇기 때문에 예레미야는 유다에게 안식일에는 어떤 짐도 운반하지 말고, 예루살렘의 성문 안으로 아무것도 들이지 말라고 경고했던 것이다(렘 17:19-23). 하나님은 심지어 하나님의 백성이 그 말씀대로 안식일을 지키면, 다윗의 왕위에 앉아 있는 왕들과 고관들이 병거와 말을 타고 이 성문으로 들어오며 그 성이 영원하리라(렘 17:24-26)고 예레미야를 통해서 약속하셨다. 하지만 예루살렘 주민들이 안식일을 지키지 아니하면 그들에게 하나님의 심판이 쏟아져 내릴 것이다(렘 17:27). 몇 년 후, 에스겔 선지자는 이스라엘이 역사 내내 안식일을 지키지 못했다고 책망한다(겔 20:13, 16, 21, 24, 22:8, 23:38). 느헤미야는 분명히 주전 586년에 있던 심판을 염두에 두고, 예루살렘이 안식일을 더럽히면 하나님이 심판을 내리신다고 이야기했을 것이다. 안식일을 지키지 않는 것은 공동체의 생명을 위험하게 하는 일이었다.

느헤미야는 더 나아가 솔로몬이 이방 여인들과 결혼했던 일을 언급하면서 이스라엘이 지은 죄가 얼마나 위중한 것인지를 강조한다. 느헤미야가 자리를 비웠을 때, 하나님의 백성은 아스돗과 암몬과 모압의 여인들을 취해 아내로 삼았다(느 13:23). 이방 여인과의 결혼 문제에 대해서 가르쳤던 것이 불과 몇 년 전이라는 점을 고려하면(스 10:1-6; 느 13:1-3), 에스라와 느헤미야가 일으킨 개혁 움직임은 지속적인 영향력을 미치지 못했다고 할 수 있다. 암몬과 모압의 여인들과 결혼하는 것은 특히 가증한 일로 여겨졌다. 왜냐하면 하나님은 그 두 민족이 거룩한 총회의 일원이 되는 것을 금하셨기 때문이다(느 13:1-3; 신 23:3-5; 겔 25:1-11; 습 2:8-9 참고). 느헤미야는 이 여인들과 결혼한 자들을 저주한다. 느헤미야는 그들을 때리고 머리털을 뽑으며, 그들에게 그들의 아들과 딸은 이 이방인들의 자녀와 결혼시키지 않겠다고 맹세하게 만든다(느 13:25). 그리고 느헤미야는 솔로몬 왕을 언급하면서 그 위대한 왕도 이방 여인들 때문에 범죄하게 되었다고 말한다(느 13:26; 왕상 11:1-2). 그러면서 느헤미야는 말한다. "너희가 이방 여인을 아내로 맞아 이 모든 큰 악을 행하여 우리 하나님께 범죄하는 것을 우리가 어찌 용납하겠느냐"(느 13:27). 느헤미야는 심지어 대제사장 가문 출신의 한 제사장이 이방 여인과 결혼하여 제사장 직분을 더럽혔음을 언급한다(느 13:28-29; 레 21:13-15 참고).

느헤미야서는 예루살렘 성벽을 재건하고 봉헌한 일, 에스라가 율법을 백성 앞에서 낭독한 일, 백성이 기도하며 언약을 갱신한 일 등 구약 성경의 마지막 시대에 있던 여러 가지 좋았던 일들을 다룬다. 하지만 이 책의 결말은 실망스럽기 그지없다. 하나님의 백성이 계속해서 도덕적으로 실패하면서 예전에 거둔 모든 성공은 그 빛이 바래기 때문이다. 우리는 다시 한 번 모세 언약을 갱신하는 것으로는 사람의 마음에 대한 해결책이 될 수 없다는 점을 깨닫는다. 또한 하나님의 율법을 청종하겠다는 이스라엘의 약속도 절대로 해결책이 될 수 없다. 사도 바울이 자신에 대해서 한 말은 이스라엘에게도 사실이기 때문이다. 즉 선한 일을 하려는 원함은 있지만 선을 행하는 것은 없다는 것이다(롬 7:18-19). 바울이 나중에 설명하는 것처럼 근본적인 문제는 우리 안에 죄가 있다는 것이다. 죄의 문제는 사람의 마음에 너무나 깊이 자리 잡고 있기 때문에 전혀 다른 새로운 방식으로 이 문제를 해결해야 한다. 그렇지 않으면 절대로 지속적인 변화는 일어날 수가 없다.

앞으로 연구를 계속하면 알겠지만, 하나님이 죄악된 사람의 마음에 대해 주신 해결책은 죄 없으신 하나님의 아들 예수 그리스도의 삶에서 볼 것이다. 예수의 순종은 사람이 순종한 것으로 인정받는다. 예수는 십자가에서 사람이 받을 저주를 담당하실 것이다. 예수의 부활로 사람에게는 새 생명이 임할 것이다. 아직 온전한 회복이 일어나지는 않았지만 느헤미야의 마지막 장은 하나님의 백성에게 절대적으로 구세주가 필요하다는 사실을 일깨워 준다.

에스라, 느헤미야, 학개, 스가랴를 읽어 보지 못했다면, 하나님이 말라기 선지자를 통해서 구약에서 이스라엘에게 마지막으로 주신 말씀을 배우기 전에 꼭 읽어 보기를 권한다.

구약의 마지막 선지자 말라기

말라기서는 구약에서 하나님이 주신 마지막 예언의 말씀이라는 점에서 중요하다. 말라기에서 두드러지게 나타나는 인물인 엘리야가 이후 신약에서 세례 요한으로 밝혀지면서 말라기서는 신약과 구약의 가교 역할을 한다.

말라기 이후의 400년을 "침묵의 400년"이라고도 한다. 비록 성경에 이러한 표현이 나오는 것은 아니지만, 신약 이전 400년간 하나님이 더 이상 선지자를 통해서 자기 백성에게 말씀하시지 않았다는 사실을 기억하는 데는 도움이 된다. 따라서 구약에서는 말라기 이후 더 이상의 선지서는 없다(물론 그 시기의 역사를 보고 여러 가지 정보를 얻을 수는 있다).

하나님은 구약에 나타나는 이스라엘 역사의 마지막 때에 말라기 선지자를 부르신다. 그는 포로 후기 선지자로 여겨진다. 이 선지자가 묘사하는 정황을 보면 느헤미야가 예루살렘에 돌아온 후에 직면했던 시대상을 반영하는 것 같다. 하지만 말라기의 정확한 연대를 밝힐 수는 없다. 그가 받은 계시를 보면 선지자들이 약속했던 영광스러운 회복은 아직 실현되지 않았음을 알 수 있다. 에스라와 느헤미야는 그들이 이방 나라 왕의 통치를 받는 노예라는 사실을 뼈저리게 받아들인다(스 9:9; 느 9:36). 그리고 이 마지막 시대에도 하나님의 백성은 여전히 이방의 지배를 받고 있다(말 1:8). 다윗의 왕위에서 통치하실 **제사장-왕**은 어디에 있는가? 게다가 더욱 심각한 사실은 이스라엘 땅은 비옥한 곳이 아니었다는 점이다. 오히려 비가 내리지 않고 곡식이 열리지 않는 황폐한 곳에 가까웠다(말 3:10-11). 그리고 악한 자들은 더 잘되는 것 같다(말 2:17, 3:14). 그에 비해 하나님의 백성은 저주 아래에 있다(말 3:9). 학개와 스가랴가 약속했던 영광스러운 회복은 도무지 어디에 있는 것인가? 사람들은 하나님을 섬기는 일이 헛되다고 결론 내린다(말 1:2, 13, 2:17, 3:14).

• 주님의 오심이 늦춰지다

이스라엘은 이렇게 부정적인 상황에 놓이면서 하나님의 사랑과 공의에 의심을 품는다. 하지만 말라기는 하나님이 야곱을 사랑하셨음을 상기시키며 하나님은 여전히 자기 백성을 사랑하신다고 분명하게 말한다(말 1:1-5). 선지자는 논의를 시작하면서, 문제는 하나님의 정의가 아니라 백성들이 죄를 저지른 것이라고 주장한다. 말라기의 메시지는 하나님의 백성이 저지른 죄, 특히 제사장의 죄를 폭로한다(말 1:6-14). 몇 년 전 에스겔도 하나님의 성물들을 더럽히는 제사장들의 죄를 폭로했다(겔 22:26). 느헤미야 역시 제사장 직분이 더럽혀졌음을 보이며 제사장들의 행위를 정죄한다(느 13:4-9, 13:28). 말라기는 이제 추가적으로 또 다른 죄목을 제시한다. 즉, 제사장들이 제단에 병들고 흠 있는 제물을 드렸다는 것이다(말 1:6-14). 하나님의 율법에 따르면 흠 있는 제물은 엄격하게 금지되어 있었다(레 22:17-25). 하나님은 흠 있는 제물을 가증한 것으로 여기신다(신 17:1). 하나님의 뜻은 자신의 이름을 이방 민족 중에서 크게 하시는 것이었지만, 제사장들은 오히려 그 이름을 더럽히고 말았다(말 1:11-12). 말라기는 하나님의 심판이 이미 제사장들에게 임했다고 선포한다. 왜냐하면 하나님의 율법을 알아야 할 저들이 오히려 다른 자들을 넘어지게 하기 때문이었다(말 2:1-9). 말라기는 제사장들이 하나님의 말씀을 듣지 않고 하나님을 높이지 않으면 하나님이 그들에게 저주를 내리실 것이라고 선포한다(말 2:1-2). 제사장들이 스가랴의 환상에 나타나는 모습대로 살고 있지 않다는 사실은 분명했다(슥 3:1-7). 말라기는 그들에게 하나님의 말씀을 듣지 않으면 하나님이 저주를 내리실 것이라고 선포한다. 아니, 말라기는 더 나아가서 그들이 하나님의 말씀을 마음에 받아들이지 않기 때문에 하나님이 이미 저주를 내리셨다고 말한다!

드러나야 할 죄들이 많이 있다. 말라기는 하나님의 백성이 저지른 죄에 대해서 간략하게 언급한다. 그들은 형제에게 거짓을 행하여 조상들의 언약을 욕되게 했다(말 2:10). 또한 성소를 더럽혔다고 하는데, 이는 아마도 우상 숭배를 말하는 것 같다(말 2:11). 그들은 이방 여인과 결혼하여 결국 이방 신을 섬기게 되었다(말 2:11). 또한 남편은 아내에게 신실하지 않았다(말 2:14-16). 그들은 여호와가 악을 행하는 자를 기뻐한다고 말하며 잘못된 판단을 내린다(말 2:17). 하나님의 백성들 가운데 점치는 자와 간음하는 자, 거짓 맹세하는 자가 있었고, 품꾼을 압제하고 과부와 고아를 괴롭히며 나그네를 모르는 체하는 자들이 있다(말 3:5). 또한 백성들은 십일조와 봉헌물을 드리지 않아 하나님의 것을 도둑질한다(말 3:8-12). 이러한 논의를 통해서 말라기는 이스라엘의 죄가 문제이며, 사람들이 주장하는 것과 달리 하나님은 항상 신실하셨다고 알린다. 이러한 꾸짖음은 굉장히 의미심장한 것이었다. 왜냐하면 그들은 주전 586년 이전에 상황이 어떠했는지를 기억하고 있었기 때문이다. 예를 들어, 에스겔은 하나님의 성소가 더럽혀졌다고 말했다(겔 5:11, 8-10장). 그런데 이제 말라기는 유다가 성소를 더럽혔다고 말하고 있다(말 2:11). 에스겔은 유다에게 그들이 저지른 모든 "가증한 행위"(겔 16, 20, 22장)를 알렸다. 그리고 이제 말라기가 이스라엘에서 가증한 일이 있다고 선포하고 있다(말 2:11). 더 나아가 점치는 것, 간음하는 것, 거짓 맹세하는 것, 과부와 고아를 압제하는 것과 같이 말라기서 3장 5절에서 묘사된 죄는 하나님의 율법을 위반하는 일일 뿐 아니라(출 20:7, 22:18; 레 6:25; 신 5:11, 18:9-11, 22:22), 에스겔이 몇 세대 전에 묘사했던 "가증한 일"의 목록을 연상시키는 것이었다(겔 22:7-13, 29). 이렇게 말라기는 하나님의 백성이 조상의 날로부터 하나님의 규례를 떠나 지키지 않았다고 결론을 내린다(말 3:7).

그렇지만 선지자는 그들이 하나님께 돌아오기만 하면 하나님도 그들에게 돌아오실 것이라고 선언한다. 하나님은 계속해서 백성에게 그렇게 말씀하고 계셨다. 그래서 몇 년 전에도 스가랴에게 다음과 같이 전하라고 하셨다. "만군의 여호와께서 이처럼 이르시되 너희는 내게로 돌아오라 만군의 여호와의 말이니라 그리하면 내가 너희에게로 돌아가리라 만군의 여호와의 말이니라"(슥 1:3). 스가랴는 하나님의 율법을 듣지도 않고 삼가지도 않는 백성에게 조상들과 같이 행하지 말라고 경고한다(슥 1:4-6). 하지만 말라기가 폭로한 죄목을 자세히 들여다보면 그 백성은 아직 여호와께 온전히 돌아온 것이 아니었다. 선지자는 더 나아가 그들이 찾는 여호와가 갑자기 성전에 임하실 것이라고 한다. 그렇지만 선지자는 "그가 임하시는 날을 누가 능히 당하며"(말 3:2)라고 말하며, 하나님이 임하실 날은 그들이 기대하는 만큼 즐겁지 않을 것이라고 선언한다.

• 여호와가 오신다. 하지만 그 전에 엘리야가 먼저 올 것이다

말라기는 여호와가 오신다고 선포한다. 하지만 하나님의 백성에게 여호와가 임하시면 그들을 정결하게 하시고 심판하실 것이라고 경고한다(말 3:2-7). 하나님은 그들을 심판하시기 위해 그들에게 임하실 것이다(말 3:5). 따라서 말라기는 하나님이 오시는 것을 "여호와의 크고 두려운 날"(말 4:5)이라고 묘사한다. 하나님이 자기 백성에게 임하실 때는 정결하게 하시는 심판이 따르게 된다. 그리고 그들은 연단하는 불로 깨끗하게 될 것이다(말 3:2; 마 3:10-12 참고). 그렇지만 하나님의 이름을 경외하는 자는 하나님의 특별한 소유가 될 것이다(말 3:16-18). 선지자는 여호와께서 분명히 오신다고 절대적으로 확언한다(말 4:1). 여호와는 악한 자를 멸하시고, 자기 이름을 경외하는 자에게 "공의로운 해"를 비춰 주실 것이다(말 4:2). 따라서 하나님의 백성은 그들 자신이 소멸당하지 않고, 하나님이 그 땅을 저주로 치시지 않게 하기 위해서 무엇보다도 하나님이 다시 임하시기 전에 회개하며 여호와 하나님께 돌아가야 한다. 하지만 무엇을 어떻게 해야 하는가? 그리고 언제 그런 일이 있을 것인가? 하나님은 사자를 보내 여호와의 길을 예비하게 하실 것이라고 말씀하신다(말 3:1). 이 사자는 먼저 와서 이스라엘을 준비시킬 것이다. 그때에 하나님의 백성은 하나님이 오실 것을 예비할 것이다. 이사야가 예전에 "여호와의 길을 예비하라"(사 40:3)라고 선포한 것처럼 말라기도 하나님의 사자가 "길을 준비할 것"(말 3:1)이라고 선포한다. 하지만 누가 이 사자가 될 것이며, 이스라엘은 어떻게 그를 알아볼 것인가?

말라기는 앞으로 올 사자를 엘리야 선지자라고 한다(말 4:5-6). 참고로 말라기라는 이름은 "나의 사자"라는 뜻이다. 아합 왕과 이세벨의 통치 아래 엄청난 배교가 벌어지던 시절에 북왕국에서 활동했던 엘리야 선지자를 기억할 것이다. 당시 엘리야의 사역을 통해서 이스라엘은 회개하여 하나님께 돌아오게 된다(왕상 18:37-39). 말라기는 하나님이 엘리야와 같은 선지자를 다시 보내실 것이라고 선언한다. 그리고 그 선지자는 하나님이 임하시기 전에 회개와 회복의 사역을 할 것이라고 한다(말 4:6). 여호와는 엘리야와 같은 선지자가 "아버지의 마음을 자녀에게로 돌이키게 하고 자녀들의 마음을 그들의 아버지에게로 돌이키게 하리라"(말 4:6)라고 약속하신다. 이렇게 회개하라는 외침은 이스라엘 역사 내내 선지자들이 부르짖었던 소리 그대로다. 선지자들도 계속해서 이스라엘에게 여호와께 돌아가라고 외쳤다(사 31:6-7, 44:22; 렘 3:22; 애 3:40; 호 6:1, 12:6; 암 4:1-13; 슥 1:3; 신 4:30, 30:1-2). 따라서 앞으로 올 이 엘리야와 같은 인물이 회개하라고 촉구하는 것은 구약의 오랜 예언 전통에 깊이 뿌리내린 것이었다. 사실, 모든 선지자와 율법이 예언한 것은 요한까지였다.

하나님은 직접 영광스럽게 오실 것을 기다리시면서 구약의 마지막 명령을 자기 백성에게 내리신다. 즉 "너희는 내가 호렙에서 온 이스라엘을 위하여 내 종 모세에게 명령한 법 곧 율례와 법도를 기억하라"(말 4:4)라는 것이었다. 하나님의 백성은 하나님이 그들에게 명하신 말씀을 기억해야 했다. 그는 창조주 하나님이시며, 우상을 숭배하던 아브라함을 불러내셔서 그의 후손을 통해 이 세계를 축복하시겠다고 약속하신 분이셨다. 그리고 하나님은 그들을 강한 손으로 애굽에서 구원해 내셨다. 하나님은 시내 산에서 백성에게 말씀을 주셨고, 그들을 이 땅에서 특별한 소유로 삼으셨다. 하나님은 목자 다윗을 부르시고 그의 후손으로 영원히 다스리게 하시겠다고 약속하셨다. 이후에 백성들이 율법을 순종하지 않자 하나님은 그들을 심판하시고 포로로 잡혀가게 하신다. 그들은 계속해서 악을 행했지만 하나님은 그들 중 일부를 그 땅으로 돌아오게 하신다. 그리고 하나님은 앞으로 영광과 권세로 임하셔서 그들의 죄를 용서하시고 그들 안에 새 마음을 창조하시겠다고 약속하신다. 이분이 바로 성경의 하나님이시다. 그분은 역사를 통해 구속을 이루시려는 주권적인 계획을 세우셨다. 하나님만이 그 계획을 이루실 수 있는 분이다. 하나님은 이사야를 통해 다음과 같이 선포하셨다.

> 너희는 옛적 일을 기억하라 나는 하나님이라 나 외에 다른 이가 없느니라 나는 하나님이라 나 같은 이가 없느니라 내가 시초부터 종말을 알리며 아직 이루지 아니한 일을 옛적부터 보이고 이르기를 나의 뜻이 설 것이니 내가 나의 모든 기뻐하는 것을 이루리라(사 46:9-10)

이사야는 하나님의 입에서 나온 모든 말씀이 "헛되이 내게로 되돌아오지 아니하고 나의 기뻐하는 뜻을 이루며 내가 보낸 일에 형통함이니라"(사 55:11)라고 선포한다. 결국 우리는 구약 이야기를 통해 여기까지 이르렀다.

우리는 이스라엘 이야기를 찾아 떠난 여정에서 참되시고 살아 계신 한 분 하나님을 만나게 되었다. 그분은 세상의 창조주이시자 인류의 구원자시다. 우리는 그분이 "여호와라 여호와라 자비롭고 은혜롭고 노하기를 더디하고 인자와 진실이 많은 하나님이라 인자를 천 대까지 베풀며 악과 과실과 죄를 용서하리라 그러나 벌을 면제하지는 아니하고 아버지의 악행을 자손 삼사 대까지 보응"(출 34:6-7)하시는 분임을 알았다. 우리는 이 여정에서 우리의 죄악이 얼마나 심각한지도 깨달았다. 동산에 있던 우리의 처음 부모가 하나님의 음성에 순종하지 않았던 것부터 시작해서, 이스라엘이 고집스럽고도 의도적으로 불순종하다가 고통스러운 경험을 하는 모습까지 우리는 "선을 행하는 자 없으니 한 사람도 없도다"(시 53:3; 왕상 8:46 참고)라는 사실을 목격했다. 구약은 하나님이 다시 오셔서 자기 백성을 회복하시고 구원하실 것을 열렬하게 **대망**하게 만든 채로 마무리된다. 하나님의 백성은 그날을 예비하면서 회개하며 겸손하게 기다려야 한다. 왜냐하면 하나님의 약속은 절대로 실패하지 않기 때문이다. 그래서 성경의 하나님 이야기는 구약에서 완성된 것이 아니라 신약으로 이어진다.

• 400년 후 사자가 임하다

마지막 선지자 말라기 이후 거의 400년이 지난 어느 날 우리는 성전에서 임무를 수행하고 있는 사가랴 제사장을 만난다. 그는 이미 노령이었고, 그의 아내 엘리사벳도 잉태하지 못하는 몸이었다. 즉, 그들에게는 자녀가 없었다. 불임이라는 주제는 이제 참 익숙하게 들린다. 그리고 우리는 창조주 하나님이 놀랍고도 초자연적인 방식으로 역사하셔서 자신이 참으로 일하고 계시다는 사실을 강조하신다는 것도 안다. 사가랴가 성전에 있을 때의 일이다. 사람들은 바깥에서 기도하고 있었다. 그런데 한 천사가 환상 중에 사가랴에게 나타나 그의 아내가 아들을 낳을 것이라고 말한다. 그의 이름은 요한이라고 할 것이고 그는 태중에서부터 성령으로 충만할 것이었다. 그 천사는 말라기 선지자의 말을 빌어서 이 아이가 중요한 인물이 될 것을 선포한다. “이스라엘 자손을 주 곧 그들의 하나님께로 많이 돌아오게 하겠음이라 그가 또 엘리야의 심령과 능력으로 주 앞에 먼저 와서 아버지의 마음을 자식에게, 거스르는 자를 의인의 슬기에 돌아오게 하고 주를 위하여 세운 백성을 준비하리라”(눅 1:16-17). 이 말씀은 그들이 낳을 아들의 실체를 드러낸다. 그의 이름은 요한이라고 하겠지만, 그는 바로 하나님이 보내시기로 한 선지자 엘리야였다. 그가 하나님이 오실 길을 예비하는 사자였던 것이다(눅 1:76-80; 마 11:9-10, 14 참고).

요한의 가르침은 여호와가 곧 임하신다는 점에 초점을 맞춘다. 그는 세례라는 상징적인 행위를 통해서 백성들에게 그 회개의 진정성을 보이라고 한다. 그는 듣는 자들에게 “나는 너희로 회개하게 하기 위하여 물로 세례를 베풀거니와 내 뒤에 오시는 이는 나보다 능력이 많으시니 나는 그의 신을 들기도 감당하지 못하겠노라 그는 성령과 불로 너희에게 세례를 베푸실 것이요”(마 3:11)라고 외친다. 그리고 “너는 네게 대하여 무엇이라 하느냐”라는 질문을 받고는 “나는 선지자 이사야의 말과 같이 주의 길을 곧게 하라고 광야에서 외치는 자의 소리로라”(요 1:22-23)라고 답했다. 이는 하나님의 옛 약속이 이제 실현될 것임을 보여 주는 징조다. 우리는 마침내 “때가 찼고 하나님의 나라가 가까이 왔으니 회개하고 복음을 믿으라”(막 1:15)라고 선포하실 그분의 목소리를 들을 준비가 된 것이다. 역사를 통한 하나님의 구속 계획은 이제 그 절정으로 치달아 간다. 하나님은 직접 이 땅에 오셔서 자기 백성을 구원하시고 만물을 회복하실 것이다! 시온의 딸아! 볼지어다! 겸손하여 나귀를 타신 네 왕이 네게 임하시나니! 주 예수여 오소서. 오시옵소서.

구약을 읽다

초판 발행 2016년 3월 10일
초판 5쇄 2022년 11월 20일
지은이 캐롤 카민스키
옮긴이 이대은
발행인 손창남
발행처 죠이선교회(등록 1980. 3. 8. 제5-75호)
주소 02576 서울시 동대문구 왕산로19바길 33
전화 (02) 925-0451(출판부)
(02) 929-3655(영업팀)
팩스 (02) 923-3016
인쇄소 송현문화

ISBN 978-89-421-0372-0 04230
978-89-421-0371-3 04230(세트)

책값은 뒤표지에 있습니다.
잘못된 도서는 교환하여 드립니다.